Die digitale Dimension des Strafprozessrechts

Schriften zum Strafrecht und Strafprozeßrecht

Herausgegeben von Manfred Maiwald
und Carsten Momsen

Band 131

PETER LANG

Laura Iva Savić

Die digitale Dimension des Strafprozessrechts

Zur Doppelnatur digitaler Beweise

PETER LANG

Bibliografische Information der Deutschen Nationalbibliothek
Die Deutsche Nationalbibliothek verzeichnet diese Publikation in der Deutschen Nationalbibliografie; detaillierte bibliografische Daten sind im Internet über http://dnb.d-nb.de abrufbar.

Zugl.: Berlin, Freie Univ., Diss., 2019:

Diese Publikation wurde gefördert durch die Ernst-Reuter-Gesellschaft e.V.

D 188
ISSN 0938-6181
ISBN 978-3-631-80234-2 (Print)
E-ISBN 978-3-631-80747-7 (E-PDF)
E-ISBN 978-3-631-80748-4 (EPUB)
E-ISBN 978-3-631-80749-1 (MOBI)
DOI 10.3726/b16364

Peter Lang – Berlin · Bern · Bruxelles · New York · Oxford · Warszawa · Wien

Diese Publikation wurde begutachtet.

www.peterlang.com

Meiner Familie

Danksagung

Besonders bedanken möchte ich mich bei meinem Doktorvater Herrn Professor Dr. Carsten Momsen für die stets hilfreiche und unterstützende Betreuung während meiner Dissertation.

Ich danke ferner Herrn Professor Dr. Lambert Grosskopf für die zügige Erstellung des Zweitgutachtens.

Für die Durchsicht des Manuskripts möchte ich mich bei Herrn Professor Dr. Nicolai Kuntze bedanken.

Von ganzem Herzen möchte ich mich bei meinem Bruder Filip Savić und bei meinen Eltern Ivan und Slađana Savić bedanken, denen ich meine Arbeit widme. Ohne ihre unermüdliche und vorbehaltlose Unterstützung und ihren liebevollen Rückhalt wäre sie nicht zustande gekommen.

Inhaltsverzeichnis

Abbildungsverzeichnis

Abkürzungsverzeichnis

Hinsichtlich der verwendeten Abkürzungen verweise ich auf *Kirchner*, Abkürzungsverzeichnis der Rechtssprache.

A. Einführung

Das *digitale Zeitalter* ist längst im Recht angekommen, schaut man sich allen voran nur die Überschriften juristischer Zeitschriften an. Das BGB, das Verfassungsrecht, die Strafverfolgung, die deutsche Justiz – alles wird im Lichte der *Digitalisierung* neu betrachtet. Im Kontext des Strafprozesses wird sich im Bereich der Strafverfolgung am intensivsten mit den Auswirkungen der Digitalisierung auseinandergesetzt – samt umfangreicher Anpassungen des materiellen und prozessualen Rechts.[1] Doch nicht nur die Strafverfolgungsbehörden, sondern auch die Strafgerichte werden sowohl in rechtlicher als auch technischer Hinsicht vor neue Herausforderungen gestellt; das Strafverfahrensrecht muss sich neu in der Digitalisierung bewähren. Betrachtet man das strafprozessuale Haupt- und Revisionsverfahren, so stößt man unweigerlich auf eine Vielzahl von Fragen, die – wenn überhaupt – dann nur sporadisch diskutiert werden. Angefangen bei der generellen Frage, ob Regelungen in der Strafprozessordnung bestehen, die sich explizit auf digitale Daten und deren Umgang beziehen, über die Frage, wie digitale Daten überhaupt dogmatisch in die Struktur des Strafprozessrechts eingeführt werden, hin zu ihrer individuellen Würdigung durch den Richter.

Dass ein besonderes Interesse im Umgang mit digitalen Daten besteht und die Bedeutung dieser als Beweismittel stetig steigt, zeigt sich zuletzt wieder an den Videoaufzeichnungen, die die „Hetzjagden" in Chemnitz dokumentieren. Der – zu diesem Zeitpunkt amtierende – Präsident des Bundesamtes für Verfassungsschutz *Maaßen*[2] hatte diesbezüglich die Vermutung geäußert, das gezeigte Video sei möglicherweise manipuliert worden. Auch wenn *Maaßen* seine Äußerung im Nachhinein relativiert hat und nach derzeitigem Stand der Experten keine Hinweise auf eine Fälschung des Videos bestehen, zeigt die darüber geführte Diskussion, dass wir längst im Zeitalter der Digitalisierung angekommen sind. Die Szenarien einer möglichen Datenmanipulation von Beweismitteln sind nicht mehr nur reine Fiktion. Insoweit gilt es neben der rechtlichen Bewertung auch technische Aspekte näher zu beleuchten. Man muss sich die Besonderheiten

---

1 Der rechtliche Rahmen für die Sicherung digitaler Spuren und Beweise (Datenerhebung) wird in dieser Arbeit nicht behandelt. Siehe dazu *Ruppert*, JA 2018, 994 und *Blechschmitt*, MMR 2018, 361.

2 *Dr. Hans-Georg Maaßen* war von August 2012 bis September 2018 Präsident des Bundesamtes für Verfassungsschutz.

digitaler Daten, die nur unter Berücksichtigung der Technik zu verstehen und bewerten sind, vor Augen führen. In dieser Hinsicht spielt die IT-Forensik als Mittel zur Wahrheitsfindung in Ermittlungen und Gerichtsprozessen eine wegweisende Rolle.

Diese Arbeit entstand ausgehend von der allgemeinen Frage, wie mit digitalen Informationen rechtlich zu verfahren ist und ob die Strafprozessordnung in der Lage ist mit diesen als Beweismittel adäquat umzugehen.

Die Arbeit unterteilt sich in sieben weitere Kapitel (B–H). Zunächst werden die Grundlagen der Digitalisierung aufgezeigt sowie die zugrunde gelegten Begriffe („digitale Daten“, „digitale Beweisführung“) definiert. In Kapitel C werden die rechtlichen Rahmenbedingungen digitaler Beweismittel im strafprozessualen (Beweis-) Recht skizziert und bewertet, aufgegliedert in sechs Unterabschnitte (I–VI). Die rechtliche Analyse beginnt in Abschnitt I mit der Beweisführung digitaler Medien. Danach folgen die Abschnitte der Beweiswürdigung (II), der Beweiswertermittlung (III), der Beweissicherheit (IV) und der Manipulationssicherheit (V). Anhand der vorherigen Analysen und Bewertungen wird im letzten Abschnitt VI die Beweisqualität digitaler Daten bestimmt. Den rechtlichen Rahmenbedingungen folgt das Kapitel zur Doppelnatur der Beweise (D). Kapitel E behandelt digitale Beweismittel in der Revisionsinstanz und Kapitel F beleuchtet die Rolle digitaler Forensik im Strafverfahren. Das anschließende Kapitel G widmet sich dem Hauptverfahren und den Folgerungen. Abgeschlossen wird die Arbeit mit einer Zusammenfassung der gefundenen Ergebnisse (H).

B. Grundlagen

I. Die gesellschaftliche Bedeutung der Digitalisierung

Angesichts der zunehmenden Bedeutung digitaler Infrastrukturen, des Internets als globale Kommunikationsplattform und virtueller Marktplatz für Waren und Dienstleistungen,[3] verwundert es nicht, dass der Prozess der Digitalisierung und Vernetzung in unserem Alltag immer schneller voranschreitet. Digitalität betrifft und verändert inzwischen fast alle Bereiche unserer Gesellschaft: Kultur, Medien, Wissenschaft, Politik, Recht und Wirtschaft.[4] Dabei stellt sich die Digitalisierung nicht allein als ein technologisches Phänomen, sondern darüber hinaus auch als ein kulturelles Phänomen dar.[5]

In dem technischen Zusammenhang soll im Folgenden unter der Digitalisierung von Inhalten die Elektronifizierung aller Informationen, d.h. Umwandlung dieser in einen einheitlichen Binärcode verstanden werden.[6] Die ursprünglich analogen Informationen und Größen werden in diskrete Werte überführt,[7] und durch die in der Computerpraxis bedeutendste Form, der sog. Binärtechnik, in Form der Ziffern 1 und 0 dargestellt. Dem Konstrukt der Digitalisierung liegt der Grundgedanke zugrunde, Informationen in eine Form zu überführen, die eine Verarbeitung mittels eines Computers ermöglichen.[8] Heutige Computer verwenden beinahe ausschließlich das binäre (duale, zweiwertige) System[9], um Informationen durch Zahlen darzustellen; sog. „digitale Einheitssprache“[10]. Selbst vielfältige, komplizierte und multidimensionale Informationen lassen

---

3 *ARD-ZDF-Onlinestudie 2018*: Erstmals sind über 90 Prozent der Deutschen online – täglich sind etwa drei Viertel der Bevölkerung online unterwegs. Siehe http://www.ard-zdf-onlinestudie.de, zuletzt aufgerufen am 21.10.2019.

4 Vgl. *Boehme-Neßler*, Unscharfes Recht, S. 33.

5 Vgl. *Boehme-Neßler*, Unscharfes Recht, S. 33, 100.

6 *Hilgendorf*, ZStW 113, 650.

7 Digital bedeutet „mit dem Finger“/„den Finger betreffend“, also das nur diskrete, eindeutig unterscheidbare Zustände benutzt werden. Damit sind nicht alle Zahlen exakt darstellbar. Binär (dual, zweiwertig) bedeutet, dass nur genau zwei Zustände verwendet werden, also werden die analogen Informationen in den Ziffern 1 und 0 dargestellt. Daher sind die Begriffe „binär“ und „digital“ nicht gleich-bedeutend; digital ist also nicht immer binär. Binärtechnik ist die in der Computerpraxis bedeutendste Form.

8 Vgl. *Boehme-Neßler*, Unscharfes Recht, S. 99.

9 Das binäre Zahlensystem geht auf Gottfried Wilhelm Leibniz zurück.

10 *Nischan*, Digitale multimediale Videodienste, S. 10.

sich durch komplexe Sequenzen von Zahlen darstellen, elektronisch speichern und weiterverarbeiten.[11] Die digitale Technologie ermöglicht es also, alle Informationen computerpraktikabel auszurichten. Unerheblich ist dabei, aus welcher Informationsquelle die zu bearbeitenden Daten stammen und welcher Art sie sind (Video- Audiosignale oder Daten).[12] Die Digitalisierung ist die technologische Grundlage der Wissens- und Informationsgesellschaft.[13] Weil die heutigen digitalen Systeme binär arbeiten, wird im Weiteren unter der digitalen Form von einer binären Darstellung ausgegangen. Nicht technisch ausgedrückt, wird mit der Digitalisierung der Prozess beschrieben, der „jedem Ding und jedem Vorgang der realen Welt eine digitale Hülle verpasst“[14]. Als kulturelles Phänomen wird die Digitalisierung durch die Kernmerkmale der Ubiquität, Multimedialität, Virtualität und Vernetzung geprägt,[15] als Auswirkungen der verstärkten Nutzung von Computern und der Digitaltechnik.

Die vielfältige Nutzung moderner Kommunikationsmittel[16] und die Digitalisierung als nunmehr weit verbreitetes Phänomen beeinflussen dabei nicht nur, dass Verhalten der sog. „Digital Natives“, diejenige Generation, die von Anfang an mit digitalen Medien aufwächst und nicht mehr umlernen muss,[17] sondern prägen das Alltagsleben aller Altersschichten und Generationen.[18] Die Zahl derer, die sich mit digitalen Technologien nicht auskennen oder diese ablehnen, verringert sich stetig.[19] Ein Prozess, der aufgrund des immer schneller werdenden Datenaustausches, sowohl im privaten, wie auch im wirtschaftlichen Verkehr, nicht mehr aufzuhalten ist. Ein Alltag ohne Computer, Handy, Tablet sowie Breitband-Internet und drahtlosen Netzwerken ist kaum noch

---

11 *Boehme-Neßler*, Unscharfes Recht, S. 99.

12 *Nischan*, Digitale multimediale Videodienste, S. 10.

13 *Boehme-Neßler*, Unscharfes Recht, S. 99.

14 Vgl. *Bitkom*, Big-Data-Einsatz, S. 11.

15 Vgl. *Boehme-Neßler*, Unscharfes Recht, S. 100 ff.

16 *ARD-ZDF-Onlinestudie 2018*: Von insgesamt 196 Minuten täglicher Internetnutzung werden 82 Minuten auf Mediennutzung (Bewegtbild, Audio, Text) und 87 Minuten auf Individualkommunikation (E-Mail, Messenger usw.) und auf sonstige Internetnutzung (u.a. Shopping, Surfen, Spielen) verwendet. Siehe http://www.ard-zdf-onlinestudie.de/ardzdf-onlinestudie-2018/, zuletzt aufgerufen am 21.10.2019.

17 Ulmer-Eilfort/Obergfell/*Ulmer*, 1. Teil Kap. F Rn. 33; *Hoffmann*, S. 5, nach *Meier*, MschrKrim 2012, 184 (185) sind damit die 1982 und später Geborenen gemeint, *digital immigrants* demgegenüber die vor 1982 Geborenen.

18 *Loritz*, FS Geimer, S. 409.

19 *Prunzel*, RDG 2017, 100.

vorstellbar.[20] Jederzeit und überall mit dem Internet verbunden zu sein, scheint keine Wunschvorstellung mehr, sondern Realität. Der Trend[21] geht dazu, dass dies nicht nur mit Smartphones und Computern durchgeführt wird, sondern auch mittels *smarter* Technologien[22] und des Einsatzes sog. „intelligenter Endgeräte“ wie beispielsweise Kühlschränke, Fernseher, Kraftfahrzeuge, robotische Systeme oder auch digitale sprachgesteuerte Assistenten. Diese sind permanent mit dem Internet verbunden und leiten Daten an Dritte weiter.[23] Dabei dienen die smarten Objekte als Schnittstelle zwischen der realen und virtuellen Welt. Sie sind auf einen steten Datenfluss angewiesen, was Unmengen an digitalen Daten produziert.[24] Seitdem die Informationstechnologie den Massenmarkt in den Neunzigern eroberte und das Internet zum Massenmedium wurde, ist es mehr üblich als selten Daten elektronisch via E-Mails oder unter Zuhilfenahme sozialer Medien (engl. *social media*) auszutauschen und Aufgaben im wirtschaftlichen und privaten Bereich digital zu erledigen.

In unserem Alltagsleben ist die fortschreitende Digitalisierung in verschiedenen Bereichen bereits sichtbar, beispielhaft seien elektronische Ausweise mit der Biometrie-Technik, das Cloud Computing[25], E-Commerce[26] (z.B. Online Shopping), die elektronische Signatur und das De-Mail[27] Verfahren zu nennen. Die Allgegenwärtigkeit der Digitalisierung macht sich auch in der Arbeitswelt bemerkbar und prägt sie.[28] Waren früher Computer und Internet in einem

---

20 Nach *ARD-ZDF-Onlinestudie 2018* sind in diesem Jahr 63,3 Millionen Menschen in der deutschsprachigen Bevölkerung ab 14 Jahren online, dies entspricht einem Anteil von 90,3 Prozent. Im Jahre 2017 waren es 62,4 Millionen. Die Steigerung liegt bei 0,9 Millionen bzw. 1,4 Prozent gegenüber dem Vorjahr. Täglich sind rund 77 Prozent, also 54,0 Millionen online. Das Plus liegt hier gegenüber dem Vorjahr bei 3,8 Millionen. Siehe http://www.ard-zdf-onlinestudie.de/ardzdf-onlinestudie-2018/, zuletzt aufgerufen am 21.10.2019.

21 Sog. „Internet der Dinge“, also der intelligenten Vernetzung allgegenwärtiger Sensoren.

22 Zu *Smart Life*-Technologien und Datenschutz *Heckmann*, K&R 2011, 1 ff.

23 *Heckmann*, NJW 2012, 2631.

24 *Blechschmitt*, MMR 2018, 361 (362).

25 *Cloud Computing* meint, dass alle Anwendungen dezentral im Web laufen.

26 Elektronischer Geschäftsverkehr; Warenhandel.

27 De-Mail-Dienste sind Dienste auf einer elektronischen Kommunikationsplattform, die einen sicheren, vertraulichen und nachweisbaren Geschäftsverkehr für jedermann im Internet sicherstellen sollen, § 1 De-Mail-Gesetz. Siehe dazu im Folgenden C.VI.2.

28 Forschungsprojekt „Industrie 4.0“. Dieses steht für die Verzahnung von industrieller Produktion und moderner Informations- und Kommunikationstechnik auf Grundlage intelligenter und digital vernetzter Systeme.: *Blechschmitt*, MMR 2018, 361 (362).

Haushalt nur selten aufzufinden, ist das Notebook heutzutage selbstverständlich geworden. Das dadurch ermöglichte ortsunabhängige Arbeiten zu nicht mehr festgelegten Zeiten (z.B. Home-Office) wird für Arbeitnehmer und Arbeitgeber immer beliebter. Kollaborative Werkzeuge wie Wikis, die ein effektives Wissensmanagement fördern, werden in naher Zukunft zum Unternehmensalltag gehören.[29] So ist es heutzutage gängige Praxis, dass Personalverantwortliche ihre Stellenbewerber „googeln" und sich unter Zuhilfenahme der Suchmasche im Internet über sie informieren.[30] Auch in den Wissenschaften macht sich Digitalisierung bemerkbar: Die im Internet angebotenen Dienste bieten für alle Wissenschaftler eine kaum überschaubare Vielzahl an Recherchemöglichkeiten,[31] eine schier unerschöpfliche „Erkenntnisquelle". Des Weiteren werden Publikationen heute so gut wie ausschließlich über das Internet verbreitet und ermöglichen es ganz unterschiedlichen Gruppen global auf Ergebnisse anderer Wissenschaftler zuzugreifen.

Dass die Digitalisierung längst Einzug in unser soziales, wie auch politisches Leben gefunden hat, lässt sich bereits dem vielfältigen Diskurs in den sozialen Netzwerken und dem Bedeutungszuwachs für die Persönlichkeitsentfaltung des Einzelnen[32] entnehmen. Unsereins benutzt zur Kommunikation regelmäßig soziale Medien[33] und hat heute neben der realen auch eine digitale Identität[34].[35] IT Nutzer legen Profile in sozialen Netzwerken an und geben dort in großem Umfang Informationen über ihr persönliches Leben preis, die bislang allenfalls einem Tagebuch offenbart wurden. Die Digitalisierung der Medien wird hingegen nicht nur an den wesentlichen Veränderungen im Bereich des Hör- und Rundfunks sichtbar (analoges Fernsehen wird bald der Vergangenheit

---

29 *Hoffmann*, S. 6.

30 *Glaser*, NVwZ 2012, 1432 (1436); *Hoffmann/Luch/Schulz/Borchers*, S. 91; *Beck*, MMR 2009, 736.

31 *Hoffmann/Luch/Schulz/Borchers*, S. 152 f.

32 Das *Bundesverfassungsgericht* hat festgestellt, dass heutzutage jeder Einzelne zu seiner Persönlichkeits-entfaltung auf die Nutzung informationstechnischer Systeme angewiesen ist: NJW 2008, 822 (827).

33 Laut *Bundesverband Digitale Wirtschaft* (BVDW) *e.V.* bezeichnen Social Media bzw. Soziale Medien digitale Medien und Technologien, die es Nutzern ermöglichen, sich untereinander auszutauschen und mediale Inhalte einzeln oder in Gemeinschaft zu gestalten. Es werden darunter alle Medien (Plattformen) verstanden, die Nutzer über digitale Kanäle in der gegenseitigen Kommunikation und im interaktiven Austausch von Informationen unterstützen.

34 Zum Begriff siehe *Bundeskriminalamt*, Cybercrime 2017, S. 20.

35 *Hoffmann*, S. 5.

angehören), ferner verstärkt im Verlagswesen. Bücher werden durch E-Books ausgetauscht, Inhalte werden online vertrieben. Selbst der Staat treibt die Entwicklung der Digitalisierung auf das Rechts- und Verwaltungssystem unter der Bezeichnung E-EGovernment[36] voran. Es umschreibt den Einzug der elektronischen Datenverarbeitung in die öffentliche Verwaltung. Bearbeitungsabläufe innerhalb der Verwaltung sollen bei gleichzeitiger Kostenersparnis gestrafft und immer effizienter gestaltet werden. Bestes Beispiel dafür ist das Online-Dienste Portal „Elster"[37], das Dienstleistungsportal der Finanzverwaltung, welches dem Bürger ermöglicht seine Einkommenssteuererklärung komplett papierlos zu erledigen, d.h. diese online auszufüllen und abzugeben – ganz ohne Ausdruck, Formulare und Postversand.[38] Zwei weitere wichtige Meilensteine in dem Prozess der Digitalisierung der Justiz[39] stellen das Justizkommunikationsgesetz[40] und das eJustice-Gesetz[41] dar.[42] Der Gesetzgeber bestückte die Prozessordnungen mit den erforderlichen Normen zur Einführung des elektronischen Rechtsverkehrs und ermöglichte gleichzeitig die Einführung einer elektronischen Gerichtsakte.[43] Auf diese Weise wurde auch in der Justiz die digitale Zeitwende eingeläutet.[44] Erst das „Gesetz zur Einführung der elektronischen Akte in der

---

36 Elektronischer Verkehr zwischen Bürgern und Verwaltung. Im August 2013 ist das Gesetz zur Förderung der elektronischen Verwaltung (E-EGovernment-Gesetz) in Kraft getreten, BGBl. I, S. 2749. Es ermöglicht Bund, Ländern und Kommunen, einfachere, nutzerfreundlichere und effizientere elektronische Verwaltungsdienste anzubieten.

37 Online abrufbar unter https://www.elster.de/eportal/start, zuletzt aufgerufen am 21.10.2019.

38 Nach *Bitkom* machen 23 Millionen Bürger ihre Steuererklärung im Internet: https://www.bitkom.org/Presse/Presseinformation/23-Millionen-Buerger-machen-Steuererklaerung-im-Internet-0, zuletzt aufgerufen am 21.10.2019.

39 Ausführlich zur Digitalisierung der Justiz *Jost/Kempe*, NJW 2017, 2705 ff.

40 Gesetz über die Verwendung elektronischer Kommunikationsformen in der Justiz (JKomG) v. 22.03.2005, BGBl. I, S. 837. Dort wurden in mehreren Verfahrensordnungen Vorschriften eingefügt, die die Führung der Akten in elektronischer Form ermöglichen (insbesondere §§ 298a ZPO, 55b VwGO, 52b FGO, 65b SGG, 46d ArbGG, 110b OWiG a.F.). Das Strafverfahren wurde von den Änderungen explizit ausgenommen, siehe zu den Gründen BT-Dr. 15/4067, S. 26.

41 Gesetz zur Förderung des elektronischen Rechtsverkehrs mit den Gerichten v. 10.10.2013, BGBl. I., S. 3786; siehe BR-Dr. 818/12 (Gesetzesentwurf); BT-Dr. 17/12634 (Gesetzesentwurf); BT-Dr. 17/13948 (Beschlussempfehlung und Bericht).

42 *Knierim* in: Gesamtes Strafrecht aktuell, Kap. 19 Rn. 1; *Müller*, JuS 2015, 609 (612).

43 *Müller*, JuS 2015, 609.

44 *Müller*, JuS 2015, 609.

Justiz und zur weiteren Förderung des elektronischen Rechtsverkehrs“[45] vom Juli 2017 ermöglichte die elektronische Aktenführung im Strafverfahren und passte die Strafprozessordnung an alle anderen Prozessordnungen an. Damit wurde im Januar 2018[46] der elektronische Rechtsverkehr auch im Strafverfahren und im Ordnungswidrigkeitenverfahren bundesweit eröffnet. Dabei soll die elektronische Akte (E-Akte) auch im Strafprozessrecht die Weiterentwicklung der in den Prozessordnungen vorherrschenden Papierakte sein.[47] Auch hier erwartet man sich Einsparungen bei Raum-, Personal-, Porto- und Versandkosten im Vergleich zu dem herkömmlichen papiergestützten System[48] sowie eine generelle Verfahrensbeschleunigung im stark formalisierten Verfahren.[49] Denn die elektronischen Akten müssen nicht verschickt, getragen oder gesucht werden; „sie sind immer und überall präsent“[50].

Die sich aus dem Prozess der Digitalisierung ergebenden Möglichkeiten stellen jedoch zeitgleich Politik, Gesetzgebung, Verwaltung und Rechtsprechung vor neue Herausforderungen.[51]

Die neuen und grenzenlosen Möglichkeiten lassen Skepsis aufkommen, was zunehmend zu Unsicherheiten führt, gerade im rechtlichen Bereich. *Schliesky* redet gar von dem „Unwohlsein des analog geborenen Menschen“[52] als Ausdruck eines spezifischen subjektiven Unsicherheitsgefühls in der Gesellschaft. Diese Befürchtungen und Unklarheiten werden durch die Möglichkeiten der digitalen Welt ausgelöst.[53] Aufgabe sei es, Verfassung, Rechtsordnung und Gesellschaft in

45 Das Gesetz zur Einführung der elektronischen Akte in der Justiz und zur weiteren Förderung des elektronischen Rechtsverkehrs v. 05.07.2017 (BGBl. I, S. 2208) wurde am 12.07.2017 im Bundesgesetzblatt verkündet und trat am 01.01.2018 in Kraft.

46 Diesen Termin hätten der Bund und die Länder durch die sog. Opt-Out-Klausel in § 15 EGStPO und § 134 OWiG per Rechtsverordnung auf den 1. Januar 2019 oder den 1. Januar 2020 verschieben können; dazu näher *Kegel*, JurPC Web-Dok 155/2017, Abs. 1 ff.

47 BT-Dr. 18/9416, S. 31; vgl. *Müller*, S. 201; *Knierim* in: Gesamtes Strafrecht aktuell, Kap. 19 Rn. 1, fasst die gesetzlichen Maßnahmen in der digitalen Justiz mit dem Schlagwort »vom Aktenschrank zum Serverschrank« zusammen.

48 *Diwell*, E-Justice, S. 452.

49 BT-Dr. 18/9416, S. 31; nach *Gerson*, StraFo 2017, 402 (407), steht „die E-Akte als »definiertes System elektronisch gespeicherter Daten« […] paradigmatisch für Geschwindigkeit, Verknüpfung, Verlagerung und Flexibilisierung“.

50 *Müller*, JuS 2015, 609 (613).

51 *Schliesky/Hoffmann/Luch/Schulz/Borchers*, S. 13; zur Rechtspolitik im digitalen Zeitalter *Paal/Hennemann*, ZRP 2017, 215.

52 *Schliesky*, ZRP 2015, 56.

53 *Schliesky*, ZRP 2015, 56 ff.

die digitale Welt einzuführen,[54] um bereits vorhandene Abhängigkeiten, Verletzbarkeiten und Bedrohungsszenarien wie Entgrenzung[55], Entfremdung, Maßlosigkeit und Verrohung entgegenzuwirken.[56]

Eine weitere konsequente Folge der gestiegenen Nutzung elektronischer Medien und der Digitalisierung ist der enorme Zuwachs an Daten.[57] Dabei werden Daten in der Informationstechnik als beobachtbare Unterschiede,[58] die in codierter Form festgehalten werden können, beschrieben.[59] Bereits seit Jahren wächst die Datenmenge exponentiell und nicht linear. In den Jahren 2000 bis 2002 wurden genauso viele Daten wie in 2000 Jahren davor produziert.[60] Laut einer Statistik des *Statista Research Department* soll sich das jährliche digitale Datenaufkommen im Jahre 2018 auf 33 Zettabyte belaufen und bis zum Jahre 2025 auf 175 Zettabyte vergrößern.[61] Nahezu das gesamte Leben wird heutzutage digital abgebildet, von persönlichen Bildern, Dokumenten und Musik zu Verträgen, Bestätigungen und sonstigen Nachweisen, die entweder vermehrt oder ausschließlich digital gespeichert werden.[62] Das weltweit vorhandene Datenvolumen und dessen Wachstum sind unter anderem auch Grundlagen der beiden facettenreichen Erscheinungen *Big Data* und *Cloud Computing*, die in unserer digitalen Gesellschaft bereits eine erhebliche Rolle spielen. Sie sind längst in vielen Bereichen zum Standard avanciert[63]. Unternehmen, soziale Netzwerke und Anwendungen wie alltagstaugliche Applikationen (Software, Apps) sind im Wettbewerb darauf angewiesen (personenbezogene) Daten zu erfassen, zu verarbeiten, zu verknüpfen und zu übermitteln. Datenverarbeitung bestimmt unseren Alltag, sei es durch bewusste oder unbewusste Verwendung des Internets.[64]

Cloud Computing ermöglicht die (annähernd komplette) Verlagerung von Infrastruktur („infrastructure as a service" (IaaS)), Plattformen („platform as

---

54 *Schliesky*, ZRP 2015, 56 (57).

55 Ausführlich zu der Problematik *Boehme-Neßler*, Unscharfes Recht, S. 112 ff., 663.

56 Zur digitalen Dimension der Grundrechte *Hoffmann/Luch/Schulz/Borchers*; *Schliesky*, ZRP 2015, 56 (57).

57 *Hoffmann*, S. 6.

58 *Wilke*, Wissensmanagement, S. 28 ff.

59 *Hoffmann*, S. 6.

60 *Hoffmann*, S. 6 m.w.N.

61 Https://de.statista.com/statistik/daten/studie/267974/umfrage/prognose-zum-weltweit-generierten-datenvolumen/, zuletzt aufgerufen am 21.10.2019.

62 *Hoffmann*, S. 6.

63 Näheres unter https://www.bsi.bund.de/DE/Themen/DigitaleGesellschaft/CloudComputing/CloudComputing_node.html, zuletzt aufgerufen am 21.10.2019.

64 Vgl. *Heckmann*, NJW 2012, 2631.

a service" (PaaS)) und Software („software as a service" (SaaS)) auf entfernte Server, in die sog. Cloud („in der Wolke").[65] Es ermöglicht dem Nutzer Daten, Dokumente, Fotos, Filme und Anwendungen nicht mehr auf dem heimischen PC, dem Smartphone oder mobilen Datenträgern bearbeiten oder speichern zu müssen, sondern mithilfe eines Cloud Dienste Anbieters und seines Netzwerkes auszulagern. Mit der Masse der Daten und dem dementsprechend steigenden Volumen werden alternative Speichermöglichkeiten für den Benutzer somit immer reizvoller.[66]

Für das Phänomen *Big Data*[67] ist entscheidend, dass eine immer größere Masse an Daten zur Analyse verfügbar ist und damit Aussagen über immer mehr Lebensbereiche möglich werden.[68] Es beschreibt die Möglichkeit gewaltige Mengen an Daten in hoher Geschwindigkeit (ggf. in Echtzeit) und aus unterschiedlichen Quellen zu sammeln, zu analysieren und auszuwerten, mit dem Ziel hierauf unternehmerische Entscheidungen zu stützen.[69] Grundlage dessen ist weiterhin eine neue Form der Komplexität der Daten, die durch die vier Eigenschaften des Datenvolumens (engl. *volume*), der Datengeschwindigkeit (engl. *velocity*), der Datenvielfalt (engl. *variety*) und Datenqualität (engl. *veracity*), wie Richtigkeit, Vollständigkeit und Verlässlichkeit der Dateninhalte,[70] charakterisiert wird.[71]

Die Unternehmen bedienen sich mit der wachsenden Datenflut also eines Rohstoffs, der für ihre Ziele nutz- und gewinnbringend eingesetzt werden kann.[72] Ermöglicht wird dies neben dem bereits dargestellten *Datenreichtum*, der *Geschwindigkeit* und *Komplexität des Internets*,[73] auch durch die *Unvergänglichkeit der Daten* („das Internet vergisst nicht(s)"),[74] die im Internet weit verstreut oder von Nutzern bereitwillig herausgegeben werden, um angebotene

---

65 *Grützner/Jakob*, Compliance von A – Z, „Cloud-Computing"; *Warken*, NZWiSt 2017, 289 (295 f.).

66 Nach *Bitkom*, nutzten im Jahre 2017 zwei von drei Unternehmen *Cloud Computing*; https://www.bitkom.org/Presse/Presseinformation/Zwei-von-drei-Unternehmen-nutzen-Cloud-Computing.html, zuletzt aufgerufen am 21.10.2019.

67 Zu den Einsatzbereichen von Big Data siehe *Bitkom*, Big-Data-Einsatz.

68 *Dorschel*, Big Data, S. 7.

69 *Grützner/Jakob*, Compliance von A – Z, „Big-Data"; Hoeren/Sieber/Holznagel/*Hackenberg*, Multimedia-Recht, Teil 16.7 Rn. 1.

70 *Dorschel*, Big Data, S. 8.

71 *Grützner/Jakob*, Compliance von A – Z, „Big-Data"; vgl. *Dorschel*, Big Data, S. 6 ff.

72 *Dorschel*, Big Data, S. 9; *Sieber*, Gutachten C, S. 28.

73 Zu den Auswirkungen für die Strafverfolgung siehe *Sieber*, Gutachten C, S. 39.

74 *Deusch*, ZEV 2014, 2; *Heinrichs/Wilhelm*, Kriminalistik 2010, 30 (31).

Anwendungen und Dienste von Unternehmen nutzen zu können.[75] Damit werden umfangreiche Profile von Nutzern erstellt, die sich zu umfassenden Persönlichkeitsbildern verdichten können,[76] verschiedenste Muster erkannt und gewinnbringend[77] nutzbar gemacht. Für die Nutzer selbst handelt es sich bei dem „Ob" und „Wie" der Datenpreisgabe meist um undurchsichtige und unverständliche Vorgänge; Daten kann man gerade nicht sehen. Oftmals wissen sie nicht genau, was mit ihren Daten passiert – also ob und in welchem Umfang die von ihnen zur Verfügung gestellten Daten erhoben, verarbeitet und gespeichert wurden, um sie anschließend an Dritte weiterzugeben und mit anderen externen Datensätzen zu verknüpfen.[78] „Der Einzelne weiß nicht, was welche staatliche Behörde über ihn weiß, weiß aber, dass die Behörden vieles, auch Höchstpersönliches über ihn wissen können."[79] Dasselbe gilt für die von den Unternehmen gesammelten Daten.[80] Es mehren sich Fragen zur Datenherrschaft und Beherrschbarkeit, sowie dem Daten- und Persönlichkeitsschutz als Konsequenz bzw. Folge permanenter Daten-verknüpfung.[81] Somit verwundert es nicht, wenn Daten heutzutage als Ware gehandelt werden und aufgrund ihrer Werthaltigkeit eine Art Währung darstellen;[82] sog. Datenökonomie[83]. Der Internetnutzer zahlt häufig ohne sich dessen wahrhaftig bewusst zu sein mit seinen

75 Prägend sind dabei internationale Unternehmen wie Google, Apple, Facebook oder Amazon. Aufgrund des relativ liberalen US-amerikanischen Rechts zum Schutz der Privatsphäre werden den Unternehmen hinsichtlich der Datensammlung nur wenige Grenzen für die Verarbeitung personenbezogener Daten gesetzt. Innerhalb des europäischen Binnenmarkts sorgt nun die neue Datenschutz-Grundverordnung (DS-GVO) für gleiche Wettbewerbsbedingungen. Dazu näher *Ehmann/Selmayr*, Einführung Rn. 22 ff.

76 *Deusch*, ZEV 2014, 2.

77 Etwa um Werbeeinnahmen zu erzielen.

78 *Sieber*, Gutachten C, S. 28.

79 BVerfG, NJW 2010, 833 (843).

80 Die Datengewinnung erfolgt i.d.R. dadurch, dass der Nutzer einer Übermittlung und Verarbeitung seiner Daten über Allgemeine Geschäftsbedingungen zustimmt.

81 Die Ermöglichung der Kontrolle des Einzelnen über die personenbezogenen Daten ist Anspruch des Datenschutzrechts, wofür das neue Bundesdatenschutzgesetz und die neue Datenschutz-Grundverordnung den Rechtsrahmen bilden: *Ehmann/Selmayr*, Einführung Rn. 21.

82 Vgl. *Heckmann*, NJW 2012, 2631 (2633).

83 Siehe dazu https://www.bpb.de/apuz/292335/datenoekonomie, zuletzt aufgerufen am 21.10.2019.

personenbezogenen und/oder persönlichen Daten.[84] Hinzu kommt, dass neue Formen des weltweiten Informationsaustausches, der Kommunikation häufig anonym sind.[85] Nutzer können gänzlich anonym Seiten aufrufen, Inhalte herunterladen oder öffentlich kommunizieren.[86] Daran ändert auch die Tatsache nichts, dass Verdächtige zurückverfolgt werden können, indem die IP-Adresse[87] identifiziert wird, welche die beteiligten Rechner technisch eindeutig identifizierbar und damit erreichbar macht.[88] Denn im Regelfall können die Informationen dem Urheber tatsächlich unmöglich oder wesentlich erschwert zugeordnet werden.[89] Die (vermeintliche) Anonymität kombiniert mit dem rasanten Fortschritt in der Informationstechnologie gibt Nutzern als Kehrseite der geschaffenen, neuen Chancen in der digitalen Welt, auch ein breites Spektrum neuer Möglichkeiten des Missbrauchs[90]. Beispielhaft seien nur Urheberrechtsverletzungen, geistiger Diebstahl, Identitätsdiebstahl und das Kriminalitätsphänomen des Cybermobbings[91] zu nennen. Mit dem Voranschreiten der Informationstechnologien steigen die kriminellen Aktivitäten im Bereich *Cybercrime*[92] deutlich. Unter Cybercrime (lat. crimen: *Beschuldigung, Anklage, Schuld, Verbrechen*; engl. *cyber*: auf das Internet bezogen) wird, ganz allgemein formuliert, jedwede Straftat bezeichnet, bei der in irgendeiner Form auf Informations- bzw. Kommunikationstechnologien zurückgegriffen wird.[93]

---

84 Das *BVerfG* beschreibt die Gefahrenlage in seinem Urteil zur Vorratsdatenspeicherung als »diffuse Bedrohlichkeit«, die durch staatliche Zugriffsrechte entsteht.

85 Zur Anonymität im Netz *Sieber*, Gutachten C, S. 36 f.; *Warken*, NZWiSt 2017, 289 (297 f.); zur Anonymität im Datenschutzrecht *Härting*, NJW 2013, 2065.

86 *Warken*, NZWiSt 2017, 289 (297).

87 Definition bei *Grützner/Jakob*, Compliance von A – Z, „IP-Adresse".

88 *Schliesky/Hoffmann/Luch/Schulz/Borchers*, S. 125; *Sieber*, Gutachten C, S. 36 f.

89 *Heckmann*, NJW 2012, 2631 (2632).

90 Vgl. BT-Dr. 16/3656.

91 Beschreibt nach *Reum*, S. 64 »das absichtliche Schikanieren eines Einzelnen durch eine oder mehrere Personen unter Nutzung der neuen Medien«.

92 Der international genutzte Begriff „Cybercrime" lässt sich aus juristischer Perspektive nicht eins zu eins ins Deutsche übertragen.: *Hassemer*, ITRB 2017, 90. Die Begriffe „Internetkriminalität", „IuK- und Computerkriminalität" werden oftmals synonym verwendet, aber nicht einheitlich definiert.

93 Weite Definition der Computerkriminalität nach dem Rahmenbeschluss der EU-Kommission zur Computerkriminalität, EU KOM 2000 (890), S. 13; *Hassemer*, ITRB 2017, 90 (91); siehe unten B.IV.2.

Die Hemmschwelle zu Rechtsverletzungen im virtuellen Raum vermag durch die Charakteristika des Internets (zu nennen sind nur Anonymität[94] und Unkörperlichkeit, Globalität und Ubiquität[95])[96] scheinbar erheblich zu sinken.[97] Folglich ist davon auch die Strafverfolgung (im Internet) betroffen, die dadurch nicht unwesentlich erschwert wird.[98] Um den negativen Folgen der Automatisierung, Digitalisierung und Vernetzung entgegenzuwirken, sah sich der Gesetzgeber gezwungen neue Straftatbestände in das Strafgesetzbuch aufzunehmen bzw. Gesetzesänderungen zu bewirken. Diese sollen den Berechtigten speziell vor Angriffen gegen die Integrität, Vertraulichkeit und Verfügbarkeit von informationstechnischen Systemen[99] und Daten schützen.[100] Angefangen beim Ausspähen und Abfangen der Daten (§§ 202a, 202b StGB), dem Vorbereiten des Ausspähens und Abfangens von Daten (§ 202c StGB), der Datenhehlerei (§ 202d StGB) über die Datenveränderung (§ 303a StGB) und Computersabotage (§ 303b StGB) hin zum „klassischen" (Computer-)Betrug (§§ 263, 263a StGB).[101] Die meisten der Vorschriften bzw. Änderungen dieser setzten den Rahmenbeschluss der EU über Angriffe auf Informationssysteme und des Übereinkommens des Europarates über Computerkriminalität[102] (Nr. 185) um.[103] Dies verwundert nicht, wenn man

---

94 Zu diesem Charakteristikum *Brunst*, Anonymität im Internet und *Härting*, NJW 2013, 2065 (2069) m.w.N.

95 Die Aufhebung des Raumes.

96 Näher *Schliesky/Hoffmann/Luch/Schulz/Borchers*, S. 120 ff.

97 *Heckmann*, NJW 2012, 2631; MAH Strafverteidigung/*Kricsanowits*, § 80 Rn. 8; *Meier*, MschrKrim 2012, 184 (193); vgl. *Schliesky/Hoffmann/Luch/Schulz/Borchers*, S. 120.

98 Vgl. *Gercke*, MMR 2008, 291 ff.; *Sieber*, Gutachten C, S. 35 ff.

99 Der Begriff des informationstechnischen Systems findet in Art. 91c GG Verwendung und soll die »technischen Mittel zu Verarbeitung und Übertragung von Informationen« erfassen: BT-Dr. 16/12410, S. 8.

100 Näher dazu *Eisele*, § 6 und *Sieber*, Gutachten C, S. 18 ff.

101 In der neuen Legislaturperiode könnte die unbefugte Nutzung informationstechnischer Systeme („digitaler Hausfriedensbruch") als Strafrechtsnorm (§ 202e StGB-E) dazukommen: siehe BR-Dr. 338/16 (Gesetzesantrag); BR-Dr. 338/16 (B) (Beschlussdrucksache); BT-Dr. 18/10182 (Gesetzesentwurf). Am 19. April 2018 hat der Bundesrat den Gesetzesantrag in den Bundestag eingebracht (BT-Dr. 19/1716). Dazu *Kochheim*, Cybercrime und IuK-Strafrecht, Rn. 654 ff. Zudem haben sowohl das Land Nordrhein-Westfalen als auch der Freistaat Bayern einen Gesetzesantrag zur effektiveren Verfolgung der Computerkriminalität bzw. zur Verbesserung der Bekämpfung der Cyberkriminalität in den Bundesrat eingebracht, vgl. BR-Dr. 248/19 und BR-Dr. 168/19.

102 Cybercrime-Konvention.

103 Zur Umsetzung vgl. die Materialien BT-Dr. 16/3656; BT-Dr. 16/5449; BT-Dr. 16/5486.

sich vergegenwärtigt, dass die Kontrolle des Internets durch das Recht den nationalen Gesetzgeber allein vor erhebliche Schwierigkeiten stellen kann.[104] Neben der bereits erwähnten Anonymität der Nutzer[105], agieren diese immer häufiger grenzüberschreitend. Hinzukommen die beträchtlichen Probleme der fehlenden sozialen Kontrolle,[106] aufgrund des mangelnden physischen Kontaktes im Netz,[107] und der fehlenden Bindung an staatliche Grenzen[108].

Fest steht, dass das *Internet* und die voranschreitende *Digitalisierung der Gesellschaft* bereits jetzt erheblichen Einfluss auf das Rechtssystem ausüben. Beide Phänomene als technische Fortschritte können und werden tiefgreifende Änderungen im Recht bewirken. Die Digitalisierung fördert die Entgrenzung, die Virtualität und die Komplexität von rechtlich zu beurteilenden Sachverhalten.[109] Anders als in der analogen Welt orientieren sich Rechtshandlungen, die im Zusammenhang mit der Digitalisierung und des Internets stehen, nicht an (Staats-) Grenzen. Vielmehr spielen diese für digitale Inhalte längst eine untergeordnete bis gar keine Rolle mehr.[110] Die Ermittler werden mit virtuellen Tatorten konfrontiert, die selten an nationalen Grenzen enden bzw. auf diese Rücksicht nehmen.[111] Es ist nicht mehr erforderlich, dass der Täter an dem Ort, an dem die Konsequenzen seiner Straftat eintreten, anwesend sein muss.[112] Materiell gewinnt das sog. innerstaatliche Strafanwendungsrecht, das die Reichweite der deutschen Strafgewalt bestimmt (§§ 3–9 StGB) besondere Bedeutung.[113] Die fehlende Bindung des Internets an nationale Grenzen, rückt das Problem der Zuständigkeit der deutschen Strafverfolgungsbehörden und Strafgerichte und die daraus resultierenden Schwierigkeiten der Beweissicherung, -erhebung und des Beweistransfers aus Sicht der Ermittlungsbehörden, sowie die Gefahren von Parallelermittlungen (*shadow proceedings*, *forum shopping*) in den Mittelpunkt

---

104 *Barton*, S. 3, beschreibt die Ahndung der strafbaren Handlungen im Internet als Sisyphusarbeit.

105 Siehe *Warken*, NZWiSt 2017, 289 (297).

106 Zu fehlenden Kontrollinstrumenten *Gercke*, MMR 2008, 292 (295); siehe auch *Meier*, MschrKrim 2012, 184 (199 ff.).

107 *Schliesky/Hoffmann/Luch/Schulz/Borchers*, S. 125.

108 Dazu Beck/Meier/Momsen/*Valerius*, Cybercrime, S. 49 ff.

109 Vgl. *Boehme-Neßler*, Unscharfes Recht, S. 655.

110 Näher Beck/Meier/Momsen/*Valerius*, Cybercrime, S. 49 ff.

111 *Hartmann*, S. 21; Labudde/Spranger/*Pawlaszczyk*, Forensik in der digitalen Welt, Kap. 5.2, S. 115.

112 *Gercke*, MMR 2008, 291 (296 f.): sog. internationale Dimension.

113 *Eisele*, § 3 Rn. 1; vgl. *Barton*, S. 10 f.

juristischer Diskussionen.[114] Das alles lässt den Ruf nach einem länderübergreifenden Zugriff auf elektronische Beweise wie E-Mails oder Surfprotokolle lauter werden.[115]

Neben der Entgrenzung wirft die Virtualität für das Recht neue Fragen auf. Besonders deutlich wird dies anhand des Merkmals der Immaterialisierung. Tatsächliche, materielle Verkörperungen in der „realen Welt" werden immer unbedeutender.[116] Grundsätzlich wird aber verkörperten, also körperlich greifbaren Dingen mehr Vertrauen entgegengebracht,[117] als immateriellen Dingen, wie etwa Behauptungen oder Ideen.[118] Eindrückliche Beispiele sind der „Rechtsschein des Besitzes", der das Sachenrecht prägt, und die Beweisvorschriften für Urkunden nach §§ 415 ff. ZPO.[119] Die danach für Urkunden bestehenden Beweisvermutungen basieren auf dem Umstand, dass Urkunden Gedankenerklärungen verkörpern und aus sich heraus verständlich sind – was auf elektronische Daten gerade nicht zutrifft.[120] Aufgrund der langen Tradition verkörperter schriftlicher Erklärungen wird den Urkunden, als verkörperte Information, im Prozess ein besonders hoher Beweiswert beigemessen.[121]

Des Weiteren tritt ein neuer Grad an Komplexität hinzu, welches insbesondere die Strafverfolgung erschwert. Die Täter können auf immer komplexere

---

114 *Gercke/Brunst*, Rn. 31, 40 ff.; *Malek/Popp*, Rn. 54; siehe auch *Warken*, NZWiSt 2017, 289 (295) und *Smuha*, EuCLR 2018, 83 (83 f.).

115 Die Europäische Kommission erwägt, neue Vorschriften einzuführen, mit dem die Strafverfolgungsbehörden grenzüberschreitend Zugriff auf elektronische Daten erhalten sollen, die bei Anbietern von elektronischer Kommunikation und von digitalen Diensten gespeichert sind. Danach sollen die Polizei- und die Justizbehörden einfacher und schneller auf elektronische Beweismittel wie E-Mails oder in der Cloud gespeicherte Dokumente zugreifen können, die sie für Ermittlungen sowie die strafrechtliche Verfolgung und Verurteilung von Straftätern benötigen. Näheres in der Pressemitteilung der Europäischen Kommission, online abrufbar unter http://europa.eu/rapid/press-release_IP-18-3343_de.htm, zuletzt aufgerufen am 21.10.2019. Der Entwurf für eine Verordnung über Europäische Herausgabe- und Sicherungsanordnungen für elektronische Beweismittel in Strafsachen v. 17.4.2018, COM (2018) 225 final, ist unter https://eur-lex.europa.eu/legal-content/DE/TXT/HTML/?uri=CELEX:52018PC0225&from=EN online abrufbar. Zu den jüngsten Entwicklungen näher *Depauw*, EuCLR 2018, 62 ff. und *Smuha*, EuCLR 2018, 83 ff.

116 *Boehme-Neßler*, Unscharfes Recht, S. 664.

117 Siehe dazu unten C.III.7.

118 *Boehme-Neßler*, Unscharfes Recht, S. 434, 664.

119 Regeln die Beweiskraft von privaten und öffentlichen Urkunden.

120 Vgl. Schulte/Schröder/*Roßnagel*, Technikrecht, S. 924.

121 Vgl. *Fuhrmann*, S. 125.

Mittel und moderne Technologien zur Begehung von Straftaten zugreifen, wie etwa Hard- und Software, Dienste und Anwendungen. Ähnliche Probleme stellen sich, wenn digitale Spuren gerichtsfest gesichert und analysiert werden.[122] Von der enormen Geschwindigkeit beflügelt,[123] in der sich die Technologien entwickeln, können die Strafverfolgungsbehörden bei der Strafverfolgung, aber auch der Gesetzgeber bei der Entwicklung neuen Rechts, nicht Schritt halten.

Logische Konsequenz ist, dass sich das Recht von seinem (westlichen) Ideal der Schärfe[124] entfernen muss, um den Anforderungen einer effektiven Strafverfolgung gerecht zu werden. Zwar führt Unschärfe zwangsläufig zu mehr (Rechts-) Unsicherheit, und das Recht so zunehmend an Wirkungs- und Steuerungskraft.[125] Angesichts der bereits beschriebenen Phänomene und Auswirkungen ist eine Anpassung des Rechts hin zum Unscharfen (wohl) alternativlos, um den realen Gegebenheiten gerecht zu werden. Ob mit zunehmender Unschärfe das Recht an Effektivität einbüßt mag bezweifelt werden, und kann derzeit noch nicht beantwortet werden. Denn trotz der Tatsache, dass Unschärfe ein großes Risiko für das Recht birgt, bietet es als Methode auch ein erhebliches Potenzial, was sich das Recht zunutze machen könnte. Neben der Entwicklung neuer Deliktsformen hat die rasante und komplexe Entwicklung der Informationstechnologie auch dazu beigetragen, dass sich die technischen Möglichkeiten der Strafverfolgungsbehörden i.R.d. Ermittlungstätigkeit – in Form von neuen Überwachungs- und Kontrollmöglichkeiten[126] – weitreichend erweitern und verbessern konnten.[127] Sowohl das Internet als auch andere informationstechnische Systeme (etwa Computer[128], Smartphones[129] und Kraftfahrzeuge[130])

---

122 *Sieber*, Gutachten C, S. 39.

123 Näher zur Geschwindigkeit und Komplexität *Sieber*, Gutachten C, S. 39.

124 Vgl. *Boehme-Neßler*, Unscharfes Recht, S. 655 ff.

125 *Heckmann*, NJW 2012, 2631.

126 In diesen Zusammenhang sind die Ermittlungsmaßnahmen der Quellen-Telekommunikationsüberwachung nach § 100a StPO und der Online-Durchsuchung nach § 100b StPO zu nennen. Ausführlich unten C.V.2.

127 *Basar*, FS Wessing, S. 640; *Warken*, NZWiSt 2017, 289 (290).

128 In diesem Zusammenhang ist die Computerforensik im engeren Sinne (näheres unter F.) zu nennen.

129 Zur Handyforensik (siehe F.) ausführlich *Rogge*, der kriminalist 2015, 29 ff.; zu der Herausforderung der Entsperrung biometrischer Sicherungen *Momsen*, DRiZ 2018, 140 und *Bäumerich*, NJW 2017, 2718.

130 Zu den neuen Ermittlungsansätzen im Rahmen der Datenerlangung in modernen und vernetzten Fahrzeugen (Fahrzeugforensik) *Grabowski*, Kriminalistik 2018, 208, siehe auch *Brummer/Hoch*, Kriminalistik 2017, 643.

dienen als neue Informationsquellen von denen die Staatsanwaltschaft durchaus profitiert,[131] auch weil Staatsanwaltschaft und Polizei bei ihren Ermittlungen „auf die gesteigerte Leistungsfähigkeit der Computer und auf hoch effektive Softwareprodukte aus dem Bereich der Computerforensik zurückgreifen“[132] können. Die neuen Ermittlungsansätze und teilweise auch -befugnisse dürfen aber nicht dazu führen, dass der Staat sämtliche irgendwie verfügbaren Daten – auf Kosten der Bürger – erhebt, sichert und nutzt.[133] Denn auch die Durchsetzung des Strafrechts durch das rechtsförmige Verfahren des Strafprozesses unterliegt verfassungsrechtlichen Grenzen,[134] stets muss hierbei der Kernbereich privater Lebensgestaltung geschützt bleiben.[135] Insoweit bieten neben den Grundrechten die seit Mai 2018 geltende Datenschutz-Grundverordnung (DSGVO) und das neue Bundesdatenschutzgesetz (BDSG) weitere Regularien und Mechanismen, die dem Verlust von Rechten Einzelner gegensteuern.[136]

Ob und wie bzw. an welchen Stellen das strafprozessuale Beweisrecht auf das empirisch faktische Phänomen der Digitalisierung – mit all seinen Risiken und Chancen – reagieren sollte oder gar muss, wird im Weiteren zu untersuchen

---

131 *Gercke*, MMR 2008, 291 (292 f.); *Warken*, NZWiSt 2017, 289 (290).

132 *Gercke*, MMR 2008, 291 (292).

133 *Basar*, FS Wessing, S. 640 Fn. 24, weist kritisch darauf hin, dass das strafprozessuale Eingriffsarsenal mittlerweile zu weitflächig angelegt sei, mit der Folge, dass sich der Strafprozess polizeilichen Eingriffskategorien annähere.

134 In diesem Zusammenhang sind das Prinzip der Verhältnismäßigkeit und die Grundrechte, speziell das Allgemeine Persönlichkeitsrecht aus Art. 2 I i.V.m. Art. 1 I GG zu nennen, insbesondere deren spezielle Ausprägung des Rechts auf informationelle Selbstbestimmung, welches sich dem Datenschutz – genauer: dem Schutz personenbezogener Daten – widmet. Leitgedanke dieses Grundrechts ist es, dass jeder Bürger grundsätzlich selbst entscheiden können muss, wann er Daten über seine Person preisgibt und wie diese Daten verwendet werden dürfen. Das Grundrecht wird bei jeglichen Datenerhebungen und –verwendungen durch Strafverfolgungsbehörden relevant. Aber auch das Grundrecht auf Vertraulichkeit und Integrität informationstechnischer Systeme nach Art. 2 I i.V.m. Art. 1 I GG (BVerfGE 120, 274), welches dem Schutz der eigenen Nutzung von Informationstechnologie dient, ist im Hinblick auf Ermittlungsmaßnahmen, wie der Quellen-TKÜ und der Online-Durchsuchung zu berücksichtigen.

135 *Hilgendorf/Valerius*, Rn. 764 ff.

136 Für die DSGVO ist jedoch Art. 2 I lit. d zu beachten, nach der die DSGVO „auf die Verarbeitung personenbezogener Daten durch die zuständigen Behörden zum Zwecke der Verhütung, Ermittlung, Aufdeckung oder Verfolgung von Straftaten oder der Strafvollstreckung, einschließlich des Schutzes vor und der Abwehr von Gefahren für die öffentliche Sicherheit“ keine Anwendung findet.

sein. Nachfolgend wird daher die digitale Dimension der Beweismittel für den Strafprozess im Fokus stehen.

II. Begriff der digitalen Daten und der digitalen Beweisführung

Digitale Daten besitzen ein erhebliches Potenzial, verschiedene Kommunikationsformen, wie den Strafprozess als individuell verkörperte Kommunikationsplattform, zu ändern.[137] Zu Recht spricht *Kochheim* von der heutigen Welt als „duale Welt", in der die Ausschlag gebende reale Welt und die von ihr abhängige digitale Welt durch Kommunikationsbeziehungen, Webdienste, E-Commerce, Onlinebanking und smarte Geräte vielfach und eng miteinander verbunden sei.[138] Die digitale Welt kann (in der realen Welt) umfangreiche Spuren bzw. Abdrücke hinterlassen, die auf Sachverhalte aus der körperlichen (realen) Welt schließen lassen und erhebliche Veränderungen bewirken können. Beispielhaft seien nur E-Mails und digitale Fotos im Rahmen einer Beweisaufnahme zu nennen. Ist eine E-Mail der einzige Nachweis für die Täterschaft oder eine Teilnahme einer Person an einer Straftat oder ergibt die Auswertung der Handydaten allein oder in Kombination mit einem anderen Beweis, dass der Beschuldigte in einer Funkzelle in der Nähe des Tatortes eingeloggt war und damit in den Kreis der Verdächtigen rückt, so wird mehr als deutlich, dass diese Informationen für ein (Straf-)Verfahren relevant, wenn nicht sogar essentiell sein können. So lässt es sich schwer leugnen, dass diese Spuren als Beweismittel in Betracht kommen.[139] Ein gewisser Anteil von menschlichen Handlungen bleibt allein auf elektronischem Wege sichtbar,[140] sodass kein Weg daran vorbeiführt, diese Lücke zu schließen.[141]

1. Digitale Daten und Beweismittel

Durch die anwachsende Verbreitung von Digitaltechnik entstehen Beweismittel bereits zu großen Anteilen in digitaler Form,[142] was erhebliche Auswirkungen auf das Prozessrecht haben kann. Im Bereich des Strafverfahrens befassen sich

---

137 *Momsen/Hercher*, S. 173.
138 *Kochheim*, Cybercrime und IuK-Strafrecht, Rn. 4.
139 Vgl. *Momsen/Hercher*, S. 175.
140 Vgl. BVerfGE 125, 260 (323).
141 Siehe unten B.IV.
142 *Momsen*, FS Beulke, S. 871; Beck/Meier/Momsen/*Momsen*, Cybercrime, S. 67.

die Parteien (die Beteiligten des Strafverfahrens) längst in einem steigenden Umfang mit digitalen Beweismitteln,[143] ohne dass der Begriff „digitales Beweismittel" neben den klassischen Beweismitteln[144] im Gesetz Eingang gefunden hat. Dem geltenden Recht ist nicht einmal einheitlich zu entnehmen, was unter dem elementaren Begriff „Daten" zu verstehen ist;[145] dem Prozessrecht ist er sogar gänzlich fremd.[146] Einen einheitlichen juristischen Datenbegriff gibt es nicht. Trotz einer fehlenden Definition,[147] knüpfen verschiedene Vorschriften und Gesetze an diesen Begriff an,[148] und arbeiten mit teilweise unterschiedlichen Datenbegriffen.

Der Datenbegriff wird primär im Bundesdatenschutzgesetz[149] und in der neuen Datenschutz-Grundverordnung[150] verwendet. Danach sind Daten jede Form der Speicherung von Informationen, unabhängig vom Dateityp,[151] aber immer im Zusammenhang der Personenbezogenheit der Daten, d.h. bezogen auf identifizierte oder identifizierbare natürliche Personen, vgl. § 1 BDSG, Art. 1 und 4 Nr. 1 DSGVO. Im Strafgesetzbuch taucht der Begriff in folgenden zehn Paragraphen auf: §§ 202a, 202b, 202c, 202d, 268, 269, 263a, 274 Abs. 1 Nr. 2 sowie §§ 303a und b StGB, in jeweils verschiedenen Abschnitten des besonderen Teils und mit unterschiedlicher Bedeutung[152]. Nach § 202a Abs. 2 StGB sind Daten i.S.d. § 202a Abs. 1 StGB „nur solche, die elektronisch, magnetisch oder sonst nicht unmittelbar wahrnehmbar gespeichert sind oder übermittelt werden". Eine nicht unmittelbare Wahrnehmbarkeit ist dann gegeben, wenn die Wahrnehmung der Daten erst eine Umsetzung in optisch oder akustisch wahrnehmbare Signale voraussetzt.[153] Dies stellt jedoch keine Definition des eigentlichen Datenbegriffs dar,[154] sondern die Norm setzt den Begriff vielmehr

143 Vgl. *Knierim*, FS Schiller, S. 372 Fn. 8 m.w.N.; Beck/Meier/Momsen/*Momsen*, Cybercrime, S. 67.

144 Dazu ausführlich unten C.I.1.

145 *Scheffler/Dressel*, ZRP 2000, 514 (516).

146 Vgl. *Heinson*, S. 118.

147 Vgl. *Grützner/Jakob*, Compliance von A-Z, „Daten i.S.d. StGB".

148 *Scheffler/Dressel*, ZRP 2000, 514 (516).

149 Die Regelungen des neuen BDSG gelten seit dem 25.05.2018.

150 Die DSGVO ist seit dem 25.05.2018 anwendbar.

151 *Schmidl*, IT-Recht von A-Z, „Daten".

152 Zum Datenbegriff im materiellen Recht näher *Hampel*, Datenbegriff im StGB, S. 71 ff.

153 *Eiding*, S. 3; vgl. Schönke/Schröder/*Eisele*, § 202a Rn. 5, spricht von erforderlicher »technischer Umformung«; SK-StGB/*Hoyer*, § 202a Rn. 4.

154 *Eiding*, S. 3; *Hilgendorf*, ZStW 113, 650 (656).

voraus.[155] § 202a StGB schränkt den Begriff lediglich ein.[156] Die §§ 202a, 202b, 202c, 202d und 303a StGB nehmen auf § 202a Abs. 2 StGB Bezug. § 269 StGB hingegen spricht gar von „beweiserheblichen Daten“ und erfasst laut Wortlaut und Regelungstechnik lediglich visuell nicht unmittelbar wahrnehmbare Daten[157]. Ebenso wie bei § 268 und § 263a StGB handelt es sich bei diesen „Daten“ um kodierte Informationen, die eine automatisierte Verarbeitung zulassen,[158] unabhängig davon, ob und in welcher Form sie verarbeitet werden.[159] In der Rechtspraxis wird von einer weiten Definition ausgegangen, die nicht nur an das Element des Verarbeitungszwecks knüpft, sondern auch alle Informationen einschließt, die sich kodieren[160] und im Computer verarbeiten lassen. Es soll nicht auf den konkreten Dateninhalt ankommen. Im Bürgerlichen Gesetzbuch wurde neben den Regelungen zur elektronischen Form gem. § 126a BGB[161] der Begriff „digitale Inhalte“ eingeführt und in § 312f Abs. 3 BGB als „Daten, die in digitaler Form hergestellt und bereitgestellt werden“ legal definiert. In den Prozessordnungen selbst ist nur die Rede von einem „elektronischen Dokument“, etwa in §§ 32a[162] ff., 249 Abs. 1 Satz 2 StPO und in §§ 130a[163], 371a und b ZPO. Diesen Begriff verwendet auch die Verordnung über die elektronische Identifizierung und Vertrauensdienste für elektronische Transaktionen im Binnenmarkt (eIDAS-VO), vgl. Art. 3a.

Bei der Auseinandersetzung mit dem möglicherweise zentralen (neuen) Beweisstück des Strafprozesses werden häufig die Begriffe „digitales Beweismittel“ und „elektronisches Beweismittel“ verwendet. Um sich in der digitalen Dimension der Beweisrechte zurecht zu finden, bedarf es einer einheitlichen

---

155 *Eiding*, S. 3 m.w.N.; *Hampel*, Datenbegriff im StGB, S. 2; *Hilgendorf*, ZStW 113, 650 (656); *Scheffler/Dressel*, ZRP 2000, 514 (516).

156 *Hampel*, Datenbegriff im StGB, S. 2; *Scheffler/Dressel*, ZRP 2000, 514 (516).

157 Heintschel-Heinegg/*Weidemann*, § 269 StGB, Rn. 4; mit weiteren Fundstellen.

158 *Schmidl*, IT-Recht von A-Z, „Daten“.

159 Vgl. Heintschel-Heinegg/*Weidemann*, § 268 StGB, Rn. 5; *Lackner/Kühl*, § 263a Rn. 3; *Fischer*, § 268 Rn. 6; Schönke/Schröder/*Heine/Schuster*, § 268 Rn. 11; LK-StGB/*Zieschang*, § 268 Rn 8.

160 *Lackner/Kühl*, § 263a Rn. 3; LK-StGB/*Hilgendorf*, § 202a Rn. 7 ff.; vgl. *Malek*/Popp, Rn. 150.

161 Dazu näher *Boente/Riehm*, Jura 2001, 793.

162 Die Vorschrift in der ab dem 01.01.2018 geltenden Fassung hebt § 41a StPO a.F. auf, die bis Ende 2017 die einzige Vorschrift in der Strafprozessordnung war, die auf elektronische Dokumente Bezug nahm.

163 Im Verwaltungsverfahrensgesetz ist die entsprechende Norm § 3a VwVfG; sie regelt die elektronische Kommunikation.

Definition, die das Recht bisher vermissen lässt.[164] Deswegen wird zunächst der Frage nachgegangen, ob beide oben genannten Begriffe synonym verwendet werden können oder es zu unterscheiden gilt.

Schaut man in die einschlägige Literatur, wird schnell klar, dass die Begriffe nicht immer einheitlich verwendet werden. Beide Termini, „digitale Beweise/Beweismittel" und „elektronische Beweise/Beweismittel" sind weit verbreitet und gleichstark akzeptiert bzw. werden teilweise synonym verwendet.[165]

Nähert man sich dem Ganzen aus technischer Sicht, umfassen elektronische Beweismittel all jene potentiell beweiskräftigen Daten, die auf Elektrotechnik basieren. Demnach sind digitale Beweismittel all jene, die auf Digitaltechnik basieren. Unter *digitalen Daten* sind dann – unter Berücksichtigung der verwendeten Datenbegriffe und der Definition der Digitalisierung – „die jeweils existenten, auf einem Binärcode beruhenden Anordnungen von Binärzeichen"[166] zu verstehen. Zu den analogen Beweismitteln unterscheiden sich die digitalen Daten also in der Art der Informationsübertragung und -speicherung.

In der englischsprachigen Literatur werden digitale Beweismittel meist als all jene Daten beschrieben, die durch Computerbenutzung gespeichert oder übertragen werden, die dazu dienen die Theorie über die Entstehung eines Tathergangs zu belegen oder zu entkräften oder die sich mit kritischen Voraussetzungen/Elementen des Angriffes[167] wie Vorsatz, Motiv oder Alibi befassen.[168] Diese Definition stellt digitale Spuren in den Kontext eines Verbrechens.[169] Die von der wissenschaftlichen Arbeitsgruppe für digitale Beweise[170] vorgeschlagene Definition umfasst all jene Informationen von beweiskräftigem Wert, die entweder in digitaler Form gespeichert oder übermittelt wurden. Eine weitere aufgestellte Definition von der *International Organization for Computer Evidence* (IOCE), welche auch von dem Justizministerium der Vereinigten Staaten verwendet wird, umfasst alle Informationen, die in binärer Form gespeichert oder

---

164 Auch auf EU-Ebene gibt es keine gemeinsame und verbindliche Definition des Begriffes *electronic evidence.*

165 *Biasiotti/Epifani/Turchi*, The evidence project, S. 2.

166 *Hampel*, Datenbegriff im StGB, S. 67.

167 Beachtet werden muss, dass es sich bei der Frage möglicher Alibis um eine ganz andere Kategorie des „Angriffs" handelt, als wir in Deutschland darunter verstehen. Angriff bzw. *Offense* fasst deutlich mehr zusammen.

168 Vgl. Casey/*Casey*, Digital Evidence and Computer Crime, S. 7.

169 *Meier*, S. 22.

170 *Scientific Working Group on Digital Evidence* (SWGDE), online abrufbar unter https://www.swgde.org/.

übermittelt werden, welche möglicherweise vor Gericht verwendet werden können.[171]

Im Allgemeinen umfassen die meisten Definitionen den technischen Grundgedanken, dass digitale Beweismittel auf Digitaltechnik – meist Binärtechnik, wie sie Computer verwenden, beruhen, und mit deren Hilfe festgestellt oder widerlegt werden kann, ob eine Straftat begangen wurde. Problematisch bei diesen Definitionen ist jedoch, dass sie sich zu stark daran orientieren Beweis für Computerstraftaten (im Allgemeinen: Verbrechen)[172] zu erbringen und solche Daten vernachlässigen, die eine Untersuchung fördern.[173] Des Weiteren wäre es unpräzise, nur solche Daten in binärer Form zu erfassen. Die binäre Digitaltechnik ist zwar die in der Praxis bedeutsamste Form, jedoch existieren auch nichtbinäre digitale Schaltungen.[174] Es bedarf demzufolge einer weitgehenderen Definition, die auch die oben aufgeworfene Frage beantworten kann.

Elektronische Beweismittel sind daher solche potentiell beweiskräftigen Daten, welche aus der Ausgabe von analogen und/oder digitalen Geräten resultieren, die mittels elektronischer Geräte erzeugt, verarbeitet, gespeichert oder übertragen wurden.[175] Digitale Beweismittel sind zunächst all jene elektronischen Beweismittel, die in numerischem Format erzeugt wurden (typischerweise als Binärcode), d.h. solche die von Anfang an ein digitales Format/die digitale Form aufweisen.[176] Sie bilden eine originäre elektronische und zugleich digitale Datei, weil sie gewissermaßen digital „geboren" sind. Es lässt sich demnach feststellen, dass von den elektronischen Beweismitteln auch die Digitalen erfasst werden. Der Begriff ist also umfassender, denn er bezieht auch potenzielle analoge, elektronische Beweise, die kein digitales Format aufweisen, mit ein. Was nach den hiesigen Erläuterungen auch bedeutet, dass beide Begriffe im Folgenden nicht synonym verwendet werden (können).[177] Im Weiteren wird

---

171 Zu weiteren Definitionen auf EU-Ebene *Depauw*, EuCLR 2018, 62 (67) m.w.N.

172 Vgl. *Depauw*, EuCLR 2018, 62 (66).

173 Casey/*Casey*, Digital Evidence and Computer Crime, S. 7.

174 Vgl. https://de.wikipedia.org/wiki/Digitaltechnik, zuletzt aufgerufen am 21.10.2019.

175 *Biasiotti/Epifani/Turchi*, The evidence project, S. 2; vgl. *Mason/Seng*, E-Evidence, S. 353. Eine Definition für *elektronische Beweismittel* findet man in dem aktuellen Kommissionsentwurf über Europäische Herausgabe- und Sicherungsanordnungen für elektronische Beweismittel in Strafsachen v. 17.4.2018, COM (2018) 225 final, abrufbar unter https://eur-lex.europa.eu/legal-content/DE/TXT/HTML/?uri=CELEX:52018PC0225&from=EN.

176 Vgl. *Biasiotti/Epifani/Turchi*, The evidence project, S. 2.

177 Der nationale und internationale Gesetzgeber verwendet derzeit einheitlich den Begriff *elektronisch*.

der Blickpunkt speziell auf den Beweismitteln liegen, die ein digitales (binäres) Format aufweisen.

Deshalb muss geklärt werden, ob auch analoge und/oder nicht elektronische (herkömmliche) Daten nach erfolgter Digitalisierung ebenfalls als digitales Beweismittel erfasst werden können. Beispielshaft sei ein ursprünglich in Papierform vorliegendes Dokument zu nennen, das eingescannt wird. Durch den Scan wird das Schriftstück in die elektronische Form umgewandelt; es entsteht also ein digitales Abbild oder eine Abschrift des (analogen) Originals.[178] Die Datei beruht daher auf Daten, die zuvor digitalisiert worden sind. Fest steht, dass die Daten nach dem Digitalisierungsprozess zu „elektronischen“ werden, auch wenn sie vorher analog und/oder nicht elektronisch waren. Die Frage, ob diese dann aber zu potenziell beweiskräftigen digitalen Beweismitteln werden, ist zumindest dann erheblich, wenn das Original – unabhängig von den Gründen – vernichtet wird (z.B. durch sog. „ersetzendes Scannen“, wenn Papierdokumente für ihre elektronische Weiterverarbeitung oder Aufbewahrung digitalisiert werden und das papiergebundene Original anschließend vernichtet wird)[179]. In einem solchen Fall wäre es fatal, dass potenziell beweiskräftige elektronische Dokument nicht für die gerichtliche Beweiswürdigung heranzuziehen,[180] unabhängig von dem – im Folgenden noch zu bestimmenden – Beweiswert.

Um die Frage zu beantworten, sollte der in den Prozessordnungen verwendete Begriff „elektronisches Dokument“ herangezogen werden, aber auch die im Strafprozessrecht neuen Normen zur Aktenführung und Kommunikation im Verfahren, §§ 32 ff. StPO. Eine Legaldefinition des *elektronischen Dokuments* findet sich in keiner nationalen Verfahrensordnung, obgleich der Terminus vom Gesetzgeber einheitlich verwendet wird.[181] Laut Art. 3 Nr. 35 eIDAS-VO ist elektronisches Dokument, *„jeder in elektronischer Form, insbesondere als Text-, Ton-, Bild- oder audiovisuelle Aufzeichnung gespeicherte Inhalt“*. *Wagner* definiert das „elektronische Dokument“ im Rahmen der zivilprozessualen Normen als ein solches, welches aus elektronischen Daten bestehe, die dauerhaft in einem Schriftträger verkörpert seien, der ohne technische Hilfsmittel nicht gelesen werden könne.[182] Danach wird aber nur deutlich, dass das Beweismittel eine zum

---

178 *Müller*, S. 157; *Roßnagel/Wilke*, NJW 2006, 2145.

179 *BSI* TR 03138 2013, S. 6.

180 Siehe dazu ausführlich unten B.IV.

181 Vgl. nur §§ 130a und 130b, § 174, §§ 371 ff. ZPO, § 3a VwVfG, §§ 46c und d ArbGG.

182 *Wagner*, JuS 2016, 29 (30); so auch *Ory/Weth*, NJW-Beil. 2016, 96 (98) und MüKo-BGB/*Einsele*, § 126a Rn. 3 m.w.N.

Zeitpunkt der Verhandlung elektronische Form aufweisen muss, nicht ob davon nur originär elektronische Beweismittel erfasst sind.

Eine Definition des Begriffes „elektronisches Dokument“ findet sich in dem Regierungsentwurf zu § 32a StPO n.F. Mit den neuen Vorschriften der §§ 32–32f StPO zur Aktenführung und Kommunikation im Verfahren wird nunmehr die Möglichkeit eröffnet Akten im Strafverfahren elektronisch zu führen, § 32 Abs. 1 StPO.[183] Alles was bisher in schriftlicher Form (Schriftstück) bei Gericht und den Strafverfolgungsbehörden eingereicht werden musste, kann auch als elektronisches Dokument[184] übermittelt werden.[185] Laut der Begründung des Regierungsentwurfs zu § 32a StPO ist unter einem elektronisches Dokument, „jegliche Form von elektronischer Information (z.B. Text-, Tabellen-, Bilddatei) zu verstehen, die ein Schriftstück beziehungsweise eine körperliche Urkunde ersetzen soll und grundsätzlich zur Wiedergabe in verkörperter Form (z.B. durch Ausdruck) geeignet ist. Reine Audio- und Videodateien sowie sonstige Informationen, die nicht zur Wiedergabe in verkörperter Form geeignet sind, gelten nicht als elektronisch Dokumente im Sinne der Vorschrift“.[186] Laut Entwurfsbegründung wird der Begriff des elektronischen Dokuments auf solche Dokumente beschränkt, die Urkunden ersetzen können.[187] § 32e StPO n.F. macht aber deutlich, dass nicht nur originäre digitale Dokumente erfasst werden, sondern auch solche, die erst digitalisiert wurden.[188]

Betrachtet man in diesem Kontext die neue Vorschrift des § 249 Abs. 1 Satz 2 StPO[189], die Vorschriften aus dem Zivilrecht (§ 126a BGB und § 130a ZPO) sowie die eIDAS-VO, so spricht einiges dafür den Begriff des „elektronischen Dokuments“ weit auszulegen und Dateien jeden Inhalts zu erfassen – entgegen der Begründung zu § 32a StPO, die im Wortlaut des Gesetzes keine Stütze findet.[190] Das bedeutet, dass Schrift, Bild und Ton nun auf die gleiche Weise, d.h.

---

183 Vgl. nur §§ 130a und 130b ZPO.

184 Wenn dieses mit einer qualifizierten elektronischen Signatur der verantwortenden Person versehen sein oder von der verantwortenden Person signiert und auf einem sicheren Übermittlungsweg eingereicht wurde und für die Bearbeitung durch das Gericht oder die Strafverfolgungsbehörde geeignet ist.

185 BT-Dr. 18/9416, S. 45; Thomas/Putzo/*Seiler*, § 130a ZPO, Rn. 1; hierzu *Müller*, JuS 2015, 609 ff.; *Bacher*, NJW 2015, 2753 ff.

186 BT-Dr. 18/9416, S. 45.

187 *Weiß*, wistra 2018, 245 (246).

188 Dazu sogleich ausführlich.

189 Elektronische Dokumente sind Urkunden, soweit sie verlesbar sind. Siehe dazu unten C.I.1.c. und C.I.5.

190 So auch *Weiß*, wistra 2018, 245 (246).

in digitaler – und damit gleichzeitig in elektronischer – Form, gespeichert werden können,[191] und unter dem in den Gesetzen einheitlich verwendeten Begriff „elektronisches Dokument" zu fassen sind.[192]

Aus der weiten Auslegung des Begriffs kann jedoch nicht gleichsam die Frage beantwortet werden, ob unter elektronischen Dokumenten auch nachträglich digitalisierte Dokumente gefasst werden. Dazu ist neben dem Wortlaut „Dokument" auch der Sinn und Zweck des Begriffs durch Auslegung zu ermitteln.

Dem Dokument im Allgemeinen wird ein konkreter Bezug zu Schriftstücken beigemessen und mit den zentralen Eigenschaften einer Urkunde gleichgesetzt.[193] Abhängig vom jeweiligen Rechtsgebiet und deren Zielrichtungen haben sich folgende Merkmale des Urkundenbegriffs innerhalb von Rechtsprechung und Literatur als wesentlich herausgestellt: Die dauerhafte schriftliche Verkörperung des Inhalts, die unmittelbare Wahrnehmbarkeit, die Erkennbarkeit des Ausstellers und die Beschränkung auf die Erklärung.[194] Für den strafprozessualen Urkundsbegriff ist die Verlesbarkeit das entscheidende Merkmal.[195] Bei digitalen Daten sind die unmittelbare Wahrnehmbarkeit und somit auch die Verlesbarkeit des Inhalts nicht herkömmlich möglich. Ermöglicht wird dies erst durch die (technische) Präsentation der Daten unter Zuhilfenahme technischer Hilfsmittel wie Hard- und Software sowie die anschließende Interpretation dieser Präsentation durch den Menschen.[196] Daher entsprechen digitale Daten nicht dem im allgemeinen Sprachgebrauch zugrundeliegenden Verständnis eines Dokuments, sodass eine durch digitale Daten dargestellte Erklärung kein Dokument im „klassischen Sinne" ist.[197] Demzufolge muss der Begriff des Dokuments weiter gefasst werden, was von der Informationstechnik bereits entsprechend gehandhabt wird. „Ein Dokument bezieht sich auf alle Arten von Informationen, die zur Wahrnehmung durch den Menschen bestimmt sind und als Einheit zwischen Systemen und/oder Benutzern ausgetauscht werden können"[198]. Für die

---

191 *Fischer-Dieskau*, S. 55.

192 Zum Begriff des elektronischen Dokuments im neuen Strafverfahrensrecht ausführlich *Weiß*, wistra 2018, 245 ff. Für die Zivilprozessordnung siehe *Heinze/Prado Ojea*, CR 2018, 37 (38 ff.); siehe dazu unten C.I.2.a.

193 *Fischer-Dieskau*, S. 55.

194 Vgl. MüKo-StPO/*Kreicker*, § 249 Rn. 11 ff.; MüKo-ZPO/*Schreiber*, § 415 Rn. 5 ff.; Schönke/Schröder/*Heine/Schuster*, § 267 StGB Rn. 2 ff.

195 *Beulke/Swoboda*, Strafprozessrecht, R. 203; SSW-StPO/*Kudlich/Schuhr*, § 249 Rn. 12.

196 Dazu *Pordesch*, S. 33 ff.

197 *Fischer-Dieskau*, S. 56.

198 *Fischer-Dieskau*, S. 56 m.w.N.

Wahrnehmbarkeit reicht es aus, wenn die Informationen für den Menschen in einer visuell verständlichen und interpretierbaren Form – in Schriftzeichen[199] – präsentiert werden können.[200] Das entscheidende Kriterium für das Dokument ist dementsprechend die dauerhaft auf dem Schriftträger enthaltene Information, und nicht mehr die physische Eigenschaft, in der sie vorliegt.[201] Dass das Dokument nunmehr als Oberbegriff für Papierdokumente und elektronische Dokumente benutzt wird, zeigen die sprachlichen Gesetzesveränderungen durch den Gesetzgeber in der Zivil- und Strafprozessordnung.[202] Dort wurde der an vielen Stellen eng mit der Papierform verknüpfte Begriff „Schriftstück" durch den umfassenden Begriff des „Dokuments" ersetzt.[203]

Ein weiteres Wesensmerkmal sind die vielfältigen Möglichkeiten der Speicherbarkeit auf einem Medium, wobei sowohl Papier als auch alle Arten von elektronischen, optischen, magnetischen oder magneto-optischen Speichermedien davon umfasst sind.[204] Diese weite Bestimmung des Begriffs „Dokument", muss erfolgen, um die Normen der §§ 32a ff. StPO nicht ad absurdum zu führen. Denn diese beziehen sich auf elektronische und damit auch digitale Dokumente. Hinzu kommt, dass solche Dokumente „die nicht der Form entsprechen, in der die Akte geführt wird (Ausgangsdokumente), in […] die entsprechende Form zu übertragen" sind, sog. Medientransfer nach § 32e StPO. Konkret geht es also darum ein nicht elektronisches Ausgangsdokument in ein elektronisches Dokument zu Aktenführungszwecken zu übertragen. Daher müssen, unter Berücksichtigung von § 32e StPO, von den digitalen Beweismitteln auch solche Beweismittel erfasst werden, die nicht als originär digitale Datei entstanden sind, sondern zuvor digitalisiert wurden und dann erst als Beweismittel im Verfahren präsentiert wurden (sog. sekundäre digitale Beweismittel). Unschädlich für die Einordnung als digitales Beweismittel ist ebenfalls die Transformation[205] von Dokumenten. Das meint den Vorgang, bei dem ein Ausgangsdokument in ein anderes technisches Format übertragen bzw. umgewandelt wird,[206] was auch

199 MüKo-BGB/*Einsele*, § 126a Rn. 3.

200 *Fischer-Dieskau*, S. 56.

201 *Fischer-Dieskau*, S. 56; MüKo-BGB/*Einsele*, § 126a Rn. 3.

202 Ausführlich für den Zivilprozess *Ory/Weth*, NJW-Beil. 2016, 96.

203 *Ory/Weth*, NJW-Beil. 2016, 96 (98).

204 *Fischer-Dieskau*, S. 56.

205 Konvertierung und Umwandlung werden im Folgenden als Synonyme verwendet.

206 *Roßnagel/Schmidt/Wilke*, S. 13, 16 ff.; *Wilke*, S. 30.

rein elektronisch erfolgen kann,[207] wenn die Dokumente letztendlich ein digitales Format aufweisen.

Maßgebend ist demnach, dass ein Beweis auf der Basis digitaler Daten erstellt worden ist,[208] unabhängig zu welchem Zeitpunkt und unabhängig davon, ob es sich um eine originär nicht elektronische und/oder analoge Datei handelt. Zusammengefasst und in Ergänzung der obigen Definition sind *digitale Beweismittel demnach all jene elektronischen Beweismittel, die in numerischen Format erzeugt (und gespeichert) oder in ein numerisches Format konvertiert wurden.* Des Weiteren ist ein elektronisches Dokument weit auszulegen und darunter ist *jegliche Form von elektronischer Information zu fassen, die nur mit Hilfe von informationstechnischer Systeme (allgemein: Informationstechnik) gelesen werden kann.*

In welcher Form die Informationen später im Verfahren präsentiert werden, ist dabei für die Klassifizierung als digitales Beweismittel bedeutsam. In der Regel werden von eingescannten Dokumenten oder E-Mails Ausdrucke oder Verschriftungen erstellt, um diese im Verfahren in analoger Form zu präsentieren.[209] Die Umwandlung von E-Dokument zu Papierdokument führt dazu, dass dieses nicht mehr als digitale Datei angesehen werden kann. Die spätere technische Präsentation ändert aber nichts an der Tatsache, dass es sich bei dem eingescannten Dokument bzw. der E-Mail als Urprodukt um ein Beweismittel handelte, das auf Basis digitaler Daten gegründet worden ist.

Von den digitalen Beweismitteln werden also nicht nur elektronische Dokumente mit Erklärungsinhalten erfasst, sondern auch solche Inhalte, die gerade keine Schriftzeichen enthalten, wie es beispielsweise bei digitalen Fotos und Aufnahmen der Fall ist, weil digitale Beweismittel ebenso in Audio- oder Bildformat dargestellt werden oder gar multimedial sein können, vgl. Art. 3 Nr. 35 eIDAS-VO.[210] Das liegt daran, dass alle Formen von Informationen – Texte, (bewegte) Bilder, Töne und Daten – auf derselben technischen Basis, nämlich der digitalen Technologie dargestellt und gespeichert werden können.[211] Das entspricht auch dem allgemeinen Sprachgebrauch von digitalen Daten, als Basis potenziell beweiserheblicher Beweismittel. Ist von diesen die Rede, wird sowohl von einzelnen Bits, verschiedenen Dokumenten wie PDF oder Microsoft Word-Dateien, als auch von Foto-, Video-, und/oder Audioaufnahmen gesprochen.[212] Digitale Daten können

---

207 Vgl. *Roßnagel/Schmidt/Wilke*, S. 18; *Wilke*, S. 30.
208 So auch Beck/Meier/Momsen/*Momsen*, Cybercrime, S. 67.
209 So für den Zivilprozess: *Borchers/Gottberg/Hoffmann*, S. 40.
210 *Fischer-Dieskau*, S. 57.
211 *Boehme-Neßler*, Unscharfes Recht, S. 225.
212 Vgl. *Meier*, S. 22.

solche Inhalte umfassen, diese sind aber nicht abschließend. Als digitale Inhalte und somit potenzielle digitale Beweismittel müssen ebenso technisch lesbare Auszüge/Inhalte aus Computerprogrammen, Anwendungen (Apps), Spiele, Telefon-, und Ortungsdaten, Inhalte aus elektronischen und Online-Datenbanken, Blog- und Foreneinträge sowie Inhalte in sozialen Netzwerken wie etwa *facebook*, *Twitter*, *WhatsApp*, *Viber* oder in einer Cloud gespeicherte Daten in Erwägung gezogen werden, solange sie in einem digitalen, hier binären Format vorliegen.

2. Digitale Beweisführung

Im Strafprozess muss jede Verurteilung eines Angeklagten auf einer schlüssigen Beweisführung beruhen. Der Nachweis der begangenen Straftat kann verständlicher Weise nur mit erlaubten Beweisen geführt werden, d.h. mit solchen die keinem Beweisverbot unterliegen. Dafür erfolgt in der Hauptverhandlung eine Beweisaufnahme, in der die potentiellen Beweise in der vorgeschriebenen Form der geltenden Prozessordnung erhoben werden. Auch wenn durch die Anhörung von Zeugen Tatverdächtige identifiziert werden können, so gelten greifbare und handfeste, mithin verkörperte Beweise einer individuellen Beteiligung bei einer Tat als überzeugender und verlässlicher. Generell müssen überzeugende und nachvollziehbare Verbindungen zwischen Angreifer, Opfer und dem Tatort hergestellt/festgestellt werden. Dafür suchen Ermittler nach hinterlassenen physischen Spuren am Tatort.[213] Denn erst Spuren ermöglichen die Rekonstruktion eines Tathergangs. Sie bilden damit die Grundlage jeder forensischen Untersuchung, und dienen als *Beweismittel* im weiteren Verlauf als Grundlage des strafprozessualen Beweisverfahrens, wo sie letztlich dem Tatrichter helfen sich von einer bestimmten Tatsache zu überzeugen oder diese zu widerlegen.[214]

Basierend auf dem *Locard'schen* Austauschprinzip[215] führt ein Kontakt zwischen mindestens zwei „Parteien" zwangsläufig zur Entstehung von physischen Spuren und damit zu einem Beweisaustausch bzw. -transfer,[216] denn es ist annähernd unmöglich, Handlungen auszuführen, ohne irgendwelche physische Spuren zu hinterlassen.[217] Der Austausch gilt für jeglichen Kontakt am Tatort,

213 Zumindest bei solchen Tatbeständen, bei denen regelmäßig körperliche Spuren vermutet werden und/oder vorhanden sind.

214 *Dewald*, S. 18 f.

215 Der französische Mediziner Dr. Edmond Locard formulierte und bewies das bis heute gültige Austauschprinzip: Locard's Exchange Principle.

216 Dazu *Locard*; vgl. Casey/*Casey*, Digital Evidence and Computer Crime, S. 16.

217 *Dewald*, S. 18.

einschließlich dem zwischen Verdächtigem und Opfer (Verletzten/Geschädigten), zwischen einer waffentragenden Person, und zwischen einem Dritten (auch Ermittlern) und dem Tatort.[218] Dies geschieht einerseits durch Übertragung von Materie, andererseits von Mustern.[219] In der körperlichen Welt wird der Täter gewöhnlicherweise unbeabsichtigt Spuren organischer (etwa Blut, Haare, Sperma oder Speichel), daktyloskopischer (Finger- oder Fußabdrücke) oder auch anorganischer Art (etwa Fasern) am Tatort hinterlassen und selbst solche von dem Tatort mitnehmen. Das bedeutet, dass es immer eine zu beweisende Interaktion gibt, auch wenn diese manchmal praktisch unmöglich belegbar ist. Ziel muss es sein, diesen Beweisaustausch zu finden und für die Beweisführung im Prozess zu nutzen.

Versucht man das oben erwähnte Austauschprinzip auf die digitale Welt zu übertragen, zeigt sich, dass eine digitale Interaktion keine Materie am Tatort hinterlässt, da alle Zustände weiterhin diskret bleiben. Weil die digitale Straftat im virtuellen Raum stattfindet, findet dort für gewöhnlich keine physische Interaktion zwischen Täter und Opfer statt,[220] wie wir es bei einem realen Tatort gewohnt sind. Trotz dessen entstehen die sozialschädigenden Effekte notwendigerweise in der realen Welt, sodass der Beziehung zwischen den handelnden Personen eine wesentliche Bedeutung zukommt.[221] In der digitalen Welt werden aber ebenso Muster übertragen, wenn Informationen von einem Objekt zum anderen übertragen werden,[222] etwa beim Austausch von E-Mails. Diese Übertragung kann somit als Basis für den Nachweis eines Kontakts zwischen zwei Objekten im Cyberspace dienen,[223] sog. digitales Austauschprinzip[224] nach *Locard* (siehe Abbildung 1). Hinzu kommt, dass auch rein digitale Straftaten physische Spuren am Tatort hinterlassen können, etwa wenn ein Schalter oder eine Taste physisch betätigt und dadurch Software gestartet wird.[225] Ein Beweistransfer findet demnach sowohl in der realen als auch in der virtuellen Welt statt,[226] sei es durch Übertragung von Materie oder von Mustern. Daraus ist nach *Basar* ein neues „digitales Spurennetz" entstanden, welches in nahezu jedem Strafrechtsfall von

218 Casey/*Casey*, Digital Evidence and Computer Crime, S. 16.
219 Näher *Dewald*, S. 20 ff.
220 Labudde/Spranger/*Pawlaszczyk*, Forensik in der digitalen Welt, Kap. 5.2, S. 115.
221 *Brodowski/Freiling*, Cyberkriminalität, S. 54.
222 *Dewald*, S. 48.
223 *Dewald*, S. 49.
224 So Labudde/Spranger/*Pawlaszczyk*, Forensik in der digitalen Welt, Kap. 5.2, S. 115.
225 *Dewald*, S. 49.
226 Casey/*Casey*, Digital Evidence and Computer Crime, S. 16 f.

Belang sein kann.[227] Dieser Austausch oder Transfer führt zu Verbindungen oder auch Anknüpfungspunkten für die Beweissicherung und -führung, die im Zusammenhang mit einem Sachverhalt im Allgemeinen und mit einem Delikt im Speziellen stehen.

Aus forensischer Sicht kann man zwei Typen von sog. (Digital-[228] oder Magnet-[229]) Spuren unterscheiden: erstens digitale Spuren, die direkt mit physischen Datenträgern verbunden bzw. verknüpft sind, und zweitens digitale Spuren, die rein virtuell sind.[230] Rein virtuelle digitale Spuren können von IT-Nutzern auf verschiedenste Art hinterlassen werden, beispielsweise auf Webseiten, E-Mail- und social Media-Konten, auf Blogs, mittels verschiedener Internet-Identitäten, als PayPal-Guthaben oder Cloud Daten, bei Onlinegeschäften, in virtuellen Adressbüchern und Kontakten oder über Telekommunikationsverträge.[231]

Spuren des ersten Typs treten bei der Speicherung oder Veränderung unterschiedlichster elektronischer Instrumente oder Komponenten auf.[232] Beispielhaft seien nur Computerfestplatten, digitale Speichermedien (USB-Stick, CD, DVD, GPS, SIM-Karte etc.), Kommunikationsgeräte (Smartphone, Mobiltelefon), Activity Tracker (Fitnessband), Haushalts- und Home-Entertainment Geräte (TV, Recorder, Receiver) oder die in Kraftfahrzeugen enthaltenden Steuergeräte samt Steuerungstechnik (Motormanagement, Airbag, Antiblockierungssystem, Diebstahlsschutz, GPS-System usw.)[233] zu nennen.[234] Digitale Beweismittel können dann Kommunikationsbeziehungen zwischen Tatverdächtigen und Opfern, Aufenthaltsorte, (Online-)Aktivitäten zur Tatzeit und andere Informationen aufdecken, die die digitale Dimension der Ermittlungen liefern.[235]

---

227 *Basar*, FS Wessing, S. 637.

228 Zur Definition s. MAH Strafverteidigung/*Freimuth*, § 63 Rn. 163: „Digitale Spuren sind alle Informationen, die in binärer Form elektronisch gespeichert oder übermittelt werden."

229 *Eisenberg*, Rn. 1938a.

230 *Jaquet-Chiffelle*, Kriminalistik 2014, 188 (189); *Neuhaus/Artkämper*, Rn. 185 ff.; anders *Brodowski/Freiling*, Cyberkriminalität, S. 123 f., die in und zwischen technisch vermeidbaren und technisch unvermeidbaren Spuren unterteilen und unterscheiden; siehe dazu auch *Dewald*, S. 40 f.

231 *Deusch*, ZEV 2014, 2; *Neuhaus/Artkämper*, Rn. 187.

232 Vgl. *Eisenberg*, Rn. 1938; *Jaquet-Chiffelle*, Kriminalistik 2014, 188 (189); MAH Strafverteidigung/*Freimuth*, § 63 Rn. 163 f.

233 Näheres zu den digitalen Spuren in Fahrzeugen bei *Arnold*, Kriminalistik 2015, 742 und *Brummer/Hoch*, Kriminalistik 2017, 643.

234 Vgl. *Neuhaus/Artkämper*, Rn. 186; weitere Beispiele bei MAH Strafverteidigung/*Freimuth*, § 63 Rn. 164.

235 Casey/*Casey*, Digital Evidence and Computer Crime, S. 32.

Dabei darf, unabhängig von den Fragen, wie digitale Beweismittel in die Hauptverhandlung eingeführt werden und welcher Beweiswert ihnen zukommt, nicht außer Acht gelassen werden, dass auch das digitale Beweismittel, wie es auch das analoge, zur Entlastung von einem Vorwurf im Strafverfahren dienen kann.[236] Mit dem gewonnen digitalen Beweismittel soll unter Umständen eine entscheidungserhebliche Tatsache im Prozess bewiesen werden, denn erforderlich für die Sachverhaltsermittlung im realen oder digitalen Raum sind Beweise. Diese Art von Beweisführung, d.h. mittels Beweisen (Spuren) digitaler Natur bzw. in digitaler Form, wird im Folgenden als *digitale Beweisführung* bezeichnet.[237]

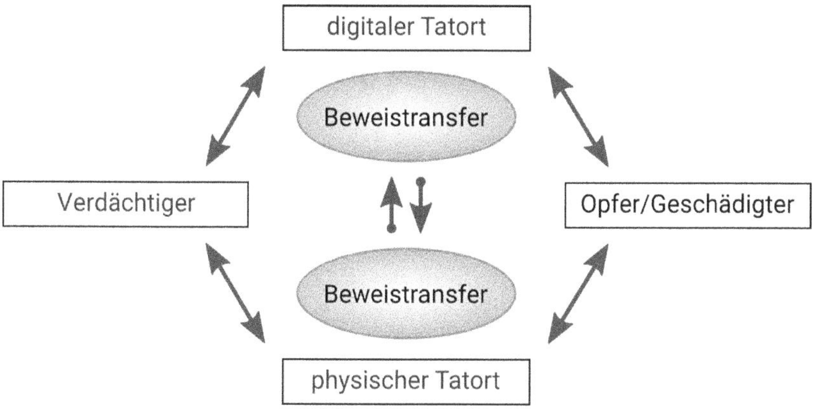

Abbildung 1: *Der Beweistransfer am digitalen Tatort nach Locards Austauschprinzip*[238]

Ziel einer solchen Beweisführung, sei es mit digitalen Beweisen oder mit herkömmlichen Beweisen, ist und bleibt es, Beweise zu schaffen und einzubringen, die einem möglichst hohen Beweiswert aufweisen. Insbesondere für das Strafverfahren bedeutet dies, eine tragfähige Grundlage für eine Anklageerhebung oder Verfahrenseinstellung zu schaffen.

236 So auch *Momsen/Hercher*, S. 177.

237 Dabei handele es sich laut *Knopp*, S. 2, um kein genau abgrenzbares rechtliches Forschungsfeld und keinen feststehenden Begriff.

238 Zu der Erweiterung von *Locards* Austauschprinzip auf den digitalen Tatort siehe Casey/*Casey*, Digital Evidence and Computer Crime, S. 16 f.; vgl. Abbildung 1.

III. Eigenarten und Charakteristika digitaler Beweismittel

Digitale Beweismittel weisen indes im Vergleich zu „herkömmlichen" Beweismitteln Besonderheiten auf, die es zu berücksichtigen gilt. Unter den herkömmlichen Beweismitteln sind neben den analogen auch alle weiteren Beweismittel gemeint, denen keine Perpetuierung von Informationen zugrunde liegt, wie Zeugen oder sonstige Einlassungen von Personen.[239] Dabei ist augenscheinlich, dass im Gegensatz zu den herkömmlichen Beweismitteln besonderes Augenmerk auf die digitale Form der enthaltenen, gespeicherten Informationen gelegt werden muss. Die digitalen Informationen liegen meist in einer für den Menschen nicht direkt zugänglichen Form vor.[240] Insbesondere die fehlende schriftliche Verkörperung[241] und die damit einhergehende fehlende Lesbarkeit von digitalen Daten macht sie zu etwas Besonderem. Die digitalen Daten müssen zunächst extrahiert und in eine lesbare Form übersetzt werden,[242] weil es ihnen an der unmittelbaren Wahrnehmbarkeit (Sichtbarkeit) durch das menschliche Auge fehlt.[243] Um digitale Daten aufzubereiten und nutzbar zu machen, bedarf es zunächst ein oder mehrerer Zwischenschritte. Sie können als solche nicht ohne Weiteres in den (Straf-)Prozess eingeführt werden, denn sie stellen ein völlig untaugliches Beweismittel dar.[244] Nutzbar bedeutet dabei, die Sicht- und/oder Hörbarmachung der Daten zum Zwecke des Gebrauchens. Dieser Vorgang erfordert den Einsatz von Werkzeugen, die eine Abstraktion bzw. Interpretation der physischen Spuren zeigen.[245] Nach *Pordesch* sind zwei Schritte nötig, um elektronische Dokumente als Erklärung interpretieren zu können: (1) die Präsentation als technische Interpretation und (2) die Interpretation dieser Präsentation durch den Menschen.[246] Neben der Vermittlung durch das Speichermedium, müssen die digitalen Daten also einen sog. technischen Interpretationsprozess durchlaufen, wozu entsprechende/spezielle technische Hilfsmittel (Hard- und Software) benötigt werden, um eine Datei oder ein Foto wahrzunehmen bzw. eine Ton- oder Videoaufnahme abspielen zu können (Präsentation).[247] Zur Aufbereitung

---

239 *Momsen*, FS Beulke, S. 874 Fn. 14.
240 *Dewald*, S. 38.
241 Im Sinne von Stofflichkeit.
242 *Dewald*, S. 38.
243 Vgl. BGH StV 2012, 272.
244 *Momsen*, FS Heintschel-Heinegg, S. 314; siehe dazu ausführlich unten C.I.3.
245 *Dewald*, S. 38.
246 *Pordesch*, S. 33 ff.
247 Vgl. BGH StV 2012, 272.

sind also Werkzeuge nötig und diese können nur eine Abstraktion bzw. Interpretation der Informationen zeigen. Die Abstraktionen können mehrere Ebenen enthalten und jede Abstraktionsebene kann Interpretationsfehler aufweisen.[248] Folglich birgt der notwendige Bearbeitungs- oder Umwandlungsprozess für das Beweismittel ein hohes Interpretations- und Reduktionsrisiko, denn Bearbeitung sei nichts anderes als Manipulation (in einem wertneutralen Sinne).[249] *Momsen* spricht weiter von der „Herstellung“ des Beweismittels im engeren Sinne.[250] Zwar wird bei analogen Wiedergabegeräten wie Schallplattengeräten, Videorecordern oder Diaprojektoren ebenfalls Hardware[251] zur Wahrnehmbarkeit (Darstellung) benötigt, jedoch bedarf es keiner weiteren Software[252], wie es bei den digitalen Beweismitteln der Fall ist.[253] Üblicherweise wird ein Computer als Hardware verwendet und Software, also verschiedene auf diesem installierte Programme, um das digitale Format darstellen/abspielen zu können.[254] Die mögliche Darstellung auf dem Monitor stellt aber keine Verkörperung der Daten dar,[255] weil es sich bei diesen Daten lediglich um magnetische Speicherungen auf einem Datenträger handelt, die körperlich weder greifbar noch sichtbar seien.[256] Die Inhalte sind nur „so lange lesbar, als der Rechner in Betrieb ist und die Datei aufgerufen“[257] ist. Zur (erstmaligen) Verkörperung kann das Erstellen eines Ausdrucks vonnöten sein. Zahlreiche Daten sind daher regelmäßig flüchtig, was sich am besten an Informationen im Arbeitsspeicher (RAM) verdeutlichen lässt.[258] Liegen die Informationen lediglich dort vor, werden sie bei Trennung der Stromzufuhr automatisch gelöscht. Sollten die Daten dagegen auf einem externen Speichermedium enthalten sein, liegen sie in gegenständlicher, verkörperter Form vor.[259] Der Datenträger ermöglicht als Hilfsmittel die

248 Ausführlich *Dewald*, S. 38 f.

249 So *Momsen*, FS Beulke, S. 877; *ders.*; FS Heintschel-Heinegg, S. 314.

250 *Momsen*, FS Beulke, S. 877; *ders.*; FS Heintschel-Heinegg, S. 314.

251 Gesamtheit der technischen Anlage eines Computers, also alle mechanischen und elektronischen Bestandteile: Leupold/Glossner/*von dem Bussche/Schelinski*, MAH IT-Recht, Teil 1 Rn. 1.

252 Umfasst Computerprogramme, dessen Programmbeschreibung sowie Begleitmaterial: Leupold/Glossner/*von dem Bussche/Schelinski*, MAH IT-Recht, Teil 1 Rn. 2.

253 *Knopp*, S. 7.

254 Vgl. *Kemper*, NStZ 2005, 538 (540).

255 So schon *Bizer/Hammer*, DuD 1993, 619 (622).

256 *Hoffmann*, S. 47; *Kemper*, NStZ 2005, 538 (540).

257 *Abel*, MMR 1998, 644 (645).

258 Vgl. *Abel*, MMR 1998, 644 (645); *Gercke/Brunst*, Rn. 46.

259 *Abel*, MMR 1998, 644 (645).

verkörperte Existenz der digitalen Daten,[260] indessen ist diese Verkörperung nicht schriftlich. Des Weiteren kann der Erzeugungs- bzw. Bearbeitungsprozess, um die in digitaler Form enthaltenen Daten gebrauchen zu können, zu dem negativen Nebeneffekt führen, dass je nach verwendeter Software die Darstellung der enthaltenen Daten/Informationen variieren kann. Ein Problem was unter dem Stichwort Präsentationsproblem[261] bzw. der Mehrdeutigkeit digitaler Daten zusammenzufassen ist.[262] Dies hat zur Folge, dass ein gewisser Interpretationsspielraum der präsentierten Daten durch den Menschen verbleibt. So kann es nicht immer garantiert werden, „dass eine Datei in der Form und Vollständigkeit wiedergegeben wird, die der ursprünglich erstellt und vom Urheber intendierten entspricht".[263] Insbesondere bei sehr komplexen Formaten ist zu beachten, dass nicht alle Datenformate verlustfrei in ein anderes Format überführt werden können.[264] Im schlimmsten Fallen können Daten verloren gehen oder sich das Erscheinungsbild dieser ändern. „Elektronische Dokumente sind in ihrer Darstellung gegenüber einem menschlichen Betrachter immer mehrdeutig."[265] Die Mehrdeutigkeit digitaler Daten kann sich mitunter auch im Hinblick auf die verwendete Hardware auswirken. Wenn beispielsweise, die für die Interpretation verwendeten Ein- und Ausgabegeräte mit unterschiedlichen Eigenschaften eingesetzt werden.[266] Damit rückt auch das Problem der mangelnden Geschichte der Daten und auch der fehlenden Möglichkeit ihnen ihre Herkunft anzusehen, in den Vordergrund. Digitale Spuren sind zunächst getrennt von der physischen Welt zu betrachten. Sie sind nicht personenbezogen. Für die Zuordnung einer Information oder Datei zu einer konkreten Person und ggf. ihrer Handlung stellt es eine Herausforderung dar, weil die Urheberschaft oft unklar ist und sich im Falle der Datei die Zuordnung nicht ohne Weiteres aus den darauf enthaltenen Angaben vornehmen lässt.[267] Praktische Auswirkungen hat dies, wenn ein Delikt mittels Einsatzes eines Computers begangen wird und über die Zuordnung der IP-Adresse Aufschluss über die Frage der Täterschaft gesucht wird.[268] Schwierigkeiten ergeben sich einerseits, wenn die Vorgaben und Fristen zur

---

260 Vgl. *Kemper*, NStZ 2005, 538 (540) m.w.N.
261 Dazu ausführlich *Pordesch*, S. 54 ff.; siehe auch *Wilke*, S. 71 ff.
262 Aktive Inhalte, versteckte Kommentare, etc. bergen hier Gefahren.
263 *Momsen*, FS Heintschel-Heinegg, S. 315.
264 *Johannes/Potthoff/Roßnagel/Neumair/Madiesh/Hackel*, S. 187.
265 *Roßnagel/Schmidt/Wilke*, S. 19.
266 Näher *Pordesch*, S. 70 ff.
267 Vgl. *Eisenberg*, Rn. 1938f.
268 Siehe zum Beweiswert von IP-Adressen unten C.VI.4.

Löschung von Verkehrsdaten, die gerade darüber Aufschluss geben, welche IP-Adresse zu welcher Zeit welchem Rechner zugewiesen war, die Rückverfolgung und Identifikation der Täter unterbinden.[269] Aber auch dann, wenn der benutzte Computer ein Unternehmens-, oder Familiencomputer ist, der von mehreren Personen (Familienmitgliedern, Arbeitskollegen, Freunden, WG-Mitgliedern etc.) genutzt werden kann bzw. zur Tatzeit genutzt wurde,[270] und der Inhaber des Internetanschlusses vorträgt, die betreffende Handlung oder Erklärung nicht selbst vorgenommen zu haben. In solchen Fällen, nämlich bei Delikten mit Internetbezug, verneint die Rechtsprechung einen hinreichenden Tatverdacht gegen den Anschlussinhaber nur anhand der eindeutigen Zuordnung zu seiner IP-Adresse.[271] Denn dadurch kann kein Aufschluss darüber gegeben werden, welche Person das Computersystem tatsächlich genutzt hat,[272] denn die IP-Adresse führt lediglich zu einer Internetanschlussstelle, die von jeder Person, der die Zugangsdaten kennt, genutzt werden kann.[273] In diesem Bereich erschwert die von den Dienstleistern praktizierte Mehrfachvergabe sog. dynamischer IP-Adressen und auch die Benutzung von Anonymisierungssoftware zusätzlich die Rückverfolgbarkeit und damit die rechtliche Aufklärung.[274] Demzufolge bedarf eine konkrete Zuordnung eines wirksamen und anerkannten Authentifikationsmechanismus.

Die erstmalige Herstellung oder Speicherung der digitalen Daten geschieht aber nicht nur im Inland, sondern erstreckt sich immer mehr aufs Ausland,[275] was eine Besonderheit bereits beim Zustandekommen des digitalen Beweismittels darstellt. Klärungsbedarf besteht nicht nur für die Frage des Zugriffs auf die Daten,[276] sondern auch für die Zuordnung. Vorteilhaft ist dabei die Möglichkeit

---

269 *Hilgendorf/Valerius*, Rn. 759.

270 *Momsen/Hercher*, S 175 f. m.w.N.; Welp/*Gruhl*, S. 68.

271 Zumeist in Akteneinsichtsgesuche betreffenden Fällen, vgl. LG Karlsruhe MMR 2010, 68; LG Köln BeckRS 2008, 23649; LG Saarbrücken MMR 2008, 562.

272 *Sieber*, Gutachten C, S. 37.

273 *Warken*, NZWiSt 2017, 289 (297).

274 *Meier*, MschKrim 2012, 184 (192, 199); zu der Herausforderung durch dynamische IP-Adressen näher *Sieber*, Gutachten C, S. 36 f. und *Warken*, NZWiSt 2017, 289 (297 f.).

275 Das externe Speichern von Daten wird mit der Verbreitung von *Cloud Computing* zu nehmen.

276 Auf ausländische Daten kann zugegriffen werden, soweit die benötigten Informationen frei zugänglich sind. Besteht dagegen ein besonderer Schutz der Daten am physikalischen Ort der Speicherung im Ausland, sind die Befugnisse der inländischen Behörden sodann in territorialer Hinsicht erschöpft. Die inländischen Strafverfolgungsbehörden müssen den ausländischen Staat, in dem sich die die Server mit

die digitalen Daten auf unterschiedlichste Art und Weise zu speichern. Grob eingeteilt kann dies auf körperlichen Speichermedien wie CDs, DVDs, USB-Sticks und auf „unkörperlicher Weise“ in der Cloud oder in sozialen Netzwerken geschehen. Diese enorme Vielfältigkeit der Speicherung lässt eine einfachere Lagerung der Daten zu, da komprimierte Datenablagen möglich sind (vgl. Cloud). Die in den Daten enthaltenen Informationen sind ständig verfügbar und können unabhängig vom Standort des Benutzers abgerufen werden. Diverse Nutzer können sogar simultan auf die Daten zugreifen und dies von unterschiedlichen Endgeräten, was im Zusammenhang mit der Zuordnung von Handlungen die bereits vorhandenen Schwierigkeiten nicht unwesentlich erhöht. Dass auch bei der Datenlagerung die Unabhängigkeit von Ort, Zeit und Endgerät immer wichtiger wird, beweist instruktiv das *Cloud Computing*.[277] Vorteilhaft ist weiterhin, dass elektronische Daten im Gegensatz zu körperlichen Gegenständen generell keinem Verfall unterliegen: sie sind theoretisch unbegrenzt haltbar und lassen sich eine lange Zeit aufbewahren,[278] im Vergleich zu riesigen Aktenbergen sogar platzsparend. Die einfachere und ortsungebundene Lagerung digitaler Daten bei ständiger Verfügbarkeit geht mit der Reduzierung und Flexibilisierung der Kosten einher. Es muss dabei auf eine geeignete Lagerung geachtet werden. In der Praxis bereitet die dauerhafte Aufbewahrung und demzufolge die langfristige Beweisbarkeit noch einige Schwierigkeiten,[279] mit denen umgegangen werden muss: vor allem mit dem schnellen Wechsel der Hard- und Software und dem natürlichen Alterungsprozess verwendeter Speicher.[280] Festplatten gehen kaputt und auch Datenformate, ohne diese eine bestimmte Datei im Speicher lediglich ein nutzungsunfähiger Block an Zahlen ist. Bestimmte Daten und ihre Formate werden im Laufe der Zeit obsolet und verschwinden, genauso wie die (Schreib-,

---

Daten befinden, dann um Rechtshilfe bitten. Näher dazu *Bär*, ZIS 2011, 53; *Warken*, NZWiSt 2017, 289 (295) und speziell zur Cloud *Obenhaus*, NJW 2010, 651 (654) und Buschmann u.a./*Ladiges*, S. 117. Siehe dazu auch den aktuellen Vorschlag der EU-Kommission für eine Verordnung über Europäische Herausgabe- und Sicherungsanordnungen für elektronische Beweismittel in Strafsachen v. 17.4.2018, COM (2018) 225 final, abrufbar unter https://eur-lex.europa.eu/legal-content/DE/TXT/HTML/?uri=CELEX:52018PC0225&from=EN, sowie *Burchard*, ZIS 2018, 190 ff. und 249 ff. und *Smuha*, EuCLR 2018, 83.

277 Vgl. Hilber/*Weiss*, Cloud Computing, Teil 1A Rn. 22.

278 *Heinson*, S. 5.

279 Siehe zur beweiskräftigen Langzeitarchivierung signierter Dokumente das Projekt *ArchiSig* und *Roßnagel/Fischer-Dieskau/Jandt/Knopp*; sowie unten C.VI.6.

280 *Diwell*, E-Justice, S. 455 f.

Bild- und Audio-) Programme, mit denen man sie lesen könnte.[281] Die Frage, wie auch nach langer Zeit Beweise sicher geführt werden können, ist bislang weitgehend ungelöst. All dies liegt an der passiven Natur digitaler Beweise; sie können nur eine Handlung durchführen, wenn ein Befehl dazu gegeben wird.[282] Sie existieren nur, um an menschlichen Aktivitäten/Handlungen zu partizipieren.[283]

Die diskrete Form digitaler Informationen führt zu der positiven Eigenschaft, dass diese im Gegensatz zu physikalischen Beweisen beliebig oft dupliziert werden können.[284] Es können perfekte Kopien von den in der Datei enthaltenen Informationen erzeugt werden; also solche, die nicht vom Original zu unterscheiden sind.[285] Eine Kopie eines Beweismittels erleichtert die Arbeit an diesem[286] und schont das Original. Die Tatsache, dass das Original unberührt bleibt, stellt eine enorme Erleichterung der Untersuchungen dar – im Gegensatz zu solchen an vielen physischen Spuren (Blut oder DNA-Spuren), die dadurch teilweise zerstört werden.[287] Wird eine digitale Datei dupliziert, muss dies gewährleistet werden, ohne dass die Ursprungsdaten verändert werden. Das Original und Kopie übereinstimmen, lässt sich aber vergleichsweise leicht belegen, etwa durch einen bitweisen Vergleich der Dokumente oder dem Vergleich der Hashwerte der Kopie und der Originaldatei.[288] In der Praxis wird dies häufig durch die Verwendung kryptographischer Hashfunktionen nachgewiesen.[289] Hingegen ist die Tatsache, dass digitale Spuren, die bei einer Straftat unter Verwendung des Computers, überall entstehen können[290] und es praktisch unmöglich ist diese zu zerstören, Fluch und Segen zu gleich. Selbst gelöschte Dateien können oft noch lange Zeit rekonstruiert werden und sind somit nicht endgültig gelöscht.[291]

---

281 Langfristig muss das Ziel sein, den Zugriff auch auf ältere Daten sicherzustellen.

282 *Marshall*, Digital Forensics, S. 13.

283 *Marshall*, Digital Forensics, S. 13.

284 Vgl. *Dewald*, S. 43.

285 *Geschonneck*, Kap. 4.8. Eine Datei an sich kann nicht exakt dupliziert werden, weil die physikalischen Details der Speicherung (etwa Metadaten) von den Programmen nicht erkannt und nicht protokolliert werden.

286 Alle IT-forensischen Untersuchungen werden in der Regel an der 1:1 Kopie eines digitalen Beweismittels durchgeführt.

287 *Dewald*, S. 43.

288 *Dewald*, S. 43; MAH Strafverteidigung/*Kricsanowits*, § 80 Rn. 17 f.

289 MAH Strafverteidigung/*Kricsanowits*, § 80 Rn. 17; siehe dazu ausführlich unten C.IV.2.b.

290 Vgl. *Heinrichs/Wilhelm*, Kriminalistik 2010, 30 (32).

291 Wer bei den meisten handelsüblichen Computerprogrammen eine Datei „löscht", entfernt nicht physikalisch deren Daten, sondern ändert lediglich die Hinweise in

Meist existieren viele Duplikate einer Datei auf verschiedenen Datenträgern oder verteilt auf Netzwerken.[292] Gleichwohl ist die vermeintlich leichte Zerstörbarkeit digitaler Beweise eine Eigenschaft mit der im Prozess richtig umgegangen werden muss. Weil digitale Beweismittel alle auf derselben technischen Basis beruhen, wird in diesem Zusammenhang die Multimedialität allgegenwärtig. Die digitalen Informationen lassen sich im Gegensatz zu den Analogen ohne technische Schwierigkeiten in unterschiedlichen Kombinationen integrieren,[293] und als weiteren Vorteil unabhängig von bestimmten Trägermedien problemlos über das Internet übertragen.

Das aber wohl größte Risiko der digitalen Beweismittel geht mit der in vielerlei Hinsicht (vermeintlich) leichten Veränderbarkeit der Daten, bedingt durch ihre digitale Form, einher. Als weitere negative Folge der Digitalisierung geraten die steigenden Bearbeitungs- und Manipulationsmöglichkeiten vermehrt in den Fokus, unter gleichzeitig schwindender Nachweisbarkeit.[294] Manipulationen an Beweisen sind aber nicht erst durch den Prozess der Digitalisierung entstanden, also kein digitales Phänomen, sondern waren auch bisher ein Thema im Feld der Beweiserhebung. Manipulationsmöglichkeiten erhielten indes neue Brisanz, weil die digitalen Bearbeitungsmöglichkeiten weiter als die analogen gehen[295]. Dafür wird lediglich die richtige Hard- und Software benötigt. Demzufolge kann gegenwärtig jeder auf – zumeist kostenlose – (Bearbeitungs-) Programme zugreifen, die es auf vielfältige Weise ermöglichen, Texte oder Bilder ohne nennenswerten Aufwand zu verändern.[296] Somit wird auch der durchschnittliche Anwender, ein Laie, in die Lage versetzt, durchaus anspruchsvolle Manipulationen mit informationstechnischer Hilfestellung durchzuführen.[297] Dass Manipulationen oder unabsichtliche Veränderungen jedoch spurlos gelingen, ist – trotz ihres Rufes[298] – für den Laien in der Regel nicht möglich, so einfach heutzutage nachträgliche Veränderungen von Daten auch vorgenommen werden können. Erfolgte Manipulationen können beispielhaft bei einem Abgleich von erstellter Kopie und Original nachgewiesen werden. Die immer wieder in den Fokus

---

der Dateizuordnungstabelle, so dass die Daten mit speziellen Suchprogrammen noch aufzufinden sind: *Eisenberg*, Rn. 1938c.

292 Labudde/Spranger/*Pawlaszczyk*, Forensik in der digitalen Welt, Kap. 5.2, S. 115.

293 *Boehme-Neßler*, Unscharfes Recht, S. 225 f.

294 *Knopp*, ZRP 2008, 156 (157).

295 *Knopp*, ZRP 2008, 156 (157).

296 *Marschall/Herfurth/Winter/Allwinn*, MMR 2017, 152.

297 *Knopp*, ZRP 2008, 156 (157).

298 Vgl. *Knopp*, S. 2; *Pordesch*, 20, 35.

geratene Diskussion der (möglichen) spurlosen Veränderbarkeit dürfte das Vertrauen in digitale Beweismittel weiter sinken lassen,[299] was für die gesamte Prozessordnung erhebliche Herausforderungen nach sich zieht. Dagegen kann gezielt mit Schutzmaßnahmen bzw. Sicherungsmitteln wie beispielsweise elektronischen Signaturen gearbeitet werden, um eine höhere Manipulationssicherheit als bisher bei entsprechenden analogen Beweismitteln zu schaffen. Indessen stellt der Einsatz von Anonymisierungssoftware und Verschlüsselungstechnologie[300] bei digitalen Informationen eine weitere Herausforderung dar.[301]

Zusätzlich fehlt es den Gerichten beim Umgang mit den digitalen Beweisen und den dafür erforderlichen Geräten (Stichwort: IT-Forensik[302]) an spezifischer Erfahrung,[303] bedingt durch die rasante Entwicklung in der Informationstechnologie und die steigende Verbreitung von Digitaltechnik. Insbesondere Polizei und Staatsanwaltschaft wird damit im Vorfeld des gerichtlichen Verfahrens einiges abverlangt,[304] gerade weil elektronischen Beweismitteln im Strafverfahren

---

299 Vgl. *Knopp*, S. 2; *Pordesch*, S. 20, 35.

300 Siehe zur kryptographischen Verschlüsselung unten C.IV.2.a.

301 Näher dazu *Bär*, EDV-Beweissicherung, Rn. 481 ff.; *Brodowski/Freiling*, Cyberkriminalität, S. 125 ff.; *Bunzel*, S. 97 ff.; *Gercke/Brunst*, Rn. 47–50; *Warken*, NZWiSt 2017, 449 (451). Aus rechtlicher Sicht stellt sich im Hinblick auf die Verschlüsselung die Frage, ob und wenn ja, mit welchen Mitteln die Ermittlungsbehörden Zugriff auf ein Passwort oder einen Schlüssel zum Entschlüsseln erlangen können. Eine explizite gesetzliche Ermächtigungsgrundlage zur Umgehung der Verschlüsselungsproblematik könnte nunmehr in § 100a StPO (Quellen-Telekommunikationsüberwachung) und § 100b StPO (Online-Durchsuchung) zu sehen sein, um die Daten bereits vor der Verschlüsselung auf dem Gerät des Absenders oder spätestens nach der Entschlüsselung auf dem Empfängergerät im Klartext abzugreifen. Zu den Gefahren aus Sicht der IT-Sicherheit *Pohlmann/Riedel*, DuD 2018, 37 und zur strafprozessualen Entschlüsselung von Smartphones *Momsen*, DRiZ 2018, 140 und *Bäumerich*, NJW 2017, 2718.

302 Allgemein kann darunter die Datenanalyse zur Aufklärung von Vorfällen einschließlich der Techniken zur Vorfallsbearbeitung (*incident response*) gefasst werden. Siehe dazu unten F.

303 Vgl. *Knopp*, S. 2.

304 So äußerte sich jüngst *Věra Jourová*, die EU Kommissarin für Justiz, Verbraucher und Gleichstellung dazu: „Während viele Straftäter die modernsten und schnellsten Technologien nutzen, müssen sich die Strafverfolgungsbehörden mit überholten, schwerfälligen Verfahren herumschlagen. Straftätern, die mit Methoden des 21. Jahrhunderts arbeiten, können die Strafverfolgungsbehörden nur mit Instrumenten des 21. Jahrhunderts das Handwerk legen.“

eine immer wichtigere Bedeutung zukommt.[305] Die Ermittlungsbehörden müssen mit dem informationstechnischen Wandel mithalten, um mit der Täterseite annähernd auf Augenhöhe zu bleiben bzw. zu kommen. Gleiches gilt für die gerichtsfeste Sicherung und Analyse digitaler Daten.[306] Es fehlt bisher an einer internationalen Harmonisierung, was auch im Beweisrecht deutlich wird.[307] Aber auch die Gerichte müssen mit fehlendem Wissen und Unsicherheit im Umgang mit digitalen Beweismitteln jenseits der Schriftdokumente kämpfen. Praktisch kann dies die pauschale Abwertung des Beweiswertes, die Selbstüberschätzung der Gerichte bei der Würdigung oder das Gegenteil, nämlich die überproportionale Hinzuziehung von Sachverständigen und damit eine gewisse Abhängigkeit zu diesen, nach sich ziehen. Den Entwicklungsprozess der herkömmlichen Beweise von teilweise hunderten von Jahren, lässt das digitale Beweismittel missen.[308] Es besteht noch erheblicher Forschungsbedarf: Es ist und wird auch weiterhin eine große Herausforderung sein, mit elektronischen und digitalen Daten richtig umzugehen, denn an sich sind Daten relativ nutzlos, wenn nicht eine bestimmte Form des „Lesens“ sie sinnvoll und damit nutzbar macht. Zu vergleichen ist dies mit herkömmlicher Schrift. Für einen Menschen der nicht lesen kann, ist Schrift wertlos. Erst die Möglichkeit die Daten lesbar zu machen (oder eventuell das Wissen über den korrekten Kontext)[309] macht sie wertvoll. Das bedeutet für digitale Daten, dass sie ohne passende Hard- und Software unlesbar und wertlos sind.[310] Der dazu notwendige Bearbeitungs- und Umwandlungsprozess führt dazu, dass „die verwertbare gemachte Information stets im Kontext ihrer digitalen Speicherung bleibt“.[311] Für all jene potentiell beweiskräftigen Daten, die als Beweismittel in Betracht kommen, bedeutet das aber auch, dass ihnen ohne Kontextdaten im Grundsatz nur eine geringe Aussagekraft zukommt.[312] Im Hinblick auf die bereits angesprochene Beweisführung in der Praxis bedeutet dies, dass eine ausschließliche Beweisführung aufgrund von digitalen Spuren nicht durchführbar ist, sondern es immer zusätzlicher

---

305 *Warken*, NZWiSt 2017, 289.

306 *Sieber*, Gutachten C, S. 39.

307 Siehe dazu *Sieber*, Gutachten C, S. 67.

308 *Knopp*, S. 2.

309 Bei komplexen Systemen kann das Schaffen eines Kontextes die größere Hürde sein. Beispielsweise Log-Dateien auf Servern aufgrund von Abhängigkeiten zu Log-Dateien auf anderen Servern.

310 *Jungermann*, S. 67.

311 *Momsen*, FS Beulke, S. 878; vgl. *Heinson*, S. 4.

312 Vgl. *Heinson*, S. 4.

(nicht-digitaler) Spuren bedarf. Es bleibt daher abzuwarten, ob sich daraus auch ein rechtlicher Handlungsbedarf ergibt.

IV. Abstraktes Bedürfnis zum Umgang mit digitalen Beweismitteln

Rechtlicher Handlungsbedarf für die Anpassung des Strafprozessrechts an den rasanten informationstechnischen Wandel kann sich unter anderem daraus ergeben, dass für die Parteien – insbesondere dem Gericht, der Staatsanwaltschaft, dem Strafverteidiger sowie dem Opfer und Täter – ein (besonderes) Bedürfnis zum Umgang mit digitalen Beweismitteln besteht und dieser Umgang nach derzeitiger Rechtslage (de lege lata) nicht zufriedenstellend gelöst ist. Damit einhergehend die Fragen, wann ein generelles und wann ein besonderes Bedürfnis zum Umgang mit digitalen Beweismitteln besteht. Um anschließend auf den derzeitigen Umgang digitaler Beweismittel im Strafverfahrensrecht zu sprechen zu kommen[313] und zu der maßgebenden Frage hinzuführen, ob die gegenwärtige Fassung der Strafprozessordnung den Umgang mit digitalen Beweisen zulässt.[314]

1. Rechtliche Relevanz digitaler Beweismittel (im Allgemeinen)

Seit Jahren sind die Parteien im Strafverfahren ohne digitale Beweismittel ausgekommen. So konnten sie nach herkömmlicher Vorgehensweise, d.h. mit den in der Strafprozessordnung erwähnten Beweismitteln ans Ziel kommen. Daher kann die Frage aufkommen, ob es überhaupt notwendig ist, digitale Daten als Beweismittel heranzuzuziehen. Ausgehend von der Prämisse, dass ein Sachverhalt ausschließlich in der „analogen Welt" spielt und die sozialschädigenden Effekte und die zu sanktionierenden Handlungen in der realen Welt stattfinden, wird diese Frage relativ einfach zu negieren sein. Jedoch haben die Digitalisierung und Technisierung der Gesellschaft das Recht umgestaltet, damit beginnend, dass sich die oben aufgeworfene Prämisse geändert hat. Angefangen von der privaten Kommunikation, die bereits zu einem großen Teil in digitalisierter Form erfolgt,[315] bis hin zu der Welt in der die Handlungen geschehen, es mehren sich die Sachverhalte, die größtenteils oder ausschließlich in dem virtuellen Raum (Cyberraum-, space[316]), der digitalen Welt, ablaufen.[317] Unser Leben

---

313 Siehe dazu unten B.IV.6.

314 Siehe dazu unten C. und C.I.

315 Beck/Meier/Momsen/*Momsen*, Cybercrime, S. 71.

316 Zur Definition s. *Grützner/Jakob*, Compliance von A-Z, „Cyberraum".

317 *Knopp*, S. 1; vgl. auch *Warken*, NZWiSt 2017, 289 f.

und die damit einhergehenden strafrechtlichen Vorgänge sind mehr und mehr durch die virtuelle Realität geprägt und spielen sich im Cyberspace ab. Der virtuelle Raum ist allgegenwärtig, aber nicht losgelöst von der digitalisierten realen Welt zu betrachten.[318] Mit steigender Bedeutung digitaler Daten ist auch deren rechtliche Relevanz gestiegen.[319] Früher waren bei „klassischen Delikten", deren Tathandlung sich nicht im Cyberspace abspielt, herkömmliche Beweise ausreichend, um die Tat aufklären zu können.[320] Betrachtet man beispielsweise einen Diebstahl als klassisches Delikt, so wird dieser durch Zeugenaussagen und durch Auffinden des Diebesgutes aufgeklärt werden können.[321] In einem solchen Fall sind digitale Beweismittel nur als weitere Indizien zur Aufklärung des Sachverhaltes geeignet und erforderlich.[322] Heutzutage verlagern sich die getätigten Handlungen immer mehr in den digitalen Raum sowie Kriminalitätserscheinungen zunehmend ins Internet.[323] Das von den Tätern angestrebte Diebesgut stellt keine Sache mehr dar, sondern bezieht sich auf digitale Daten, die die Identität einer Person betreffen (z.B. Kontodaten, Benutzernamen und/oder Kennwörter). Diese digitalen Identifizierungsmerkmale werden immer begehrter und sehen sich vermehrt Identitätstäuschungen und -diebstählen[324] ausgesetzt. Nicht nur in der realen Welt, sondern auch im Cyberspace werden Spuren hinterlassen – mit dem einzigen Unterschied, dass diese *digital* vorliegen.[325] Die Ermittlungsarbeit verlagert sich insofern auch auf die Suche digitaler Spuren, um den für eine Straftat relevanten Sachverhalt festzustellen.

„Computerdaten ersetzen zunehmend klassische Dokumente."[326] Die papierfixierte schriftliche Mitteilung verliert dagegen an Bedeutung.[327] Was früher einmal vor Gericht analog präsentiert wurde, wie Textdokumente oder Fotos, wird nun in digitaler Form vorgelegt oder beruht auf digitalen Ursprüngen.[328] Die Zahl der ausschließlich digital gespeicherten Informationen nimmt erheblich

---

318 Vgl. Labudde/Spranger/*Labudde/Spranger*, S. XI; *Schliesky*, ZRP 2015, 56.
319 *Knopp*, S. 1.
320 *Momsen/Hercher*, S. 179.
321 So *Momsen/Hercher*, S. 180.
322 *Momsen/Hercher*, S. 180.
323 *Marberth-Kubicki*, Vorwort; *Warken*, NZWiSt 2017, 289 (290).
324 Meint die nicht gestattete, rechtswidrige Beschaffung fremder, bestehender Identitätsmerkmale.
325 *Brodowski/Freiling*, Cyberkriminalität, S. 123; siehe hierzu oben B.II.2.
326 *Gercke/Brunst*, Rn. 45.
327 *Abel*, MMR 1998, 644.
328 *Knopp*, S. 2.

zu. Deutlich beeinflusst werden die Wachstumsraten dabei durch den Umstand, dass bei Verarbeitungsprozessen digitaler Informationen zahlreiche Daten zum Nutzungsverhalten anfallen, die ebenfalls gespeichert werden können.[329] Ein online abgerufenes Dokument, lässt zahlreiche nutzungsbezogene Informationen anfallen, die gespeichert oder weiterverarbeitet werden können, wo hingegen durch die Einsichtnahme eines Buches in einer öffentlichen Bibliothek keine solchen nutzungsbezogenen Informationen anfallen.[330]

Kriminelle, wie Extremisten und Terroristen, nutzen moderne Technologien und das Internet um zu kommunizieren und rekrutieren, Geld zu besorgen, Transaktionen zu tätigen, Opfer ausfindig zu machen, Kontakte zu pflegen, Propaganda zu verbreiten und damit ihre (Straf-)Taten zu planen, vorzubereiten und ggf. mittels elektronischer Werkzeuge gleich im Cyberspace durchzuführen.[331] Das alles zeigt, die generelle Notwendigkeit Daten aus elektronischen Systemen zu Beweiszwecken zu verwenden.

Es besteht aber auch dann ein Bedürfnis auf digitale Beweismittel zurückzugreifen, wenn nur diese verfügbar sind, wie es beim ersetzenden Scannen[332] der Fall ist. In einem solchen Fall dienen diese dann nicht nur als Indizien, sondern als „Hauptbeweise".

Die Polizei benötigt digitale Beweise um Straftaten aufzuklären und Verdächtige zu identifizieren. So schaffen digitale Bild- und Videoaufzeichnungssysteme nach Überfällen oder gewalttätigen Übergriffen beispielsweise in Banken eine wichtige Ermittlungsbasis für die Polizei.[333] Im Bereich der Verkehrsmesstechnik stellen digitale Fotografien die für die Polizei- und Bußgeldbehörden benötigte Identifizierungshilfe dar, um Ordnungswidrigkeiten (Verkehrsverstöße) zu verfolgen.[334] Ebenfalls eine tragende Rolle spielen digitale Lichtbilder in Verkehrsunfallprozessen.[335] Sachverständige fertigen regelmäßig Lichtbilder von Kraftfahrzeugunfällen und -schäden an, um das betreffende Objekt zu dokumentieren.[336] Versicherungsunternehmen akzeptieren diese ebenso zum Schadensnachweis oder nutzen Digitalbilder zur Dokumentation.[337] Daneben sind

329 *Gercke/Brunst*, Rn. 45.
330 *Gercke/Brunst*, Rn. 45.
331 Vgl. BVerfG NJW 2008, 822 (829).
332 Siehe zum ersetzenden Scannen unten C.VI.5.
333 Siehe dazu die Seite des Bundesverbands Sicherheitstechnik e.V. (BHE), online abrufbar unter www.bhe.de.
334 Näher hierzu *Schäfer*, SVR 2007, 368.
335 Vgl. hierzu *Bachmeier*, NZV 2003, 1 ff.
336 Vgl. hierzu *Mühlhausen/Prell*, NJW 2002, 99 ff.
337 Näher hierzu *Marschall/Herfurth/Winter/Allwinn*, MMR 2017, 152 ff.

sie häufig Bestandteil von Gutachten oder der forensischen Arbeit der Ermittlungsbehörden.[338]

Selbst wenn das Beweismittel selbst bei Straftaten keine direkte Rolle spielt, kann es schon ausreichen, dass ein (mobiles) elektronisches Endnutzergerät am (vermeintlichen) Tatort existiert. Es dient als Ausgangspunkt für weitere Ermittlungen;[339] als passiver Beobachter und somit potentieller digitaler Zeuge von Ereignissen.[340] Denn die Geräte produzieren Unmengen an digitalen Daten, die Auskünfte über unser Verhalten, unsere Gedanken, Bedürfnisse und Kommunikationsinhalte geben,[341] worauf unmittelbar auf einen bestimmten Aufenthaltsort oder eine bestimmte Tätigkeit geschlossen werden kann.[342] Wenn etwa eine Person als vermisst gemeldet wurde, werden die Ermittler typischerweise auch das Handy (oder Smartphone)[343] der Person untersuchen.[344] Die Wahrscheinlichkeit ist groß, dass es die Person bei sich hatte, als es verschwand. Solche Mobilfunkgeräte senden selbst im Stand-by-Modus permanent elektronische Signale (sog. Signalisierungsdaten) aus, um ihren Standort im Funknetz mitzuteilen.[345] Ist es möglich, das Handy zu orten, besteht eine große Wahrscheinlichkeit auch die Person zu finden, bzw. weitere Anhaltspunkte darüber, wo sie sich bewegt hat oder mit wem sie Kontakt hatte (Anruferlisten). Bringt die Handyortung keinen weiteren Aufschluss, etwa weil es ausgeschaltet ist, wird man im nächsten Schritt mithilfe von digitaler Forensik den privaten Computer der Person untersuchen. Ziel ist es herauszufinden, ob per E-Mail oder in sozialen Netzwerken, Foren private Treffen mit jemandem vereinbart worden sind, mit wem die (vermisste) Person in Kontakt stand oder ob sich darüber sonstige Hinweise bezüglich des aktuellen Aufenthaltsortes der Person ermitteln lassen.[346] Denn eine Vielzahl von Programmen (etwa Facebook, Google) versenden permanent aktuelle Informationen.[347] Aber auch das Kraftfahrzeug darf heutzutage als Beweismittelträger nicht unterschätzt werden.[348] Moderne Fahrzeuge enthalten

338 *Knopp*, ZPR 2008, 156 (157).

339 *Warken*, NZWiSt 2017, 289 f.; vgl. *Marshall*, Digital Forensics, S. 9.

340 *Blechschmitt*, MMR 2018, 361 (363); vgl. *Marshall*, Digital Forensics, S. 7, 13.

341 *Blechschmitt*, MMR 2018, 361 (362).

342 *Warken*, NZWiSt 2017, 289 (290).

343 Zur Handyforensik siehe unten F.I. und F.II.; näheres bei *Rogge*, der kriminalist 2015, 29.

344 *Marshall*, Digital Forensics, S. 9.

345 *Warken*, NZWiSt 2017, 289 (290).

346 Vgl. *Marshall*, Digital Forensics, S. 9.

347 Näher *Warken*, NZWiSt 2017, 289 (290).

348 Ausführlich *Brummer/Hoch*, Kriminalistik 2017, 643.

komplexe elektronische Systeme, die in der Lage sind eine Vielzahl an digitalen Daten verschiedenster Arten zu genieren: angefangen vom digitalen Kontrollgerät und dem Navigationsgerät über die Bluetooth-Schnittstelle, die integrierte Mobilfunkeinheit, welche eine „Fernwartung“ durch den Hersteller ermöglicht, hin zum Fahrzeugschlüssel.[349] Die dadurch erlangten digitalen Daten können den Unfallhergang aufklären,[350] die Alibis Verdächtiger verifizieren, die zurückgelegten Strecken nachvollziehen lassen oder es ermöglichen, das Vor- und Nachtatverhalten einzuschätzen.[351] In naher Zukunft werden in diesem Zusammenhang auch smarte Endgeräte wie Sprachassistenten[352], Smartwatches[353] und Fitnessarmbänder als unbeteiligte „Augenzeugen“ verstärkt in den Fokus der Strafverfolgungsbehörden geraten.[354] Gerade letzteres speichert eine Vielzahl von Parametern, die direkt zum Smartphone und üblicherweise auch ohne Umwege in die Cloud übermittelt werden. Aufgrund dieser bestehenden Verknüpfung entstehen umfangreiche persönliche Gesundheitsdaten[355] und digitale Spuren, die als Ausgangspunkt für weitere Ermittlungen dienen können.[356] Das zeigt, dass die Möglichkeit besteht, altbewährte analoge Ermittlungstätigkeiten durch digitale Daten zu ergänzen und in Bezug zu ihrer verfahrensrelevanten Erkenntnis zu interpretieren.[357]

Hinzu kommt, dass Polizei und Staatsanwaltschaft immer mehr auf die Hilfe Dritter angewiesen sind um zuvor begangene bzw. geplante Straftaten aufzuklären. Es ist selbstverständlich geworden sein Smartphone zu zücken, wenn es sich

---

349 *Brummer/Hoch*, Kriminalistik 2017, 643 (644 f.).

350 Näher *Arnold*, Kriminalistik 2015, 742 ff.

351 *Brummer/Hoch*, Kriminalistik 2017, 643 ff.; zu den neuen Ermittlungsansätzen im Strafverfahren im Hinblick auf vernetzte Fahrzeuge *Grabowski*, Kriminalistik 2018, 208 ff.

352 Vgl. https://www.zeit.de/digital/datenschutz/2016-12/amazon-echo-mord-aufnahmen-polizei; https://www.tagesschau.de/inland/sprachassistent-beweismittel-101.html und https://www.zeit.de/digital/datenschutz/2019-06/digitale-spuren-sprachassistenten-smart-home-beweismittel-innenministerkonferenz, zuletzt aufgerufen am 21.10.2019.

353 Bezeichnet Uhren, die selbst keine SIM Karte enthalten, aber mit dem Smartphone kommunizieren, um Handyfunktionen zu unterstützen oder selbständig zu erledigen.

354 Dazu näher *Blechschmitt*, MMR 2018, 361 und *Rüscher*, NStZ 2018, 687.

355 Wie Gewicht, Größe, Geschlecht, Herzfrequenz und die zurückgelegten Schritte und Laufstrecken, Energieumsatz und teilweise wird auch die Schlafqualität aufgezeichnet.

356 Siehe dazu https://www.theguardian.com/technology/2017/apr/25/fitbit-data-murder-suspect-richard-dabate, zuletzt aufgerufen am 21.10.2019.

357 *Brummer/Hoch*, Kriminalistik 2017, 643.

um ein Großereignis handelt oder in der näheren Umgebung etwas Ungewöhnliches bzw. Aufregendes passiert. Von den Geschehnissen werden teils umfassende Bilder, und/oder Video- und Audioaufnahmen erstellt, um den Moment einzufangen. Möglicherweise sind diese Aufnahmen die einzigen potenziell verwertbaren Beweise, auf die die Strafverfolgungsbehörden zugreifen können, um erste Ermittlungen in die Wege zu leiten.[358] Nach den Terroranschlägen in Boston im April des Jahres 2013 erhielten die US-amerikanischen Sicherheitsbehörden nach einem öffentlichen Fahndungsaufruf innerhalb weniger Stunden über eine Million Fotos und mehr als 1.000 Stunden Videomaterial.[359] Auch um die Vorfälle in der Silvesternacht 2016 in Köln aufzuklären, wurden private Handyvideos untersucht. Es verwundert daher nicht, dass sich die Ermittler immer öfter dieser neuen Informationsquellen bedienen, da es gut möglich sein könnte, dass ein Passant etwas eingefangen hat, was einer Überwachungskamera entgangen ist.[360] In diesem Zusammenhang liefern die technischen Mittel[361], die verfügbar sind, eine Vielzahl von elektronischen und digitalen Daten, die Tatsachen im Prozess beweisen können.

Bleiben menschliche Handlungen (allein) auf elektronischem Wege nachweisbar, besteht daher ein *generelles Bedürfnis* zum Umgang mit digitalen Beweismitteln. Denn derartige Daten dürften für sich alleine betrachtet im Einzelfall für die Identifizierung des Täters bzw. Mittätern, Ermittlung des Tatzeitraumes, Verifizierung von Alibis oder zur Lieferung von Hinweisen zum Umfang der Tat ausreichend sein.[362]

2. Deliktsstruktur

Abhängig von der jeweiligen Deliktsstruktur entscheidet sich, welche Bedeutung digitalen Beweismitteln in einem konkreten Einzelfall zukommt.[363] Bekanntlich besonders relevant sind digitale Beweismittel im Bereich von Cybercrime. In den letzten Jahren ist eine neue Dimension von Kriminalität gängige Praxis geworden, nämlich Straftaten, bei denen elektronische Werkzeuge verwendet werden.

---

358 So auch *Bäumerich*, NJW 2017, 2718, im Hinblick auf die durch Smartphones erlangten Daten (etwa gespeicherte Anruflisten, Chatverläufe, Fotos, etc.).

359 Bundeskriminalamt/*Ziercke*, Tagungsband Cybercrime, S. 4.

360 Das Bundeskriminalamt schaltete ein entsprechendes Hinweisportal, um deutschen Hooligans auf die Spur zu kommen, die bei der Fußball-Europameisterschaft in Frankreich an Krawallen beteiligt waren.

361 *Marshall*, Digital Forensics, S. 7, bezeichnet diese als »unsleeping witnesses«.

362 Vgl. MAH Strafverteidigung/*Kricsanowits*, § 80 Rn. 81.

363 *Momsen/Hercher*, S. 179 f.

Laut *Bundeskriminalamt* umfasst Cybercrime „die Straftaten, die sich gegen das Internet, Datennetze, informationstechnische Systeme oder deren Daten richten (Cybercrime im engeren Sinne) oder mittels dieser Informationstechnik begangen werden".[364] Zu ihren Wesensmerkmalen gehören in Abweichung zur klassischen Kriminalität, dass sie oft automatisierbar[365], räumlich entgrenzt und flüchtig seien.[366] Der Begriff *Internetkriminalität* ist längst nicht mehr nur mit Kinderpornographie und Urheberrechtsverletzungen in Verbindung zu setzen.[367] In Anlehnung an die *Cybercrime Convention* des Europarats wird zwischen vier Erscheinungsformen der Internetkriminalität[368] unterschieden:

(1) Angriffen auf die Vertraulichkeit, Unversehrtheit und Verfügbarkeit von Computerdaten und -systemen,
(2) Angriffen auf netzunabhängige Rechtsgüter, bei denen die I(nformations-) u(nd) K(ommunikations) – Technologie als Tatmittel eingesetzt wird,
(3) über das Internet verbreiteten inhaltsbezogenen Straftaten und
(4) strafbewehrten Schutzrechtsverletzungen.[369]

Alle diese Tätigkeiten gehen mit dem Einsatz digitaler Informationstechnik einher.

Im Phänomenbereich „Computerkriminalität" kann die polizeiliche Kriminalstatistik eine kontinuierlich steigende Kriminalitätsentwicklung verzeichnen. Für das Jahr 2017 und 2018 umfasst dieser die Fälschung beweiserheblicher Daten, die Täuschung im Rechtsverkehr bei Datenverarbeitung nach §§ 269, 270 StGB, die Datenveränderung und Computersabotage nach §§ 303a, 303b StGB, das Ausspähen, Abfangen von Daten einschließlich Vorbereitungshandlungen und Datenhehlerei gemäß §§ 202a, 202b, 202c und 202d StGB, die private Softwarepiraterie und die in Form gewerbsmäßigen Handelns und den Computerbetrug

364 Https://www.bka.de/DE/UnsereAufgaben/Deliktsbereiche/Internetkriminalitaet/internetKriminalitaet.html, zuletzt aufgerufen am 21.10.2019; *Bundeskriminalamt*, Cybercrime 2017, S. 2.

365 Programme laufen selbständig und bedürfen keiner weiteren menschlichen Unterstützung.

366 Vgl. *Brodowski/Freiling*, Cyberkriminalität, S. 53; *Neuhaus/Artkämper*, Rn. 183.

367 Hilber/*Trüg/Mansdörfer*, Cloud Computing, Teil 7 Rn. 1, vgl. *Vassilaki*, MMR 2006, 212 (213).

368 Die EU bekämpft diese seit dem 11.01.2013 mit dem European Cybercrime Centre (EC3).

369 Näher *Meier*, MschrKrim 2012, S. 184 (187 ff.); *Neuhaus/Artkämper*, Rn. 182.

nach § 263a StGB, welcher nicht bereits zu dem Bereich „ sonstiger Computerbetrug“ gehört.[370]

2018 wurden insgesamt 110.475 Fälle von Computerkriminalität (gesamt) registriert, was zu dem Vorjahr (108.510) eine Steigerung von 1,8 % bedeutet.[371] Davon 8.541 Fälle (+2,3 %) von Fälschungen beweiserheblicher Daten und Täuschungen im Rechtsverkehr bei Datenverarbeitungen, 2.875 Fälle (–20,1 %) von Datenveränderung und Computersabotage, 8.762 Fälle (–8,7) von Ausspähen/Abfangen von Daten einschließlich Vorbereitungshandlungen und Datenhehlerei, sowie 89.901 Fälle (+4,1 %) von Computerbetrug.[372]

Im Jahr 2017 wurden außerdem 85.960 Fälle von Cybercrime im engeren Sinne[373] registriert, was zum Jahr 2016 (82.649) einen Anstieg von 4 % darstellt. Die für 2017 ausgewiesene Gesamtschadenssumme im Deliktsbereich Cybercrime betrug 71,8 Mio. Euro (2016: 51,6 Mio. Euro). Vom erfassten Gesamtschaden entfielen rund 71,4 Mio. Euro (2016: 50,9 Mio. Euro) auf den Bereich Computerbetrug und über 0,4 Mio. Euro (2016: 0,7 Mio. Euro) auf die missbräuchliche Nutzung von Kommunikationsdiensten.[374] Dabei ist zu beachten, dass im Deliktsbereich „Cybercrime“ in der PKS ausschließlich die Schäden für Fälle des Computerbetrugs als Cybercrime im engeren Sinne und der missbräuchlichen Nutzung von Kommunikationsdiensten registriert werden.[375]

Bezogen auf das Tatmittel Internet gilt, dass im Jahr 2017 251.617 Fälle erfasst wurden, die unter *Nutzung des Tatmittels Internet* begangen wurden.[376] Im Vergleich zum Vorjahr 2016 (253.290 Fälle) kann ein leichter Rückgang um 0,7 %

---

370 *Bundeskriminalamt*, PKS 2018, Jahrbuch IV, S. 181; *ders.*, PKS 2018 Summenschlüssel, S. 6; *ders.*, PKS 2017 Summenschlüssel, S. 6. Mit dem Berichtsjahr 2016 wurde ein neuer Summenschlüssel „Computerbetrug“ eingeführt, der innerhalb der Computerkriminalität die Computerbetrugsdelikte bündelt.

371 *Bundeskriminalamt*, PKS 2018 Jahrbuch IV, S. 180; *ders.*, PKS 2017, Jahrbuch IV, S. 176.

372 *Bundeskriminalamt*, PKS 2018 Jahrbuch IV, S. 181.

373 Dies sind im Einzelnen Computerbetrug als Cybercrime im engeren Sinne, sonstiger Computerbetrug, ein Ausspähen und Abfangen von Daten einschl. Vorbereitungshandlungen und Datenhehlerei, die Fälschung beweiserheblicher Daten bzw. Täuschung im Rechtsverkehr, Datenveränderung/Computersabotage und eine missbräuchliche Nutzung von Telekommunikationsdiensten: *Bundeskriminalamt,* Cybercrime 2017, S. 2.

374 *Bundeskriminalamt*, Cybercrime 2017, S. 30.

375 *Bundeskriminalamt*, Cybercrime 2016, S. 7; so auch für das Jahr 2017: *ders.*, Cybercrime 2017, S. 30.

376 *Bundeskriminalamt*, Cybercrime 2017, S. 9.

verzeichnet werden.[377] Es handelt sich bei den mittels Tatmittel Internet begangenen Straftaten überwiegend um Betrugsdelikte (Anteil: 183.529 Fälle, 74,4 %), darunter vor allem Fälle von Waren- und Warenkreditbetrug[378] (134.476 Fälle).[379] Empirisch gesehen spielt bei dem Tatmittel Internet also der (Computer-) Betrug die größte Rolle.[380]

Liegt ein solches Cybercrime vor, was sich nur im digitalen Raum abgespielt hat, ist es die Regel, dass keine greifbaren, sondern nur digitale Spuren am Tatort hinterlassen werden. Es bleibt daher den Ermittlungsbehörden „in Ermangelung herkömmlicher Beweise nichts anderes übrig, als sich einzig und alleine auf digitale Spuren zu verlassen und dieser zu bedienen".[381]

Zu den herkömmlichen Computerstraftaten treten zwei weitere Deliktsgruppen hinzu, denen eine steigende Bedeutung zugewiesen werden kann: die Verbreitung von Informationen mit rechtswidrigen Inhalten und die Verletzung von Rechten Dritter an Informationen.[382] Im Zusammenhang mit der Verletzung von Rechten an Dritter sind klassischerweise Urheberrechtsverletzungen und die sog. Softwarepiraterie erwähnenswert.[383] Unter der Verbreitung rechtswidriger Informationen sind unter anderem die Nutzung des Internets durch Extremisten, die Verbreitung strafbarer pornographischer Darstellungen, ebenso wie die Verbreitung persönlichkeitsverletzender Informationen und Darstellungen, z.B. durch beleidigende Äußerungen, zu fassen.[384]

Im Kampf gegen die Verbreitung strafbarer (Kinder-)Pornographie und Gewaltdarstellungen weisen digitale Beweismittel eine besondere Relevanz

---

377 *Bundeskriminalamt*, PKS 2016 Jahrbuch I, S. 32; *ders.*, Cybercrime 2017, S. 9.

378 Bei diesen bieten die Täter über das Internet Waren zum Verkauf an, die jedoch entweder nicht oder in minderwertiger Qualität geliefert wurden bzw. die Täter die Waren bestellten und nicht bezahlten.

379 *Bundeskriminalamt*, Cybercrime 2017, S. 9.

380 Vergegenwärtigt man sich die Zahlen der PKS, so darf nicht in Vergessenheit geraten, dass die Zahlenangaben wenig über den tatsächlichen Umfang der Computer- und Internetdelikte aussagen, weil sie nur diejenigen Straftaten widerspiegeln, von denen die Polizei Kenntnis erlangt hat und nicht die Anzahl der tatsächlich Erfolgten. Des Weiteren darf das erhebliche Dunkelfeld nicht außen vorgelassen werden.

381 *Momsen/Hercher*, S. 180.

382 *Barton*, S. 26 f.

383 *Barton*, S. 26 f., 38 f.

384 *Barton*, S. 26 f., 34 ff.

auf,[385] trotz des statisch geringen Anteils in der PKS. Im Jahre 2018 erfolgte die „Verbreitung pornografischer Schriften (Erzeugnisse)“ in 7421 Fällen über das Internet (2017: 6283 Fälle, +18,11 %), was nur 2,7 % aller mit Tatmittel Internet begangenen Fälle entspricht.[386] Die besondere Relevanz ergibt sich unter anderem daraus, dass Pädokriminalität von international agierenden kriminellen Netzwerken organisiert wird, die das Internet für ihre Belange missbrauchen.[387] Das Gleiche gilt für die Verbreitung von extremistischen und terroristischen Gedankenguts, wo das Tatmittel Internet zur Selbstverständlichkeit geworden ist.[388] Websites werden dazu genutzt fremdenfeindliche Propaganda und Weltanschauungen in der Öffentlichkeit zu verbreiten und, um eine beträchtliche Zahl von Extremisten für Aktivitäten – etwa Demonstrationen, Kundgebungen oder Mahnwachen – zu mobilisieren.[389] Aber auch bei den allgemeinen Delikten der Nachstellung, Erpressung (Stichwort: digitale Erpressung), Nötigung und Diebstahl immateriellen Eigentums spielen digitale Beweise eine immer größer werdende Rolle.[390] „War früher ein Schimpfwort auf dem Schulhof oder dem Marktplatz in Sekunden vom Winde verweht, bleibt es heute scheinbar für ewig im Internet erhalten und kann mit einem Klick von der ganzen Welt gesehen werden.“[391] Gleiches gilt für die Nachstellung. Statt physischer Nachstellung ist es Tätern heute möglich, ihre Opfer virtuell mittels Tablet oder Laptop von Zuhause aus beharrlich zu belästigen.[392] Im Zusammenhang mit den Äußerungsdelikten (§§ 185 ff. StGB) ist besonders das Cybermobbing hervorzuheben, also allgemein ausgedrückt „Beleidigungen, Verleumdungen und Stalking im Internet – mithin Straftaten jenseits der Fälle erlaubter Meinungsäußerung“.[393] Konkret wird darunter „die gezielte, wiederholte und damit anhaltende Bloßstellung, Belästigung oder Ausgrenzung eines Einzelnen durch mehrere andere

---

385 Vgl. *Barton*, S. 37 f; MAH Strafverteidigung/*Kricsanowits*, § 80 Rn. 8; dazu lesenswert das Urteil des AG München im sog. CompuServe-Fall v. 28.5.1998: NStZ 1998, 518; dazu *Hilgendorf*, ZStW 113, 650 (656 ff.).

386 *Bundeskriminalamt*, PKS 2018 Grundtabelle „Tatmittel Internet“, Nr. 76; *ders.*, PKS 2017 Grundtabelle „Tatmittel Internet“, Nr. 67.

387 Vgl. *Vassilaki*, MMR 2006, 212 (213).

388 Näher dazu Beck/Meier/Momsen/*Freter*/*Zimpelmann*, Cybercrime, S. 119 ff. und Welp/*Fromm*, S. 41 ff.

389 *Vassilaki*, MMR 2006, 212 (213); näher *Barton*, S. 35 f.

390 Siehe auch *Momsen*/*Hercher*, S. 181.

391 *Reiter*, JM 2016, 83 (85).

392 *Reiter*, JM 2016, 83 (85).

393 *Heckmann*, NJW 2012, 2631.

Personen mittels Nutzung von Informations- und Kommunikationstechnologie […], welches die Lebensgestaltung des Opfers beeinträchtigt" verstanden.[394] Auch hier gilt, dass einmal veröffentliche Äußerungen und Angriffe im Internet eine nahezu unbegrenzte Dauerhaftigkeit aufweisen,[395] so gut wie nicht mehr löschbar sind und es bei der Allgegenwärtigkeit sozialer Netze praktisch keinen Rückzugsraum mehr gibt.[396]

Ein kaum zu bemessenes Gewicht kommt digitalen Beweismitteln in Umfangsverfahren der Wirtschafts- und Steuerkriminalität zu,[397] gerade im Bereich der Geldwäsche und der Korruption. Der Großteil der Beweismittel in diesen Verfahren beruht mittlerweile auf elektronischen Dokumenten. Elektronische Korrespondenz (E-Mail-Verkehr, Chat-Protokolle), Verträge und Rechnungen, Präsentationen und Kalkulationen sowie elektronische Aktennotizen und Gesprächsvermerke spielen als relevante Beweismittel eine wesentliche Rolle.[398] Dies spiegelt die Ausstattung des Geschäfts- und Privatlebens mit datenspeichernden Geräten wie PCs, Handys, Faxgeräten, modernen Kopierern oder auch digitalen Zugangskontrollen von Türen wider.

Abgesehen von den oben genannten Delikten kann generell davon ausgegangen werden, dass je mehr internetbasierte menschliche Kommunikation stattfindet bzw. das Medium Internet als Universalplattform für Kommunikation, dem Abspielen und Nutzen von Medien, Inhalten oder für Transaktionen genutzt wird, desto höher auch die Bedeutung digitaler Beweise und *dessen Notwendigkeit im Speziellen.*[399] Als Konsequenz der leichten Verfügbarkeit von digitalen Daten spielen diese sowohl bei computerbezogenen Straftaten als auch bei der Verfolgung traditioneller Delikte wie Tötungs- oder Körperverletzungsdelikten eine zunehmend größere Rolle.[400] Digitale Beweismittel können bei Morden, Brandstiftungen, Entführungen und Vergewaltigungen, ohne dass die Tat durch eine Computernutzung vollzogen wurde, bei der Überführung von Tätern und der Bestimmung des Opfers helfen.[401] Private Telefongespräche oder Dokumente und erledigte Geldgeschäfte, die mit der Hilfe von elektronischen Geräten geführt werden, oder können zahlreiche Informationen über Menschen

---

394 *Cornelius*, ZRP 2014, 164; näheres bei *Katzer*, Cybermobbing, S. 60 ff.

395 *Hoffmann/Luch/Schulz/Borchers*, S. 91.

396 *Katzer*, Cybermobbing, S. 16.

397 *Bär*, EDV-Beweissicherung, Rn. 3; *Basar*, FS Wessing, S. 635; *Momsen/Hercher*, S. 182.

398 *Trüg*, StV 2016, 343; vgl. *Gercke/Wollschläger*, StV 2013, 106.

399 Vgl. *Momsen/Hercher*, S. 182.

400 Vgl. *Gercke/Brunst*, Rn. 45 m.w.N.

401 Vgl. Casey/*Casey*, Digital Evidence and Computer Crime, S. 32.

und ihr Verhalten enthalten, die im Zusammenhang mit traditionellen Taten stehen.[402] Beispielsweise können diese bei Suiziden und Tötungsdelikten Aufschluss über die Beweggründe der Handelnden geben.[403] Die Tat selber muss nicht durch Computernutzung begangen wurden sein. Aber auch die von einem digitalen Gerät mit potentiellem Internetanschluss ausgehenden anhaftenden Manipulations-möglichkeiten von außen werden die Körperverletzungs- und Tötungsdelikte zunehmend in den Blickpunkt rücken.[404] Dabei dient der Computer oder ein EDV gesteuertes System mittelbar als Tatobjekt für die Tötungsdelikte.[405] Zu nennen sind nur ferngesteuerte Eingriffe in die Steuerungstechnik eines vernetzten und/oder autonom fahrenden Fahrzeugs oder Manipulationen an einer automatisierten Medikamentendosierung[406], bei dem der eigentliche Handlungsort mit dem Erfolgseintrittsort auseinanderfällt.[407]

Neben der Verfügbarkeit von Hard- und Software bedarf es zur Begehung von Computerkriminalität nur eines Internetzugangs,[408] was für die Täter gerade kein Zugangshindernis darstellt.[409] Mit der Verbreitung von Breitband-Internet, drahtlosen Netzwerken und Bluetooth ist man heutzutage so gut wie immer „online". Dies impliziert, dass auch wenn keiner offensichtlich an einem Computer (Gerät) arbeitet, trotzdem Daten transferiert werden, von einem zum anderen Gerät oder zwischen Netzwerk und Gerät. Die reale Welt darf nicht mehr losgelöst von der virtuellen Welt betrachtet werden.[410] Internetkriminalität ist eng mit der herkömmlichen Kriminalität verbunden. Das Spektrum krimineller

402 Vgl. Casey/*Casey*, Digital Evidence and Computer Crime, S. 32.

403 Um einen Mord aufzuklären, forderten US-Behörden Zugriff auf die Daten des sprachgesteuerten Lautsprecher „Echo" von *Amazon*: https://www.zeit.de/digital/datenschutz/2016-12/amazon-echo-mord-aufnahmen-polizei, zuletzt aufgerufen am 21.10.2019. Weiteres illustratives Beispiel ist der Fall des Freiburger Mordprozesses des Hussein K. Die Strafverfolgungsbehörden konnten mit entschlüsselten Geo-Daten von dem Smartphone des Angeklagten nachweisen, dass die dem Angeklagten zur Last gelegte Tötung einer Freiburger Studierenden geplant war und damit entgegen seiner Einlassung nicht spontan erfolgte. Vgl. hierzu https://www.sueddeutsche.de/digital/prozess-wegen-vergewaltigung-und-mord-wie-polizisten-das-handy-des-freiburger-mordverdaechtigen-auslasen-1.3860870-2, zuletzt aufgerufen am 21.10.2019.

404 *Warnken*, NZWiSt 2017, 289 (291).

405 *Bär*, EDV-Beweissicherung, Rn. 3.

406 Siehe dazu auch *Bär*, EDV-Beweissicherung, Rn. 3.

407 *Warnken*, NZWiSt 2017, 289 (291).

408 *Gercke*, MMR 2008, 291 (293 f.).

409 *Gercke/Brunst*, Rn. 19.

410 Vgl. Casey/*Casey*, Digital Evidence and Computer Crime, S. 28 f.

Handlungen in der „realen“ Welt findet in gleicher oder vergleichbarer Form in der virtuellen Welt ihre Entsprechung oder wird dem Medium angepasst.[411] Dabei stellt das Internet (bzw. generell vernetzte Systeme) die perfekte Plattform zur Begehung von Straftaten dar: anonym, schnell, weltweit vernetzt,[412] sowie an eine Vielzahl von Empfängern gerichtet und zeitlich unbegrenzt.[413] Insoweit gilt das Internet strafprozessual ausgedrückt als Sammelbecken zur Erhebung von Beweismitteln.[414] Folglich der „Raum“, wo potenziell digitale Beweise nachweisbar sein können und in Zukunft immer häufiger werden.

Dass das Internet uns die Möglichkeit eröffnet Straftaten sowohl in der virtuellen als auch in der realen Welt sichtbar zu machen, darf bei den Ermittlungen nicht mehr vernachlässigt werden. Denn häufig verschwimmen die Grenzen zwischen der virtuellen und realen Welt.[415] Sich den digitalen Daten als potentielle Beweismittel zu verschließen, wäre auch im Hinblick auf die Aufgabe und die Ziele des Strafverfahrens fatal.

3. Aufgabe und Ziele des Strafverfahrens

Der Strafprozess verfolgt nach allgemeiner Ansicht mehrere Ziele: Es soll eine materiell richtige, prozessförmig zustande gekommene und Rechtsfrieden schaffende Entscheidung über die Strafbarkeit des Beschuldigten herbeigeführt werden und der Täter soll einer gesetzlichen Rechtsfolge zugeführt werden.[416] Zusammengefasst, geht es um die *Wahrheitsermittlung* und *Gerechtigkeitsverwirklichung* als oberste Leitprinzipien des gesamten Strafprozessrechts, und die *Rechtsbeständigkeit*[417].[418] Um Aufgabe und Ziele des Strafverfahrens näher zu beleuchten, muss zunächst der Begriff „*Strafverfahrensrecht*“ von dem Begriff „*Strafrecht*“ abgegrenzt werden, da beide Rechtsgebiete eng miteinander verzahnt sind. Zusammengefasst, sind sie „funktional aufeinander bezogen und

---

411 *Henrichs/Wilhelm,* Kriminalistik 2010, 30 (31); Hilber/*Trüg/Mansdörfer*, Cloud Computing, Teil 7 Rn. 1; *Seitz,* S. 1.

412 *Krause*, NStZ 2016, 139; *Ziercke*, Kriminalistik 2014, 10 (17).

413 *Beck/Meier/Momsen*, Cybercrime, Vorwort S. 5.

414 Vgl. *Henrichs/Wilhelm,* Kriminalistik 2010, 30 (32 f.).

415 *Henrichs/Wilhelm,* Kriminalistik 2010, 30 (32).

416 Näher *Beulke/Swoboda*, Strafprozessrecht, Rn. 3 ff.; *Roxin/Schünemann*, § 1 Rn. 3; SSW-StPO/*Beulke*, Einl. Rn. 4; KK-StPO/*Fischer*, Einl. Rn. 3.

417 In einem gleichbedeutenden Sinne ist häufig von Rechtfrieden die Rede, vgl. BGHSt 45, 37 (38).

418 *Kindhäuser*, Strafprozessrecht, § 1 Rn. 8; vgl. *Murmann*, GA 2004, 65 ff.

voneinander abhängig".[419] Ohne Prozess kann es auch kein „Straf-Recht" geben.[420] Von dem Begriff „Strafrecht" wird i.d.R. nur das materielle Strafrecht erfasst. Das materielle Strafrecht soll dazu dienen unerwünschte menschliche Verhaltensweisen, die vom Gesetzgeber als Straftaten eingestuft werden, abzuwehren, d.h. sie mit Strafen oder Maßregeln zu sanktionieren.[421] Es geht den Fragen nach den Voraussetzungen der mit Strafe bedrohten Verhaltensweisen und den zu verhängenden (Rechts-)Folgen nach.[422] Nach *Roxin* beschäftigt sich daher das Strafrecht mit dem eigentlichen Gegenstand der „Materie", der Strafrechtspflege und werde deshalb auch „materielles Strafrecht" genannt.[423] Zweck und Grundlage des Strafrecht war lange Zeit die ausschließliche Begrenzung auf den Schutz von Rechtsgütern; es soll „Rechtsgüterschutz durch Rechtsgüterverletzung"[424] erreichen,[425] indem es die Geltung von Normen mittels Strafe garantiere.[426] Heutzutage wird dem Rechtsgutsbegriff vielfach die Fähigkeit zur Strafrechtsbegrenzung abgesprochen.[427] Einigkeit herrscht insoweit, als dass es allein dem Staat vorbehalten ist, das Recht zu strafen durchzusetzen. Es ist die Ausprägung des staatlichen Gewaltmonopols, sog. „Monopolisierung der Strafgewalt beim Staat"[428]. In dieser Hinsicht stellt das Strafrecht das schärfste Mittel bzw. Steuerungsinstruments des Staates dar; die sog. Ultima ratio. Das Strafverfahrensrecht, auch formelles Strafrecht oder Strafprozessrecht genannt, soll dabei der prozessualen Durchsetzung/*Verwirklichung des materiellen Strafrechts* dienen.[429] Es bildet den Inbegriff der Vorschriften, die die Aufklärung von Straftaten und die Durchsetzung des staatlichen Bestrafungsrechts regeln,[430] d.h. bei denen es um die Regelungsmaterie *Strafprozess* geht.[431]

---

419 *Volk/Engländer*, § 2 Rn. 1.
420 *Volk/Engländer*, § 2 Rn. 1.
421 Vgl. *Ostendorf*, § 2 Rn. 7; SSW-StPO/*Beulke*, Einl. Rn. 1.
422 *Roxin*, AT I, § 1 Rn. 8; *Krey/Heinrich*, § 1 Rn. 1.
423 *Roxin*, AT I, § 1 Rn. 8.
424 *V. Liszt*, Vorträge und Aufsätze I, S. 161.
425 Ausführlich zum Streit um den Rechtsgüterbegriff und -schutz *Roxin*, AT I, § 2 Rn. 2 ff.
426 *Kindhäuser*, Strafprozessrecht, § 1 Rn. 1; *Kindhäuser*, AT, § 2 Rn. 14 f. m.w.N.
427 *Roxin*, AT I, § 2 Rn. 120 ff.; zu den abweichenden Auffassungen Rn. 103 ff. Nach *Roxin* dient das Strafrecht dem subsidiären Rechtsgüterschutz und damit der freien Entfaltung des Einzelnen und der Aufrechterhaltung einer auf diesem Prinzip gegründeten Sozialordnung.
428 *Roxin/Schünemann*, § 1 Rn. 2.
429 MüKo-StPO/*Kudlich*, Einl. Rn. 11; kritisch *Rieß*, JR 2006, 269 (270 ff.).
430 *Roxin*, AT I, § 1 Rn. 8 f.
431 *Krey/Heinrich*, § 1 Rn. 2.

Dabei wird die Wahrheitsfindung mittels der Rekonstruktion des tatsächlichen Geschehens teilweise als primäre Funktion des Strafprozessrechts angesehen,[432] als der Inbegriff des deutschen Strafverfahrens. Um die Wahrheit zu erforschen und der Gerechtigkeits-verwirklichung zu dienen, muss zunächst die Schuld- und Straffrage beantwortet werden. Es müssen die Voraussetzungen einer behaupteten oder für möglich gehaltenen Straftat geprüft und die Strafen mit Einschluss der Maßregeln der Besserung und Sicherung festgestellt werden. Es geht also darum, den Täter einer gesetzlichen Rechtsfolge zuzuführen.[433]. Maßgeblich ist die Feststellung der *materiellen Wahrheit* und nicht der „formellen Wahrheit", also nicht bloß ein durch das Vorbringen der Beteiligten übereinstimmender behaupteter, gleichsam unstreitig gestellter Sachverhalt.[434] Insoweit wird die materielle Wahrheitsfindung jedoch durch Praktikabilitätserwägungen begrenzt. Unter Annahme des Einverständnisses aller Prozessbeteiligten wird der Prozess der Wahrheitsfindung und mit ihm das gesamte Verfahren, sei es durch eine Verfahrensabsprache, nach den §§ 153 ff. oder §§ 407 ff. StPO, abgekürzt.[435] Wenn von Gerechtigkeit die Rede ist, ist dabei nicht nur das Streben nach materieller Gerechtigkeit gemeint; also die materielle Richtigkeit des Urteils, sondern auch die damit verbundene Verfahrensgerechtigkeit.[436] Ein gerechtes Urteil setzt immer auch ein faires und ordnungsgemäßes Verfahren voraus.[437] Der BGH hat dies mit den Worten deutlich gemacht: „Es ist auch sonst kein Grundsatz der Strafprozeßordnung, daß die Wahrheit um jeden Preis erforscht werden müßte".[438] Die damit angesprochene Verfahrensgerechtigkeit kann in einem Rechtsstaat nicht absolut gelten, es verlangt die Herbeiführung von Entscheidungen in prozessordnungsgemäßer Weise.[439] Dies kann nur in einem rechtsstaatlich strukturierten Verfahren unter Einhaltung seiner Regeln erfolgen.[440] Das Bemühen um die Wahrheitsfindung ist dabei ebenso

432 So *Krey/Heinrich*, § 1 Rn. 20, 30.
433 Vgl. KK-StPO/*Fischer*, Einl. Rn. 3; *Ostendorf*, § 2 Rn. 9.
434 *Heger/Pohlreich*, Rn. 19.
435 Näher LR-StPO/*Kühne*, Einl. Abschn. B Rn. 37 ff.
436 Vgl. SSW-StPO/*Beulke*, Einl. Rn. 7 ff.
437 *Volk/Engländer*, § 3 Rn. 1.
438 BGHSt 14, 358 (365); siehe auch 31, 304 (309); 38, 214 (220); vgl. auch BVerfGE 34, 238 (248 ff.) und BVerfG StV 1990, 1 (2).
439 *Murmann*, StPO, Rn. 5; SSW-StPO/*Beulke*, Einl. Rn. 12.
440 *Krey/Heinrich*, § 1 Rn. 20.

bedeutsam wie die Begrenzung der Wahrheitsfindung durch den Individualrechtsschutz[441].[442] Abschließendes eigenes strafprozessuales Ziel ist die Schaffung bzw. Wiederherstellung von Rechtsfrieden durch eine bindende und unumstößliche Entscheidung des dem Prozess zugrunde liegenden Falles.[443] Das meint, dass der zugrunde liegende Prozess endgültig abgeschlossen ist.

Die genannten Zielsetzungen können untereinander leicht in Konflikt geraten, den das Strafverfahrensrecht auflösen muss. Dem Gebot Straftaten möglichst umfassend aufzuklären, kollidiert üblicherweise mit Gegeninteressen wie den Grundrechten des Beschuldigten oder den Grundrechten Dritter (bspw. Verteidiger oder Zeugen).[444] Die materiellen Werte Wahrheit, Gerechtigkeit und Rechtsfrieden müssen in einem justizförmigen Verfahren von Verfassungs wegen in einen gerechten Ausgleich gebracht werden.[445]

In der Regel ermöglichen Beweise die Herbeiführung einer materiell richtigen Entscheidung, unter dem Vorbehalt, dass sie prozessordnungsgemäß erhoben und eingeführt worden sind. Dies muss selbstverständlich auch für digitale Daten gelten, die als potenzielle Beweise im Prozess dienen können. Unter Berücksichtigung der Verfahrensziele kann für digitale Beweise also nichts anderes als für die herkömmlichen, analogen Beweise gelten. Auch mittels digitaler Beweisführung müssen die materiellen Werte Wahrheit, Gerechtigkeit und Rechtsfrieden angestrebt werden. Dem steht eine neue digitale Dimension des Strafprozesses nicht entgegen.

4. Die Prozessmaximen

Bei den sog. Prozessrechtsmaximen (oder -prinzipien bzw. -gebote) handelt es sich um Prozessrechtsgrundsätze, die in jahrhundertlanger Tradition herausgebildet wurden und für Inhalt und Struktur des Strafverfahrens in Deutschland prägend sind.[446] In ihrem Zusammenwirken garantieren sie die Rechtsstaatlichkeit des tief in die Bürgerrechte eingreifenden Strafverfahrens.[447] Den Maximen

441 Dogmatisch findet die Abwägung zwischen Ermittlungsinteresse und Bürgerrechten bei der Lehre von den Beweis(verwertungs)verboten statt; siehe unten C.II.2.c.bb.

442 LR-StPO/*Kühne*, Einl. Abschn. B Rn. 36.

443 SSW-StPO/*Beulke*, Einl. Rn. 13.

444 Elektronische Beweismittel weisen in der Regel einen direkten Bezug zu den Grundrechten des Verdächtigen/Beschuldigten, aber auch von Dritten auf. Auch für dessen Erlangung und Verwertung gelten die allgemeinen Verfahrensgrundrechte und -prinzipien. Ausführlich *Warken*, NZWiSt 2017, 289 (291 ff.).

445 *Volk/Engländer*, § 3 Rn. 5.

446 *Beulke/Swoboda*, Strafprozessrecht, Rn. 15; *Heger/Pohlreich*, Rn. 215.

447 *Beulke/Swoboda*, Strafprozessrecht, Rn. 15.

als Prinzipien sind die Verfahrensziele übergeordnet, deren Durchsetzung sie dienen,[448] indem sie einer Verfahrensentscheidung den Weg bereiten, die diesen Zielen gerecht wird. Im Einzelnen wird in die allgemeinen Grundsätze der Beweisaufnahme (Grundsatz der richterlichen Aufklärungspflicht, der Unmittelbarkeit, der Mündlichkeit und der freien richterlichen Beweiswürdigung),[449] in den fair trial Grundsatz und die Unschuldsvermutung eingeführt und der Frage nachgegangen, ob allgemeine prozessrechtliche Einwände gegen digitale Beweismittel im Strafprozess bestehen bzw. welche Gesichtspunkte durch den Umgang mit digitalen Beweismitteln besonders berücksichtigt werden sollten.

a. (Amts-)Ermittlungsgrundsatz

Unter Berücksichtigung des Ziels der Ermittlung des wahren Sachverhalts als zentrales Anliegen des Strafprozesses,[450] ist das Gericht nach dem (Amts-) Ermittlungsgrundsatz verpflichtet, von Amts wegen, d.h. ohne Bindung an Anträge oder Erklärungen der Prozessbeteiligten, den Sachverhalt umfassend zu erforschen und aufzuklären,[451] §§ 155 Abs. 2, 160 Abs. 2, 244 Abs. 2 StPO. Die Pflicht ist notwendiges Gegenstück zu den Kriterien der Beweiswürdigung, welche nur auf der Grundlage einer umfassenden Aufklärung möglich ist.[452] Weiterhin verdichtet sich die Amtsaufklärungspflicht auf Seiten der Prozessbeteiligten zu einem unverzichtbaren Beweiserhebungsanspruch,[453] der sich auf alle nützlichen und erlaubten Beweismittel erstreckt, von denen vernünftigerweise eine weitere Sachaufklärung erwartet werden kann.[454] Gegenstand der Aufklärungspflicht (Beweisgegenstand) sind alle für die Entscheidung über die in der Anklage bezeichnetet Tat (§ 155 Abs. 1 StPO) erheblichen Tatsachen, soweit diese eines Beweises bedürfen.[455] Das umfasst alle äußeren und inneren Tatsachen, die verfahrensrechtlich oder für die Schuldfrage bzw. die Rechtsfolgenentscheidung von Bedeutung sind.[456] Der Umfang der Aufklärungspflicht richtet sich dabei nach dem Verfahrensgegenstand, was die angeklagte Tat meint, § 155 Abs. 2 StPO. Innerhalb dessen geht es um eine vollständige und

---

448 Näher *Eser*, ZStW 104, 361 (363).
449 Siehe zum numerus clausus der zugelassenen Beweismittel unten C.I.1.
450 Vgl. BVerfG NStZ 1987, 419; BVerfGE 57, 250 (275); 63, 45 (61).
451 *Beulke/Swoboda*, Strafprozessrecht, Rn. 21; *Eisenberg*, Rn. 1.
452 *Eisenberg*, Rn. 2.
453 *Beulke/Swoboda*, Strafprozessrecht, Rn. 406; *Ostendorf*, § 16 Rn. 330.
454 *Eisenberg*, Rn. 3.
455 *Eisenberg*, Rn. 6.
456 *Eisenberg*, Rn. 6.

erschöpfende Beweiserhebung.[457] Das bedeutet, dass das Gericht vom Vorliegen sämtlicher entscheidungserheblicher Tatsachen überzeugt sein muss und hierfür Beweismittel zur Bildung oder aber Überprüfung einer Überzeugung heranzuziehen hat, soweit dazu Anlass besteht.[458] Es muss von jedem bekannten oder erkennbaren Beweismittel Gebrauch machen, „wenn auch nur die entfernte Möglichkeit einer Änderung der durch die vollzogene Beweisaufnahme begründeten Vorstellung von dem zu beurteilenden Sachverhalt in Betracht kommt".[459] Ferner muss das Gericht sich um die bestmöglichen und sachnächsten Beweise bemühen.[460]

Die durch die Digitalisierung entstanden neuen Möglichkeiten sollten im Sinne einer optimalen Beweisführung durch die Strafverfolgungsorgane genutzt werden. Für die digitalen Beweismittel bedeutet dies, solange sie als relevante und erlaubte Beweismittel in Betracht kommen, *müssen* auch sie aufgrund des Ermittlungsgrundsatzes von den Strafverfolgungsorganen bei ihren Ermittlungen, egal in welchem Stadium, beigezogen werden. Muss zur Bestimmung des genauen Tatbeitrags im Vorbereitungsstadium die elektronische Korrespondenz (etwa E-Mail-Verkehr, Chat-Verläufe, Surfprotokolle) der Tatverdächtigen analysiert werden, so sind die Strafverfolgungsbehörden – aufgrund des Amtsermittlungsgrundsatzes – verpflichtet diese beweiserheblichen Daten zu untersuchen, um belastende und entlastende Umstände zu ermitteln, § 160 Abs. 2 StPO. Gleichzeitig darf die immer größer werdende und komplexere Datenflut, die über algorithmenbasierte *Big Data*-Konzepte gefiltert und effektiv handhabbar gemacht wird, von der Staatsanwaltschaft im Ermittlungsverfahren und von dem Gericht im Hauptverfahren für eine vollständige und erschöpfende Beweiserhebung nicht unterschätzt werden. Die Verfahrensbeteiligten sind häufig mit einem sehr hohen Datenvolumen konfrontiert, gerade auch bei E-Mails. Um diesem handhabbar zu werden, bedarf es eines Selektionsprozesses im Sinne einer Reduktion auf verfahrenswesentliche Informationen, der schon zu einem früheren Zeitpunkt, also bereits im Ermittlungsverfahren, stattfinden muss.[461] Insoweit obliegt der Staatsanwaltschaft und ihrer Ermittlungspersonen die verfassungsrechtliche Aufgabe darauf Acht zu geben, dass sich auf die ermittlungsrelevanten Unterlagen konzentriert und eine Auswahl an beweiserheblichen

---

457 *Eisenberg*, Rn. 11.

458 *Eisenberg*, Rn. 11.

459 BGHSt 23, 176 (188); 30, 131 (143); vgl. *Beulke/Swoboda*, Strafprozessrecht, Rn. 406.

460 *Joecks*, Studienkommentar StPO, § 244 Rn. 11.

461 *Momsen*, FS Heintschel-Heinegg, S. 316.

und den für das Ermittlungsverfahren nicht sachdienlichen Unterlagen getroffen wird.[462] Was selbstverständlich auch für die Durchsicht von Datenträgern und den dort gespeicherten Daten gilt.[463] Beim Umgang mit der Datenflut ist Vorsicht geboten. Eine Überinformation kann den Vorgang der Gewichtung der Erkenntnisse während der Ermittlungen erheblich erschweren, weil dadurch die Fähigkeit zur Selektion und Bewertung geschwächt werden kann.[464] Problematisch kann es im Hinblick auf den Ermittlungsgrundsatz dann werden, wenn eine falsche oder lückenhafte Auswahl an Daten getroffen wird, während andere, möglicherweise entlastende Dateien nicht berücksichtigt worden sind.[465] Zudem muss auch bedacht werden, dass sich dort keine Zusammenhänge konstruieren lassen, die in der Wirklichkeit nicht gegeben sind. Diejenigen Daten, die im Strengbeweisverfahren eingeführt und gewürdigt wurden,[466] stellen häufig nur einen (Bruch-)Teil der Datenmenge dar, die im Ermittlungsverfahren durch Beschlagnahme oder Spiegelung aufgefundener Daten(träger) (bis in den Terabyte-Bereich) erhoben und durch die Ermittlungsbehörden mittels geeigneter Software ausgewertet wurden.[467] Dieses Risiko verringert sich auch nicht unmittelbar dadurch, dass externe private Dienstleister zu Rate gezogen werden, um die gesicherten Daten auszuwerten;[468] eher das Gegenteil kann und wird der Fall sein. Betreiben private Akteure die Aufklärung von strafrechtlich relevanten Handlungen im Vorfeld alleine und ohne Beauftragung durch Strafverfolgungsbehörden so besteht nach *Hassemer/Matussek* das Risiko der „Verschmutzung strafprozessualer Erkenntnisquellen"[469]. Dadurch kann es zu einer Vorkonturierung des Strafverfahrensverlaufs durch einseitig private Ermittlungen kommen, was später eine sachwidrige Lenkung der Wahrheitsfindung im Prozess zur Folge haben kann.[470] Unternehmen und private Akteure werten Daten in der Regel zielgerichtet bzw. ergebnisorientiert, also ihrem Interesse entsprechend aus.[471] Höchst problematisch ist, dass interessengeleitete Privatermittlungen

---

462 *Wenzel*, NZWiSt 2016, 85 (92).
463 Vgl. BVerfGE 113, 29.
464 Näher *Gerson*, KriPoZ 2017, 376 (385).
465 Vgl. *Momsen*, FS Heintschel-Heinegg, S. 316.
466 Siehe dazu ausführlich unten C.
467 *Trüg*, StV 2016, 343.
468 Siehe dazu unten F.I.
469 Siehe *Hassemer/Matussek*, Das Opfer als Verfolger, S. 25 ff., dort erläutert am Beispiel der Einmischung des Verletzten.
470 *Marschall/Herfurth/Winter/Allwinn*, MMR 2017, 152 (156 f.).
471 *Momsen*, FS Heintschel-Heinegg, S. 317; *Momsen/Hercher*, S. 185.

nicht immer vollständig, objektiv und neutral sind.[472] Den Gerichten und auch der Staatsanwaltschaft als Herrin des Verfahrens obliegt jedoch die Funktion eines unbeteiligten Dritten, um der Ermittlung der materiellen Wahrheit als Aufgabe und Ziel des Strafverfahrens gerecht zu werden. Werden also private Ermittler eingeschaltet oder Daten aus privaten Ermittlungen genutzt, so besteht eine ernstzunehmende Gefahr für „die den Betroffenen schützenden Verfahrens- und Beweisgrundsätze des Strafverfahrens",[473] die es zwingend zu beachten gilt. Die Problematik wird bei unternehmensinternen Ermittlungen komplexer, betrachtet man die Felder Datenschutz, Datensicherheit[474] und Berufsgeheimnisschutz. Werden Daten extern aufbereitet und sollen sie später für ein Strafverfahren genutzt werden, sollte vermieden werden, diese offensichtlich oder auch nur möglicherweise gegen geltendes Datenschutzrecht[475] verstoßend zu gewinnen. Denn damit besteht die Gefahr, dass die so gewonnenen Beweismittel nicht verwertet werden können, auch wenn private Ermittlungen nur sehr begrenzt strafprozessualen Grundsätzen unterworfen sind.[476] Der Schutz von Geschäftsgeheimnissen nach § 203 StGB kann ebenso dazu führen, dass bestimmte Daten erst gar nicht weitergegeben werden dürfen.[477] Eine Weitergabe der Geheimnisse an die Strafverfolgungsbehörden kann revisionsrechtlich als Verletzung von Verwertungsverboten beachtenswert sein. Aufgrund mangelnder eigener Ressourcen ist davon auszugehen, dass sich die Strafverfolgungsbehörden diesen Beweiserhebungsschritt fortan häufiger zu Nutze machen könnten,[478] trotz der beschriebenen Risiken. Denn es fehlen bisher elaborierte und nachvollziehbare Instrumente zum Umgang mit *Big Data*,[479] sowie die notwendige personelle und technische Expertise aufseiten der Ermittlungsbehörden, die den konkreten Anforderungen der aktiven Strafverfolgung gerecht werden.[480]

---

472 Vgl. *Momsen*, FS Heintschel-Heinegg, S. 317; *Momsen/Hercher*, S. 185.

473 *Marschall/Herfurth/Winter/Allwinn*, MMR 2017, 152 (157).

474 Näher dazu *Momsen/Hercher*, S. 182, 195.

475 Unter Berücksichtigung der Regelwerke BDSG und DSGVO.

476 Grundsätzlich gibt es bei privaten Ermittlungen keine Bindung an die strafprozessualen Normen, wohingegen Rechtsnormen wie Datenschutz, Arbeits- und Vertragsrecht diese weiterhin binden.

477 *Momsen*, FS Beulke, S. 886.

478 Zur rechtlichen Grundlage der IT-Forensik ausführlich *Wenzel*, NZWiSt 2016, 85 ff. und siehe unten F.I.

479 *Momsen*, FS Heintschel-Heinegg, S. 316.

480 Vgl. dazu auch *Sieber*, Gutachten C, S. 38 f.

Kurzum erfordert es der Ermittlungsgrundsatz digitale Beweismittel neben den herkömmlichen, analogen Beweismitteln für eine durchgängige Beweiskette einzubeziehen. Dessen ungeachtet können und werden sich Unterschiede für die Reichweite der Aufklärungspflicht der Strafverfolgungsorgane ergeben, gerade im Hinblick auf das Vorliegen von gewaltigen digitalen Datenmengen. Insbesondere muss sich mit den Fragen auseinandergesetzt werden, wie es überhaupt verlässlich gelingen kann, aus großen Datenmengen die im Sinne von § 160 Abs. 2 StPO relevanten Umstände herauszufiltern und wie das Auslassen und die Selektion der Daten sich auf die Reichweite der Aufklärungspflicht auswirken wird – vor allem mit Rücksicht auf die Revisionsinstanz[481]. Denn Ziel ist weiterhin eine (möglichst) vollständige und erschöpfende Beweiserhebung, als Fundament der anschließenden Beweiswürdigung durch den Tatrichter.

b. Grundsatz der Unmittelbarkeit

Der Grundsatz der Unmittelbarkeit der Beweisaufnahme in der Hauptverhandlung, §§ 226, 250 ff., 261 StPO, stellt eine weitere Ausformung der allgemeinen Beweisgrundsätze dar. Er beschreibt, wie das Beweismittel durch das Gericht zu erheben ist. Inhaltlich besagt der Grundsatz einerseits, dass die Beweisaufnahme i.d.R. vor dem erkennenden Gericht selbst erfolgen muss (formelle Unmittelbarkeit) und andererseits, dass die Beweismittel nicht durch Beweissurrogate ersetzt werden dürfen (materielle Unmittelbarkeit).[482] Um Beweismittel frei würdigen zu können, muss sich das Gericht ein eigenes Bild vom Inhalt der Beweismittel machen. Die formelle Seite des Grundsatzes der Unmittelbarkeit postuliert also eine eigene sinnliche Wahrnehmungspflicht der Beweise durch das Gericht;[483] es betrifft Form und Rahmen der Kommunikation über ein Beweismittel. In materieller Hinsicht soll das Gericht „unmittelbare" Beweise heranziehen und verwerten. Zur Veranschaulichung des materiellen Bedeutungsgehaltes soll folgendes Beispiel dienen: Angenommen, Täter T stielt ein Fahrrad des Opfers O an einer Tankstelle. Passant Z beobachtet die Tat und meldet das Geschehen sogleich der Polizei, wo er von Polizist P vernommen wird. Trotz mehrerer Möglichkeiten die Tat nachzuweisen, gebietet § 250 Satz 1 StPO zwingend die Vernehmung des Tatzeugen Z in der Hauptverhandlung als das unmittelbare „sachnächste" Beweismittel; was weiter bedeutet, dass Z selbst vor Gericht aussagen muss. § 250 Satz 2 StPO hingegen verbietet die Nutzung eines mittelbaren

---

481 Siehe dazu *Momsen*, FS Heintschel-Heinegg, S. 313 und unten E.

482 *Beulke/Swoboda*, Strafprozessrecht, Rn. 410.

483 Der Grundsatz gilt nur im Beweisverfahren und dort allein im Strengbeweisverfahren.

Beweises (z.B. die Verlesung des Protokolls über die im Ermittlungsverfahren erfolgte Vernehmung des Z oder die Befragung des Vernehmungsbeamten P, der das Protokoll angefertigt hat). Eine normative Grundlage des Grundsatzes in seiner allgemeinen Forderung, dass das sachnächste Beweismittel benutzt werden muss,[484] sucht man in der Strafprozessordnung jedoch vergebens. § 250 StPO postuliert zwar den Vorrang des Personalbeweises, wenn er geführt werden kann, vor dem Urkundenbeweis,[485] dieser Vorrang hat aber nichts mit der Qualität der Beweismittel zu tun.[486] § 244 Abs. 2 StPO, der die Pflicht die materielle Wahrheit zu erforschen postuliert, gebietet auch dasjenige Beweismittel zu nutzen, „das die Wahrheit am zuverlässigsten erhellen kann";[487] also das bestmöglichste Beweismittel auszuwählen.[488] In der Regel wird es das Beweismittel sein, welches dem „Beweisthema am nächsten steht und seine Erkenntnisse nicht aus zweiter Hand schöpft".[489]

Wandelt man das eingangs gewählte Beispiel dahingehend ab, dass neben dem Passanten P die an der Tankstelle installierte Videokamera den Diebstahl ebenfalls „beobachtet" hat, wird man auch wieder auf die Zeugenvernehmung als sachnächstes Beweismittel zurückgreifen müssen, so schreibt es § 250 StPO vor. Das Gericht ist in seiner Entscheidung, den bestmöglichen Beweis zu erbringen, dann nicht frei, wenn es um die Ersetzung eines Personalbeweises geht (abgesehen von dem im Gesetz normierten Ausnahmen). Ob und inwieweit neben dem Personalbeweis ein Surrogat (sachlicher Beweis) verwendet werden kann, richtet sich nach § 244 Abs. 2 StPO und nicht nach § 250 StPO. Es wird aber schnell klar, dass das Gebot einer unmittelbaren Beweisführung nur „soweit wie möglich" befolgt werden kann, nämlich „soweit dies nach der Auffassung des Gerichts zur Erforschung der Wahrheit erforderlich ist"[490]. In Wechselbeziehung zu der Amtsaufklärungspflicht, die keine Aufklärung „um jeden Preis" verfolgt, kann für den Unmittelbarkeitsgrundsatz generell und im konkreten Fall nicht immer ein zwingender Vorrang der unmittelbaren Beweisführung und auch keine prozessuale Pflicht zur Nutzung des unmittelbaren Beweises bestehen.[491] Bezogen auf die Fallabwandlung kann es sein, dass der „bestmöglichste Beweis"

484 *Volk/Engländer*, § 18 Rn. 26.
485 *Beulke/Swoboda*, Strafprozessrecht, Rn. 410; *Krey/Heinrich*, § 15 Rn. 686.
486 *Volk/Engländer*, § 18 Rn. 26.
487 *Großkopf*, S. 57.
488 *Eisenberg*, Rn. 66; BVerfGE 57, 250 (277).
489 *Großkopf*, S. 58.
490 BGHSt 45, 188 (195) im Hinblick auf § 247a StPO.
491 *Großkopf*, S. 59.

das Abspielen der Videoaufnahme und nicht die zeugenschaftliche Vernehmung des Passanten P wäre. Wird aber der unmittelbare Beweis geführt, müsste das Gericht den Passanten P als das „sachnächste" Beweismittel erheben. Deshalb muss es die Möglichkeit von Ausnahmen vom Unmittelbarkeitsprinzip geben, damit das Gericht der Forderung entspricht, den „bestmöglichen Beweis" heranzuziehen.[492]

Berücksichtigt man den formellen Aspekt des Unmittelbarkeitsgrundsatzes näher, treten auch hier Schwierigkeiten auf.[493] Danach müssen die Beweismittel unmittelbar in der Hauptverhandlung präsentiert werden. Digitale Daten liegen aber in einer für den Menschen nicht direkt zugänglichen Form vor. Der in digitalen Daten enthaltene Inhalt ist nicht sinnlich wahrnehmbar, sodass digitale Beweismittel nicht in diesem Sinne unmittelbar präsentiert werden können wie es vergleichsweise bei analogen Beweismitteln der Fall wäre. Sie müssen aufgearbeitet werden, um herkömmlich lesbar zu sein, wofür immer Informationstechnik eingesetzt werden muss. Entweder werden die digitalen Informationen über einen Bildschirm in eine lesbare Form übersetzt oder mittels Hardware ausgedruckt und damit als verkörpertes (schriftliches) Dokument sichtbar gemacht. Die immerzu benötigte Aufarbeitung digitaler Beweise führt dazu, dass das Gericht sich nicht allein *selbst* einen Eindruck von den Beweismitteln verschaffen kann.[494] Es ist stets auf die Informationstechnik[495] und/oder auf Expertise anderer angewiesen.[496] *Brodowski* verzeichnet dies in Bezug auf digitale Spuren als „strukturelles Defizit der Unmittelbarkeit".[497]

Soll mit digitalen Beweisen der Nachweis von beweiserheblichen Tatsachen geführt und dabei der Unmittelbarkeitsgrundsatz beachtet werden, so muss der notwendige Umwandlungsprozess in ein prozessual verwendbares Beweismittel und das dadurch begründete Risiko einer Informationsselektion berücksichtigt werden.[498] Denn Selektion ist auch immer geprägt von Interpretation und Reduktion.[499] Das Aufkommen von digitalen Beweisen lässt das Unmittelbarkeitsprinzip an seine Grenzen stoßen. Zwar ändern digitale Spuren den Inhalt des Unmittelbarkeitsgrundsatzes nicht, gibt das Gesetz doch klar vor,

492 Vgl. Buschmann u.a/*Brodowski*, S. 90 ff. m.w.N.
493 Dazu auch Buschmann u.a/*Brodowski*, S. 87 ff.
494 Buschmann u.a/*Brodowski*, S. 87.
495 Hard- und/oder Software.
496 Buschmann u.a/*Brodowski*, S. 87.
497 Buschmann u.a/*Brodowski*, S. 87.
498 Vgl. Beck/Meier/Momsen/*Momsen*, Cybercrime, S. 70.
499 Beck/Meier/Momsen/*Momsen*, Cybercrime, S. 70.

wie Beweise vor Gericht zu erheben sind. Deren notwendige Transformation oder „Herstellung im engeren Sinne“ kann den materiellen Gehalt der Unmittelbarkeit durchbrechen.[500] Der fortschreitende Umgang mit diesen wird aber zeigen, wie zwingend das Gericht eine unmittelbare Beweisführung verfolgen wird, wenn digitale Beweise „besseren“ Nachweis erbringen können und wie die in der Natur des Beweismittels liegende mittelbare Beweiseignung sich auf den Beweiswert auswirkt.

c. *Grundsatz der Mündlichkeit*

Strafprozesse sind seit jeher vom Grundsatz der Mündlichkeit geprägt. Nach diesem darf zur Urteilsgrundlage nur das hinzugezogen werden, was mündlich vorgetragen ist, also „zur Sprache gekommen“ ist.[501] Der Grundsatz bezieht sich auf alles was im Prozess geschieht. „Inbegriff der Verhandlung“ (§ 261 StPO) ist nur das, was erörtert worden ist. Danach darf nicht nur auf Urkunden (auch in der Form von elektronischen Dokumenten) hingewiesen werden; sie müssen verlesen werden, § 249 Abs. 1 StPO.[502] Für digitale Schriftdokumente – die unter § 249 Abs. 1 Satz 2 StPO fallen[503] – gilt auch hier, dass diese zunächst lesbar gemacht werden müssen, um sie verlesen zu können, beispielsweise mit Hilfe eines Ausdrucks oder direkt über ein Anzeigegerät. Der Grundsatz der Mündlichkeit wird durch die Notwendigkeit eines Transformationsprozesses jedoch nicht unterlaufen. Damit der Mündlichkeitsgrundsatz eingehalten wird, kann es dabei keine Rolle spielen, dass technische Geräte digitale Daten erst wahrnehmbar machen. Es macht insoweit keinen Unterschied zu der Situation, in der eine auf Papier gedruckte Darstellung nur mit Hilfe des technischen Hilfsmittels Brille oder Lupe wahrgenommen wird.[504] Für digitale Beweismittel wie Fotos oder Videos besteht hingegen das Problem, dass diese nicht gesprochen und auch nicht verlesen werden können. Diese müssen selbst angesehen, d.h. in Augenschein genommen werden. Dies kann auch nur mit technischen Geräten erfolgen. Die insoweit gehegten Befürchtungen sind dieselben wie bei der Einnahme des Augenscheins,[505] und dort wird es geduldet, den Mündlichkeitsgrundsatz zu durchbrechen.

500 Buschmann u.a/*Brodowski*, S. 92 f.

501 *Roxin/Schünemann*, § 16 Rn. 1; *Volk/Engländer*, § 18 Rn. 25.

502 *Beulke/Swoboda*, Strafprozessrecht, Rn. 23; *Volk/Engländer*, § 18 Rn. 25.

503 Siehe dazu unten C.I.2.d. und C.I.5.

504 Vgl. *Deutscher*, NStZ 2012, 228, 229.

505 Näher *Kertai*, MMR 2011, 716 (719).

d. *Grundsatz der freien richterlichen Beweiswürdigung*

Das Gericht ist an bestimmte Regeln zum Beweisverfahren gebunden, wenn es nach der Wahrheit sucht. Über das Ergebnis der Beweisaufnahme darf der Tatrichter grundsätzlich ohne Bindungen an gesetzliche Beweisregeln „nach seiner freien, aus dem Inbegriff der Verhandlung geschöpften Überzeugung" entscheiden, § 261 StPO[506]. Es gilt im heutigen Strafprozess der Grundsatz der freien richterlichen Beweiswürdigung. Nicht an gesetzliche Beweisregeln gebunden zu sein bedeutet, dass es dem Richter nicht vorgeschrieben ist, unter welchen Voraussetzungen er eine Tatsache für bewiesen oder nicht bewiesen zu halten habe.[507] Maßgebend ist vielmehr die persönliche Überzeugung des Richters von der Schuld des Angeklagten i.S.v. subjektiver Gewissheit über das Vorhandensein entscheidungserheblicher Tatsachen.[508] Für diese Überzeugungsbildung dürfen nur diejenigen Erkenntnisse verwertet werden, die in der und durch die mündliche Verhandlung gewonnen worden sind.[509] Die Überzeugung des Richters braucht eine objektive, tragfähige Tatsachengrundlage, wobei aber ein weiter Spielraum der freien Beweiswürdigung verbleibt,[510] und muss auf einer logischen, nachvollziehbaren Beweiswürdigung beruhen.[511] Das Gericht kann dabei Zeugenaussagen frei bewerten, und auch Urkunden und Sachverständigengutachten sind für dieses nicht verbindlich, selbst wenn es sich um technische, chemische oder psychiatrische Fragen handelt.[512] Begrenzt wird dieser Grundsatz allerdings durch Bindungen an Denkgesetze (Regeln der Logik), Erfahrungssätze, gefestigte naturwissenschaftliche Erkenntnisse, gesetzliche Bestimmungen sowie übergeordnete Verfahrensgrundsätze wie Beweisverwertungsverbote.[513]

In Bezug auf digitale Beweismittel muss bei der Beweiswürdigung besondere Achtsamkeit auf ihre Eigenarten und Charakteristika gelegt werden. Es erscheint verlockend aufgrund ihrer scheinbaren Objektivität Faktisches und Rechtliches in der tatrichterlichen Beweiswürdigung zu vermischen.[514] Es kann herausfordernd sein, die aufgefundenen digitalen Beweise zu interpretieren.

---

506 Historisch gesehen proklamiert die Vorschrift die Abkehr vom Inquisationsprozess.
507 BGHSt 29, 18 (20); *Pfeiffer*, § 261 Rn. 1.
508 *Pfeiffer*, § 261 Rn. 1.
509 BGHSt 19, 193 (195).
510 *Volk/Engländer*, § 18 Rn. 16.
511 *Eisenberg*, Rn. 91.
512 *Ostendorf*, § 16 Rn. 347; *Roxin/Schünemann*, § 45 Rn. 46.
513 Siehe dazu unten C.II.2.c.
514 *Momsen*, FS Heintschel-Heinegg, S. 317.

Werden beispielsweise relevante Bilder von Kindern auf dem PC eines Verdächtigen gefunden, so wird sofort der Anschein geweckt, dass dieser kinderpornographische Bilder besitzt. Es dürfen jedoch keine übereilten oder gar falschen Rückschlüsse/Schlussfolgerungen gezogen werden. Möglicherweise ergibt sich aus der Untersuchung weiterer Daten, dass eine gewisse Wahrscheinlichkeit besteht, dass es sich um einen unbewussten „Besitz" handelt. Die Existenz digitaler Daten kann für sich noch keinen Beweis leisten. Es muss sich mit der Frage auseinandergesetzt werden, woher diese Daten stammen und wer für etwas verantwortlich ist. Dies ist aber kein neues Phänomen was auch für herkömmliche analoge Beweise gilt. Ein aufgefundener Fingerabdruck des Verdächtigen am Tatort beweist noch nicht, dass dieser die Tat begangen hat. Es muss herausgefunden werden, woher die digitalen Beweise stammen (Ursprung und Herkunft), um das Risiko einer Fehlinterpretation gering zu halten. Auch darf die Beweiswürdigung nicht zu vorschnell und damit verkürzt abgearbeitet werden, was die Qualität des Beweismittels angeht. Komplexe, aber weniger offensichtliche Manipulationsrisiken und der Verlust von beweisrelevanten Informationen müssen im Hinterkopf behalten werden. Die fehlende Erfahrung im Umgang mit digitalen Beweismitteln und das fehlende fundierte Wissen werden immer häufiger dazu führen, dass Tatrichter einen Sachverständigen[515] aus dem Bereich der „Computer bzw. Digital Forensics"[516] hinzuzuziehen bzw. Beweisanträge, namentlich auf Hinzuziehung eines Sachverständigen, selten aufgrund eigener Sachkunde abgelehnt werden sollten.[517]

Das Gericht muss und kann sich aus dem unüberschaubaren Konvolut digitaler Informationen für die Beweiswürdigung auf nur einige beschränken. Es wird also – wie bereits bei dem Amtsermittlungsgrundsatz angesprochen – auch bei der Beweiswürdigung einzelne Informationen selektieren und nur bestimmte Informationen einbeziehen. Per se führt dies bei den herkömmlichen, analogen Beweismitteln nicht zu einer „lückenhaften" Beweiswürdigung. Für die digitalen Beweismittel hingegen, entsteht dadurch die abstrakte Gefahr einer

515 Zur Auswahl eines geeigneten Sachverständigen *Momsen*, FS Heintschel-Heinegg, S. 321 f.

516 Der Begriff der elektronischen Beweisführung, im englischen auch Computer Forensics genannt, tauchte erstmals in der 90er Jahren auf. Er beschreibt „den Einsatz von auf Computern basierenden Untersuchungs- und Analysetechniken, um potentielle elektronische Beweise für Gerichte zu liefern", so *Schmidt* unter https://www.heise.de/tp/features/Aufruestung-der-Cyber-Kriminellen-3437283.html, zuletzt aufgerufen am 21.10.2019.

517 Vgl. *Momsen/Hercher*, S. 192.

unvollständigen Beweiswürdigung, wenn nämlich wesentliche Gesichtspunkte außer Acht gelassen werden, die für die Urteilsfindung oder zumindest für die Strafzumessung bedeutsam sein können.[518] Dann wären die der Strafbemessung zugrunde gelegten Überzeugungen nicht vollständig aus dem Inbegriff der Hauptverhandlung geschöpft worden und zudem lückenhaft.[519] § 261 StPO verpflichtet das Gericht aber zu einer umfassenden/erschöpfenden Beweiswürdigung und Grundlage dessen sind alle in der Hauptverhandlung erhobenen Beweise und alles, was verfahrensrechtlich zulässig ist.[520] Da die Beweiswürdigung allein Sache des Tatrichters ist, setzt der Tatrichter sich revisionsrechtlich einer auf § 261 StPO gestützten (Verfahrens- oder Sach-)Rüge aus, wegen Verstoßes gegen den Grundsatz der freien Beweiswürdigung.[521] Hinzu kommt, dass das Tatgericht bei der Beweiswürdigung auch Ungewissheiten bei der Gesamtbetrachtung der Indizien berücksichtigen muss. Diese können im Falle großer Datenmengen immer in einem gewissen Maße hinzukommen, da man fortwährend dem Risiko ausgesetzt ist, dass möglicherweise relevante Informationen noch nicht ausgeschöpft worden sind.[522]

e. *Unschuldsvermutung und der Grundsatz „in dubio pro reo"*

Der Angeklagte darf nur verurteilt werden, wenn das Gericht von seiner Schuld überzeugt ist, § 261 StPO. „Der Grundsatz ‚in dubio pro reo' – im Zweifel für den Angeklagten – hat zwei Bedeutungen: Nur der schuldige Angeklagte soll bestraft werden (Schuldgrundsatz), und ferner soll die Schuld des Angeklagten in einem prozessordnungsgemäßen Verfahren nachgewiesen werden (Rechtsstaatsgrundsatz, Art. 20 Abs. 3 GG)."[523] Der Grundsatz weist einerseits einen materiellrechtlichen als auch prozessualen Charakter auf.[524] Im Gesetz selbst ist er nicht niedergelegt, es wird aber vielfach auf die in Art. 6 Abs. 2 der Konvention zum Schutz der Menschenrechte und Grundfreiheiten und Art. 14 Abs. 2 des Internationalen Paktes über bürgerliche und politische Rechte enthaltene Unschuldsvermutung sowie auf § 261 StPO verwiesen.[525] Mit den verfügbaren Beweisen

---

518 Vgl. *Momsen*, FS Heintschel-Heinegg, S. 319.
519 *Momsen*, FS Heintschel-Heinegg, S. 319.
520 Vgl. *Eisenberg*, Rn. 100.
521 Siehe dazu unter G.
522 *Momsen*, FS Heintschel-Heinegg, S. 319.
523 *Beulke/Swoboda*, Strafprozessrecht, Rn. 25.
524 *Beulke/Swoboda*, Strafprozessrecht, Rn. 25.
525 *Beulke/Swoboda*, Strafprozessrecht, Rn. 25; *Volk/Engländer*, § 18 Rn. 17; SSW-StPO/*Satzger*, Art. 6 EMRK Rn. 6.

muss der Richter sich ein Bild von dem Ablauf des Geschehens machen. Kann die Tat aufgrund geringer oder fehlender Beweise dem Angeklagten nicht nachgewiesen werden, oder bestehen erhebliche Zweifel an der Authentizität der Beweismittel – und diese können nicht ausgeräumt werden, so bedarf es für den Umgang mit digitalen sowie mit analogen Beweisen einer konsequenten Anwendung des „in dubio pro reo" Grundsatzes und der Angeklagte muss freigesprochen werden. Insoweit ergeben sich im Hinblick auf die Beweisführung mit digitalen Beweismitteln keine Besonderheiten.

f. Recht auf ein faires Verfahren[526] *– Fair trial Grundsatz*

Fair trial umfasst das Recht auf wirksamen, effizienten und fairen Rechtsschutz,[527] dessen normative Verankerung sich in den Rechtsgarantien der Art. 6 Abs. 1 EMRK, Art. 14 Abs. 1 IPBPR sowie im Rechtsstaatsprinzip (Art. 20 Abs. 3 GG) in Verbindung mit dem Freiheitsrecht aus Art. 2 Abs. 2 GG wiederfindet. Um das Recht auf ein faires, rechtsstaatliches Strafverfahren zu gewährleisten und in erster Linie die Individualrechte des Beschuldigten zu sichern, muss beim fast unüberschaubaren Konvolut digitaler Informationen die zeitliche Dimension bzw. Grundrechtsbeeinträchtigung beim Umgang mit digitalen Beweismitteln berücksichtigt werden. Art. 6 Abs. 1 Satz 1 EMRK gebietet, dass das Gericht „innerhalb einer angemessenen Frist" zu entscheiden hat. Unter Berücksichtigung des in der Norm enthaltenen Beschleunigungsgebotes gilt es, eine unzumutbar lange Verfahrensdauer zu vermeiden. Dies gilt nicht nur für die Strafverfolgungsbehörden im Rahmen von durchzuführenden Ermittlungsmaßnahmen im Zusammenhang mit dem Einsatz einer technischen Forensik (vgl. § 199 GVG), sondern auch im gesamten Hauptverfahren, insbesondere im Beweisverfahren. Es werden erhebliche Verzögerungen in Kauf genommen werden müssen, wenn die zu den vorgelegten Beweismitteln existierenden Roh-[528] und Metadaten[529] den Verfahrensbeteiligten zur Überprüfung zugänglich gemacht werden (müssen).[530] Wollen sich Beschuldigter und Verteidiger

---

526 Wird in ständiger Rspr. des EGMR als *Right to Fair Trial* bezeichnet.

527 Stetige Rspr. siehe nur BVerfGE 26, 66 (71); 38, 105 (111); 57, 250 (274 f.); 63, 380 (390); 66, 313 (318).

528 Primärdaten

529 Kontextdaten. Metadaten sind solche Daten, die das Dokument, dem sie beigefügt werden, beschreiben oder zusätzliche Informationen hierzu geben.: *Kesper*, JurPC Web-Dok. 103/2017, Abs. 14.

530 *Momsen*, FS Heintschel-Heinegg, S. 323.

hinreichend vorbereiten, so müssen sie aber Zugang zu dem einschlägigen Beweismaterial haben.[531] Insbesondere bei größeren (digitalen) Datenmengen muss „ausreichende Zeit und Gelegenheit zur Vorbereitung" der Verteidigung gegeben werden, Art. 6 Abs. 3 lit. b EMRK (Waffengleichheit). Bestenfalls müssten die Rohdaten den Verfahrensbeteiligten zu einem relativ früheren Zeitpunkt des Verfahrens zugänglich gemacht werden, damit es zu keiner Aussetzung des Verfahrens kommt.[532] Werden die Daten vorher (von der Staatsanwaltschaft) selektiert und dann erst den Verteidigern zur Verfügung gestellt, stellt sich wieder das Problem, dass nicht ganz sicher ausgeschlossen werden kann, dass in den restlichen aussortierten Daten noch weitere relevante Kontextdaten verfügbar sind. Andererseits kann mit Blick auf das in Art. 6 Abs. 1 EMRK enthaltene Beschleunigungsgebot auch keine unzumutbar lange Durchsicht durch die Strafverfolgungsbehörden erfolgen.[533] Der Beschleunigungs-grundsatz gebietet es, die Verhandlung in angemessener Frist durchzuführen, um die mit dem Strafverfahren notwendig einhergehenden Belastungen für den Beschuldigten zeitlich so weit wie möglich zu begrenzen.[534] Gleiches gilt mittelbar auch für die Strafverteidigung; auch sie müssen gewährleisten, dass die Ermittlungsakte und die weiteren Beweismittel in angemessener Zeit durchgesehen werden. Zur Sicherung einer fairen Verfahrensgestaltung dürfen die Gesichtspunkte der Masse und damit möglicherweise Unvollständigkeit der Daten und die zeitliche Komponente des Verfahrens nicht unberücksichtigt bleiben, insbesondere weil Mängel an dieser Stelle revisible Verwertungsverbote aus Art. 6 EMRK nach sich ziehen können.[535]

5. Fazit: Bestehende Notwendigkeit zur Hinzuziehung digitaler Beweismittel

Die vorangestellten Ausführungen zeigen, dass besonders bei Cyberdelikten, aber auch bei der allgemeinen Kriminalität in der realen Welt eine generelle und besondere Notwendigkeit in der Gesellschaft und konkret im Strafverfahren besteht, die in EDV-Systemen, Speichermedien, Kommunikationseinrichtungen oder sozialen Medien aufgefundenen digitalen Daten zu untersuchen und als

531 SK-StPO/*Meyer*, Art. 6 EMRK Rn. 165.
532 Beck/Meier/Momsen/*Momsen*, Cybercrime, S. 75.
533 Dazu näher *Wenzel*, NZWiSt 2016, 85 (93).
534 SSW-StPO/*Satzger*, Art. 6 EMRK Rn. 86 m.w.N.
535 Siehe unter E.

(digitale) Beweismittel zu verwenden.[536] Wir leben in einer dualen Welt, in der die ausschlaggebende reale Welt von der digitalen Welt anhängig ist. Die kriminellen Aktivitäten verlagern sich mehr und mehr in diesen virtuellen und nicht greifbaren Raum. Eine Auseinandersetzung mit Cybercrime ist unentbehrlich; es kann von einer transnationalen Dimension der Verbrechen gesprochen werden.[537] Aber auch bei Ermittlungen im Bereich der klassischen Delikte werden digitale Beweismittel immer präsenter. Man kann keinen Raum betreten, ohne dass man Spuren hinterlässt. Dies gilt genauso für den digitalen Raum. Im Netz hinterlassene elektronische Spuren dienen dann als Anknüpfungspunkte für das behördliche Ermitteln von Sachverhalten.[538] Auch wenn digitale den analogen Beweisen in Bezug auf ihre Konzeption gleichen, so haben sie neben den nicht zu unterschätzenden Eigenarten – digitale Spuren und Beweise sind ortsungebunden, flüchtig, leicht veränderbar sowie zum Teil anonymisiert und verschlüsselt – einen weiteren Einzugsbereich. Fortan sollte bei jeder Straftat, an jedem Tatort und in Bezug auf Täter und Opfer die Möglichkeit in Erwägung gezogen werden, dass digitale Spuren vorhanden sind, mit denen faktisch und rechtlich umgegangen werden muss. Es besteht daher die Notwendigkeit digitale Daten zu Beweiszwecken zu verwenden und strafprozessual sogar die Pflicht, die sich neben den Aufgaben und Zielen des Strafverfahrensrechts, auch aus den Prozessmaximen ergibt – unter Berücksichtigung einiger Besonderheiten. Die Strafprozessordnung hat mit ihren Prozessmaximen Grundsätze aufgestellt, die auch nach zunehmender Digitalisierung und des Aufkommens des Internets Bestand haben und trotz der steigenden digitalen Dimension der Strafprozessordnung die Rechtsstaatlichkeit des Verfahrens gewährleisten können. Daran verändert auch der Umstand nichts, dass ein Beweismittel in digitaler Form vorliegt. Es bestehen also keine allgemeinen prozessrechtlichen Einwände die gegen digitale Beweismittel im Strafprozess sprechen. Entscheidend ist es nur, ihre Besonderheiten zu berücksichtigen. Demzufolge ist die rechtliche Relevanz der Bezeichnung eines Beweismittels als „digital" und die Unterscheidung zu herkömmlichen Beweismitteln für die Gewährleistung eines justizförmigen Verfahrens mit den materiellen Werten von Wahrheit, Gerechtigkeit und Rechtsfrieden

---

536 So auch *Bär*, EDV-Beweissicherung, Rn. 3; vgl. Sinn/*Lee*, Cybercrime im Rechtsvergleich, S. 136; *Jahn/Brodowski*, FS Rengier, S. 409; siehe auch die Presseerklärung „Council conclusions on improving criminal justice in cyberspace v. 09.06.2016, S. 1, online abrufbar unter https://www.consilium.europa.eu/media/24300/cyberspace-en.pdf.

537 Vgl. *Eisele*, § 3 Rn. 1.

538 *Henrichs/Wilhelm*, Kriminalistik 2010, 30 (32).

als wenig bedeutend anzusehen. Das rechtliche Bedürfnis zum Umgang mit digitalen Beweismitteln steigt kontinuierlich, weil sie eine erhebliche Relevanz für die Beweisbarkeit von inkriminierten Verhaltensweisen ausweisen. Dadurch werden die Grundlagen unseres Strafprozesses nicht gefährdet, noch schließen einzelne Regelungen die Handhabung digitaler Beweismittel explizit aus. Ihre Berücksichtigung ist folglich nicht nur geboten, sondern praktisch unausweichlich.[539]

6. Momentaner Umgang mit digitalen Informationen als Beweismittel in der Praxis

Widmet man sich dem Umgang mit digitalen Beweismitteln, geht es darum Antworten auf folgende Fragen zu finden: Welche Bedeutung kommt digitalen Beweismitteln im Strafverfahrensrecht derzeit zu? Hat die Bedeutung der digitalen Medien in der gesellschaftlichen Praxis zugenommen und wenn ja, spiegelt sich diese im gerichtlichen Alltag wieder? Statistische oder empirische Untersuchungen zum Umgang mit digitalen Beweismitteln sucht man vergebens. Trotzdem verändern digitalen Daten den Strafprozess als spezifische Kommunikationsplattform. Die Auswertung digitaler Spuren spielt für die Verfolgung sämtlicher Straftaten bereits heute eine große Rolle.[540] Dies spiegelt sich im Gerichtssaal wieder; sie werden bereits gegenwärtig wohl in der Mehrzahl aller nicht auf Zeugenaussagen hinauslaufendenden Beweisantritte verwendet.[541] In steigendem Umfang wird durch die Auswertung dieser Daten die Beweisgrundlage für eine spätere Verurteilung gelegt.[542]

Bei dem Verdacht der Begehung von Cybercrimes, aber gerade auch bei Ermittlungen in Wirtschafts- und Steuerstrafverfahrens wird man sehr häufig auf diese alltägliche Situation der Ermittlungsbehörden treffen: Die Polizei (samt Staatsanwalt) klingelt an der Tür mit einem Durchsuchungs- und Beschlagnahmebeschluss, der gegen eine Privatperson oder ein Unternehmen vollzogen werden soll. Es werden Wohnung, (Geschäfts-)Räume und Personen durchsucht, Gegenstände sichergestellt, beschlagnahmt und alle Papiere durchgesehen. Doch das genügt heutzutage nicht mehr. Das eigentliche Interesse der Ermittler gilt regelmäßig nicht den EDV-Anlagen und Datenträgern des Beschuldigten an sich, sondern den darauf gespeicherten digitalen Informationen (Daten)

539 So auch *Momsen*, FS Beulke, S. 874.
540 *Warken*, NZWiSt 2017, 289 (290) m.w.N.
541 *Momsen*, FS Beulke, S. 873 m.w.N.
542 So *Momsen/Hercher*, S. 173.

und Kommunikationsinhalten.[543] Deshalb werden deren Computer, Laptops, Tablets, Mobilfunkgeräte, externe Festplatten, USB-Sticks, Scanner und andere Datenträger mitgenommen oder die Daten[544] werden direkt auf behördeneigene Datenträger kopiert.[545] Von Interesse sind potentiell beweisbedeutende digitale Daten sowie Magnetspuren, welche unter anderem bei der Speicherung auf bestimmten Datenträgern entstehen.[546] Dabei gestaltet sich die Suche nach extrahierbaren Magnetspuren zunächst als Suche nach gegenständlichen/physischen Datenträgern bzw. Speichermedien.[547] Denn die in digitaler Form vorliegenden Beweise lassen sich leicht und in anderer Art als bisher vor einem Zugriff der Ermittlungsbehörden verbergen.[548] Aber auch nach rein virtuellen Spuren, die in Blogs, Foren, sozialen Netzwerken und der sprichwörtlichen Datenwolke[549] reichlich vorhanden und meist öffentlich zugänglich sind, wird gesucht, um diese zu sichern und zu analysieren.[550] Aus Sicht der Ermittlungsbehörden

---

543 Den Strafverfolgungsbehörden stehen im Ermittlungsverfahren verschiedene Möglichkeiten zur Gewinnung bzw. Abschöpfung digitaler Daten zur Verfügung. Insoweit enthält die StPO einen vielfältigen Maßnahmenkatalog. Zusammengefasst sind diese in den §§ 94 ff., 110 sowie den §§ 100a ff. StPO.

544 Die neuere Gesetzgebung lässt zu, dass auch die auf einem Datenträger verkörperten Daten – also die digital gespeicherten Informationen – selbst (ohne Speichermedium) nach §§ 94 ff. StPO sichergestellt und beschlagnahmt werden können: siehe BVerfG, NJW 2005, 1917; 2006, 976; NJW 2009, 2431.

545 *Basar*, FS Wessing, S. 640; *Liebig*, S. 15 f.; *Neuhaus/Artkämper*, Rn. 186.

546 *Eisenberg*, Rn. 1938.

547 *Eisenberg*, Rn. 1938a.

548 *Bär*, EDV-Beweissicherung, Rn. 3.

549 Zum Zugriff auf externe Datenspeicher am Beispiel des *Cloud Computing* näher *Liebig*, S. 46 ff. Danach kann ein Zugriff auf externe Datenbestände nach deutschem Recht grundsätzlich auf der Grundlage des § 110 III StPO erfolgen, jedoch dann nicht, wenn sich die in der Cloud gespeicherten Daten nicht auf deutschem Staatsgebiet befinden. In diesem Fall ist ein Zugriff aufgrund der Verletzung völkerrechtlicher Souveränität des betroffenen Staates ausgeschlossen.

550 Vgl. Labudde/Spranger/*Pawlaszczyk*, Forensik in der digitalen Welt, S. 113; *Neuhaus/Artkämper*, Rn. 187. Nach einer Entscheidung des *BVerfG* können sowohl Daten, die auf einem Datenträger oder Mobiltelefon (Kommunikationsinhalte) gespeichert sind, als auch virtuelle Daten im Internet als nicht körperliche Gegenstände unter bestimmten Voraussetzungen über §§ 94 ff. StPO sichergestellt und beschlagnahmt werden; gleiches gilt für die Sicherstellung und Beschlagnahme von E-Mails, die auf dem Mailserver des Providers zwischen- oder endgespeichert sind. Die offene Beschlagnahme von Daten eines Nutzerkontos bei sozialen Netzwerken sowie der offene Zugriff auf Cloud-Inhalte soll ebenfalls über §§ 94 ff. StPO möglich sein, unter besonderer Beachtung des Verhältnismäßigkeitsgrundsatzes. Vgl. BVerfGE 113, 29 (50); 124, 43, (53 ff.);

ist diese Vorgehensweise häufig schon deshalb notwendig, um sämtliche potentiell beweiserheblichen Informationen möglichst vollständig zu erheben.[551] Das zeigt, dass Ermittlungen ohne auf elektronisch verarbeitete Daten als Beweismittel Bezug zu nehmen, nunmehr undenkbar erscheinen.[552] Diese Entwicklung spiegelt die von der Digitalisierung eröffneten Möglichkeiten wieder. Laut einer (repräsentativen) Umfrage des Digitalverbandes *Bitkom* für das Jahr 2014 bevorzugt jeder Vierte digitale Dokumente statt Papier. Danach ziehe fast jeder vierte Internetnutzer (23 % der Befragten) für persönliche Dokumente wie etwa Rechnungen die elektronische Form der Papierversion vor, was 8 Prozentpunkte mehr sind als im Jahr 2013.[553] Gerade im unternehmerischen Alltag spiegeln die Ergebnisse der Umfrage sich wider. Der Rechts- und Geschäftsverkehr nutzt zunehmend die Vorteile elektronischer Datenverarbeitung und digitaler Kommunikation.

Sowohl im Ermittlungs- als auch im Hauptverfahren wird der E-Mail-Verkehr herangezogen um Sachverhalte aufzuklären.[554] Für das Strafverfahren gewinnt es immer größere Bedeutung, E-Mails und Kommunikationsdaten sozialer Netzwerke auszuwerten.[555] Auch in der internationalen Strafverfolgung sind elektronische Beweismittel präsent.[556] Bei mehr als der Hälfte aller Ermittlungen in der EU werden grenzüberschreitende elektronische Beweismittel benötigt.[557] Allerdings werden digitale Daten in der strafprozessualen Hauptverhandlung zumeist in analoger Form eingeführt.[558] Geht es um digitale Dokumente, wie beispielsweise E-Mails, so werden diese bisweilen ausgedruckt und so dem Gericht präsentiert. Nach einer von der Universität Kassel und dem IT-Dienstleister *Datev* durchgeführten Untersuchung hänge der Ausgang eines Rechtstreits, also ob gewonnen oder verloren, nicht davon ab, ob das Beweismittel digital oder in

---

LR-StPO/*Menges*, § 94 Rn. 14; Meyer-Goßner/Schmitt/*Köhler*, § 94 StPO Rn. 16a ff.; *Blechschmitt*, MMR 2018, 361 (364 f.); siehe auch unten C.I.3. Fn. 806. Ausführlich zum Zugriff auf *Cloud Computing*, E-Mail und IP-Telefonie Daten: *Liebig*. Zum Zugriff auf serverbasiert gespeicherten E-Mails beim Provider: *Neuhöfer*.

551 *Trüg*, StV 2016, 343 (344).

552 *Kemper*, NStZ 2005, 539; *Zerbes/El-Ghazi*, NStZ 2015, 425.

553 Https://www.bitkom.org/Presse/Presseinformation/Jeder-Vierte-bevorzugt-digitale-Dokumente-statt-Papier.html, zuletzt aufgerufen am 21.10.2019.

554 *Marberth-Kubicki*, Rn. 608.

555 *Momsen*, FS Beulke, S. 874.

556 Zu den jüngsten Entwicklungen der Sammlung und Analyse von elektronischen Beweisen *Depauw*, EuCLR 2018, 62 ff.

557 *Redaktion beck-aktuell*, becklink 2009646.

558 *Momsen*, FS Beulke, S. 871; vgl. *Gercke/Brunst*, Rn. 45.

Papierform vorliege.[559] Dazu wurden vierzehn Gerichtverhandlungen mit echten Richtern und Sachverständigen simuliert, bei den als Beweismittel gescannte Dokumente eingebracht worden, ohne dass das Original noch existierte. In allen Fällen seien die eingescannten Dokumente von den Richtern als Beweismittel anerkannt worden.

Ferner nimmt die Bedeutung von Bildern und Videos im modernen Recht weiter zu, was sich allzu gut in der Prozesspraxis beobachten lässt.[560] Der vom Grundsatz der Mündlichkeit geprägte Prozess ist für visuelle Kommunikation in Form von verbaler und nonverbaler Verständigung wie Gestik, Mimik, Körperhaltungen und Blickverhalten die ideale Plattform, da letztere visuell wirkt.[561] Es ist somit nicht verwundernswert, dass in einem Gerichtsverfahren zum ersten Mal ein Dokumentarfilm als Beweismittel eingesetzt wurde.[562] Bisher wurden darstellende Bilder (Fotos und Zeichnungen) zur Dokumentation oder als Beweismittel eingesetzt, um Situationen und Gegenstände optisch wiederzugeben.[563] Im Prozess werden einfache Lichtbilder, beispielsweise aus Überwachungskameras, Radaranlagen oder vom Tatort zur Beweisführung genutzt.[564] Sachverständige verwenden in ihren technischen Gutachten neben darstellenden Bildern auch Strukturbilder (logische Bilder, Diagramme, Charts etc.).[565] Zunehmend werden aber auch Digitalfotos vorgelegt, vermehrt in Verfahren wegen Geschwindigkeitsüberschreitungen, Verkehrsunfällen oder als Beleg gegenüber Versicherungen. Das der Umgang mit diesen in gerichtlichen Verfahren steigt, geht notwendigerweise damit einher, dass die Verfahrensbeteiligten zunehmend besser technisch ausgestattet sind.[566] Verhandlungssäle werden in wachsendem Maße mit technischen Mitteln eingerichtet, die die Einsichtnahme in Beweismittel erlauben, die sich als digitale Datei auf einem externen Speichermedium befinden.[567] Die gleiche Tendenz kann für Digitalaufzeichnungen

---

559 Siehe *Datev*, https://www.datev-magazin.de/2014-02/titelthema-2014-02/gleiche-daten-gleicher-wert/, zuletzt aufgerufen am 21.10.2019, und *Roßnagel/Nebel*, Simulationsstudie.

560 Vgl. *Boehme-Neßler*, Unscharfes Recht, S. 287 m.w.N.

561 *Boehme-Neßler*, Unscharfes Recht, S. 288 m.w.N.

562 *Boehme-Neßler*, Unscharfes Recht, S. 288 m.w.N.

563 *Knopp*, ZRP 2008, 156.

564 *Kertai*, MMR 2011, 716 (717).

565 *Kertai*, MMR 2011, 716.

566 Vgl. *Gercke/Wollschläger*, StV 2013, 106 f.

567 *Gercke/Wollschläger*, StV 2013, 106 (107).

festgestellt werden. Das AG Nienburg hat mit seinem Urteil vom 20.01.2015[568] erstmals in Deutschland die Aufzeichnung einer sog. „Dash-Cam"[569] als Beweismittel in einem Strafverfahren zugelassen,[570] was ein Novum in der deutschen Rechtspflege darstellte.[571] Des Weiteren wird es in umfangreichen Verfahren immer mehr zur gewöhnlichen Praxis, dass der Verteidiger ein Notebook oder Tablet nutzt, um die Verfahrensakte »griffbereit« zuhaben.[572]

Es geht immer weniger darum, abstrakt rechtlich zu argumentieren, sondern darum, eine konkrete Geschichte zu entwickeln und zu konstruieren, die dem Urteil zugrunde gelegt werden kann.[573] Dieses zeigt sich insbesondere in US-amerikanischen Gerichtssälen, in denen dafür modernste Technologien eingesetzt werden, um die rechtliche Argumentation zu visualisieren.[574] Im Vergleich

---

568 AG Nienburg, Urteil vom 20.01.2015 – 4 Ds 520 Js EGMR Aktenzeichen 39473/14 (155/14): BeckRS 2015, 07708.

569 Im Auto angebrachte Videokameras, die auf dem Armaturenbrett (*dash*) eines Fahrzeugs montiert sind und den vorderen Verkehr während der Fahrt aufzeichnen. Häufig soll mit den Aufnahmen für den Fall eines Verkehrsunfalls eine Beweissicherung erfolgen.

570 Kernstreitpunkt ist dabei die Frage, ob ein etwaiger Eingriff in das Recht auf informationelle Selbstbestimmung durch die Aufnahmen zu einem Beweiserhebungs- oder verwertungsverbot führt. Die zweite Entscheidung im straf- bzw. bußgeldrechtlichen Bereich ist diejenige des OLG Stuttgart, Beschluss v. 04.05.2016 – 4 Ss 543/15; BeckRS 2017, 123665 in der letztlich eine generelle Beweisverwertung der Aufzeichnungen manifestiert wird.

571 Ob und gegebenenfalls unter welchen Voraussetzungen Dash-Cam-Aufnahmen in gerichtliche Verfahren zulässig eingeführt und verwertet werden dürfen, ist bereits seit längerer Zeit Gegenstand einer breiten Diskussion in der juristischen Fachwelt und der allgemeinen Öffentlichkeit, insbesondere in der Zivilrechtspraxis: siehe nur AG Nürnberg, BeckRS 2015, 14846; LG Heilbronn, BeckRS 2015, 3176; AG München, BeckRS 2016, 08865; LG Landshut, BeckRS 2016, 03814; LG Frankenthal, BeckRS 2016, 09839; LG Rottweil, BeckRS 2017, 119419; OLG Nürnberg, BeckRS 2017, 124341. In seinem Grundsatzurteil v. 15.05.2018 (Az. VI ZR 233/17) hat der BGH Aufnahmen von Dashcams als Beweismittel vor Gericht zur Klärung von Verkehrsunfällen zugelassen. Die gehegten Datenschutzbedenken seien in diesem konkreten Fall als zweitrangig zu erachten. Vorinstanzlich hatten das AG Magdeburg (Az104 C 630/15) und das LG Magdeburg (BeckRS 2017, 144696) die Verwertbarkeit der Aufnahmen abgelehnt. Vgl. zum Ganzen Bachmeier, DAR 2014, 15; Krämer, SVR 2016, 23; Mienert/Gipp, ZD 2017, 514 und Schindler, ZD-Aktuell 2018, 06149.

572 *Gercke/Wollschläger*, StV 2013, 106 (107).

573 *Boehme-Neßler*, Unscharfes Recht, S. 288 m.w.N.

574 *Boehme-Neßler*, Unscharfes Recht, S. 288 m.w.N.

zu Deutschland sind visuelle Verteidigungsstrategien in den USA keine Seltenheit, was den Systemunterschieden (Jury-System) geschuldet ist. Trotzdem ist auch in Deutschland ein Trend zur visuellen Rechtskommunikation zu erkennen, zugelassen durch die wachsenden technischen Möglichkeiten und dem wachsenden Interesse an Bildern und Videos als Beweis- und Kommunikationsmedien.[575]

Zusammengefasst lässt sich eine Tendenz zur vermehrten Verwendung von digitalen Beweisen erkennen, dies sowohl im Ermittlungs- als auch im Hauptverfahren. Einerseits werden sie bereits häufig als Beweisgrundlage im Strafprozess herangezogen, andererseits sind digitale Daten von einer gewissen Grundskepsis gegenüber technischen Beweisansätzen geprägt. Des Weiteren werden in Zukunft mehr Sachverständige benötigt, die sich im Bereich Computer- und IT-Forensik auskennen, um der Unsicherheit beim Umgang mit digitalen Beweismitteln entgegenzutreten.

7. Fazit: Auswirkungen von Digitalisierung und Internet auf das Prozessrecht – digitale Dimension des Prozess- und Beweisrechts

Die zunehmende Digitalisierung wirkt sich – wie bereits ausführlich erörtertet – auf alle Facetten unserer Gesellschaft aus. Vermehrt haben die Bereiche, die vormals ausschließlich analoger Art waren, ein digitales Gegenstück bzw. gleichwertigen digitalen Ersatz gefunden.[576] Die Relevanz des Internets, der Prozess der Digitalisierung und die Vernetzung zwingen uns gerade zu einem gesellschaftlichen Dialog über die rasante technische Entwicklung, die kurzen Innovationszyklen, die neu entstandenen Bedrohungsszenarien und Konflikte und damit einhergehenden Möglichkeiten der Strafverfolgungsbehörden. Es verschieben sich die herkömmlichen Paradigmen durch die Integration des Virtuellen.[577]

Der Bereich der digitalen Beweise ist sehr schnell gewachsen, angefangen als vereinzelte Erscheinung bis zu dem heutigen Punkt, wo sie vermehrt im Fokus strafrechtlicher Ermittlungen und dem angeschlossenen Gerichtsverfahren stehen. In der Tendenz lässt sich feststellen, dass digitale Beweismittel in unserem Leben eine immer größer werdende Rolle spielen. Digitale Beweismittel und digitale Technologien sind heutzutage aus der Praxis der Strafverfolgungsbehörden und Gerichte nicht mehr wegzudenken.[578] Rechtlich gesehen, müssen sich

575 *Kertai*, MMR 2011, 716.
576 *Jaquet-Chifelle*, Kriminalistik 2014, 188 (189).
577 *Jaquet-Chifelle*, Kriminalistik 2014, 188 (189).
578 *Blechschmitt*, MMR 2018, 361 (363); Knoke/Stoklas, ZD-Aktuell 2015, 04724.

die Parteien[579] daher vermehrt mit ihnen auseinandersetzen. In diesem Bereich bleiben einige Fragen offen, es besteht nichterfüllter Klärungsbedarf. Polizei und Justiz müssen weiter „Informationsverarbeitung" betreiben: Informationen erheben, selektieren und bewerten. Die Informationsverarbeitung analoger und digitaler Beweise erschöpft sich nicht nur in der Handhabung neuester Technologien um Informationen zu gewinnen, sondern auch in dem Erfordernis einer effektiven Rechtsdurchsetzung im virtuellen und realen Raum, also Reaktionsmöglichkeiten des Staates auf die gegebenen und weiter folgenden Veränderungen. Erfahrungsgemäß folgen im digitalen Zeitalter Verdachtsschöpfung, Beweiserhebung, Beweissicherung und Beweisführung anderen Logiken, Regeln und Prozessen. Es existiert kein Gegensatz mehr zwischen analoger, realer und virtueller Welt. Die Digitalisierung verschafft dem Recht vielmehr eine zusätzliche Dimension, die die Betroffenen beim Umgang mit digitalen Beweisen vor neue und teilweise höhere Anforderungen stellt, als der Umgang mit konventionellen Beweisen es vermag. Computer- und Programmiererfahrungen, vertiefte Kenntnisse über Betriebssysteme und Anwendungsprogramme sowie über forensische Werkzeuge, Kenntnisse im Bereich kryptographischer Verfahren, aktuelles Wissen über neuste Formen der zu erwartenden und möglichen Bedrohungen und letztlich ein ausgeprägtes Verständnis für die Beweisführung und -verwertung in späteren Gerichtsverfahren werden vonnöten sein, um in der modernen Fallarbeit strafbare oder anderweitig rechtswidrige Handlungen festzustellen und aufzuklären.

Der nachgewiesene vermehrte Umgang mit digitalen Beweisen und die dadurch neuformierten Anforderungen sagen aber noch nichts über die Tauglichkeit des Strafrechts und der Strafprozessordnung aus, mit den Herausforderungen des digitalen Zeitalters und der neuartigen Dimension umzugehen. In materieller Hinsicht muss es das Ziel sein, Strafbarkeitslücken zu schließen und eine weitgehende Harmonisierung mit internationalen Vorgaben anzustreben. Aus prozessualer Sicht geht es unter anderem um die Abstimmung bzw. Generierung von Ermittlungsbefugnissen samt -instrumenten, die an die technologischen Entwicklungen angepasst werden. Unter dem Aspekt des Beweisrechts gilt gleichwohl, dass Reichweite und Qualität prinzipiell der Beweismittel zu prüfen sind. Ein Beweismittel dürfte seinen verfahrensrechtlichen Charakter nicht unbedingt dadurch verändern, dass es in digitaler Form vorliegt.[580] Betrachtet

579 Unter anderem das Gericht, die Staatsanwaltschaft, der Verteidiger, der Beschuldigte und der Verletzte oder Geschädigte.

580 *Momsen*, FS Beulke, S. 872.

man das ganze aus der Perspektive eines stark formalisierten Regelungssystems wie dem des Strafrechts, so erscheint es naheliegend, die rechtliche Relevanz der Bezeichnung „digitales Beweismittel“ als wenig bedeutend anzusehen ist.[581] Indessen zeigt sich, dass es gerade die starke Formalisierung ist, aufgrund derer die digitale Natur eines Beweismittels weitrechende Folgen für den Prozess der Wahrheitsfindung entwickeln kann.[582] Dabei sind die Beweiseignung, der Beweiswert und die neue Formen der Manipulation von Beweisen besonders zu berücksichtigen. Schließlich darf der Umgang mit digitalen Beweismitteln nicht zu einer schleichenden Entwertung von Verfahrensrechten führen.[583] Denn unser gesellschaftliches Zusammenleben bleibt – wenngleich in erweiterter Form – erhalten. Unter diesem Aspekt sollte die Bedeutung des potentiellen Beweismittels für das Strafverfahren mit dem Grundsatz der Verhältnismäßigkeit und den Grundrechten der Betroffenen – als bereits geltende Grundwerte (Werteordnung) und Regeln – in Einklang gebracht werden. Handlungs- und Anpassungsbedarf besteht nur dort, wo bestehendes Recht neue Entwicklungen nicht mehr erfasst oder Vollzugsdefizite aufweist. Ob dieser besteht, kann erst festgellt werden, wenn geklärt ist, ob und wie der Nachweis mit digitalen Daten gelingt. Dieser hängt von der – im Weiteren zu erörternden Beweisführung – und Würdigung und letztlich der Art und Weise wie die Daten gewonnen und ausgewertet wurden (Beweiserhebung und -verwertung, Rolle digitaler Forensik) ab. Ob der Umstand, dass digitale Beweismittel in der Vergangenheit bisweilen als Ausdrucke in das Strafverfahrensrecht eingeführt wurden, die verfahrensrechtliche Herausforderung und die häufig bestehende Notwendigkeit einer gesetzlichen Anpassung verdeutlicht, wird indessen noch zu klären sein.[584] Sollte sich herausstellen, dass die Strafprozessordnung der digitalen Dimension (der Prozessordnung im Allgemeinen und des Beweisrechts im Speziellen) noch nicht gewachsen ist, wird es Aufgabe der Politik sein, den Strukturwandel zu begleiten und die notwendigen Rahmenbedingungen für die Gesellschaft in der digitalen Welt zu setzen.

---

581 *Momsen*, FS Beulke, S. 872.
582 *Momsen*, FS Beulke, S. 873.
583 *Momsen*, FS Beulke, S. 887.
584 Bejahend *Gercke/Brunst*, Rn. 45.

C. Digitale Beweismittel in strafprozessualer Hauptverhandlung

In gerichtlichen Verfahren können Rechtsfragen eine eher untergeordnete Rolle beigemessen werden, wohingegen Beweisfragen regelmäßig im Mittelpunkt eines Rechtsstreits stehen.[585] Werden mit einem (digitalen) Beweismittel Tatsachen festgestellt, so ist es im Weiteren das Ziel, dass diese im Rahmen des strafprozessualen Beweisverfahrens von einem Gericht aufgrund der zuziehenden rechtlichen Bewertung als überzeugend anerkannt werden. Bedingt durch die Unschuldsvermutung und den Unmittelbarkeitsgrundsatz kann ein Täter für eine Straftat nur dann verurteilt werden, wenn die Tatsachen in der Hauptverhandlung bewiesen werden.[586] Der nächste Schritt führt uns also in das Beweisverfahren[587] und die Felder gerichtliche Beweisaufnahme, -erhebung[588] und Beweiswürdigung, die es näher zu betrachten gilt.

Die Strafprozessordnung enthält keine gesetzliche Definition des „Beweises". Unter Beweisen ist das Darlegen der Richtigkeit oder Unrichtigkeit einer Hypothese durch logische oder tatsächliche Gründe oder ein Verhalten zu verstehen.[589] Es heißt, ein zulässiges Beweismittel in das Verfahren einzuführen, um damit das Gericht von einem Beweisergebnis zu überzeugen.[590] Beweise werden erhoben, um die objektiv-relative Wahrheit zu ermitteln, in dem Tatsachen festgestellt werden. Somit ist der Beweis das Ergebnis des Vorgangs, mit dem sich das Gericht die erforderliche *Gewissheit über die Tatsachengrundlage* verschafft, welche der rechtlichen Bewertung zugrunde gelegt wird.[591] Beweise erfüllen eine unabdingbare Funktion im Strafprozess, da ihr Vorhandensein bzw. ihre Zulassung darüber entscheidet, ob die materielle Rechtslage sich verwirklichen

---

585 *Weichbrodt*, S. 1.

586 SSW-StPO/*Beulke*, Einl. Rn. 259.

587 Das Verfahren zur Durchführung eines Beweises. Dieses gliedert sich in drei Phasen: der Sammlung (auch Gewinnung), Erhebung (auch Verwendung) und Würdigung von Beweisen.

588 Im Folgenden als Beweisführung, dem Weg zur Festlegung von Tatsachen, zusammengefasst.

589 *Köbler*, 16. Auflage, Stichwort „Beweis", S. 68.

590 *Weihmann/Schuch*, Kriminalistik, S. 152.

591 MüKo-StPO/*Kudlich*, Einl. Rn. 403.

kann.[592] Für die Ermittlung von Tatsachen gilt im Strafprozess der Amtsermittlungsgrundsatz, § 244 Abs. 2 StPO.[593]

Zusammengefasst ermöglicht die Beweisfindung einem Gericht, den Sachverhalt – die Beteiligung des Beschuldigten an einer Straftat – durch richterliche Überzeugung als Tatsache festzustellen.[594] Dadurch kann das Gericht die dahinter stehenden Beweis- und Rechtsfragen für den konkreten Fall korrekt beantworten.[595] Beweisgegenstand können (innere und äußere) Tatsachen, die verfahrensrechtlich oder für die Schuldfrage bzw. die Rechtsfolgenentscheidung erheblich sind,[596] sowie inländisches und ausländisches Recht,[597] Gewohnheitsrecht, Statuten und Erfahrungssätze sein,[598] wobei Tatsachen den Idealtypus des Beweisgegenstandes darstellen.[599] Beweisbedürftig sind grundsätzlich alle entscheidungserheblichen Tatsachen. Dies umfasst alles was nicht gem. § 244 Abs. 3 Satz 2 Alt. 1 StPO offenkundig, d.h. allgemeinkundig oder gerichtskundig ist.[600] Gelangt das Gericht zu der Beweisbedürftigkeit einer bestimmten Tatsache, so muss es den Beweis grundsätzlich auch erheben,[601] sog. Untersuchungsgrundsatz. Die Beweisaufnahme, -erhebung stellt dabei einen Teil des gerichtlichen Beweisverfahrens dar. Diese (er)folgt in der Regel von Amts wegen, §§ 244, 245 StPO. Zusätzlich besteht die Möglichkeit, dass die Verfahrensbeteiligten selbst (Beschuldigter, Verteidiger, Staatsanwaltschaft, Nebenkläger) Beweismittel einführen, indem sie „Beweisanträge“ stellen. Ergänzt wird die gerichtliche Beweisaufnahme durch die anschließende Beweiswürdigung, bei der sich das Gericht von der Wahrheit oder Unwahrheit der vorgebrachten Tatsachenbehauptungen überzeugt – gerade auf Grund der Beweisaufnahme.[602] Maßstab für den Beweiswert ist dabei das jeweilige Beweisrecht, also „die Gesamtheit der den Beweis betreffenden Rechtssätze“[603]. Es regelt die Voraussetzungen, die

---

592 *Weichbrodt*, S. 1.

593 Siehe oben B.IV.4.a.

594 *Heinson*, S. 96.

595 *Heinson*, S. 96.

596 *Eisenberg*, Rn. 6.

597 Fragen der Geltung und Auslegung inländischen Rechts scheiden hingegen als Beweisgegenstand aus.

598 *Eder*, S. 201; MüKo-StPO/*Kudlich*, Einl. Rn. 404.

599 *Eder*, S. 201.

600 LR-StPO/*Kühne*, Einl. Abschn. H Rn. 32; MüKo-StPO/*Kudlich*, Einl. Rn. 405.

601 *Jäckel*, Beweisrecht der ZPO, Rn. 220.

602 Vgl. *Heinson*, S. 97.

603 *Köbler*, Stichwort „Beweisrecht“, S. 71.

notwendig sind, um einen begründeten Strafanspruch durchzusetzen.[604] Allgemeines Ziel des Beweisrechts ist es, zur sachlich rechtlich richtigen Entscheidung zu führen.[605] Dabei muss dies im Rahmen des Möglichen und Zulässigen geschehen. Insbesondere darf die Erhebung und/oder Verwendung der Beweise nicht gegen Beweiserhebungs- und Verwertungsverbote verstoßen.[606]

Betrachtet man konkret das Hauptverfahren im Strafprozess, so ist das Ziel hauptsächlich, die Sachverhaltserforschung durch die Beweisaufnahme mit anschließender Überzeugungsbildung des Gerichts, namentlich über die Schuld- und Straffrage, um zur späteren Urteilsfindung zu gelangen,[607] vgl. § 264 StPO. Dabei ist die wahrheitserforschende Tatsachenfeststellung (Beweisgewinnung, Erhebung von Beweismitteln und Beweiswürdigung) im gesamten Strafverfahren erforderlich und hat insbesondere im Ermittlungsverfahren eine besondere Bedeutung.[608]

Es stellt sich daher für das Beweisrecht die rechtliche Frage, ob und wie digitale Daten in das strafverfahrensrechtliche Beweisverfahren eingeführt werden können und im zweiten Schritt, welcher individuelle Beweiswert ihnen zukommt.

I. Beweisführung mit digitalen Medien

Wurden Beweise ausfindig gemacht, so gilt es im Rahmen des Beweisverfahrens die gewonnenen Erkenntnisse auf ihren Aussagewert zu prüfen und schließlich eine tragfähige Grundlage für eine Anklageerhebung oder Verfahrenseinstellung zu schaffen.[609] Der Prüfung des individuellen Beweiswertes vorangestellt, ist jedoch die Frage, ob und auf welche Art und Weise die digitalen Dateien in die Hauptverhandlung eingeführt werden können. Dabei stellt die Beweisaufnahme das Kernstück der Hauptverhandlung dar.[610] Für jedes Beweismittel ist gesondert geregelt, in welcher Form der Beweis angetreten und wie die Beweisaufnahme durchgeführt wird.[611] Demzufolge ist für das (Strengbeweis-) Verfahren als zwingende Bedingung deutlich herauszustellen, als welche Art von Beweismittel digitale Daten eingebracht werden.[612] Berücksichtig man die

604 *Weichbrodt*, S. 1.
605 *Baumbach/Lauterbach/Albers/Hartmann*, Einf § 284 ZPO Rn. 2.
606 Siehe unten C.II.2.c.bb.
607 LR-StPO/*Kühne*, Einl. Abschn. H Rn. 33; MüKo-StPO/*Kudlich*, Einl. Rn. 406.
608 LR-StPO/*Kühne*, Einl. Abschn. H Rn. 33.
609 *Kochheim*, Cybercrime und Strafrecht in der IuK, Rn. 1782.
610 *Kühne*, § 48 Rn. 751.
611 *Heinson*, S. 107.
612 Vgl. *Heinson*, S. 107; *Momsen/Hercher*, S. 185 f.

Besonderheiten digitaler Beweismittel, so sind genau dieselben grundlegenden Fragen zu beantworten, wie bei den nicht-digitalen Beweismitteln:[613] Wie kann das digitale Beweismittel rechtlich sachgerecht in die bestehenden/tradierten Kategorien von Beweismitteln der Strafprozessordnung eingeordnet werden? Die Normen der Strafprozessordnung sind vor dem Hintergrund körperlicher Beweise entwickelt worden. Sie sind zu einer Zeit entstanden, als elektronischen Daten als Beweismitteln noch keine Bedeutung zukam.[614] Für die Väter der Strafprozessordnung waren (digitale) Daten Ende des 19. Jahrhunderts und damit zusammenhängende Fragen der Beweiserhebung undenkbar.[615] Sie gingen vom Ideal der Aktenablage in Papier, die jahrzehntelang Tradition war, aus. Selbst der moderne Gesetzgeber hat die digitalen Daten bislang nicht in dem Umfang berücksichtigt, die ihrer praktischen Bedeutung entsprechen.[616] Der Thematik wurde sich wenig bis gar nicht angenommen. Es fehlt gerade an der Erfahrung und dem Entwicklungsprozess im Vergleich zu herkömmlichen analogen Beweismitteln.

Nachfolgend werden zunächst die unterschiedlichen Beweismittelarten erläutert und anschließend wird unter Berücksichtigung der bestehenden Regelungen eine rechtliche Einordnung im Beweisrecht – de lege lata[617] und de lege ferenda – vorgenommen. Im Rahmen der rechtlichen Einordnung digitaler Beweise unter die vorgestellten Beweismittelarten, wird insbesondere die individuelle Bedeutung der Beweismittelart für digitale Beweise fokussiert.[618]

1. Die gesetzlichen Beweismittel (Kreis der Beweismittel)[619]

Bei Beweismitteln handelt es sich in gegenständlicher Hinsicht um Personen und Sachen, mit denen dem Gericht die Überzeugung vom Vorliegen oder Nichtvorliegen von Tatsachen oder Erfahrungsgrundsätzen vermittelt werden kann.[620] Insofern trennt man den Personalbeweis vom Sachbeweis. Unter den persönlichen Beweismitteln sind die Zeugen (§§ 48 ff. StPO) und Sachverständige (§§ 72 ff. StPO) zu fassen. Das Prozessrecht versteht unter sachlichen

---

613 Vgl. *Momsen*, FS Beulke, S. 872.
614 *Marberth-Kubicki*, Rn. 607.
615 Vgl. *Ruppert*, JA 2018, 994; *Trüg*, StV 2016, 343.
616 So *Momsen/Hercher*, S. 186; vgl. *Trüg*, StV 2016, 343.
617 Berücksichtigt die Gesetzeslage bis zum 31.12.2017.
618 Siehe unten C.I.3.
619 So die Bezeichnung bei Alsberg/*Dallmeyer*, Beweisantrag, 1. Teil 3. Kapitel.
620 Alsberg/*Dallmeyer*, Beweisantrag, Rn. 298.

Beweismitteln traditionell vor allem körperliche Gegenstände und Sachgegebenheiten,[621] die eine überzeugende Begründung der Richtigkeit oder Unrichtigkeit einer Tatsache erlauben, und grundsätzlich mittels des Urkundenbeweises (§ 249 StPO) oder durch Augenscheinseinnahme (§ 86 StPO) in das Verfahren eingeführt werden.[622] Eine klare Trennung kann nicht immer ermöglicht werden, meist ist das rechtlich zulässige Kombinieren von sachlichen und persönlichen Beweismitteln durch die Aufklärungspflicht sogar erforderlich.

Liegt eine beweisbedürftige Tatsache vor, so wird des Weiteren bei der Verwertung von Beweismitteln zwischen zwei Beweisverfahren[623] unterschieden: dem Streng- und Freibeweisverfahren. Ersteres wird in den §§ 244 bis 256 StPO geregelt und findet zur Feststellung der Umstände, die für den Hergang der Tat, die Schuld des Täters und die Art und Höhe der Strafe, also für die Schuld- und Straffrage ausschlaggebend sind, Anwendung.[624] Für das Strengbeweisverfahren wird ein hohes Maß an Formalisierung vorgeschrieben. Die im Strengbeweisverfahren zulässigen Beweismittel sind in der Strafprozessordnung abschließend bzw. erschöpfend geregelt, sog. numerus clausus der Beweismittel im Strengbeweisverfahren.[625] Die zugelassenen[626] Beweismittel sind alle Personen oder Gegenstände, die im Wege des Zeugen-, (§§ 48–71 StPO), Sachverständigen-, (§§ 72–85 StPO), gerichtlichen Augenscheins-, (§§ 86–93 StPO) und Urkundsbeweises (§§ 249–256 StPO) verwendet werden,[627] sowie die Einlassung des Angeklagten[628].[629] All das darf nur nach den in den §§ 244–257 StPO festgelegten Regeln eingeführt und verwertet werden. Nach *Dallmeyer* schafft das geltende Recht damit einen geschlossenen Kreis, einen Kanon von Beweismitteln, weil ihm andere Beweismittel fremd sind.[630] Im Übrigen gilt das Freibeweisverfahren, in dem alle rein prozessual erheblichen Tatsachen oder solche Faktoren, die für andere gerichtliche Entscheidungen als Urteile relevant sind,

621 Vgl. *Marberth-Kubicki*, Rn. 607.

622 Alsberg/*Dallmeyer*, Beweisantrag, Rn. 298.

623 Auch Beweisarten genannt.

624 Alsberg/*Dallmeyer*, Beweisantrag, Rn. 238.

625 Die Annahme eines Numerus Clausus der Beweismittel entspricht gefestigter Rechtsprechung, vgl. nur *Eisenberg*, Rn. 35; LR-StPO/*Becker*, § 244 Rn. 17 m.w.N.

626 Zulässig unter Beachtung der Vorschriften und der Prozessgrundsätze.

627 Vgl. Alsberg/*Dallmeyer*, Beweisantrag, Rn. 302; *Eisenberg*, Rn. 35.

628 Bzw. des Beschuldigten.

629 Zu der Frage, ob es sich bei der Einlassung des Angeklagten um ein Beweismittel des Strengbeweises handelt, wird unter C.I.1.e. Stellung genommen.

630 Alsberg/*Dallmeyer*, Beweisantrag, Rn. 302 m.w.N.

ermittelt werden.[631] Nach diesem Verfahren darf das Gericht bezüglich Wahl und Heranziehung von Beweismitteln nach pflichtgemäßen Ermessen alle ihm zugänglichen Erkenntnisse ausschöpfen, ohne Bindung an den Mündlichkeits-, Unmittelbarkeits-, und Öffentlichkeitsgrundsatz,[632] d.h. es kann sich auf jede beliebige Weise Gewissheit verschaffen.[633] Es ist aber trotzdem an die Aufklärungspflicht gebunden.[634]

a. Zeugen

Der Zeugenbeweis ist in den §§ 48 bis 71 StPO geregelt. Zeuge ist, wer in einem (nicht gegen ihn selbst gerichteten) Strafverfahren und ohne durch eine Verfahrensrolle von dieser Position ausgeschlossen zu sein, „vor dem Richter seine Wahrnehmungen über Tatsachen durch Aussage kundgeben soll"[635].[636] Entscheidend ist, dass der Zeuge als Beweisperson über etwas aussagt, nämlich über eigene Wahrnehmungen, „sei es, daß er die von ihm zu bekundenden Tatsachen gesehen, gehört, gelesen, gefühlt oder mit seinem Geschmackssinn wahrgenommen hat"[637]. Gegenstand des Zeugenbeweises können deshalb nur – gegenwärtige und vergangene – Tatsachen sein und nur solche, die mit dem Beweismittel Zeuge unmittelbar bewiesen werden sollen.[638] Mündlich vernommen werden kann der Zeuge nur über Begebenheiten und Zustände, die einer Wahrnehmung durch die sog. äußeren Sinneswerkzeuge zugänglich sind,[639] reine Werturteile dürfen nicht Gegenstand des Zeugenbeweises sein.[640] Jedermann kann zeugnisfähig sein, sowohl Geisteskranke und Kinder, als auch Freunde, Verwandte und Angehörige der angeklagten Person, Geschäftspartner und Angestellte.[641] Der Beschuldigte selbst kann kein Zeuge sein, genauso wenig kann ein Mitbeschuldigter Zeuge über den Tatbeitrag eines anderen Beschuldigten sein.[642] Zeugen

---

631 SSW-StPO/*Beulke*, Einl. Rn. 259.
632 *Eisenberg*, Rn. 36.
633 *Roxin/Schünemann*, § 24 Rn. 3.
634 Vgl. *Eisenberg*, Rn. 36; *Roxin/Schünemann*, § 24 Rn. 3.
635 RG 52, 289.
636 Vgl. *Eisenberg*, Rn. 1000; *Roxin/Schünemann*, § 26 Rn. 1.
637 BGHSt 43, 321 (329).
638 BGHSt 43, 321 (329).
639 RGSt 27, 95 (96); 37, 371; 57, 412.
640 BGHSt 39, 251 (254); Meyer-Goßner/Schmitt/*Schmitt*, Vor § 48 StPO Rn. 3.
641 *Roxin/Schünemann*, § 26 Rn. 2.
642 *Roxin/Schünemann*, § 26 Rn. 4 f.

haben drei grundlegende Pflichten[643], die gesetzlich normiert sind: zu erscheinen, auszusagen und zu schwören, § 48 Abs. 1 und 51 StPO. Das bedeutet, dass der Zeuge zur Vernehmung erscheinen, dort wahrheitsgemäß aussagen und seine Aussage auf Verlangen beeiden muss.[644]

§ 69 StPO stellt für den Zeugenbeweis die zentrale Norm dar, weil sie die Vernehmung zur Sache regelt. Die Vernehmung zur Sache gliedert sich in einen Bericht (Abs. 1), bei dem der Zeuge möglichst ungestört im Zusammenhang berichten soll, und ein Verhör (Abs. 2), wo Fragen gestellt und Vorhalte gemacht werden.[645] Für die Einführung digitaler Beweise kommt prinzipiell auch eine Verwertung als Zeugenbeweis in Betracht. Dies etwa, wenn eine Ermittlungsperson generelle Informationen über die Entstehung des Beweismittels hat, etwa wie es gespeichert oder archiviert oder ob es manipuliert wurde, und darüber aussagt.[646]

Für den *sachverständigen Zeugen* gelten ebenso die Vorschriften über den Zeugenbeweis, § 85 StPO. Dieser unterscheidet sich von dem „normalen" Zeugen dadurch, dass er über gegenwärtige und vergangene Tatsachen oder Zustände Auskunft gibt, die er lediglich aufgrund besonderer Sachkunde machen konnte, jedoch ohne behördlichen Auftrag.[647] Im Hinblick auf das digitale Beweismittel können beispielsweise die Wahrnehmungen eines IT-Forensikers, der von einem Unternehmen bei privaten Ermittlungen eingesetzt wurde, bei der Untersuchung eines IT-Sicherheitsvorfall darunterfallen.[648]

b. Sachverständige

Der Sachverständigenbeweis bildet neben dem Zeugen das zweite persönliche Beweismittel der Strafprozessordnung.[649] Es handelt sich um keinen Sachbeweis. Dessen ungeachtet steht das Gutachten den sachlichen Beweismitteln aufgrund der Tatsache, dass es in Objektivität und unparteilicher Neutralität erstattet werden muss, nahe.[650] Geregelt wird der Sachverständigenbeweis in

---

643 Jene Pflichten sind staatsbürgerliche Pflichten, die alle Deutschen treffen. Ausländer sind von Ihnen nur betroffen, wenn sie einen Inlandsaufenthalt haben.

644 Meyer-Goßner/Schmitt/*Schmitt*, Vor § 48 StPO Rn. 5.

645 *Volk/Engländer*, § 21 Rn. 19.

646 Siehe unten F.III.

647 Meyer-Goßner/Schmitt/*Schmitt*, § 85 StPO Rn. 1, 3.

648 Vgl. auch *Jahn/Brodowski*, FS Rengier, S. 412.

649 *Hamm*, Rn. 848; Meyer-Goßner/Schmitt/*Schmitt*, Vor § 72 StPO Rn. 1; *Ostendorf*, § 16 Rn. 322.

650 *Krey/Heinrich*, § 31 Rn. 1371.

den §§ 72 bis 85 StPO.[651] Sachverständige werden vom Gericht bestellt oder auf Antrag eines Verfahrensbeteiligten vernommen, um über Tatsachen, Wahrnehmungen oder Erfahrungssätze Auskunft zu geben oder einen bestimmten Sachverhalt zu beurteilen.[652] Dem Richter fehlt die erforderliche Sachkunde auf einem bestimmten Wissensgebiet,die nicht unbedingt wissenschaftlich zu sein braucht.[653] Diese Sachkunde gehört begrifflich zum Sachverständigen.[654] Bei digitalen Spuren können Sachverständige in verschiedenster Form relevant werden, insbesondere um dem Gericht bei der Beurteilung von Beweisfragen im Bereich der Informationstechnik (IT-Sachverständige) und IT-Forensik zu helfen.[655] Aufgrund solcher Hilfe wird der Sachverständige oftmals als „Richtergehilfe“[656] oder „Gehilfe des Gerichts“[657] bezeichnet. Die Hilfe kann auf dreierlei Weise geschehen: Mitteilung über allgemeine Erfahrungssätze sowie Tatsachenfeststellung, die nur aufgrund „besonderer Sachkunde wahrgenommen oder erschöpfend verstanden und beurteilt werden können“[658] und das Ziehen von Schlussfolgerungen aus Tatsachen nach wissenschaftlichen Regeln, die nur kraft seiner Sachkunde ermittelt werden können.[659] Die wichtigste Tätigkeit stellt die Gutachtenerstattung dar.[660] Diejenigen Tatsachen, die er in seinem Gutachten zugrunde legt, werden als Anknüpfungstatsachen bezeichnet, Tatsachen, die der Sachverständige auf Grund seiner Sachkunde ermittelt, als Befundtatsachen, und Tatsachen, die er feststellt, ohne dass dazu besondere Sachkunde erforderlich ist, als Zusatztatsachen.[661] Bei der fachlichen Durchführung der Untersuchungen obliegt ihm freie Hand, sowohl hinsichtlich der Methoden als auch der Wege der Informationsbeschaffung.[662] Die Gutachtenerstattung erfolgt als Konsequenz des Grundsatzes der persönlichen Vernehmung aus § 250 StPO im Hauptverfahren

---

651 Gem. § 72 StPO finden die Vorschriften über den Zeugenbeweis entsprechende Anwendung, soweit sich aus den §§ 73 ff. StPO nicht etwas anderes ergibt.

652 Alsberg/*Dallmeyer*, Beweisantrag, Rn. 363; Meyer-Goßner/Schmitt/*Schmitt*, Vor § 72 StPO Rn. 1.

653 Meyer-Goßner/Schmitt/*Schmitt*, Vor § 72 StPO Rn. 1.

654 BGHSt 3, 27 (28); Meyer-Goßner/Schmitt/*Schmitt*, Vor § 72 StPO Rn. 1.

655 Siehe *Jahn/Brodowski*, FS Rengier, S. 411 m.w.N. und unten C.I.3.

656 Vgl. BGHSt 7, 238 (239); näheres bei Alsberg/*Dallmeyer*, Beweisantrag, Rn. 367.

657 BGHSt 3, 27 (28); 9, 292 (293); 13, 1 (4).

658 BGHSt 9, 292 (293).

659 *Roxin/Schünemann*, § 27 Rn. 1.

660 *Hamm*, Rn. 849.

661 *Hamm*, Rn. 849; Meyer-Goßner/Schmitt/*Schmitt*, Vor § 72 StPO Rn. 7.

662 *Heinson*, S. 110.

mündlich.[663] Trotzdem muss das Gericht das Gutachten des Sachverständigen selbstständig auf seine Überzeugungskraft überprüfen; der Sachverständigenbeweis unterliegt also inhaltlich der richterlichen Überzeugungsbildung. Es ist nicht zulässig, die vom Sachverständigen erzielten Ergebnisse ohne Kontrolle in das Urteil zu übernehmen.

Im Hauptverfahren wird der Sachverständige stets vom Gericht ausgewählt, bestellt (§§ 73, 214 StPO) und geleitet (§ 78 StPO). Bestellt werden kann jede natürliche Person, dementsprechend keine Vereine oder Gesellschaften des Privatrechts.[664] Grundsätzlich liegt es im pflichtgemäßen Ermessen des Gerichts, ob ein Sachverständiger überhaupt zugezogen wird.[665] Besitzt das Gericht selbst die erforderliche Sachkunde, kann es gänzlich auf einen Sachverständigen verzichten, § 244 Abs. 4 StPO. Der Sachverständige unterliegt keiner gesetzlich geregelten Pflicht, wie es bei Zeugen der Fall ist. Durch § 72 StPO sowie mehreren Spezialvorschriften gelten einige Regeln, die für Zeugen auch gelten. Vom Zeugen unterscheidet er sich durch die in behördlicher Beauftragung[666] gemachten Feststellungen mit Sachkunde anlässlich eines Verfahrens[667], während der Zeuge über in der Regel vergangene oder außerhalb des Verfahrens gemachte eigene Wahrnehmungen aussagt (Ausnahme: Augenscheinsgehilfe[668]). Die Abgrenzung vom Sachverständigen zum Zeugen im Strafprozess ist nicht nur wegen der erleichternden Voraussetzungen für die Ablehnung von Beweisanträgen nach § 244 Abs. 4 StPO von Bedeutung, sondern auch im Hinblick auf die nicht deckungsgleichen Vereidigungsregelungen, den Entschädigungsvorschriften usw.[669]

Berichtet jemand über gegenwärtige und vergangene Tatsachen oder Zustände, deren nicht im Auftrag des Gerichts gemachte Wahrnehmung Sachkunde erfordert, so handelt es sich um einen sachverständigen Zeugen oder auch sachkundigen Zeugen/sachkundige Person.[670] Das Gesetz behandelt ihn wie einen Zeugen, § 85 StPO. In Abgrenzung zum Sachverständigen sagt der sachverständige Zeuge

663 *Heinson*, S. 109.
664 Meyer-Goßner/Schmitt/*Schmitt*, Vor § 72 StPO Rn. 2.
665 *Schäfer*, Rn. 1028.
666 Im Auftrag des Gerichts, der Staatsanwaltschaft oder der Polizei.
667 Meyer-Goßner/Schmitt/*Schmitt*, Vor § 72 StPO Rn. 1; § 85 Rn. 3; *Eisenberg*, Rn. 1510 ff.
668 Der Augenscheinsgehilfe wird vom Gericht beauftragt, bestimmte Tatsachen festzustellen, die er wahrgenommen hat. Da er keine Sachkunde besitzt, ist er nicht Sachverständiger, sondern Zeuge.
669 Alsberg/*Dallmeyer*, Beweisantrag, Rn. 377.
670 *Eisenberg*, Rn. 1514.

über Wahrnehmungen aus, die er ohne Auftrag der Strafverfolgungsbehörden gemacht hat, während der Sachverständige über Wahrnehmungen berichtet, die er im Auftrag der Strafverfolgungsbehörden gemacht hat.[671] Die Einstufung als sachverständiger Zeuge gilt unabhängig davon, ob seine Tätigkeit die Bestellung eines Sachverständigen erspart hätte.[672] Zum sachverständigen Zeugen unterscheidet der Sachverständige sich neben der Sachkunde also auch im Anlass der Wahrnehmungen.[673] Für digitale Beweismittel werden sowohl die vom Gericht hinzugezogenen Sachverständigen als auch die sachverständigen Zeugen in der Regel dem Fachgebiet der digitalen Forensik entstammen.[674] Es ist schwer vorstellbar, dass solche computerforensischen Auswertungen von Dateien und digitalen Spuren von dem Gericht selbst (in Form der eigenen Sachkunde) korrekt nachvollzogen werden können.[675] Was im Weiteren auch dazu führen kann, dass sich das Gericht Beweisanträgen auf Hinzuziehung eines Sachverständigen mit der Begründung eigener Sachkunde konsequenterweise nicht entziehen kann.[676]

c. *Urkunden*

Urkunden sind sachliche Beweismittel. Mit ihrem Beweis soll prozessual der gedankliche Inhalt eines Schriftstücks oder eines elektronischen Dokuments durch Verlesen ermittelt und verwertet werden.[677] Die zentrale Norm ist § 249 StPO. Abs. 1 Satz 1 besagt, dass Urkunden[678] „zum Zweck der Beweiserhebung über ihren Inhalt in der Hauptverhandlung zu verlesen" sind. Abs. 1 Satz 2 erweitert die Norm auf elektronische Dokumente, „soweit sie verlesbar sind". Umfasst ist jeder schriftlich fixierte, verlesbare und in natürlicher Sprache niedergelegte Gedankeninhalt,[679] durch den Beweis über Tatsachen erbracht

---

671 BeckOK-StPO/*Goers*, § 85 Rn. 3; KK-StPO/*Hadamitzky* § 85 Rn. 1.

672 *Eisenberg*, Rn. 1514.

673 Meyer-Goßner/Schmitt/*Schmitt*, § 85 StPO Rn. 2.

674 Siehe dazu ausführlich unten F.II.

675 *Eisenberg*, Rn. 1938m.

676 *Momsen*, FS Heintschel-Heinegg, S. 321; *Momsen/Hercher*, S. 194; siehe dazu unten G.III.

677 Alsberg/*Dallmeyer*, Beweisantrag, Rn. 425; *Beulke/Swoboda*, Strafprozessrecht, Rn. 203; Meyer-Goßner/Schmitt/*Schmitt*, § 249 StPO Rn. 1; SSW-StPO/*Kudlich/Schur* § 249 Rn. 1, 11.

678 Bis zum 31.12.2017 waren neben den »Urkunden« auch »andere als Beweismittel dienende Schriftstücke« aufgezählt. Aber auch da bestand kein begrifflicher Unterschied zwischen Urkunden und Schriftstücken: siehe SK-StPO/*Frister*, § 249 StPO Rn. 11.

679 BeckOK-StPO/*Ganter*, § 249 Rn. 7.

werden kann.[680] Der strafprozessuale Urkundenbegriff ist damit ein anderer als der strafrechtliche Urkundenbegriff. Im Gegensatz zu dem materiellen Urkundenbegriff in § 267 StGB kommt es im strafprozessualen Sinne nicht auf die Echtheit der Urkunde, deren Beweisbestimmung noch auf eine Erkennbarkeit eines Ausstellers an,[681] sondern auf die *Verlesbarkeit*.[682] Unmittelbar verlesbar ist allerdings nur Text, der schriftlich fixiert ist. Tonband- und Videoaufzeichnungen kommen somit nur als Augenscheinsobjekte in Betracht, weil der ihnen (möglicherweise) enthaltene Text nicht schriftlich fixiert ist.[683]

Im Hinblick auf digitale Beweismittel können daher nur digital verschriftliche Daten für den Urkundenbeweis in Frage kommen, etwa E-Mails.[684] Geht es lediglich um die sinnliche Wahrnehmung der gegenständlichen Existenz, der Beschaffenheit einer Sache oder Sachgesamtheit etc., also dem äußeren Erscheinungsbild der Urkunde, so ist dieses Gegenstand des Augenscheins[685] und nicht des Urkundenbeweises.[686] Ebenso wenig ist die Echtheit einer Urkunde und die Richtigkeit ihres Inhalts dem Urkundenbeweis zugänglich, weil diese Eigenschaften nicht durch das Verlesen der Urkunde festgestellt werden können.[687] Es bedarf dafür zusätzlicher Beweismittel. Dagegen kommt der Urkundenbeweis zu tragen, wenn sie – unabhängig von ihrer Beschaffenheit – eine durch Schriftzeichen verbalisierten, weitergehenden Gedankeninhalt besitzt.[688] Das Lesen der Urkunde kann als Spezialfall der (sonstigen) sinnlichen Wahrnehmung des Augenscheinsbeweis angesehen werden.[689]

Im Prozess wird der Beweis nach § 249 Abs. 1 StPO durch Verlesung (Regelfall) oder nach § 249 Abs. 2 StPO durch das Selbstleseverfahren angetreten. Das Selbstleseverfahren dient der Vereinfachung des Verfahrens, hebt dabei aber den Grundsatz der Mündlichkeit und der Öffentlichkeit für den

---

680 BGHSt 27, 135 (136); SSW-StPO/*Kudlich/Schuhr*, § 249 Rn. 11; *Volk/Engländer*, § 21 Rn. 38.

681 *Bär*, Computerdaten im Strafverfahren, S. 209 Fn. 154.

682 BeckOK-StPO/*Ganter*, § 249 Rn. 7; *Beulke/Swoboda*, Strafprozessrecht, Rn. 203; SSW-StPO/*Kudlich/Schuhr*, § 249 Rn. 12; *Volk/Engländer*, § 21 Rn. 38.

683 SSW-StPO/*Kudlich/Schuhr*, § 249 Rn. 13.

684 SSW-StPO/*Kudlich/Schuhr*, § 249 Rn. 11; siehe unten C.I.3.–5.

685 Siehe dazu unten C.I.1.d.

686 *Beulke/Swoboda*, Strafprozessrecht, Rn. 203; Meyer-Goßner/Schmitt/Schmitt, § 249 StPO Rn. 7.

687 BeckOK-StPO/*Ganter*, § 249 Rn. 8.

688 *Trüg*, StV 2016, 343 (344).

689 *Trüg*, StV 2016, 343 (344).

Urkundenbeweis auf. § 249 StPO sagt nichts über die Zulässigkeit bzw. die Notwendigkeit des Urkundenbeweises aus, also wann dieser zu geschehen hat. Zulässig ist der Urkundenbeweis negativ abgrenzt immer dann, wenn er nicht ausdrücklich untersagt ist, vgl. §§ 250 ff. StPO. Wann es eines Urkundenbeweises bedarf, muss unter Berücksichtigung der Aufklärungspflicht des Gerichts und der Unmittelbarkeit der Beweisaufnahme nach § 244 Abs. 2 StPO entschieden werden. Aufgrund des materiellen Grundsatzes der Unmittelbarkeit, formalisiert in § 250 StPO, muss das Gericht bei der Wahrnehmung der Person vorrangig den unmittelbaren Personenbeweis erheben.[690] Ferner unterliegen Urkunden im Strafprozess dem Grundsatz der freien richterlichen Beweiswürdigung.

d. Augenschein

Die Augenscheinseinnahme umfasst jede Form der sinnlichen Wahrnehmung von Personen oder Sachen zum Zwecke der Beweisaufnahme durch Sehen, Hören, Riechen, Schmecken und Befühlen,[691] also durch einen oder mehrere der „fünf Sinne".[692] Begrifflich bedarf es dabei aber einer Einschränkung, weil die Aussagen eines Zeugen oder Sachverständigen durch das Gericht im Grunde auch durch eine sinnliche Wahrnehmung, nämlich „Hören" aufgenommen werden, selbiges gilt auch für das Verlesen eines Schriftstücks oder eines elektronischen Dokuments durch Urkundenbeweis.[693] Daher wird der Augenscheinsbeweis negativ abgegrenzt als das Ergebnis einer auf sinnlichen Wahrnehmung beruhenden Beweisaufnahme bezeichnet, die nicht als Zeugen-, Sachverständigen- oder Urkundenbeweis bzw. Angeklagtenvernehmung gesetzlich besonders geregelt ist.[694] Die Beweismittelkategorie Augenschein besitzt danach systematisch Auffangfunktion.[695] Was sich umgekehrt daran zeigt, dass der Urkundenbeweis einen Spezialfall des Augenscheinsbeweises beinhaltet.[696] Demzufolge kann zunächst davon ausgegangen werden, dass jede elektronisch gespeicherte Information auf einem Computer oder Datenträger (ergo digitales Beweismittel) Augenscheinsobjekt ist, solange sie nicht einem der anderen spezialgesetzlich geregelten Beweismittelkategorien zugeordnet werden kann.[697] Zu den

---

690 Siehe oben B.IV.4.b.
691 BGHSt 18, 51 (53); *Beulke/Swoboda*, Strafprozessrecht, Rn. 204; *Schäfer*, Rn. 1042.
692 *Eisenberg*, Rn. 2220.
693 Vgl. *Schäfer*, Rn. 1043.
694 *Eisenberg*, Rn. 2220.
695 *Trüg*, StV 2016, 343 (344).
696 *Trüg*, StV 2016, 343 (344).
697 Zur präzisen rechtlichen Einordnung siehe unten C.I.3.

Augenscheinsobjekten zählt auch die dazugehörige Hardware, also die EDV-Anlagen und sonstigen Datenträger, trotz der Möglichkeit sie per Ausdruck zu materialisieren oder per Bildschirm anzuzeigen.[698]

Der richterliche Augenschein wird in § 86 StPO normiert, ansonsten finden sich zur Einnahme des Augenscheins nur fragmentarisch Regelungen, vgl. §§ 81a, 81c, 87 ff., 168, 244 Abs. 5, 249 Abs. 1 StPO. Gegenstand der Wahrnehmungen ist die Feststellung von unmittelbar beweiserheblichen Tatsachen oder von Indiztatsachen.[699] Der Grundsatz der Unmittelbarkeit der Beweisaufnahme gilt für den Augenscheinsbeweis, sowohl in formeller als auch in materieller Hinsicht, nicht. Eine dem Zeugenbeweis vergleichbare Vorschrift (§ 250 StPO), die eine Unmittelbarkeit der Beweisaufnahme vorschreibt, existiert insoweit nicht.[700] Das bedeutet, dass das Gericht – unter Berücksichtigung der Aufklärungspflicht gem. § 244 Abs. 2 StPO, die Augenscheinseinnahme im Gegensatz zur Urkunde als Beweismittel einfach durch andere Beweismittel ersetzen kann.[701] Bei den Augenscheinsgegenständen handelt es sich um sachliche Beweismittel, wie beispielsweise Personen, lebende Körper sowie Leichen,[702] feste bzw. flüssige Körper, Gebäude, Örtlichkeiten und Vorgänge,[703] Abbildungen, Lichtbilder, Filme und EDV-Anlagen sowie andere Datenträger. Im Prozess unterliegen Objekte des Augenscheins ebenfalls der freien Beweiswürdigung.

e. Einlassung des Angeklagten

Die Einlassung/Äußerung des Angeklagten bzw. des Mitangeklagten ist an sich kein förmliches Beweismittel im Strengbeweisverfahren,[704] was sich aus § 244 Abs. 1 StPO ergibt. Aus Abs. 1 folgt, dass die Vernehmung des Angeklagten prozessual zwar ebenfalls vom Inbegriff der Hauptverhandlung (§ 261 StPO) umfasst ist, aber nicht Teil der Beweisaufnahme (im engeren Sinne) ist. Vielmehr erfolgt die Beweisaufnahme (§ 244 Abs. 1 StPO) erst im Anschluss an die Vernehmung des Angeklagten (§ 243 Abs. 5 StPO). Die Einlassung des Angeklagten

---

698 *Eisenberg*, Rn. 2323; LR-StPO/*Krause*, § 86 Rn. 13.

699 Vgl. Meyer-Goßner/Schmitt/*Schmitt*, § 86 StPO Rn. 2.

700 SSW-StPO/*Bosch*, § 86 Rn. 4.

701 Meyer-Goßner/Schmitt/*Schmitt*, § 86 StPO Rn. 3.

702 Die Besichtigung des Körpers ist in den §§ 81a und 81c StPO, die des Leichnams in § 87 I StPO besonders geregelt. Vielfach wird vertreten, dass es sich bei dem Augenschein am Menschen um einen Personalbeweis handelt, sog. objektiver Personalbeweis; dazu Alsberg/*Dallmeyer*, Beweisantrag, Rn. 298.

703 Meyer-Goßner/Schmitt/*Schmitt*, § 86 StPO Rn. 7.

704 KK-StPO/*Ott*, § 261 Rn. 28a; MüKo-StPO/*Trüg/Habetha*, § 244 Rn. 16.

ist also im prozessualen Sinne kein Teil der Beweiserhebung.[705] Bei den preisgegebenen Informationen von Angeklagten, Angeschuldigten oder Beschuldigten handelt es sich also um solche, ohne Beweismittelcharakter.[706] Soweit die Strafprozessordnung den Begriff Beweismittel verwendet (§§ 219 Abs. 1, 245, 359 Nr. 5, 368 Abs. 1 StPO), ist damit nicht der Angeklagte gemeint.[707] Da die Aussage aber trotzdem im Rahmen der freien richterlichen Beweiswürdigung Berücksichtigung findet, soweit nicht von dem Recht der völligen Aussagefreiheit[708] Gebrauch gemacht wird, kann von einem Beweismittel im weiteren Sinne gesprochen werden.[709] Indem man sich in dem justizförmigen (Strengbeweis-) Verfahren auf einen numerus clausus von gesetzlich zugelassenen Beweismitteln beschränkt, wird garantiert, dass das Gericht seine Überzeugung nur aus dem Inbegriff der Hauptverhandlung schöpft.[710] Die Einlassung des Angeklagten wird dennoch vom „Inbegriff der Hauptverhandlung" umfasst und hat erhebliche Bedeutung.[711] Im Hinblick auf die digitalen Beweismittel kann die Einlassung des Angeklagten Auskunft über Passwörter, Ortungsdaten oder erfolgte elektronische Kommunikation erbringen.[712]

2. Bestehende Rechtsnormen, -vorschriften

Unter der Gesamtheit der den Beweis betreffenden Rechtssätze – dem Beweisrecht – fallen auch spezifische Gesetze, als wichtigste Rechtsgeltungsquellen, die sich mit der Beweisführung der jeweiligen Verfahrensordnungen beschäftigen. Nachfolgend werden die für das gerichtliche Beweisverfahren allgemein gültigen Rechtsregeln dargestellt.

Abhängig vom jeweiligen Typ des Gerichtsverfahrens unterscheiden sich die Nachweispflichten und die beweisrechtlichen Regelungen.[713] Im Strafverfahren stehen sich Staat und Bürger gegenüber und es geht um den Nachweis begangener Straftaten. Dabei gelten die Regeln der Strafprozessordnung.

---

705 Vgl. HK-GS-StPO/*König*, § 244 Rn. 11.

706 *Heinson*, S. 118.

707 Alsberg/*Dallmeyer*, Beweisantrag, Rn. 301.

708 Die auf dem Verbot des Selbstbelastungszwanges des Beschuldigten/Angeklagten im Strafverfahren beruht.

709 *Beulke/Swoboda*, Strafprozessrecht, Rn. 179.

710 HK-StPO/*Julius* § 244 Rn. 5; MüKo-StPO/*Trüg/Habetha*, § 244 Rn. 35; vgl. LR/*Becker* § 244 Rn. 17.

711 KK-StPO/*Ott*, § 261 Rn. 27.

712 Siehe dazu ausführlich unten C.I.3.

713 *Pordesch*, S. 123.

Anders hingegen im Zivilverfahren, wo streitende Parteien aufeinandertreffen und der Kläger einen Anspruch gegen den Beklagten durchsetzen möchte.[714] Für das zivilrechtliche Beweisverfahren gelten die Regeln der Zivilprozessordnung. Neben den beiden Haupttypen gibt es aber noch weitere Verfahren, wie beispielsweise das Verwaltungsgerichts-verfahren und das Besteuerungsverfahren, deren Prozessordnungen meist auf die Zivilprozessordnung verweisen oder eigene entsprechende Regelungen aufweisen.[715]

Das digitale Beweismittel stellt einen Fremdkörper im klassischen System der Beweisarten des bestehenden Prozessrechts dar, trotz der zentralen Bedeutung der Beweisaufnahme über in digitaler Form ermittelte und vorliegende Beweisinhalte. Die Strafprozessordnung kennt keine (digitalen) Daten als eigenständiges Beweismittel, noch hinreichende Vorgaben für diese Form der Beweiserhebung. Die Strafprozessordnung weist bis auf § 249 Abs. 1 Satz 2 StPO keine konkreten Beweisregelungen für den Bereich der digitalen Daten auf. Dies stellt gegenüber den anderen Prozessordnungen ein Defizit dar, da dort bereits spezifische Regelungen Einzug gefunden haben.

Die folgende Erörterung zu den allgemein gültigen Rechtsregeln für das gerichtliche Beweisverfahren im Hinblick auf elektronische/digitale Daten bezieht sich auf alle Verfahrensordnungen samt europäischer Regelungen.

a. Zivilprozessordnung

Der Gesetzgeber verwendet den Begriff des elektronischen Dokuments[716] in der Zivilprozessordnung an mehreren Stellen.[717] Die §§ 130a und 130b ZPO ermöglichen es die Schriftform durch ein elektronisches Dokument zu ersetzen.[718] § 298 ZPO bestimmt, wie der Ausdruck eines elektronischen Dokuments für die Akten zu erfolgen hat. Der nach der Vorschrift entstandene Ausdruck eines öffentlichen elektronischen Dokuments hat die in § 416a ZPO geregelte Beweiskraft. § 298a ZPO eröffnet die Möglichkeit eine elektronische Akte zu führen. Aber auch in der Zivilprozessordnung findet sich keine Legaldefinition des

---

714 *Pordesch*, S. 123.
715 Vgl. *Pordesch*, S. 123.
716 Eingeführt wurde der Begriff in die Zivilprozessordnung mit dem Formanpassungsgesetz vom 13.07.2001.
717 Dazu näher *Ory/Weth*, NJW-Beil. 2016, 96.
718 Im Privatrecht regelt § 126a BGB die elektronische Form.

Begriffes „elektronisches Dokument“, §§ 130a[719] und b, 174, 371 ff. ZPO sowie 126a BGB setzen den Begriff lediglich voraus.

In Anlehnung an §§ 126, 126a BGB und 130a ZPO könnten darunter grundsätzlich nur Dateien mit Erklärungen gefasst werden, im Hinblick auf den Bezug zum Dokument, welches im Sprachgebrauch einen konkreten Bezug zu „Schriftstücken“ (schriftliche Inhalte in Papierform) aufweist.[720] Bezieht man aber die neueren Regelungen der §§ 371 Abs. 1 Satz 2, 371a ZPO und die Tatsache, dass der Gesetzgeber an vielen Stellen den eng mit der Papierform, verknüpften Begriff „Schriftstück“ durch den Begriff „Dokument“ ersetzt hat,[721] mit ein, so liegt ein weites (informationstechnisches) Begriffsverständnis nahe.[722] Folglich ist von einem weitem Begriffsverständnis auszugehen, der alle möglichen technisch lesbaren Inhalte miteinbezieht – und nicht nur Erklärungen – , also neben Texten auch Bild,- Audio- und Videodateien sowie sonstige multimediale Inhalte.[723] Zieht man zusätzlich die Definition aus Art. 3 Nr. 35 eIDAS-VO und die obigen Ausführungen zu den §§ 32 ff. StPO mit ein, so sollte der Begriff auch unter dem Aspekt der einheitlichen Auslegung innerhalb der Rechtsordnung weit verstanden werden.[724] *Wagner* definiert das „elektronische Dokument“ als ein solches, welches aus elektronischen Daten bestehe, die dauerhaft[725] in einem Schriftträger verkörpert seien, der ohne technische Hilfsmittel nicht gelesen werden könne.[726]

Beweisrechtlich für elektronische Dokumente erheblich ist die Bestimmung des § 371 Abs. 1 ZPO[727], die den Zugang zu Beweismitteln bzw. den Beweisantritt regelt und festlegt, dass sich die Beweisführung mit elektronischen Dokumenten nach den Vorschriften über den Beweis durch Augenschein richtet.

---

719 § 130a ZPO ist die Grundnorm des elektronischen Rechtsverkehrs. Entsprechungen finden sich in § 46c ArbGG, § 32a StPO, 65a SGG, § 55a VwGO, § 52a FGO.

720 Enge Begriffsbestimmung nach Musielak/Voit/*Huber*, § 371 ZPO Rn. 11.

721 *Ory/Weth*, NJW-Beil. 2016, 96 (98).

722 So auch *Heinze/Prado Ojea*, CR 2018, 37 (40).

723 Vgl. BeckRTD/*Roßnagel*, § 371a ZPO Rn. 17; *Berger*, NJW 2005, 1016 (1017); *Borchers/Gottberg/Hoffmann*, S. 19; *Fischer-Dieskau*, S. 57; *Grigorjew*, S. 11; *Heinze/Prado Ojea*, CR 2018, 37 (38 f.); Stein/Jonas/*Berger*, vor 371 ZPO Rn. 7.

724 So auch *Heinze/Prado Ojea*, CR 2018, 37 (38).

725 Laut *Borchers/Gottberg/Hoffmann*, S. 19, soll an die Dauerhaftigkeit keine hohen Anforderungen zu stellen sein.

726 *Wagner*, JuS 2016, 29 (30); *Borchers/Gottberg/Hoffmann*, S. 19; vgl. auch die Gesetzesbegründung zu § 126a BGB: BT-Dr. 14/4987, S. 25.

727 In Kraft getreten am 01.01.2002.

Der unmittelbare Beweisantritt mit dem elektronischen Dokument erfolgt nach § 371Abs. 1 Satz 2 ZPO durch Vorlegung oder Übermittlung der entsprechenden Datei. Im Zivilprozess ist für den Beweisantritt weiterhin wichtig, in wessen Hand sich die digitale Datei befindet.[728] Solange der Beweisführer sich im Besitz des befindlichen elektronischen Dokuments befindet, also darüber verfügen kann,[729] genügt die Vorlegung oder Übermittlung der Datei, auf der es gespeichert ist, an das jeweilige Gericht.[730] Die unmittelbare Wahrnehmung durch das Gericht erfolgt bei elektronischen Dokumenten mittels Bildschirmdarstellung oder sprachlicher Ausgabe der elektronischen Daten, weil die Daten an sich nicht unmittelbar wahrnehmbar sind. Demzufolge ist die technische Präsentation von Rohdaten notwendig, um die Dokumenteninhalte wahrnehmen zu können; allein die Präsentation der Daten stellt das Objekt des Augenscheins dar.[731] Das Format, indem die Daten vorgelegt werden, ist unerheblich. Wichtig ist bloß, dass das Gericht – wenn auch nur mit der Hilfe eines Computers, Ausgabegerätes und Sachverständigen (§ 372 ZPO) – die elektronischen Dokumente, d.h. die in elektronischer Form gespeicherten Informationen, öffnen und wahrnehmen kann.[732] Dass bedeutet aber auch, dass physische Ausdrucke[733] derselben, etwa von E-Mails, Internetseiten[734] oder WhatsApp Nachrichten, gerade keine Beweismittel i.S.v. § 371 Abs. 1 Satz 2 ZPO sind.[735] Mit diesen kann ggf. nach §§ 415 ff., 420 ff. ZPO Beweis angetreten werden.[736] Für Ausdrucke von öffentlichen elektronischen Dokumenten gilt die Sonderregelung des § 416a ZPO.

---

728 Siehe *Berger*, NJW 2005, 1016 (1017 ff.).

729 Es bedarf das Innehaben der Verfügungsgewalt über die Daten; tatsächliche Sachherrschaft genügt nicht.

730 Musielak/Voit/*Huber*, § 371 ZPO Rn. 13.

731 *Bizer/Hammer*, DuD 1993, 619 (623); vgl. *Pordesch*, 125.

732 Vgl. *Försterling*, S. 246 m.w.N.

733 Dazu näher *Borchers/Gottberg/Hoffmann*, S. 40 f.

734 Zum Internet als Beweismittel näher *Greger*, FS Stürner, S. 297 ff.

735 *Greger*, FS Stürner, S. 298; Musielak/Voit/*Huber*, § 371 ZPO Rn. 12.

736 Stein/Jonas/*Berger*, vor § 371 ZPO Rn. 7; vor § 415 ZPO Rn. 3, wonach der Papierausdruck eines elektronischen Dokuments mit gedanklichem Inhalt (Textdatei) eine Urkunde bildet, die aber von der elektronischen Datei zu unterscheiden und nur unter besonderen Voraussetzungen dazu geeignet sei, den Beweis mittels der elektronischen Datei zu führen; insoweit differenzierend *Borchers/Gottberg/Hoffmann*, S. 40 f., nach denen der Ausdruck einer Datei eine Urkunde darstellt, aber nicht die §§ 415 ff. ZPO, sondern § 286 ZPO gilt.

§ 371a ZPO[737] regelt die Beweiskraft originärer[738] elektronischer Dokumente und bestimmt, dass trotz des Beweisantritts nach den Regeln des Augenscheins, bestimmte qualifiziert signierte private und öffentliche elektronische Dokumente in ihrem Beweiswert und ihren Beweiswirkungen privaten und öffentlichen Papierurkunden weitgehend gleichgestellt sind. Bezweckt wird die Erleichterung der Beweisführung mit elektronischen Dokumenten im Rechtsverkehr.[739] Es bleibt aber weiterhin dabei, dass elektronische Dokumente Augenscheinobjekte sind und keine Urkunden.[740] Die Beweiskraftregelung des § 371a ZPO samt Anscheinsbeweis soll sich aber nur auf elektronische Dokumente beziehen, die eine Erklärung enthalten; auf andere Inhalte elektronischer Dokumente – etwa solche ohne Erklärungsinhalt (Fotos, Filme, Audioaufzeichnungen, Protokolldateien oder Messergebnisse) – soll der weite Begriff des elektronischen Dokuments jedoch keine Anwendung finden.[741] Daraus ergäbe sich rechtlich eine unterschiedliche Behandlung digitaler Beweismittel: (1) Qualifiziert signierte elektronische Erklärungen, die der Beweisregel von § 371a Abs. 1 Satz 1 i.V.m. § 416 ZPO unterfallen und (2) qualifiziert signierte elektronische Dokumente ohne Erklärungsinhalt und weitere digitale Dateiinhalte, die der Norm nicht unterfallen und daher der freien Beweiswürdigung unterliegen.[742] Obwohl man letztendlich auf ein ähnliches Ergebnis kommen würde, wenn man das zur Signierung angewendete technische Verfahren im Rahmen der freien Beweiswürdigung berücksichtigt, bleibt die Frage nach der Notwendigkeit einer Zweiteilung digitaler Beweismittel bestehen.[743]

---

737 In Kraft getreten am 01.07.2014.

738 Nicht erfasst sind sekundäre elektronische Dokumente, etwa gescannte Dokumente, die erst nach ihrer Übertragung in ein elektronisches Dokument mit einer qualifizierten elektronischen Signatur versehen werden: Stein/Jonas/*Berger*, § 371a ZPO Rn. 7; *Weller/Köbler*, S. 77; ebenso i.E. *Roßnagel*, MMR 2016, 647, (648); *Roßnagel/Nebel*, NJW 2014, 886 (887); *Roßnagel/Schmidt/Wilke*, S. 219 f. mit dem Argument, § 371a ZPO setze eine „Willens- oder Wissenserklärung" voraus und gelte daher nur für originäre elektronische Dokumente.

739 Musielak/Voit/*Huber*, § 371a ZPO Rn. 1

740 Musielak/Voit/*Huber*, § 371 ZPO Rn. 12, § 371a ZPO Rn. 1; Stein/Jonas/*Berger*, 371a ZPO Rn. 1.

741 So *Heinson*, S. 116; BeckRTD-Komm/*Roßnagel*, § 371a ZPO Rn. 22; Stein/Jonas/*Berger*, Vor 371 ZPO Rn. 7, 371a Rn. 7; *Knopp*, S. 5; *Knopp*, ZPR 2008, 156 (159) m.w.N.

742 *Knopp*, S. 5. Für eine einheitliche Auslegung des Begriffs *elektronisches Dokument* innerhalb der ZPO, mit der Konsequenz, „dass § 371a Abs. 1 Satz 1 ZPO nur qualifiziert signierte Dateien, die Erklärungen beinhalten, umfasst, sondern entsprechend der sonst in der ZPO gebräuchlichen und auch von der eIDAS-VO vorausgesetzten *weiten* Definition sämtliche Dateiinhalte": *Heinze/Prado Ojea*, CR 2018, 37 ff.

743 Für eine einheitliche Auslegung des Begriffs „elektronisches Dokument" innerhalb der ZPO, mit der Konsequenz, „dass § 371a Abs. 1 Satz 1 ZPO nur qualifiziert signierte

Laut Gesetzgeber gilt die beweisrechtliche Gleichstellung des elektronischen Dokuments mit der Papierurkunde als notwendige Voraussetzung für einen medienbruchfreien elektronischen Rechtsverkehr.[744] Des Weiteren wird die Beweisführung im Rechtsverkehr erleichtert und das Vertrauen in die Rechtssicherheit und Verkehrsfähigkeit elektronischer Dokumente besser gewährleistet.[745] Zur Erreichung der Gleichstellung mit Papierurkunden muss zunächst zwischen einem privaten und öffentlichen Dokument unterschieden werden. Die Beweiskraft privater Dokumente regelt Abs. 1 (beispielhaft seien E-Mails genannt) und Abs. 2, der den besonderen Fall der De-Mail betrifft. Abs. 3 hingegen regelt die Beweiskraft öffentlicher elektronischer Dokumente. In concreto gelten für private elektronische Dokumente, die mit einer qualifizierten elektronischen Signatur versehen sind, dieselben Beweiswirkungen wie für Privaturkunden i.S.v. § 416 ZPO, § 371a Abs. 1 Satz 1 ZPO. § 371a Abs. 2 ZPO bezieht sich auf elektronische Nachrichten, die via De-Mail Konto versandt worden sind und enthält eine Beweiserleichterung hinsichtlich der Echtheit einer absenderbestätigten De-Mail-Nachricht[746] nach dem De-MailG. Für elektronische Dokumente, die von einer Behörde oder von einer mit öffentlichem Glauben versehenen Person erstellt sind, gilt sogar ohne die qualifizierte elektronische Signatur die Beweiskraft öffentlicher Urkunden i.S.v. §§ 415, 417 ff., § 371a Abs. 3 Satz 1 ZPO. Für öffentliche elektronische Dokumente, die qualifiziert elektronisch signiert sind oder als De-Mail Nachricht versendet wurden, gilt darüber hinaus die Echtheitsvermutung des § 437 ZPO entsprechend, § 371a Abs. 3 Satz 2 und 3 ZPO.

§ 371a Abs. 1 Satz 2 ZPO[747] normiert einen gesetzlich geregelten Fall eines Anscheinsbeweises[748] bei privaten elektronischen Dokumenten, die mit einer qualifizierten elektronischen Signatur versehen sind. Erfasst wird nur die Echtheit der Erklärung, also ihre elektronische Dokumentation.[749] Dieser Anschein kann nur durch Tatsachen erschüttert werden, die ernstliche Zweifel an der

Dateien, die Erklärungen beinhalten, umfasst, sondern entsprechend der sonst in der ZPO gebräuchlichen und auch von der eIDAS-VO vorausgesetzten *weiten* Definition sämtliche Dateiinhalte" siehe *Heinze/Prado Ojea*, CR 2018, 37 ff.

744 BT-Dr. 15/4067, S. 34 f.

745 BT-Dr. 15/4067, S. 34.

746 Siehe zum Beweiswert einer De-Mail unten C.VI.2.

747 Zu den Voraussetzungen der Beweiserleichterung näher *Borchers/Gottberg/Hoffmann*, S. 21 ff.

748 Siehe dazu ausführlich unten C.II.3.

749 *Baumbach/Lauterbach/Albers/Hartmann*, § 371a ZPO Rn. 4.

Abgabe der Erklärung durch den Signaturschlüssel-Inhaber begründen.[750] Die Regelung stellt eine Beweisregel i.S.v. § 286 Abs. 2 ZPO dar und schränkt den Grundsatz der freien richterlichen Beweiswürdigung ein. § 371b ZPO ergänzt die Vorschrift des § 371a ZPO und regelt die Beweiskraft gescannter öffentlicher Urkunden. Danach dürfen die öffentlichen Stellen – unter den Voraussetzungen des § 371b ZPO – Papierdokumente nach dem Scannen ohne Beweisverlust vernichten, dies zum Zwecke der Herstellung von Rechtssicherheit und der Verbreitung der elektronischen Aktenführung.[751]

Durch die Regelungen der §§ 371 ff. ZPO, insbesondere der gesetzgeberischen Klarstellung in § 371 Abs. 1 Satz 2 ZPO, wurde der jahrelange Streit über die Einordnung elektronischer Dokumente in den zivilprozessualen Katalog der Beweismittel ad acta gelegt und die Beweisführung dieser unter gewissen Umständen erheblich vereinfacht.[752]

Kurzum wurde klargestellt, dass die Beweisführung mittels digitaler Dokumente sich nach den §§ 371 ff. ZPO richtet. § 371 Abs. 1 Satz 2 ZPO lässt alle elektronischen Dokumente als Beweismittel zu.[753] Der Beweis mit einem elektronischen Dokument kann dann entweder durch Datenfernübertragung bzw. -übermittlung an das Gericht oder durch Vorlegung der Datei bzw. des Datenträgers angetreten werden, § 371 Abs. 1 Satz 2 ZPO. Gegenstand dieses Beweises ist nicht der körperliche Datenträger als solcher, sondern die dort enthaltenen unkörperlichen digitalen Informationen. Da § 371 Abs. 1 Satz 2 ZPO die Vorlage des elektronischen Dokuments voraussetzt, genügt für diesen Beweisantritt die Vorlage des Ausdrucks nicht.[754] Ferner stellt § 371 Abs. 1 Satz 2 ZPO klar, dass elektronische Dokumente keine Urkunden i.S.d. Zivilprozessordnung darstellen und nur den *Regeln des Beweises durch Augenschein* unterworfen sind. Nur für solche elektronischen Dokumente, die mit einer qualifizierten elektronischen Signatur versehen sind, finden die Vorschriften über die Beweiskraft privater Urkunden entsprechende Anwendung, § 371a Abs. 1 Satz 1 ZPO.

---

750 *Baumbach/Lauterbach/Albers/Hartmann*, § 371a ZPO Rn. 5; näher dazu *Roßnagel/Fischer-Dieskau*, NJW 2006, 806 (807).

751 BT-Dr. 17/12634, S. 34; Musielak/Voit/*Huber*, § 371b ZPO Rn. 1; *Wagner*, JuS 2016, 29 (32).

752 *Fischer-Dieskau*, S. 83 f.; *Heinson*, S. 115.

753 BeckRTD-Komm/*Roßnagel*, § 371a ZPO Rn. 15; *Fischer-Dieskau*, S. 83.

754 Eine Ausnahme dazu bildet § 416a ZPO, der die Beweiskraft des Ausdrucks eines öffentlichen elektronischen Dokuments normiert.

b. Verwaltungsgerichtsordnung

Die Verwaltungsgerichtsordnung hat keine selbständigen Vorschriften, wie mit elektronischen und damit einschließend digitalen Daten Beweis angetreten wird und wonach sich ihre Beweiskraft bemisst. § 98 VwGO bestimmt, dass auf die Beweisaufnahme die Vorschriften §§ 358 bis 444 und 450 bis 494 der Zivilprozessordnung entsprechend anzuwenden sind, soweit die Verwaltungsgerichtsordnung keine abweichenden Vorschriften enthält. Damit umfasst sind die §§ 371 und 371a, b ZPO,[755] die die Beweisregeln für elektronische Dokumente festsetzen, als auch die Regelungen zur Beweisaufnahme durch Urkunden (§§ 415 bis 444 ZPO) und somit auch in einem verwaltungsrechtlichen Verfahren Anwendung finden.[756] Daher sind auch im verwaltungsrechtlichen Verfahren elektronische Dokumente kraft Gesetzes als Augenscheinsobjekte zu behandeln.[757]

c. Abgabenordnung

In der Abgabenordnung findet sich unter dem Titel „elektronische Kommunikation" eine Norm, die den Beweisantritt elektronischer Dokumente regelt, § 87a Abs. 5 AO. Auch danach wird der Beweis mit einem elektronischen Dokument – wie im Zivil- und Verwaltungsprozess – durch Vorlegung oder Übermittlung der Datei angetreten. Die Vorschrift entspricht damit § 371 Abs. 1 Satz 2 ZPO. Ansonsten wird in § 87a Abs. 5 Satz 2 AO auf § 371a ZPO verwiesen, sodass auch in der Abgabenordnung die Beweiskraft privater und öffentlicher elektronischer Dokumente sich nach § 371a Abs. 1 bis 3 ZPO richtet und auch der Anschein der Echtheit einer in elektronischer Form vorliegenden Erklärung nach § 371a Abs. 1 Satz 2 ZPO entsprechend gilt.

d. Strafprozessordnung

Während der elektronische Rechtsverkehr in anderen Verkehrsordnungen bereits durch das Formanpassungsgesetz ermöglicht worden war, wurden erst durch das im Jahre 2013 erschienene JKomG Vorschriften über den elektronischen Rechtsverkehr in der Strafprozessordnung (§ 41a StPO a.F.) und dem Gesetz über Ordnungswidrigkeiten (§ 110a–§ 110e OWiG a.F.) eingeführt. In

755 Die Vorschriften finden durch die Verweisungsnormen der §§ 46 II ArbGG, § 118 SGG und § 82 FGO auch in weiteren Prozessordnungen Anwendung.

756 Siehe dazu *Berlit*, NVwZ 2015, 197.

757 Siehe auch *Borchers/Gottberg/Hoffmann*, S. 41.

§ 41a StPO a.F., der den elektronischen Rechtsverkehr mit Gerichten und Staatsanwaltschaften regelte, wurde erstmalig der Begriff „elektronisches Dokument" in der Strafprozessordnung etabliert. Seit dem 01.01.2018 wurde diese Regelung durch die §§ 32 bis 32f. StPO, die den Titel „Aktenführung und Kommunikation im Verfahren" tragen, aufgehoben. § 32 Abs. 1 StPO eröffnet für das Strafverfahren und das ihm vorausgehende Ermittlungsverfahren die Möglichkeit, Strafakten elektronisch zu führen; erst ab dem 01.01.2026 wird die elektronische Aktenführung vorgeschrieben.[758] Der § 32 StPO n.F. ist dabei die Rechtsgrundlage elektronischer Aktenführung[759] in Straf- und Bußgeldsachen[760].[761] Mit § 32a StPO n.F. wird die Regelung des elektronischen Rechtsverkehrs in der Strafprozessordnung an die mit dem Gesetz zur Förderung des elektronischen Rechtsverkehrs für die anderen Verfahrensordnungen getroffenen Regelungen angepasst.[762] Jedoch bleibt die von § 41a StPO a.F. verfolgte Idee, schriftliche Erklärungen an das Gericht oder die Strafverfolgungsbehörden auch in elektronischer Form zuzulassen, wenn diese mit einer qualifizierten elektronischen Signatur versehen sind, erhalten. Zusätzlich besteht die (neue) Möglichkeit eines schriftformersetzenden Versandes ohne elektronische Signatur dann, wenn das elektronische Dokument von der verantwortenden Person signiert und auf einem sicheren Übermittlungsweg[763] eingereicht wurde, § 32a Abs. 3, 4 StPO. Mit dem Gesetz zur Einführung der elektronischen Akte in der Justiz wurde zum 01.01.2018 außerdem erstmalig eine beweisrechtliche Regelung für elektronische Dokumente geschaffen, § 249 Abs. 1 StPO n.F., die verlesbare elektronische Dokumente Urkunden gleichstellt. Weitere den § 371 und §§ 371a und b ZPO entsprechende Regelungen fehlen, noch findet sich ein Verweis auf die Vorschriften der Zivilprozessordnung (wie in § 98 VwGO) in der Strafprozessordnung. Es mangelt ihr noch an ausdrücklichen Vorschriften darüber, wie mit allen anderen digitalen Daten Beweis angetreten wird und welcher generelle Beweiswert ihnen zukommen kann.[764]

---

758 *Kassebohm*, StraFo 2017, 393 (394); *Weiß*, wistra 2018, 245.

759 Die elektronische Akte soll als »definiertes System elektronisch gespeicherte Daten« verstanden werden, BT-Dr. 18/9416, S. 42; vertiefend zur Definition *Warg*, NJW 2015, 3195.

760 Siehe zu den Bußgeldsachen unten C.I.2.e.

761 BT-Dr. 18/9416, S. 42; *Kassebohm*, StraFo 2017, 393 (394).

762 *Brosch*, JurPC Web-Dok. 1/2018, Abs. 45.

763 Die sicheren Übermittlungswege werden in § 32a IV StPO aufgezählt.

764 Vgl. *Heinson*, S. 115; *Knoke/Stoklas*, ZD-Aktuell 2015, 04724.

Deshalb wird im Folgenden noch zu klären sein, wie mit digitalen Beweismittel bis dato – also bis zum Ende 2017 – Beweis angetreten wurde (s. C.I.3.), inwieweit die zum 01.01.2018 in Kraft getretene Neureglung des § 249 StPO die Situation ändert und ob die neue Vorschrift für die Beweisführung mit digitalen Spuren im Strafverfahren eine wesentliche und umfassende Abhilfe schafft (s. C.I.5.).

e. *Ordnungswidrigkeitengesetz*

Das Gesetz über Ordnungswidrigkeiten enthält ebenfalls Vorschriften, die sich auf elektronische Dokumente beziehen. Die §§ 110a bis 110e OWiG[765] regeln den Abschnitt über „elektronische Dokumente und elektronische Aktenführung“[766]. § 110a Abs. 1 OWiG eröffnet die elektronische Aktenführung und § 110b Abs. 1 OWiG ermöglicht die Führung elektronischer Formulare.[767] Die bis zum 31.12.2017 bestandene Sondervorschrift des § 110e OWiG normierte die Durchführung der Beweisaufnahme unter Verwendung elektronischer Dokumente. Abs. 1 Satz 1 von § 110e OWiG a.F. bestimmte, dass „soweit ein elektronisches Dokument eine Urkunde oder ein anderes Schriftstück wiedergibt oder an Stelle eines solchen Schriftstücks hergestellt wurde, [...] es hinsichtlich der Durchführung der Beweisaufnahme wie ein Schriftstück zu behandeln“ ist. Die Norm bezog sich also nur auf solche elektronischen Dokumente, die ein Schriftstück wiedergaben oder anstelle eines solchen erstellt wurden. Trotz dessen waren sie selbst keine Urkunden oder andere Schriftstücke im Sinne der Vorschriften über den strafprozessualen Urkundenbeweis (§ 71 Abs. 1, § 77a OWiG, §§ 249ff. StPO).[768] Soweit ein elektronisches Dokument eine Urkunde oder ein anderes Schriftstück wiedergab oder an die Stelle eines solchen Schriftstücks hergestellt wurde, war es hinsichtlich der Beweisführung wie ein Schriftstück zu behandeln (Abs. 1 Satz 1) und konnte daher wie eine Urkunde in die Hauptverhandlung eingeführt und direkt aus der elektronischen Akte verlesen werden.[769]

765 In den ab dem 1. Januar 2018 geltenden Fassung (i. V. m. § 32a StPO); dazu KK-OWiG/*Graf*, § 110a Rn. 1 ff.

766 Entsprechungen Vorschriften finden sich nunmehr in allen Prozessordnungen: § 298a ZPO, § 55b VwGO, § 52b FGO, § 65b SGG, § 46e ArbGG; seit Anfang 2018 auch in der StPO in § 32 n.F.

767 § 110a OWiG a.F. erlaubte die Benutzung der elektronischen Form statt der Schriftform gegenüber Behörden und Gerichten und § 110b OWiG a.F. ermöglichte die Führung elektronischer Akten.

768 BT-Dr. 15/4067, S. 53; HK-OWiG/*Stahnke*, § 110e Rn. 2; KK-OWiG/*Graf*, 4. Aufl., § 110e Rn. 4.

769 BT-Dr. 15/4067, S. 53; HK-OWiG/*Stahnke*, § 110e Rn. 2.

Die Norm entschied daher über die Frage, ob elektronische Dokumente unter den genannten Voraussetzungen Urkunden gleichgestellt oder wie Objekte des Augenscheins behandelt wurden.[770] Abhängig von ihrem Inhalt, konnten sie dann auch in den gleichen Grenzen wie Urkunden (nach den Grundsätzen des Urkundsbeweises) in die Hauptverhandlung eingeführt werden,[771] stellten aber selbst nur Objekte des Augenscheins dar. Die Vorschrift sagte hingegen nichts über den Beweiswert dieser oder auch ihrer Ausdrucke aus,[772] insbesondere nicht, ob der Richter bei seiner Beweiswürdigung davon ausgehen konnte, dass es sich bei dem elektronischen Dokument um eine vollständige und korrekte Wiedergabe der Urschrift bzw. um ein unverfälschtes elektronisches Dokument handelte.[773]

Mit dem Inkrafttreten des Gesetzes zur Einführung der elektronischen Akte in Strafsachen wurden die bisher im Gesetz über Ordnungswidrigkeiten bestehenden Sonderregelungen – insbesondere § 110e und § 110d OWiG – aufgehoben, § 110a und § 110b OWiG umfassend verändert. Über § 110c OWiG finden nunmehr die neuen Normen der Strafprozessordnung für Aktenführung und Kommunikation im Verfahren (§§ 32a, b, d bis f StPO) auch für das Ordnungswidrigkeitengesetz entsprechende Geltung. Beweisrechtlich ist für elektronische verlesbare Dokumente nun auch § 249 Abs. 1 Satz 2 StPO die zentrale Vorschrift – über § 46 Abs. 1 OWiG gelten die Vorschriften der Strafprozessordnung sinngemäß, soweit das Gesetz über Ordnungswidrigkeiten keine abweichenden Regelungen trifft.

f. Signaturgesetz

Die Umsetzung der Signaturrichtlinie[774] in nationales Recht erfolgte in Deutschland durch das Signaturgesetz. Das Signaturgesetz regelte bis zum 30.06.2017[775] technische und organisatorische Anforderungen für die Sicherheitsinfrastruktur elektronischer Signaturen; es enthielt Rahmenregelungen für die Dienstleistungen und die Sicherheitsvorkehrungen dieser Infrastruktur,[776] und zur

770 RRH/*Reichert*, § 110e OWiG Rn. 1.

771 RRH/*Reichert*, § 110e OWiG Rn. 2.

772 Göhler/*Gürtler*, § 110e OWiG Rn. 1; RRH/*Reichert*, § 110e OWiG Rn. 1.

773 HK-OWiG/*Stahnke*, § 110e Rn. 3; RRH/*Reichert*, § 110e OWiG Rn. 3.

774 Richtlinie 1999/93/EG des Europäischen Parlaments und des Rates vom 13.12.1999 über gemeinschaftliche Rahmenbedingungen für elektronische Signaturen, ABl. EG Nr. L13/12 vom 19.01.2000.

775 Seit Juli 2017 wurde sowohl das SigG als auch die Signaturverordnung durch das eIDAS-Durchführungsgesetz außer Kraft gesetzt.

776 BeckRTD-Komm/*Roßnagel*, Einl SigG Rn. 1.

Bestimmung ihrer Rechtswirkungen im Privatrecht[777], im Verwaltungsrecht[778] und im Prozessrecht[779]. Die Rahmenregelungen zielten darauf ab, die Grundlagen des elektronischen Rechtsverkehrs zu gewährleisten.[780] Die im Signaturgesetz aufgeführten Anforderungen wurden durch die Signaturverordnung konkretisiert. Das Gesetz selbst normierte jedoch keine spezifischen Beweisvorschriften, sondern „funktionierte" beweisrechtlich nur in Verbindung mit den beweisspezifischen Regelungen der §§ 371 ff. ZPO, da das prozessrechtliche Beweisrecht unter anderem an die Verwendung der qualifizierten elektronischen Signatur anknüpft.[781]

g. *Europäisches Recht*

Die EU-Richtlinie über den elektronischen Geschäftsverkehr vom 08.06.2000 (e-Commerce-Richtlinie) enthält – wie auch das damalige SigG – keine expliziten Beweisvorschriften. Auch die seit 25.05.2018 geltende neue Datenschutz-Grundverordnung, die wie das Bundesdatenschutzgesetz dem Schutz der Privatsphäre natürlicher Personen bei der Verarbeitung ihrer personenbezogenen Daten dient, enthält keine Beweisvorschriften für elektronische Daten.

Erstmalig mit der Verordnung über die elektronische Identifizierung und Vertrauensdienste für elektronische Transaktionen im Binnenmarkt (eIDAS-VO)[782] wurden 2016 im Europarecht explizite Beweisvorschriften für elektronische Artefakte (Vertrauensdienste) eingeführt, die aufgrund Art. 288 Abs. 2 Satz 1 AEUV in den Mitgliedsstaaten unmittelbar anwendbar und für alle staatlichen Stellen verbindlich sind.[783] Mit der Verordnung wurden einheitliche Rahmenbedingungen für die grenzüberschreitende Nutzung elektronischer Identifizierungsmittel und Vertrauensdienste geschaffen.[784] Die nationalen Vorschriften des

777 Gesetz zur Anpassung der Formvorschriften des Privatrechts an den modernen Rechtsgeschäftsverkehr v. 13.07.2001, BGBl. I, S. 1542.

778 Drittes Gesetz zur Änderung verwaltungsverfahrensrechtlicher Vorschriften (VwVfÄG) v. 21.08.2002, BGBl. I, S. 3322.

779 JKomG v. 22.03.2005, BGBl. I, S. 837; eJusticeG v. 10.10.2013, BGBl. I., S. 3786.

780 BeckRTD-Komm/*Roßnagel*, Einl SigG Rn. 2.

781 Vgl. *Wagner*, JuS 2016, 29 (30).

782 Die Verordnung Nr. 910/2014 des Europäischen Parlaments und des Rates wurde am 23.07.2014 erlassen. Mit einer Übergangsfrist von fast zwei Jahren gilt sie seit dem 01.07.2016 in allen Mitgliedsstaaten.

783 Die Verordnung ist seit dem 18.09.2014 in Kraft, jedoch erst seit dem 01.07.2016 Teil der deutschen Rechtsordnung.

784 Https://www.bsi.bund.de/DE/Themen/DigitaleGesellschaft/eIDAS/eIDAS_node.html, zuletzt aufgerufen am 21.10.2019.

Beweisrechts und soweit für dieses relevant des Signaturrechts, bestehend aus SigG und SigV, waren weiter gültig, nur in ihrer Anwendung nachrangig.[785] Weil das Unionsrecht das deutsche Recht nicht einfach aufheben kann,[786] wurde am 29.07.2017 das eIDAS-Durchführungsgesetz[787] und mit ihm das Vertrauensdienstegesetz[788] als Art. 1 eingeführt, was die nationalen Vorschriften (SigG und SigV) dann formell außer Kraft setzte. Seit dem Inkrafttreten des eIDAS-DG wird auch in der Zivilprozessordnung auf die eIDAS-VO verwiesen, soweit es um elektronische Signaturen geht.

Neben den bereits aus dem SigG im Wesentlichen bekannten Signaturstufen (einfache elektronische, fortgeschrittene elektronische und qualifizierte elektronische Signatur)[789] erweitert die eIDAS-VO den Katalog an Vertrauensdiensten und knüpft an diese eigene weitreichende Beweiswirkungen.[790] Im Einzelnen werden beweisrechtliche Folgen für qualifizierte Siegel (Art. 35 Abs. 2 eIDAS-VO), qualifizierte Zeitstempel (Art. 41 Abs. 2 eIDAS-VO) und qualifizierte elektronische Einschreiben (Art. 43 Abs. 2 eIDAS-VO) festgelegt. Gem. Art. 35 Abs. 2 eIDAS-VO besteht für das qualifizierte Siegel die rechtliche Vermutung des Ursprungs und der Unversehrtheit damit verbundener Daten. Ebenso gilt diese Vermutung hinsichtlich der Unversehrtheit der Daten für qualifizierte Zeitstempel, sowie hinsichtlich der Richtigkeit der Angabe zum Datum gem. Art 41 Abs. 2 eIDAS-VO. Art. 43 Abs. 2 eIDAS-VO normiert für qualifizierte elektronische Einschreiben die Vermutung der Unversehrtheit der Daten, ihrer Absendung und ihres Empfanges durch den jeweils identifizierten Teilnehmer sowie der Korrektheit von Datum und Zeit.[791] Weitere, konkretisierende Beweisvorschriften wurden für die bedeutendsten Fälle

---

785 Dazu ausführlich *Jandt*, NJW 2015, 1205 ff.; *Roßnagel*, MMR 2018, 31 ff.; *ders.*, Das Recht der Vertrauensdienste, S. 29 ff.; *ders.*, MMR 2016, 647 ff.; *ders.*, MMR 2015, 359 ff.; siehe auch *Wagner*, JuS 2016, 29 ff.

786 Die eIDAS-VO hat aber die Signaturrichtlinie 1999/93/EG als Unionsrecht aufgehoben.

787 Gesetz zur Durchführung der Verordnung (EU) Nr. 910/2014 des Europäischen Parlaments und des Rates vom 23.07.2014 über elektronische Identifizierung und Vertrauensdienste für elektronische Transaktionen im Binnenmarkt und zur Aufhebung der Richtlinie 1999/93/EG (eIDAS-Durchführungsgesetz), BGBl. I, S. 2745.

788 Zum VDG näher *Roßnagel*, MMR 2018, 31.

789 Siehe unten C.IV.2.c.

790 *Heinze/Prado Ojea*, CR 2018, 37 (42); *Kramme*, GPR 2017, 60 (61).

791 *Jandt*, NJW 2015, 1205 (1206).

einfacher und signierter elektronischer Dokumente jedoch nicht bestimmt, vgl. Art. 25 eIDAS- VO.[792]

Im Allgemeinen wird normiert, dass elektronische Dokumente – gesichert oder ungesichert –grundsätzlich als Beweismittel zugelassen und anerkannt sind, Art. 46 eIDAS-VO. Selbiges gilt über Art. 25 Abs. 1, 35 Abs. 1, 41 Abs. 1, 43 Abs. 1 eIDAS-VO auch für die oben erwähnten technischen Sicherungsmittel: elektronischen Signaturen, Siegeln, Zeitstempeln, Einschreibebestätigungen und Dokumenten kann „die Rechtswirkung und die Zulässigkeit als Beweismittel in Gerichtsverfahren nicht allein deshalb abgesprochen werden, weil sie in elektronischer Form“ vorliegen.

Beweisgegenstand der Vorschriften der eIDAS-VO sind nach dem jeweiligen Wortlaut nicht *elektronische Dokumente* – obwohl diese in Art. 3 Nr. 35 eIDAS-VO legaldefiniert sind – sondern *elektronische Daten*, womit die Verordnung einen allgemeineren Ansatz verfolgt.[793] Auch dahingehend, dass auf mehr als nur die elektronische Signatur als technisches Sicherungsmittel abgestellt wird, nämlich auch auf elektronische Zeitstempel, Siegel und Einschreiben.[794]

Bisher haben sich das Beweisrecht und das Signaturrecht, bestehend aus SigG und SigV, insofern ergänzt, als das Letztere die Rahmenbedingungen für elektronische Signaturen als Sicherungsmittel elektronischer Dokumente festlegte.[795] Nur beide Normenkomplexe zusammengenommen konnten die spezifischen Beweisprobleme elektronischer Dokumente umfassend lösen.[796] Nunmehr sind dafür die eIDAS-VO, das eIDAS-DG mit den einschlägigen Beweisregeln der Zivilprozessordnung beachtenswert und in Einklang zu bringen.[797] Neu sind die beweisrechtlichen Vermutungsregeln des qualifizierten Zeitstempels, Siegels und des qualifizierten elektronischen Einschreibens.[798] Die jeweiligen rechtlichen Vermutungen zeigen, dass der europäische Gesetzgeber diesen Beweismitteln einen sehr hohen Beweiswert zugewiesen hat.[799] Im Hinblick auf die

---

792 Art. 34 II eIDAS-VO-E sah für elektronische Dokumente mit einer qualifizierten Signatur oder einem qualifizierten Siegel zunächst die rechtliche Vermutung der Echtheit und Unversehrtheit vor. Näher *Jandt*, NJW 2015, 1205 ff. Kritisch zu den beweisrechtlichen Vermutungen *Kramme*, GPR 2017, 60 (61 ff.).

793 *Jandt*, NJW 2015, 1205 (1206).

794 *Jandt*, NJW 2015, 1205 (1206).

795 *Jandt*, NJW 2015, 1205 (1206).

796 *Jandt*, NJW 2015, 1205 (1206).

797 Näher dazu *Heinze/Prado Ojea*, CR 2018, 37 (42 ff.); *Jandt*, NJW 2015, 1205 (1209 f.); *Roßnagel*, MMR 2016, 647 (652); *ders.*, Das Recht der Vertrauensdienste.

798 Siehe dazu unten C.IV.2.c.–e.

799 *Jandt*, NJW 2015, 1205 (1206).

grundsätzliche Anerkennung unsignierter elektronischer Dokumente ergibt sich aber keine Neuerung im deutschen Beweisrecht.[800] Elektronische Dokumente jeglicher Art können als Augenscheinsobjekte gem. § 371 Abs. 1 Satz 1 ZPO in den Zivilprozess eingeführt werden.[801]

3. Rechtliche Einordnung digitaler Beweismittel in das System strafprozessualer Beweismittel – de lege lata[802]

Um die im Ermittlungsverfahren gewonnen digitalen Daten auch verwerten zu können, muss zwingend eine sachgerechte Einordnung digitaler Beweismittel in das bestehende Beweisrecht der Strafprozessordnung vorgenommen werden. Gerade, weil in der Strafprozessordnung der Zivilprozessordnung entsprechende Regelungen fehlen, wird sich mit den Fragen auseinandergesetzt, um welche Art des Beweismittels es sich rechtlich handelt und wie mit digitalen Daten Beweis geführt wird. Berücksichtigt wird wesentlich die Relevanz digitaler Daten im Rahmen der Beweismittelarten.

Herkömmlich versteht die Strafprozessordnung unter Beweismitteln vor allem körperliche Gegenstände und Spuren;[803] sie kennt keine „Daten" als eigenständige Beweismittel.[804] Das spiegelt sich auch in den Ermittlungsvorschriften wieder. Gegenstand dieser sind größtenteils körperliche Gegenstände, vgl. §§ 94 ff. StPO.[805] Seit einer Bundesverfassungsgerichts-entscheidung aus dem Jahre 2005 können auch digital gespeicherte Informationen als nicht körperliche Gegenstände als Beweismittelgegenstände nach §§ 94 ff. StPO sichergestellt und beschlagnahmt werden.[806] Dies erfolgt in der Regel über die Sicherstellung der

---

800 *Heinze/Prado Ojea*, CR 2018, 37 (43).

801 *Heinze/Prado Ojea*, CR 2018, 37 (43); *Kramme*, GPR 2017, 60 (61); *Roßnagel*, MMR 2016, 647 f.

802 Bezieht die bis Ende 2017 geltende Rechtslage ein.

803 Vgl. *Bär*, Computerdaten im Strafverfahren, S. 209.

804 *Gercke/Brunst*, Rn. 983 f., *Marberth-Kubicki*, Rn. 607.

805 In den letzten Jahren sind einige Regelungen dazu gekommen, die sich mit der Benutzung digitaler Technologien und Daten im Rahmen von Ermittlungen befassen; siehe dazu nur die §§ 100a ff.; 110a ff. und § 110 StPO. In diesen Normen wird nun auch explizit von Daten gesprochen, was zuvor mit Ausnahme von § 110 III StPO (in Kraft getreten am 01.01.2008) nicht der Fall war.

806 BVerfGE 113, 29 (50) = NJW 2005, 1917 (1920). Das Bundesverfassungsgericht äußerte sich insoweit zur Beschlagnahme von Datenträgern in einer Anwaltskanzlei: „Die einschlägigen Eingriffsbefugnisse sind zwar ursprünglich auf körperliche Gegenstände zugeschnitten. Der historische Gesetzgeber, der die überkommenden Normen über die Beschlagnahme geschaffen hat, konnte noch nicht mit der

Datenträger, der Ausdrucke oder dem Kopieren der Daten auf behördeneigene Datenträger.[807] Die körperlichen Sachen werden zumeist auch als Beweismittel in das Strafverfahren eingeführt. Nach § 110 StPO wird der Staatsanwaltschaft und deren Ermittlungspersonen die Durchsicht elektronischer Speichermedien ermöglicht. Ob darüber hinaus die Beweisführung mit den Daten selbst möglich ist, ist hingegen fraglich und nachfolgend zu klären.

Zieht man das digitale Beweismittel als möglicherweise neuartiges Beweismittel eigener Art für die Strafprozessordnung in Betracht, so wird man diesem Gedanken relativ schnell eine Absage erteilen müssen. Als Beweismittel eigener Art können sie schon wegen des numerus clausus der im Strengbeweis zulässigen Beweismittel nach derzeitiger Rechtslage nicht gelten. Demzufolge ist für die rechtliche Einordnung auf den geschlossenen[808] Kreis der Beweismittel zurückzugreifen. Als Formen der Beweiseinführung kommen daher die gesetzlich geregelten Formen des Augenscheins-, Urkunden-, und Sachverständigen- sowie des Zeugenbeweises in Betracht.

Die Personenbeweise (hier: Zeugen, sachverständige Zeugen oder Sachverständige) kommen für die mittelbare bzw. indirekte Einführung der Daten in

Möglichkeit rechnen, dass elektronische Daten als nichtkörperliche Informationen für die Beweisführung im Strafverfahren Bedeutung erlangen könnten. [...] § 94 StPO erlaubt auch die Sicherstellung von Daten auf behördeneigenen Datenträgern. Der Wortsinn gestattet es, als »Gegenstand« des Zugriffs auch nicht körperliche Gegenstände zu verstehen." In dem ein Jahr später folgenden „Bargatzky-Urteil" (BVerfGE NJW 2006, 976) wurden diese Feststellungen vom Bundesverfassungsgericht konkret auf Daten, welche nach Abschluss des Kommunikationsvorgangs im Herrschaftsbereich des Kommunikationsteilnehmers gespeichert wurden, erstreckt und es erklärte erneut die §§ 94 ff. StPO für den Zugriff durch die Strafverfolgungsbehörden für einschlägig. Im Jahre 2009 wurden diese Leitlinien auch für die Sicherstellung und Beschlagnahme von E-Mails bestätigt; vgl. BVerfGE 124, 43 (61) = NJW 2009, 2431 (2434): „§ 94 StPO erfasst grundsätzlich alle Gegenstände, die als Beweismittel für die Untersuchung von Bedeutung sein können." Für die Praxis bedeutet dies, dass sowohl Datenträger als auch auf EDV-Anlagen gespeicherte beweisrelevante Daten auf der Grundlage des § 94 StPO beschlagnahmt und sichergestellt werden können, letztere durch das Kopieren auf behördeneigene Datenträger.

807 Näher *Liebig*, S. 14 ff.; LR-StPO/*Menges*, § 94 Rn. 14; Meyer-Goßner/Schmitt/*Köhler*, § 94 StPO Rn. 4, 16a ff.; *Park*, Rn. 804 ff. sowie Ausführungen oben B.IV.6. Fn. 550.

808 Prinzipiell ist kein Gegenstand von der Beweiserhebung ausgeschlossen, weil er im Zweifel immer als Augenscheinsobjekt betrachtet und gewürdigt werden kann. Aus dem Begriff „geschlossen" lässt sich nicht zugleich schließen, dass ein beweiserhebliches Objekt wirklich vom Beweis ausgeschlossen werden kann.

Betracht.[809] Personen, wie Ermittler, müssen durchaus immer damit rechnen, als Zeugen oder sachverständige Zeugen in einem Verfahren über die Ergebnisse von (IT-forensischen) Untersuchungen oder auch nur über die Wahrnehmung von digitalen Daten, befragt zu werden.[810] Relevant werden können Aussagen über die Umstände der Speicherung, Erhebung, Auswertung, Archivierung oder Manipulation von digitalen Daten. Als Beispiel kann der Ermittlungsbeamte genannt werden, der vernommen wird, um Angaben darüber zu machen, was er zum Zeitpunkt einer Ermittlung auf einem Bildschirm gesehen hat.[811] Eine solche Situation entsteht beispielsweise dann, wenn die beweiserheblichen Daten auf dem Bildschirm, nur im Arbeitsspeicher abgelegt waren und bei der Sicherung durch die Beamten nicht erfasst werden konnten,[812] oder wenn es um Inhalte einer Website geht, die sich in der Zwischenzeit verändert haben und nicht mehr in der zur Tatzeit entscheidenden Form/Fassung abrufbar sind.[813] In einem solchen Fall[814] kann und wird es maßgebend darauf ankommen, was der Ermittlungsbeamte im Zeitpunkt des Zugriffs wahrgenommen hat.[815] Die persönliche Vernehmung des Ermittlungsbeamten kann auch nach der materiellen Komponente des Unmittelbarkeitsgrundsatzes erforderlich sein, weil es das sachnächste Beweismittel darstellt.[816] Sollte der Ermittlungsbeamte für eine Zeugenaussage in der Hauptverhandlung nicht zugegen sein, so darf dessen Vernehmung aber nicht durch Verlesung des über eine frühere Vernehmung aufgenommenen Protokolls oder einer schriftlichen Erklärung ersetzt werden. Das Heranziehen eines Beweissurrogats verbietet § 250 S. 2 StPO. Die Verlesung würde danach einen nicht zulässigen mittelbaren Beweis darstellen, soweit keine Ausnahme von dem Beweisverbot nach § 251 StPO besteht. Aus dem Verbot ergibt sich für die digitalen Daten per se jedoch keine spezifische Bedeutung.

---

809 So auch *Gercke/Brunst*, Rn. 986; *Heinson*, S. 108; *Jahn/Brodowski*, FS Rengier, S. 411; *Marberth-Kubicki*, Rn. 617; Hoeren/Sieber/Holznagel/*Sieber/Brodowski*, Multimedia-Recht, Teil 19.3 Rn. 163.

810 Vgl. *Gercke/Brunst*, Rn. 986; *Heinson*, S. 108; *Jahn/Brodowski*, FS Rengier, S. 411.

811 *Gercke/Brunst*, Rn. 986; *Marberth-Kubicki*, Rn. 617; so wurde im CompuServe-Fall (AG München, Urt. v. 28.05.1998: NStZ 1998, 518) vorgegangen.

812 *Gercke/Brunst*, Rn. 986.

813 *Gercke/Brunst*, Rn. 986; *Marberth-Kubicki*, Rn. 617.

814 Vor allem in der Praxis ist es gängig zunächst den Ermittlungsbeamten zu hören, um die Aussage mit dem Augenscheinsobjekt – beispielsweise einer Videoaufnahme – in Verbindung zu setzen.

815 *Gercke/Brunst*, Rn. 986.

816 Siehe oben B.IV.4.b.

Dass die digitalen Daten dagegen selbst und unmittelbar, also direkt mittels Zeugenbeweises eingeführt werden, – und nicht nur die Zeugenaussage über Wahrnehmungen im Hinblick auf die Daten – ist dagegen nicht möglich.[817] Das Gleiche gilt für den Sachverständigenbeweis. Es besteht allenfalls die Möglichkeit, digitale Daten mittelbar über den Sachverständigenbeweis in den Prozess einzuführen.[818] Da der Sachverständige die Daten ebenfalls nicht unmittelbar wahrnehmen kann, muss dieser sie zunächst auswerten und dann dem Gericht präsentieren.[819] Dieser Gang wird dann relevant, wenn es um die Begutachtung der gewonnen digitalen Daten geht; der Interpretation von Inhalten und Authentizität sowie Integrität der Informationen,[820] um im Folgenden Schlüsse für den Beweiswert des Beweismittels zu ziehen.[821] Ebenso kommt dieser zum Tragen, wenn technische Aspekte für die Würdigung digitaler Beweismittel besondere Fachkenntnisse (Sachkunde) erfordern, die bei Gericht nicht vorliegen.[822] In diesen Fällen werden externe IT-Forensiker eine wichtige Rolle in Strafverfahren einnehmen.[823]

Das digitale Daten nur mittelbar über die Personenbeweise eingeführt werden können, gilt genauso für die Einlassung des Beschuldigten (vgl. § 163a Abs. 1 Satz 1 StPO) und des Angeklagten. Zwar können sie bei ihrer Vernehmung Angaben über relevante digitale Daten machen, insbesondere wenn es um den Zugriff auf die in Endgeräten gespeicherten Daten geht, etwa durch die Bekanntgabe von Passwörtern oder Schritten zur Aufhebung anderer Zugangssicherungen[824] (PIN, Entsperrmuster, etc.),[825] eine

---

817 So auch *Jahn/Brodowski*, FS Rengier, S. 411.

818 So auch *Momsen/Hercher*, S. 186, die von »Umweg« reden.

819 *Pordesch*, S. 126.

820 Siehe zur Authentizität und Integrität unten C.III.4.

821 Vgl. *Heinson*, S. 111; *Momsen/Hercher*, S. 187.

822 Vgl. *Fischer-Dieskau*, S. 84 f.

823 Siehe dazu ausführlich unten F.II.

824 Zum Zugriff auf verschlüsselte Daten siehe *Bunzel*, S. 97 ff.; zur Problematik der Entsperrung verschlüsselter Smartphones im Strafverfahren siehe *Momsen*, DRiZ 2018, 140 und *Bäumerich*, NJW 2017, 2718. Ein illustratives Anschauungsbeispiel liefert der Freiburger Mordprozess gegen Hussein K., bei dem das sichergestellte (verschlüsselte) Smartphone des Angeklagten und dessen Daten nur unter Rückgriff auf einen privaten Entschlüsselungsanbieter ausgewertet werden konnten. Siehe hierzu https://www.sueddeutsche.de/digital/prozess-wegen-vergewaltigung-und-mord-wie-polizisten-das-handy-des-freiburger-mordverdaechtigen-auslasen-1.3860870, zuletzt aufgerufen am 21.10.2019.

825 *Heinson*, S. 119.

direkte Einführung digitaler Daten wird dadurch jedoch nicht ermöglicht. Es ermöglicht allenfalls Hilfe bei der Interpretation der Daten, spielt aber für die Einführung der digitalen Daten in den Prozess nur eine untergeordnete Rolle.

Daher bleibt die Frage, als welches der bereits erläuterten Beweismittel die Daten *unmittelbar* in den Strafprozess eingeführt werden können. Die Prozessordnungen kennen kein eigenständiges Beweismittel der „Daten", der Begriff ist ihnen fremd.[826] Berücksichtigt man die Zivilprozessordnung, so liegt der Gedanke einer einheitlichen Bewertung innerhalb der gesamten Rechtsprechung nahe, d.h. digitale Beweismittel auch im Strafprozess dem Beweis durch Augenschein zuzuordnen.[827] Behält man jedoch die unterschiedliche Ausgestaltung der Normen über den Urkundenbeweis (§§ 249 ff. StPO und §§ 415 ff. ZPO) und die jeweils verwendeten Urkundenbegriffe in Zivil- und Strafprozessordnung (in der Strafprozessordnung wird auf die *Verlesbarkeit*, in der Zivilprozessordnung auf die *Verkörperung*[828] abgestellt) im Blick, so kann es per se nicht ausgeschlossen sein, den Beweis mit digitalen Daten dem Urkundenbeweis zuzuordnen.[829]

Als Formen der *unmittelbaren Beweisführung* kommen demzufolge ausschließlich der *Urkundenbeweis* und der (richterliche) *Augenscheinsbeweis* in Betracht.[830]

Dem Beweisrecht der Strafprozessordnung liegt ein sehr weiter Urkundenbegriff[831] zugrunde. Unter einer Urkunde im beweisrechtlichen Sinn ist jeder in einer natürlichen Sprache ausgedrückter, in Schriftzeichen, aus sich heraus verständlicher Gedankeninhalt, der geeignet ist, Beweis über Tatsachen zu erbringen, zu fassen.[832] Entscheidend ist, dass die Urkunde verlesbar ist[833] und durch ihren Gedankeninhalt Beweis erbringen kann.[834] Verlesbarkeit bedeutet, dass sich ihr Gedankeninhalt allein durch Lesen erschließen lässt.[835] Soweit die

---

826 Vgl. *Heinson*, S. 118; *Gercke/Brunst*, Rn. 984.

827 *Momsen/Hercher*, S. 186; so auch *Borchers/Gottberg/Hoffmann*, S. 42.

828 Nach dem Urkundenbegriff der Zivilprozessordnung ist die »Verkörperung auf einem unmittelbar lesbaren Schriftträger« das entscheidende Wesensmerkmal: vgl. BT-Dr. 14/4987, S. 13; BGHZ 65, 300 (301).

829 Vgl. *Heinson*, S. 119.

830 So auch *Böckenförde*, S. 298 für Beweiserhebungen innerhalb vernetzter Computersysteme.

831 Der Begriff ist auch weiter zu verstehen als in § 267 StGB.

832 BGHSt 27, 135 (136); KK-StPO/*Diemer*, § 249 Rn. 8.

833 Im Gegensatz zum Urkundenbegriff in der ZPO.

834 *Ostendorf*, § 16 Rn. 327.

835 BeckOK-StPO/*Ganter*, § 249 Rn. 7.

Verlesung zur Umsetzung des gedanklichen Inhalts in sinnvolle Worte führe, sei die Art der stofflichen Fixierung und der verwendeten Zeichen ohne Bedeutung.[836]

Unter Zugrundelegung des Merkmals *Verlesbarkeit* ist man sich überwiegend einig, dass digitale Daten nicht unter den Begriff der Urkunde im Sinne des Strafprozessrechts zu fassen sind.[837] Schaut man sich beispielsweise eine digitale Textdatei an, so besteht diese im Allgemeinen nicht aus „Schriftzeichen", sondern aus den binären Informationen „An und Aus" oder aus „Einsen und Nullen", die in digitaler Form nicht von „Hand ausgelesen" werden können.[838] Digitale Daten lassen sich also nicht allein durch Lesen erschließen, weil sie keine Schriftzeichen enthalten.[839] Sie sind also nicht „unmittelbar wahrnehmbar" und auch nicht „schriftlich verkörpert". Zwar ist es möglich, dass ein digitales Dokument auf einem Datenträger eine Gedankenerklärung enthält, es bedarf zur Sichtbarmachung der Schriftzeichen und ihres Inhalts –und damit der Möglichkeit des Verlesens – jedoch zunächst einmal der Hinzuziehung[840] passender Werkzeuge; nämlich Hard- und/oder Software.[841] Ferner sind digitale Daten nicht in jedem Fall verlesbar, weil sie neben textlichem Inhalt auch Grafik-, Audio- und Videoelemente oder gar multimediale Inhalte enthalten können (etwa eine Microsoft PowerPoint Präsentation).

In Anbetracht der Tatsache, dass es grundsätzlich auf die Lektüre des zu ermittelnden Gedankeninhalts der jeweiligen digitalen Daten ankommt, erscheint die Überlegung den Urkundenbeweis und damit die Regelung des § 249 StPO heranzuziehen,[842] dessen ungeachtet nicht abwegig. Mit dem Wortlaut der Norm[843] ist die Subsumtion digitaler Daten unter den strafprozessualen Urkundenbegriff jedoch nicht vereinbar – auch wenn es um den verschriftlichten Inhalt der Daten geht, diese also Text umfassen. Denn nach dem die digitale Datei erstellt wurde,

836 LR-StPO/*Mosbacher*, § 249 Rn. 7.

837 Buschmann u.a/*Brodowski*, S. 84; MüKO-StPO/*Kreicker*, § 249 Rn. 11; *Weiß*, wistra 2018, 245 (247).

838 *Jungermann*, S. 67. Es gibt auch Textdateien die in dem sog. *ASCII-Code* kodiert sind, wo jeweils sieben binäre Ziffern ein Zeichen repräsentieren, und somit als aus Schriftzeichen bestehend betrachtet werden können.

839 *Weiß*, wistra 2018, 245 (247).

840 „Transformation".

841 *Jungermann*, S. 67; *Weiß*, wistra 2018, 245 (247).

842 So auch *Trüg*, StV 2016, 343 (344 f.), der elektronische Daten, die visualisiert elektronische Schriftstücke darstellen, als Urkunden ansieht.

843 Bis zum 31.12.2017.

kann auf den Inhalt der Datei nicht direkt zugegriffen werden.[844] Berücksichtigt man zusätzlich die Sondervorschrift des § 110e OWiG (a.F.), die verlesbare elektronische Dokumente den Urkunden gleichstellt, so kann daraus der Schluss gezogen werden, dass der Gesetzgeber verlesbare elektronische Dokumente nicht von der allgemeinen Vorschrift des § 249 StPO (a.F.) erfasst sah, sonst hätte er dies nicht gesondert geregelt.[845]

Digitale Daten sind mithin grundsätzlich als Objekte des Augenscheins in den Prozess einzubringen, da es dabei um die gegenständliche Wahrnehmung der Daten geht. Sie sind nicht unter Urkunden zu fassen, weil sie in nicht verkörperter Form vorliegen und nicht ohne technische Hilfsmittel lesbar sind.[846] Beispielsweise können digitale Film- und Videoaufnahmen oder Screenshots (Bildschirmfotografien)[847] als taugliche Augenscheins-objekte in den Prozess eingeführt werden.

Das Gericht muss das Beweismittel grundsätzlich selbst unmittelbar sinnlich wahrnehmen, vgl. § 86 StPO, also neben dem „Sehen" auch „Hören", „Schmecken" und „Fühlen". Erneut tritt das besondere Charakteristikum in den Vordergrund, dass digitale Beweise nicht unmittelbar wahrgenommen werden können, sondern erst nach einer Sicht- oder Hörbarmachung, also einer geeigneten Präsentation.[848] Vergleicht man digitale Daten mit anderen typischerweise anerkannten Objekten des Augenscheins wie etwa Audio- und Videoaufnahmen,[849] wird schnell klar, dass die Problematik der *mittelbaren Wahrnehmung* dem Augenscheinsbeweis sehr wohl bekannt ist.[850] Alle Medien – ob analog oder digital – haben gemein, dass es ihrer sinnlichen Wahrnehmung bedarf. Um dies zu ermöglichen, bedarf es ebenfalls Hardware, beispielsweise analoge Wiedergabegeräte wie Schallplattengeräte oder Videorecorder. Anders als bei analogen Geräten, genügt das bloße Abspielen auf einem solchen Gerät bei digitalen Beweisen nicht aus, sondern es bedarf neben der Hardware auch passender Software zu deren Darstellung bzw. technischer Präsentation.[851] Das zeigt,

---

844 *Momsen/Hercher*, S. 187.

845 Zur Frage, ob § 249 StPO zumindest auf verlesbare elektronische Dokumente anzuwenden ist, bereits *Heinson*, S. 120.

846 *Diwell*, E-Justice, S. 454; *Wilke*, S. 153.

847 Vgl. *Marberth-Kubicki*, Rn. 618; *Gercke/Brunst*, Rn. 985 Fn. 470.

848 So auch *Jahn/Brodowski*, FS Rengier, S. 410.

849 Zu den einzelnen Augenscheinsobjekten näher *Eisenberg*, Rn. 2282 ff.

850 *Momsen/Hercher*, S. 187; nach *Ahrens*, FS Geimer, S. 6, handelt es sich bei Videoaufnahmen oder visualisierbaren Texten elektronischer Speicher um »Surrogate« des zu besichtigenden Objekts.

851 *Momsen/Hercher*, S. 187; *Knopp*, S. 7.

dass es für ein bloßes Objekt des Augenscheins – im Unterschied zu dem Inhalt der Urkunde – genügt, dieses mit technischen Hilfsmitteln (un)mittelbar wahrzunehmen.[852] Damit wird aber auch festgestellt, dass der Augenscheinsbeweis nicht mit den Daten selbst geführt werden kann, da diese nicht herkömmlich wahrnehmbar sind.[853] Der Beweisakt kann nur durch vorherige Bearbeitung und Erzeugung und anschließende Präsentation der Daten erbracht werden.[854] Dagegen ist die Art der folgenden Präsentation in der Hauptverhandlung nicht vorgegeben; ob als Text lesbare Darstellung auf einem Bildschirm, als sprachliche Ausgabe oder als Ausdruck des Hexadezimalcodes[855] der digitalen Datei.[856]

4. Überlegungen de lege ferenda[857]

Wendet man den strafprozessualen Urkundenbegriff in § 249 Abs. 1 Satz 1 StPO auf digitale Daten an, so wird deutlich, dass diese dem Erfordernis eines mit Schriftzeichen festgelegten verständlichen und verlesbaren Gedankeninhalts nicht genügen. *Elektronische Dokumente können* daher, auch wenn sie ein Schriftstück wiedergeben oder anstelle eines solchen errichtet wurden, nicht Gegenstand des (strafprozessualen) Urkundenbeweises (§§ 249 ff. StPO sowie §§ 71 Abs. 1, 77a OWiG) sein; d.h. sie stellen selbst *keine Urkunden oder Schriftstücke* i.S.d. Norm(en) dar.[858] Die Beweisführung mittels digitaler Dokumente unterscheidet sich von einem Beweis mittels Papierurkunden (Urkundenbeweis) mithin dadurch, dass digitale Dokumente grundsätzlich dem Beweis durch Augenschein unterfallen – trotz fehlender klarstellender Regelung.[859]

Führt man sich die Schwächen[860] des Beweises durch Augenschein und dessen Auffangfunktion vor Augen,[861] so liegt der Gedanke nahe, die strafprozessualen Vorschriften über Urkunden teilweise auf digitale Daten anzuwenden oder eine Norm, die eine den §§ 371 Abs. 1 Satz 2, 371a Abs. 1 Satz 1 ZPO

852 Vgl. *Wilke*, S. 147.
853 *Pordesch*, S. 125.
854 Vgl. *Pordesch*, S. 125.
855 Dabei ist der Hexidezimalcode auch nichts Weiteres als eine Darstellung der Binärzahlen in einem anderen Zahlensystem.
856 *Pordesch*, S. 126; vgl. *Jahn/Brodowski*, FS Rengier, S. 410.
857 Unter Berücksichtigung der geltenden Rechtlage bis Ende 2017.
858 Siehe BT-Dr. 15/4067, S. 53; KK-OWiG/*Graf*, 4. Aufl., § 110e Rn. 4.
859 Im Zivilrecht ergibt sich dieses Ergebnis nach der gesetzgeberischen Leitentscheidung: vgl. BT-Dr. 15/4067 S. 34 (53): § 371 I 2 ZPO; *Berger*, NJW 2005, 1016.
860 Dazu näheres bei *Baumbach/Lauterbach/Albers/Hartmann*, Übers § 371 ZPO Rn. 2.
861 Dazu näheres bei *Baumbach/Lauterbach/Albers/Hartmann*, Übers § 371 ZPO Rn. 2.

oder § 110e OWiG (a.F.) vergleichbare Regelung enthält, einzuführen. Im Hinblick auf die Leitlinie des Gesetzgebers zur Verwirklichung und Förderung eines medienbruchfreien elektronischen Rechtsverkehrs[862] sollte somit auch im Strafprozess *eine beweisrechtliche Gleichstellung digitaler Dokumente mit Papierdokumenten (Urkunden)* angestrebt werden.

Im Nachfolgenden wird untersucht, ob eine entsprechende Anwendung des Urkundenbeweisrechts auf Grund der in prozessualer Hinsicht wesensmäßigen Ähnlichkeit von Ausdrucken von digitalen Dokumenten und digitalen Dokumenten, die bei ihrer Wahrnehmung eine prozessuale Urkunde darstellen würden, konstruiert werden kann.

a. Erweiterung des Urkundenbegriffs der Strafprozessordnung

Dass die Augenscheinseinnahme grundsätzlich durch andere Beweismittel ersetzbar ist (Auffangfunktion), kann als eine weitere Schwäche gegenüber den anderen Beweisarten, auch und insbesondere in Relation zum Urkundsbeweis, angesehen werden. In der Theorie kann das bedeuten, dass die Richter eher auf die in Schriftform verfassten Augenscheinsobjekte zurückgreifen werden, sei es auf Computerausdrucke oder in Schriftform verfasste Wiedergaben von Tonaufnahmen – als auf die Augenscheinsobjekte in ihrer herkömmlichen Form – und diese in der Hauptverhandlung als Urkundenbeweise verwerten. Teilweise wurde dies bei verlesbaren elektronischen Dokumenten (wie E-Mails) in der Praxis so gehandhabt.[863]

Auf einem Endgerät oder Datenträger abgelegte und anschließend beschlagnahmte E-Mail Korrespondenz werden im Verfahren ausgedruckt und dort verlesen. Zuvor kann es sein, dass der Richter diese Daten visualisiert – sei es mittels eines Laptops, sei es über einen Gerichtsserver und einer damit verbundenen Projektion auf Leinwand – und damit in Augenschein nimmt.[864] Letztere Vorgehensweise stellt dann eine Kombination aus einem Urkunds- und einem Augenscheinsbeweis dar, obwohl die herrschende Meinung davon ausgeht, dass es sich bei EDV-Inhalten und sonstigen Daten um Augenscheinsobjekte handelt. Die Kombination bringt exemplarisch die bestehende Unsicherheit der Einordnung dieser Akte der Beweiserhebung und die damit verbunden Abgrenzung zwischen dem Augenscheins- und dem Urkundsbeweis zum Ausdruck.[865] Eine

862 Vgl. BT-Dr. 15/4067, S. 34 f.; BT-Dr. 18/9416, S. 1.
863 Vgl. *Gercke/Brunst*, Rn. 45; *Sieber*, Gutachten C, S. 67.
864 *Trüg*, StV 2016, 343 (344).
865 *Trüg*, StV 2016, 343.

Abgrenzung beider Beweisarten ist vor dem Hintergrund bedeutungsvoll, dass eine Einordnung als Augenscheinsobjekt dazu führen würde, dass die besonderen prozessualen Vorgaben über den Urkundenbeweis unanwendbar sind (Selbstleseverfahren, § 249 Abs. 2 Satz 1 StPO) und Beweisanträge auf Einnahme eines Augenscheins leichter abgelehnt werden können, weil sie dem Ablehnungsgrund des § 244 Abs. 5 Satz 1 StPO unterworfen sind.[866]

Gercke/Brunst ziehen, aus dem Umstand, dass digitale Beweismittel in der Vergangenheit bisweilen als physische Ausdrucke in das Strafverfahren eingeführt wurden, nachvollziehbar den Schluss einer (verfahrensrechtlichen) Herausforderung und der bestehenden Notwendigkeit einer gesetzlichen Anpassung.[867]

Diese sog. Computerausdrucke selbst werden dann nicht als Objekte des Augenscheins in die Hauptverhandlung eingeführt, sondern über den Umweg eines physischen Ausdruckes. Computerausdrucke stellen dabei Schriftstücke dar, die Gedankenerklärungen in sich verkörpert haben. Daher können diese unter den strafprozessualen Urkundenbegriff subsumiert werden und sind demzufolge auch dem Urkundenbeweis zugänglich[868] – im Gegensatz zu verschriftlichen digitalen Dokumenten, denen es neben der Verlesbarkeit auch an der schriftlichen Verkörperung mangelt.

Den Computerausdrucken soll die Beweismitteleigenschaft nicht deshalb aberkannt werden, weil die entsprechenden Inhalte bereits als elektronisch gespeicherte Daten vorhanden seien und ihr Ausdruck lediglich eine Reproduktion dieser Daten auf Papier darstelle.[869] Anders bei nicht verlesbaren Abbildungen und Screenshots, d.h. fotografierten oder kopierten und dann ausgedruckten Bildschirmdarstellungen.[870] Diese Ausdrucke vermitteln lediglich einen flüchtigen, temporären Eindruck, wie sie sich die Daten für einen Moment dargestellt haben.[871] Sie stellen keine Reproduktion permanenter auf einem Speichermedium abgelegter Daten dar.[872] „So kann ein Screenshot nur einen Ausschnitt einer Datei wiedergeben, ohne dass dies erkennbar wäre“.[873] Nicht verlesbare

866 *Trüg*, StV 2016, 343.
867 *Gercke/Brunst*, Rn. 45.
868 So *Bär*, Computerdaten im Strafverfahren, S. 211; *Gercke/Brunst*, Rn. 985; *Marberth-Kubicki*, Rn. 463, 620; a.A. Alsberg/*Dallmeyer*, Beweisantrag, Rn. 417; *Eisenberg*, Rn. 2023.
869 *Marberth-Kubicki*, Rn. 620 m.w.N.
870 *Gercke/Brunst*, Rn. 985 Fn. 470; *Marberth-Kubicki*, Rn. 618.
871 *Gercke/Brunst*, Rn. 985 Fn. 470; *Marberth-Kubicki*, Rn. 618.
872 *Gercke/Brunst*, Rn. 985 Fn. 470; *Marberth-Kubicki*, Rn. 618.
873 *Gercke/Brunst*, Rn. 985 Fn. 470.

Abbildungen und Screenshots[874] sind somit dem Augenscheinsbeweis zuzuordnen; Computerdaten in Form von Ausdrucken werden als Urkundsbeweise[875] eingeführt.

Dass Ausdrucke von digitalen Dokumenten ohne größere Zweifel unter die Anwendung der Regeln über den Urkundenbeweis fallen, kann auch dadurch gestützt werden, dass Ablichtungen/Fotokopien von Urkunden ihrerseits unter den strafprozessualen Urkundenbegriff fallen.[876] Fotokopien weisen als technische Abbilder von Dokumenten Ähnlichkeiten mit Ausdrucken von digitalen Dokumenten auf.[877] Sie beinhalten ebenso wie Ausdrucke elektronisch gespeicherter Schriftstücke (Textdateien) einen verlesbaren Gedankeninhalt und besitzen folglich Urkundenqualität,[878] d.h. sie können als Urkunden in die Hauptverhandlung eingeführt und in diesem Sinne verlesen werden.[879]

Bei der Betrachtung digitaler Daten als potenzielle Beweismittel, muss sich nochmals vergegenwärtigt werden, dass die sog. Computerausdrucke nicht als digitale Beweismittel im Sinne der oben erörterten Definition[880] erfasst werden können, da sie gerade nicht auf der Basis digitaler Daten erstellt, gespeichert oder weitergeleitet wurden. „Maßgeblich bei dieser Diskussion ist immer, »das digitale Dokument« und damit die digitalen Daten, nicht etwa der Ausdruck der durch das Textverarbeitungsprogramm verständlich gemachten Datei auf Papier oder gar der (körperliche) Datenträger dieser Datei.“[881]

Computerausdrucke werden in Verfahren verlesen, weil es regelmäßig auf ihren vorhandenen (textlichen) Inhalt ankommt. Diejenigen Daten, die in digitaler Form gespeicherte textliche Dokumente enthalten, werden als

874 Dies gilt auch für solche mit verlesbaren Text.

875 *Eisenberg*, Rn. 2023 für den Ausdruck digitalisiert gespeicherter Dokumente; Hoeren/Sieber/Holznagel/*Ortner*, Multimedia-Recht, Teil 13.2 Rn. 19 für den Ausdruck einer E-Mail.

876 Vgl. die Diskussion zum zivilprozessualen Urkundenbegriff: *Wilke*, S. 147 ff; Fotokopien und Scans fallen hingegen nicht unter den materiellen Urkundenbegriff, den § 267 StGB zu Grunde legt: näher *Kulhanek*, StV 2015, 725.

877 Vgl. *Trüg*, StV 2016, 343 (345).

878 *Eisenberg*, Rn. 2021; für Niederschriften von Tonbandaufzeichnungen siehe BGHSt 27, 135 (136); zur Subsumtion unter den zivilprozessualen Urkundenbegriff siehe Nachweise bei *Wilke*, S. 149 Fn. 459.

879 MüKo-StPO/*Kreicker*, § 249 Rn. 14, a.A. *Eisenberg*, Rn. 2023, der allgemeine Computerausdrucke als Augenscheinsobjekte behandelt, jedoch den Ausdruck digitalisiert gespeicherter Dokumente dem Urkundenbeweis zuordnet.

880 Siehe oben B.II.1.

881 *Jungermann*, 68 f.

Augenscheinsobjekte eingestuft, aber über den Umweg des Ausdruckes letztlich doch als Urkunden in die Hauptverhandlung eingeführt.[882] Hier zeigt sich deutlich die Widersprüchlichkeit zwischen Theorie und Praxis. Die Einordnung der digitalen Beweismittel als Augenscheinsobjekte und die spätere Vorgehensweise in der Praxis führt zu dem eher zufälligen Szenario bei der Beweisaufnahme, dass die Strafverfolgungsbehörden die zuvor gesammelten Daten von Augenscheinsobjekten zu Urkunden umwandeln und damit neue Beweismittel produzieren.[883] Von der „Produktion“ eines neuen Beweismittels kann auch in dem umgekehrten Fall, insbesondere im Fall des ersetzenden Scannens, gesprochen werden. Eine zuvor existente Urkunde wird – aus welchen Gründen auch immer – als Papierdokument vernichtet und soll dann als elektronische Datei in den Prozess eingeführt werden. Durch den Scanvorgang wird die Datei zum Augenscheinsobjekt. Die Entscheidung darüber, „ob“ und „wie“ das Dokument in die Hauptverhandlung eingeführt wird, sollte aber nicht deshalb anderen Maßstäben unterliegen, weil ein bisher nur nach den §§ 249 ff. StPO einzuführendes Papierstück (Urkunde) in ein elektronisches ergo digitales Dokument umgewandelt wurde,[884] und umgekehrt. Es bestehen dafür keine triftigen Gründe, aufgrund der stattfinden Digitalisierung das Beweisobjekt anders einzustufen als zuvor. Insbesondere für die spätere Beweiswürdigung zwingt der Weg über den Augenscheins- (und Sachverständigenbeweis) dazu, neben den digitalen Dokumenten auch weiterhin die körperlichen Urkunden aufzubewahren, um ihren Beweiswert zu erhöhen. Diese Vorgehensweise führt die voranschreitende Digitalisierung ad absurdum, wenn der übliche Geschäftsverkehr mit elektronischen Dokumenten abgewickelt wird, sobald es aber zu einem Prozess kommt, die spätere Beweisführung daran scheitert, dass das Originaldokument nicht beschafft werden kann bzw. vernichtet wurde.

Immer häufiger wird von den Gerichten bei PowerPoint Präsentationen und Excel Dateien auf den umständlichen Medienwechsel (Ausdruck und sodann Verlesung) verzichtet,[885] insbesondere in größeren Wirtschaftsverfahren.[886] Diese werden dann ebenso wie Videoaufnahmen durch Verwendung geeigneter Technik auf Computerbildschirmen oder anderen Vorführgeräten in Augenschein genommen oder hinsichtlich ihres Inhaltes verlesen.[887]

---

882 So auch *Warken*, NZWiSt 2017, 329 Fn. 2.

883 *Trüg*, StV 2016, 343 (345).

884 RRH/*Reichert*, § 110e OWiG Rn. 2; *Trüg*, StV 2016, 343 (345).

885 *Jahn/Brodowski*, FS Rengier, S. 411.

886 *Gercke/Wollschläger*, StV 2013, 106.

887 *Gercke/Wollschläger*, StV 2013, 106.

Behält man diese Gesichtspunkte im Hinterkopf und schaut sich digitale Dokumente, die einen verlesbaren Inhalt haben und dessen derzeitige Einführung in die Hauptverhandlung an, so stellt sich die Frage, *warum diese nicht ebenfalls als Urkunden in den Prozess eingeführt werden können, wenn sie als Ausdruck bzw. bei Darstellung die Merkmale einer Urkunde erfüllen würden.* Die Gleichstellung kann nach meinem Dafürhalten durch die Erweiterung des Urkundenbegriffs in der Strafprozessordnung erreicht werden.

Zwar besteht ein digitales Dokument nicht aus herkömmlichen „Schriftzeichen", sondern aus Nullen und Einsen, letztlich bestehe aber immer die Möglichkeit, die Verkörperung gespeicherter Daten in Form einer Schrift oder eines Druckes sichtbar zu machen.[888] Dies ist insoweit mit dem Urkundenbegriff vereinbar, weil dieser für andere Arten der Verkörperung bzw. Fixierung von Sprache geöffnet ist, er gilt grundsätzlich unabhängig von dem verwendeten Zeichen, solange eine Verlesung zu einer Umsetzung des Inhalts in sinnvolle Worte führt.[889]

Aus dem Umstand, dass derzeit[890] ein digitales Dokument sowie digitale Daten allgemein nicht unter den strafprozessualen Urkundenbegriff gefasst werden, kann m.E. nicht der Schluss gezogen werden, dass die Regelungen über sie nicht angewendet werden dürfen. Fest steht, dass bei Inkrafttreten der Strafprozessordnung die Möglichkeit digitaler Beweise noch nicht abzusehen war. Die Strafprozessordnung hatte keine explizite Regelung für digitalen Daten getroffen, insoweit kann von einer Regelungslücke ausgegangen werden.[891]

Kommt es auf den Inhalt des digitalen Dokuments an, so erscheint die Heranziehung des Urkundsbeweises und damit die Anwendung des § 249 StPO folglich naheliegend.[892] Denn der Urkundenbeweis dient dazu, den gedanklichen Inhalt eines Schriftstückes zu ermitteln und zu verwerten. Sollte bei Präsentation (Wahrnehmung) digitaler verlesbarer Daten oder ihrem Ausdruck eine strafprozessuale Urkunde vorliegen, sollen diese ebenfalls als Urkunde in den Prozess eingeführt werden können. In diesem Fall geht es ebenso um die Ermittlung und Verwertung des Inhaltes und nicht nur um die bloße sinnliche Wahrnehmung

888 *Jungermann*, S. 63 m.w.N.

889 LR-StPO/*Mosbacher*, § 249 Rn. 7; *Trüg*, StV 2016, 343 (344).

890 Bis zum 31.12.2017.

891 So auch *Warken*, NZWiSt 2017, 417 (421) Fn. 63; a.A. *Weiß*, wistra 2018, 245 (247), der eine Regelungslücke angesichts der bestehenden Vorschriften über elektronische Dokumente als Beweismittel in anderen Verfahrensordnungen – §§ 371 I 2 ZPO, 110e I 1 OWiG – ablehnt; vgl. auch Meyer-Goßner/Schmitt/*Schmitt*, Einl. Rn. 49.

892 Vgl. *Czeguhn*, JuS 2004, 124 (126).

der Daten, was für den Augenscheinsbeweis charakteristisch wäre.[893] Die Verlesbarkeit der Daten kann im erweiterten Sinne gewährleistet werden.

Ferner ist der Gedanke der *hypothetischen Urkunde* und der *urkundengerechten Auslegung* von Normen dem Gesetzgeber nicht fremd,[894] gerade wenn man die strafprozessualen Urkundsvorschriften mit denen des materiellen Rechts vergleicht. § 267 StGB stellt die Urkundenfälschung unter Strafe. Urkunde im Sinne des Strafgesetzbuches ist jede verkörperte Gedankenerklärung, die geeignet und bestimmt ist, im Rechtsverkehr Beweis zu erbringen, und ihren Aussteller erkennen lässt.[895] Für den materiellrechtlichen Urkundenbegriff ist die Verkörperung der Gedankenerklärung erheblich, jedoch nicht in einem Schriftstück. Es kommt nicht auf die Verlesbarkeit an, sondern auf die Echtheit der Urkunde. Für den materiellen Urkundenbegriff ist somit die (dauerhafte) Verkörperung bestimmendes Merkmal; die Erklärung muss mit einer körperlichen Sache fest verbunden sein. Digitale Daten weisen diese hinreichende Verkörperung indes nicht auf. Danach stellt eine auf PC veränderte digitale Datei (etwa E-Mail) keine Urkundenfälschung dar, weil es an der für die Urkunde wichtigen Eigenschaft der Verkörperung fehlt: die Datei als solche ist nicht optisch wahrnehmbar und auch nicht auf dem Bildschirm dauerhaft verkörpert. Sie kann erst dann zur Urkunde – sowohl im materiellen als auch im prozessualen Sinne – werden, wenn von der digitalen Datei ein Ausdruck erstellt wird.[896] Um Strafbarkeitslücken im Bereich der Urkundsdelikte entgegenzuwirken, hat der Gesetzgeber § 269 StGB eingeführt, der sich auf die Fälschung beweiserheblicher Daten bezieht.[897] Um dieses Ziel zu erreichen, ist die Vorschrift an § 267 StGB angelehnt („*bei ihrer Wahrnehmung eine unechte oder verfälschte Urkunde vorliegen würde*") und erfordert eine fiktive urkundenrechtliche Betrachtung.[898] Die Norm wurde eingeführt, um computerspezifische Fälschungsvorgänge der Strafbarkeit der Urkundendelikte zu unterwerfen, beispielsweise wenn in einen Computer eingegebene Daten in visuell nicht wahrnehmbarer Weise verändert werden.[899] Vergegenwärtigt man sich, dass der Rechts- und insbesondere der

---

893 Vgl. *Trüg*, StV 2016, 343 (344).

894 Vgl. *Fischer*, § 269 StGB Rn. 3, der von »urkundengerechte[r] Umsetzung« spricht.

895 Siehe nur RGSt 61, 161; BGHSt 3, 82 (84 f.); 4, 284 (285); 13, 236 (239); *Fischer*, § 267 Rn. 2 m.w.N.

896 Für den Urkundenbegriff i.S.v. § 267 StGB muss dann noch der Aussteller (Garantiefunktion) erkennbar sein.

897 Siehe dazu ausführlich unten C.V.3.

898 BeckOK-StGB/*Weidemann*, § 269 Rn. 2.

899 Vgl. nur BT-Dr. 10/318, 32; BT-Dr. 10/5058, 33; OLG Hamm MMR 2009, 775; Schönke/Schröder/*Heine/Schuster*, § 269 Rn. 1; *Malek/Popp*, Rn. 211.

Beweisverkehr immer häufiger und stärker von gespeicherten Daten abhängig ist, ohne dass überhaupt noch eine Verkörperung auf Papier erfolgt,[900] und dass der Urkundenbegriff des § 267 (§ 269) StGB viel enger ist als derjenige des Beweis- oder Prozessrechts, so legitimiert sich eine Gleichbehandlung von elektronischen Dokumenten, die eine Urkunde „vertreten" mit herkömmlichen Papierdokumenten bezogen auf die Beweiseinführung.

Es sollte daher nicht auf den unmittelbaren Wortlaut der Norm abgestellt werden, sondern lediglich auf die Vergleichbarkeit der Beweise. Entscheidendes Merkmal des strafprozessualen Urkundsbegriffs ist die Verlesbarkeit. Lässt man es genügen, dass digitale Dokumente „Schriftzeichen" im weiteren Sinne enthalten und diese bei Wahrnehmung mittels der Hinzuziehung passender Hard- und Software verlesbar sind, so wäre es möglich, digitale Dokumente wie Papierdokumente gleichsam als Urkunde einzuführen, dies aufgrund ihrer Vergleichbarkeit. Dafür bedarf es dann keiner expliziten Norm, sondern lediglich der Erweiterung des Urkundsbegriffs in der Strafprozessordnung. Das würde den wesentlichen Gehalt und Beitrag der visualisierten Daten für die Beweiserhebung und damit für das Strengbeweisverfahren ausmachen.[901]

Die geforderte Gleichstellung, ermöglicht durch die Subsumtion unter den erweiterten strafprozessualen Urkundenbegriff, soll aber nur für solche digitalen Daten gelten, die durch ihre technische Präsentation und ihren anschließenden Ausdruck ein verschriftliches und verlesbares Dokument (Textdatei) ergeben, d.h. eine Urkunde i.S.v. § 249 StPO wiedergeben. Es soll nicht für andere Dateiformate wie beispielsweise digitale Fotos gelten. Diese sollen weiterhin als Objekte des Augenscheins behandelt werden.[902] Wenn die Urschrift ein Augenscheinsobjekt war, so verbleibt es auch bei der Einführung als Augenscheinsobjekt.[903] Diese Lösung führt in diesem Punkt auch zu einer einheitlichen Bewertung innerhalb der gesamten Rechtsordnung, des Weiteren ist sie diejenige mit der höchsten Praktikabilität. Denn bei digitalen Fotos steht die sinnliche Wahrnehmung der Daten im Vordergrund.

---

900 BT-Dr. 10/318, S. 32.

901 Vgl. *Trüg*, StV 2016, 343 (344).

902 Näher dazu *Momsen/Hercher*, S. 188.

903 Vgl. HK-OWiG/*Stahnke*, § 110c Rn. 3.

b. *Schaffen einer den §§ 371 Abs. 1 Satz 2, 371a ZPO oder § 110e OWiG[904] nachgebildeten Vorschrift*

Um die beweisrechtliche Gleichstellung des digitalen Dokuments mit der Papierurkunde in der Strafprozessordnung zu erreichen, könnte der Gesetzgeber auch eine an den §§ 371 Abs. 1 Satz 2, 371a ZPO oder § 110e OWiG (a.F.) nachgebildete Vorschrift schaffen.

Will man den Urkundenbegriff nicht erweitern, so kann zunächst in Betracht gezogen werden, eine an § 110e OWiG angelehnte neue Vorschrift bzw. einen Verweis auf diese Vorschrift in die Strafprozessordnung einzuführen. Damit würde festgestellt werden, dass elektronische Dokumente als solche in der Strafprozessordnung dem Beweis durch Augenschein unterfallen, und dass sie, auch wenn sie ein Schriftstück wiedergeben oder anstelle eines solchen errichtet wurden, selbst keine Urkunden oder andere Schriftstücke im Sinne der Vorschriften über den strafprozessualen Urkundenbeweis sind. Gleichwohl muss danach der Inhalt von elektronischen Dokumenten, die eine Urkunde wiedergeben oder an die Stelle einer solchen Urkunde treten, grundsätzlich in gleicher Weise und in den gleichen Grenzen in die Hauptverhandlung eingeführt werden können, wie dies geschehen würde, wenn anstelle des elektronischen Dokuments ein Papierdokument vorliegen würde.[905]

Eine solche Norm würde die Gleichstellung von elektronischen Dokumenten mit schriftlichen Papierdokumenten fördern und es ermöglichen, schriftstückersetzende elektronische Dokumente insbesondere direkt aus der elektronischen Akte zu verlesen und wie die Urschriften nach den Regeln des Urkundsbeweises in die Hauptverhandlung einzuführen.[906] Dies würde gleichsam mit dem Gesetzesentwurf zur Einführung der elektronischen Akte in Strafsachen und zur weiteren Förderung des elektronischen Rechtsverkehrs[907] konform gehen.

Im Hinblick auf die allgemeine Festsetzung, dass elektronische Dokumente Augenscheinsobjekte sind, kann dasselbe Ergebnis erreicht werden, wenn man eine § 371 Abs. 1 Satz 2 ZPO vergleichbare Norm in die Strafprozessordnung einführt. Sie sind auch als solche zu behandeln, wenn sie bei Ausdruck ein Schriftstück ergeben würden. Danach würde die Beweisführung mit elektronischen Dokumenten durch Vorlegung oder Übermittlung dieser an das Gericht

904 Die Überlegungen beziehen sich auf die bis zum 31.12.2017 gültige Fassung von § 110e OWiG.

905 BT-Dr. 15/4067, S. 53.

906 BT-Dr. 15/4067, S. 53.

907 Siehe BT-Dr. 18/9416.

ablaufen. Eine § 371a Abs. 1 Satz 1 ZPO entsprechende Norm würde bedeuten, dass elektronische Dokumente den Regeln des Urkundsbeweis nur dann unterworfen werden, wenn sie mit einer qualifiziert elektronischen Signatur versehen sind.

c. *Vorschlag zur Änderung der Strafprozessordnung*[908]

Um das vorangestellte Ziel zu erreichen, könnte eine klarstellende Norm in die Strafprozessordnung eingeführt werden, die nicht nur die Frage nach der Beweiseinführung der digitalen Daten eindeutig regelt, sondern auch ihren spezifischen Bedürfnissen Rechnung trägt. In Übereinstimmung mit den anderen Verfahrensordnungen, müsste die Norm die Beweisführung „elektronischer Dokumente" bestimmen. So könnte in § 249 StPO folgende weitere Festlegung getroffen werden:

> *Soweit ein elektronisches Dokument eine Urkunde oder ein Schriftstück wiedergibt oder an Stelle eines solchen Schriftstücks hergestellt wurde, wird es in der Hauptverhandlung verlesen.*

Damit würde festgestellt, dass solche elektronischen Dokumente selbst Urkunden oder andere Schriftstücke im Sinne der Vorschriften des strafprozessualen Urkundsbeweises sind. Sie unterfallen dann nicht den Regeln des Augenscheins, wie es in der Zivilprozessordnung, Verwaltungsgerichtsordnung, Abgabenordnung und im Ordnungswidrigkeitengesetz der Fall ist. Unter elektronischen Dokumenten wären – parallel zu den anderen Verfahrensordnungen – alle Informationen zu fassen, die in einer gespeicherten Datei auf einem Datenträger zusammengefasst und durch die Verwendung von Soft- und Hardware für den Menschen lesbar gemacht werden können.[909] Im Grunde würde die Norm die Erweiterung des strafprozessualen Urkundenbegriffs umsetzen und damit verlesbare elektronische Dokumente Papierdokumenten gleichstellen. Darüber welche Dokumente darunterfallen, dürfte weitestgehend Einigkeit bestehen, da der Kern des Entwurfs auf § 110e OWiG (a.F.) zurückgeht und damit bereits vom Gesetzgeber verwendete Formulierungen übernommen würden. Des Weiteren kann sich für die Abgrenzung zu den Augenscheinsobjekten das Kriterium der „hypothetischen Urkunde" als hilfreich erweisen. Es gilt, was Schriftstück

---

908 Die Überlegungen entstanden im Jahre 2016/2017 und beziehen sich auf die bis zum 31.12.2017 gültige Fassung der Strafprozessordnung.

909 *Weiß*, wistra 2018, 245 (247); siehe auch *Borchers/Gottberg/Hoffmann*, S. 19; *Wagner*, JuS 2016, 29 (30).

wäre, würde verlesen werden, was Augenscheinsobjekt wäre, würde angeschaut werden.

Geregelt würde damit nur die Art der Durchführung der Beweisaufnahme mit elektronischen Dokumenten. Sollten Unstimmigkeiten über die vollständige und korrekte Wiedergabe oder die Authentizität und Integrität bestehen, so wird zusätzlich ein Augenscheins- und/oder Sachverständigenbeweis erhoben werden müssen. In dem Zusatz wäre keine Regelung der Beweiswürdigung zu sehen. Man könnte aber in Erwägung ziehen, die Vorschrift um rechtliche (technik- und verfahrensunabhängige) Kriterien zu ergänzen, die das Gericht bei der Beweiswertbestimmung heranziehen könnte.[910] Damit könnte das Gericht auf einen Katalog von Anhaltspunkten für mögliche Zweifel zurückgreifen, und diesen ihrer Beweiswürdigung zugrunde legen. Dies könnte das Gericht bei der Beweiswürdigung unterstützen.

d. Zusammenfassung und Bewertung der vorangestellten Überlegungen zur Einordnung digitaler Beweismittel

Betrachtet man die eingangs gestellte Frage, ob eine entsprechende Anwendung des Urkundenbeweisrechts auf Grund der in prozessualer Hinsicht wesensmäßigen Ähnlichkeit von Ausdrucken von digitalen Dokumenten und digitalen Dokumenten, die bei ihrer Wahrnehmung eine prozessuale Urkunde darstellen würden, konstruiert werden kann, so wird im Grunde danach gefragt, ob dahingehend eine Regelungslücke besteht, die den Gesetzgeber zum Handeln zwingt. Sollte diese nicht bestehen, müsste man doch annehmen können, dass es für die unterschiedliche Beweisführung solcher Dokumente triftiger Gründe gäbe.

Die Strafprozessordnung ermöglicht die derzeitige[911] Beweisführung mittels elektronischer bzw. digitaler Dateien, sie unterfallen grundsätzlich dem Augenscheinsbeweis. Aufgrund der Existenz des flexiblen und sachgerechten Augenscheinsbeweises könnte man im Folgenden geneigt sein, eine Regelungslücke zu verneinen, die den Gesetzgeber zur beweisrechtlichen Gleichstellung digitaler Dokumente mit Papierdokumenten oder der Schaffung einer neuen Norm zwingt. Aufgrund der möglichen Inaugenscheinseinnahme für elektronische Dokumente ist eine damit einhergehende Diskriminierung abzulehnen. Führt man sich indes die Entwicklungen der letzten Jahre vor Augen, auch unter Berücksichtigung europäischer Harmonisierungen, kann nicht davon ausgegangen werden, dass für das strafprozessuale Beweisrecht keinerlei Regelungslücke

910 So auch *Heinson*, S. 402 ff.

911 Die Überlegungen beziehen sich auf die bis zum 31.12.2017 gültigen Gesetzesfassungen.

bestehe. Ansonsten wäre der Gesetzgeber in den anderen Verfahrensordnungen nicht tätig geworden. Der Gesetzgeber hat damit ein praktisches Bedürfnis nach einer Regelung des Beweisrechts erkannt, insbesondere was die Thematik des elektronischen Geschäftsverkehrs und der elektronischen Aktenführung anbelangt. Selbiges Bedürfnis besteht auch für den Strafprozess: „Daher soll auch im Strafverfahren eine gesetzliche Grundlage für die Einführung einer elektronischen Akte als Voraussetzung für einen Medienwechsel geschaffen werden, der den technischen Fortschritt nachvollziehen und die Strafjustiz modernisieren wird."[912] Zugleich sollen die Vorschriften über den elektronischen Rechtsverkehr in Strafsachen an die Regelungen angeglichen werden, die für die übrigen Gerichtsbarkeiten bereits im Jahr 2013 geschaffen wurden."[913]

Gerade aus Gründen der Harmonisierung der einzelnen Verfahrensordnungen sollten alle Verfahrensordnungen – soweit möglich – einheitlich ausgestaltet sein,[914] sodass im Bereich der Beweisführung mit elektronischen Dateien *gesetzgeberischer Handlungsbedarf* besteht.[915]

Um die geforderte Einheitlichkeit durchzusetzen, sollten digitale Schriftstücke, deren gedanklicher Inhalt nur mit Hilfe von Hard- und Software verlesen werden kann, wie verlesbare Schriftstücke behandelt werden und als Urkunde, d.h. durch Verlesung oder Selbstlesung des gedanklichen Inhalts (§ 249 StPO), in die Hauptverhandlung eingeführt werden. Es mangelt ihnen nicht an der Eignung für den Urkundenbeweis. Alle anderen digitalen Daten wie Fotos und Videos sind Objekte des Augenscheins, deren Handhabung sich nach § 86 StPO richtet.

Dies kann am einfachsten durch die Erweiterung des Urkundenbegriffs, bestmöglich durch die Schaffung einer neuen strafprozessualen Norm erreicht werden.[916] Zunächst wird dem Umstand Rechnung getragen, dass die Beweisaufnahme über digitale Daten durch Lektüre des verkörperten Gedankeninhalts erfolgt und es auf diesen ankommt.[917] Damit würde die vom Gesetzgeber bereits verlangte Gleichstellung von elektronischen bzw. digitalen Dokumenten mit schriftlichen Papierdokumenten umgesetzt werden.[918] Zugleich wird das

---

912 BT-Dr. 18/9416, S. 1.

913 BT-Dr. 18/9416, S. 1.

914 BT-Dr. 15/4067, S. 25.

915 So auch *Borchers/Gottberg/Hoffmann*, S. 36.

916 Eine gesetzgeberische Klarstellung bürge nicht die Gefahr der unterschiedlichen Auslegung und Anwendung von Normen durch die Gerichte.

917 Vgl. *Trüg*, StV 2016, 343 (345).

918 Vgl. dazu BT-Dr. 15/4067, S. 34 f.

Aufkommen von Rechtsunsicherheit bezüglich der Einordnung elektronischer Dokumente verhindert, wenn vorher als Papierstück bestehende Dokumente in ein digitales Format umgewandelt werden und danach dieselbe Art und Weise der Beweiserhebung im Verfahren haben. Ferner ermöglichen beide Lösungsansätze über die inhaltliche Richtigkeit dieser Einordnung hinaus, eine präzise Abgrenzung der Beweismittelarten Augenscheinsobjekt und Urkunde im Strengbeweisverfahren.

Wie bereits erörtert, käme die Schaffung einer der § 110e OWiG (a.F.) oder §§ 371, 371a ZPO vergleichbaren Norm als Möglichkeit zur Lösung der Problematik in Betracht. Dass die Regelungen der Zivilprozessordnung teilweise übernommen werden, ist jedoch im Hinblick auf die unterschiedliche Ausgestaltung der Beweisführung mit Beweismitteln und des unterschiedlichen Urkundsbegriffs nicht empfehlenswert. Den Urkunden wird in der Zivilprozessordnung, aufgrund von Fälschungssicherheit als Wesensmerkmal, ein hoher Beweiswert zugewiesen. Dies schlägt sich in den §§ 415 ff., 420 ff. ZPO festgeschriebenen Beweisregeln nieder, welche die Ausnahme vom Grundsatz der freien richterlichen Beweiswürdigung nach § 286 Abs. 2 ZPO rechtfertigen. Solche Beweisregeln existieren in der Strafprozessordnung nicht, ebenso wenig wie es einen Beweis des ersten Anscheins, den § 371a Abs. 1 Satz 1 ZPO bestimmt, gibt. Eine Einführung der §§ 371 Abs. 1 Satz 2, 371a ZPO vergleichbaren Normen käme daher nicht in Frage,[919] da diese den Besonderheiten des Strafverfahrens nicht Rechnung tragen würden.

Für die Strafprozessordnung käme eher eine Norm die § 110e OWiG (a.F.) naheliegt in Betracht. Aber auch nur dann, wenn es dem Gesetzgeber daran gelegen ist, generell zu bestimmen, dass alle elektronischen Daten dem Beweis durch Augenschein unterfallen sollen.[920] Und nur für die, die eine Urkunde „vertreten", würde die Gleichstellung mit Papierurkunden bestimmt.

Gegen eine Gleichstellung bzw. die Schaffung einer neuen Norm könnten allerdings die nach wie vor bestehenden technischen Unsicherheiten, die sich insbesondere in der Gefahr der Manipulierbarkeit elektronisch gespeicherter Daten manifestieren, angeführt werden. Verlesbare Schriftträger werden dann als Urkunden im Wege des Urkundenbeweises in die Hauptverhandlung eingeführt, sofern es um den durch sie verkörperten gedanklichen Inhalt geht. Geht es hingegen um die Frage, ob diese möglicherweise verfälscht worden sind, ist das äußere Erscheinungsbild ausschlaggebend und auch verlesbare Urkunden

919 Vgl. *Heinson*, S. 116.

920 Wie in der Zivilprozessordnung nach § 371 I 2 ZPO.

dann Gegenstand des Augenscheinsbeweises. Folglich hat die Tatsache, dass eine Urkunde eine relativ hohe Fälschungssicherheit besitzt, und nicht besonders anfällig für Manipulationen ist, wie ihrem digitalen Gegenstück nachgesagt wird, keine Auswirkungen auf die Art der Beweiseinführung innerhalb der Strafprozessordnung.[921] Es kann lediglich ein Indiz dafür sein, dass die Urkunde aufgrund dessen als sehr zuverlässiges Beweismittel gilt, welcher ein hoher Beweiswert zugeschrieben werden kann, was dann für die Beweiswürdigung Bedeutung erlangt.

Die spezifischen Probleme digitaler Daten, sind tendenziell solche, die derzeit nur mit dem Sachverständigenbeweis geklärt werden können. Der Fokus liegt dann nicht auf der Ermittlung und Verwertung des gedanklichen Inhalts eines/des Schriftstückes, sondern auf der Echtheit und Unverfälschtheit bzw. der Integrität und Authentizität der digitalen Daten. Dies kann mit der *Doppelnatur digitaler Beweise*[922] erklärt werden.

Dies spricht aber nicht gegen die Anwendung des Urkundenbeweises auf elektronische Textdateien. Dem Strafverfahren ist ein solches Vorgehen nicht fremd. Soweit es neben dem Inhalt auf die äußere Gestalt der Urkunde ankommt, ist sie zusätzlich zum Urkundsbeweis in Augenschein zu nehmen.[923] Das kann und sollte dann auch für digitale Beweise gelten.[924]

Weil die spezifischen Probleme digitaler Daten nicht vollauf den Inhalt dieser betreffen, bedeutet das nicht, dass sie deswegen von vornherein als Augenscheinsobjekte eingeführt werden müssen. Zunächst zeigen die obigen Ausführungen, dass die Integrität einer Datei unabhängig von der Datei selbst festgestellt, und damit unterschiedlich eingeführt werden kann. Zum anderen wird auch der Augenscheinsbeweis dort an seine Grenzen stoßen, wo nicht der Inhalt der Datei im Fokus steht, sondern deren Echtheit, Urheberschaft und Manipulationsfreiheit.[925] Es ist derzeit schwer vorstellbar, dass das Gericht all diese Fragen aufgrund eigener Sachkunde umfassend beantworten kann, sodass dafür ein Sachverständiger hinzuziehen sein wird.[926]

Als Resümee zeigt sich, dass im Strafverfahren der Bedarf zur Schaffung einer gesetzlichen Grundlage für die beweisrechtliche Gleichstellung digitaler

921 Für die ZPO siehe *Fischer-Dieskau*, S. 83.
922 Siehe dazu unten D.
923 BGH NStZ 1991, 143 (144); *Pfeiffer*, § 249 Rn. 1, SSW-StPO/*Kudlich/Schuhr*, § 249 Rn. 4.
924 So auch BeckOK-StPO/*Ganter*, § 249 Rn. 8.
925 *Momsen/Hercher*, S. 188.
926 So auch *Momsen/Hercher*, S. 188.

(verlesbarer) Dokumente mit Papierdokumenten besteht. Dieser Bedarf kann durch die aufgeworfenen Gestaltungsansätze gelöst werden. Alle Ansätze ermöglichen es, das elektronische Dokument direkt aus der Akte, insbesondere vom Bildschirm zu verlesen und damit einer – sieht man von der erforderlichen Erzeugung der Beweismittel ab – unmittelbaren Einführung in die Beweisaufnahme. Damit wird der von *Gercke/Brunst* gemachten Forderung einer gesetzlichen Anpassung[927] insoweit Abhilfe geschafft, dass es dann nicht mehr eines zusätzlichen Ausdruckes zur Einführung in das Strafverfahren bedarf.

Letzten Endes ist der Gesetzgeber zur Klarstellung des geltenden Rechts[928] gefordert, die der Durchführung der Beweisaufnahme unter Verwendung elektronischer Dokumente und damit dem Stand der heutigen Technik entspricht. Damit würde der Gesetzgeber die Voraussetzungen für einen rechtssicheren, verfahrensrechtlichen Umgang mit elektronischen Dokumenten schaffen, den er sich selbst als Ziel gesetzt hat.[929] Zugleich würde ermöglicht, das Gesetz an diejenigen Regelungen anzugleichen, die für die übrigen Gerichtsbarkeiten bereits vor Jahren geschaffen wurden.

5. Gleichstellung elektronischer Dokumente mit Urkunden – Rechtslage seit dem 01.01.2018

Der Gesetzgeber hat den oben erörterten Handlungsbedarf erkannt und ist mit dem „Gesetz zur Einführung der elektronischen Akte in der Justiz und zur weiteren Förderung des elektronischen Rechtsverkehrs“[930] dahingehend tätig geworden. Das Gesetz führt ab dem 01.01.2018 für das digitale Beweismittel den zentralen Begriff des „elektronischen Dokuments“ in die Beweisaufnahmevorschriften der strafprozessualen Hauptverhandlung ein (§ 249 Abs. 1 StPO n.F.). Der Normtext wurde um die Formulierung „andere als Beweismittel dienende Schriftstücke“ gekürzt und umfasst nur noch *Urkunden* als Beweismittel. Abs. 1 der Vorschrift wurde insoweit ergänzt, als dass sie den Urkundenbeweis nunmehr auch auf „elektronische Dokumente […], soweit sie verlesbar sind“ erstreckt. Im Gegensatz zu den bekannten Regelungen aus der Zivilprozessordnung und den bis zum 31.12.2017 bestandenen Regelungen im Ordnungswidrigkeitenrecht (§ 110e OWiG a.F.), hat sich der Gesetzgeber im Strafprozess für einen neuen

927 *Gercke/Brunst*, Rn. 45.

928 In Form der Erweiterung des Urkundenbegriffs für verlesbare digitale Dokumente oder zur Schaffung einer neuen Vorschrift.

929 Vgl. BT-Dr. 18/9416, S. 1.

930 BGBl. I, S. 2208.

Weg entschieden. Verlesbare digitale Daten (beispielsweise E-Mails) gelten nunmehr als Urkunden.

Mit § 249 Abs. 1 StPO n.F. wird die geforderte Gleichstellung des elektronischen Dokuments mit der Papierurkunde als notwendige Voraussetzung für einen medienbruchfreien elektronischen Rechtsverkehr vorangetrieben. Es bleibt die Frage, ob die in Kraft getretene Neuregelung des § 249 StPO für die Beweisführung mit digitalen Beweismitteln eine umfassende Abhilfe schafft.[931]

Mit der ab 01.01.2018 in Kraft getretenen Neuregelung von § 249 StPO hat der Gesetzgeber „eine eindeutige Rechtsgrundlage für die Verlesung elektronischer Dokumente zum Zwecke der Beweisaufnahme über deren Inhalt geschaffen".[932] Dies tat er im Zuge der Eröffnung der elektronischen Aktenführung im Strafverfahren. Danach werden digitale Beweismittel im Strafverfahren Urkunden gleichgestellt, wenn sie „verlesbar" sind. Der Gesetzgeber ermöglicht damit die direkte Verlesung von dem Anzeigegerät, „auf dem ein elektronisches Dokument zuvor zum Zwecke der Verlesung seines Inhalts sichtbar gemacht werden muss".[933] Dadurch werden vorherige physische Ausdrucke künftig nicht mehr benötigt, weil deren Notwendigkeit in der Praxis nicht mehr besteht. Zugleich wird auch das in § 249 Abs. 2 StPO geregelte Selbstleseverfahren auf derartige Dokumente erstreckt.[934] Von der Norm werden sowohl originär elektronische Dokumente erfasst, als auch solche, die erst später in ein solches umgewandelt wurden.[935]

Was unter dem Urkundenbegriff immanenten Verlesbarkeitserfordernis verstanden wird, muss unter Berücksichtigung der für die Wahrheitsfindung im Strafprozess geltenden Grundsätze der Mündlichkeit und Unmittelbarkeit bestimmt werden.[936] Die Gesetzesbegründung vermag insoweit nicht zur Aufklärung beizutragen, denn dort findet sich nur die Formulierung, dass die „Verlesung direkt von dem Anzeigegerät, auf dem ein elektronisches Dokument zuvor zum Zwecke der Verlesung seines Inhalts sichtbar gemacht werden muss"[937], stattfindet. In der Neufassung wurde auch auf die bisher in der Vorschrift besonders herausgestellten Beispiele verlesbarer Urkunden verzichtet.[938] „Verlesen" im Wortsinne

931 Zweifelnd Buschmann u.a/*Brodowski*, S. 84 f.
932 BT-Dr. 18/9416, S. 62.
933 BT-Dr. 18/9416, S. 62.
934 BT-Dr. 18/9416, S. 63; siehe dazu unten G.II.2.
935 BT-Dr. 18/9416, S. 62 f.
936 Buschmann u.a/*Brodowski*, S. 84 ff.; *Knierim*, FS Schiller, S. 375.
937 BT-Dr. 16/9416, S. 62.
938 BT-Dr. 18/9416, S. 63.

bedeutet, dass der Mensch etwas durch Lesen bekannt macht bzw. bekannt gibt.[939] Der Anknüpfungspunkt/die Anforderung der „Verlesbarkeit" wird in der Strafprozessordnung bereits an mehreren Stellen erwähnt, vgl. §§ 243, 249, 250, 251 ff., 255a, 256, 325 StPO, bei denen der Begriff „Verlesung" die zentrale Handlung des Verfahrensführers beschreibt. Bisher wurde in § 249 StPO unter dem Verlesen das unmittelbare Umsetzen von Schriftzeichen in sinntragende Worte verstanden.[940] Im Falle des neuen § 249 Abs. 1 Satz 1 StPO werden diejenigen Daten verlesen, die durch technische Geräte anhand von Software als Schriftzeichen angezeigt werden,[941] bzw. „wenn sich die Daten als sinntragende Worte deuten lassen"[942]. Um also unter § 249 StPO und eines der beiden Verfahren zu fallen, muss das elektronische Dokument zunächst zur Verlesung durch das Gericht geeignet sein.[943]

Die Prüfung der Eignung beinhaltet mehrere Voraussetzungen. Zunächst einmal können nur solche Dinge verlesen werden, die Wörter oder Text enthalten. Dies ist bei digitalen Daten in mehrfacher Hinsicht problematisch.

Aus der Formulierung „soweit sie verlesbar sind" lässt sich zunächst ableiten, dass es auch elektronische Dokumente gibt, die nicht oder nur teilweise verlesbar sind.[944] Das Verlesbarkeitserfordernis zeigt also deutlich, dass alle weiteren digitalen Beweise wie Audio-, Bild-, und Videodateien und auch Multimediadokumente nicht von der Norm erfasst werden. Das bedeutet dann, dass diese durch den Augenscheinsbeweis aufgefangen werden müssen. Bei diesen elektronischen Dokumenten geht es nicht um die Verlesbarkeit, sondern um deren gegenständliche und unmittelbare Sinneswahrnehmung. Die elektronischen Dokumente müssten für die Frage ihrer Beweiseinführung somit zunächst klar in die Kategorien „verlesbar" und „nicht verlesbar" eingeteilt werden. All diejenigen die verlesbar sind, fallen unter § 249 Abs. 1 Satz 2 StPO, und alle restlichen elektronischen Dokumente müssten hinsichtlich ihrer Einführung in die Hauptverhandlung – auch ohne bestehende (Klarstellungs-) Regelung – den Regeln des Augenscheins unterfallen. Einer vergleichbaren Regelung für elektronische Dokumente, die Gegenstände des Augenscheins wiedergeben, bedarf es *theoretisch* nicht. Denn in solchen Fällen geht es nicht um die Verlesbarkeit. Eine

939 Https://www.duden.de/rechtschreibung/verlesen_lesen_vorlesen, zuletzt aufgerufen am 21.10.2019.

940 Vgl. BGHSt 27, 135 (136), siehe oben C.I.1.c und C.I.3.

941 Näher *Weiß*, wistra 2018, 245 (248).

942 So Meyer-Goßner/Schmitt/*Schmitt*, § 249 StPO Rn. 13.

943 Vgl. auch *Knierim*, FS Schiller, S. 375 und *Weiß*, wistra 2018, 245 (249 ff.).

944 *Weiß*, wistra 2018, 245 (246).

klarstellende Regelung, wie sie der Gesetzgeber mit § 371 Abs. 1 Satz 2 ZPO entworfen hat, wäre trotzdem wünschenswert. Zum einen hat der Gesetzgeber mit § 249 Abs. 1 Satz 2 StPO nur eine Ausnahmevorschrift konzipiert. Zum anderen ist nicht klar was geschehen soll, wenn eine Verlesbarkeit des elektronischen Dokuments nicht festgestellt werden kann.[945] Dies kann § 249 Abs. 1 Satz 2 StPO n.F. nicht entnommen werden. Elektronische Dokumente weisen aber gerade eine große Bandbreite und Vielfalt an Informationen auf bzw. repräsentieren sie, die nicht immer in die Kategorie „verlesbar" und „nicht verlesbar" eingeordnet werden können. Ebenso wenig ist nach der neuen Vorschrift klar, wie solche Fälle gehandhabt werden, bei dem ein elektronisches Dokument teilweise aus Text und teilweise aus digitalen Bildern besteht, es also nur zum Teil verlesbar ist. Schaut man sich beispielsweise eine mit einfachem Text ausgestattete E-Mail an, so wird man auch bei dieser eine Vielzahl an Variationen finden. Die E-Mail kann nur aus Text bestehen, sie kann aber auch mit Grafiken, Animationen, Audio-, Video-, und Bilddateien ausgestattet sein,[946] deren Verlesbarkeit nicht durchführbar ist. Anschaulicher wird die Problematik, wenn man annimmt, dass eine PowerPoint Präsentation als relevantes Beweismittel in Frage kommt. Gerade bei dieser kann es sich ergeben, „dass die Datei wiederum verknüpfte oder eingebettete Objekte in Form von Filmaufnahmen o.ä. enthält"[947]. Fraglich ist, wonach sich die Einführung solcher multimedialer Dokumente richtet. Das auf den Schwerpunkt des Inhaltes abgestellt wird und dann eine feste Zuordnung vorgenommen wird, ist in solchen Fällen wenig praktikabel. Von den multimedialen Dateien einen Papierausdruck zu erstellen, der den Inhalt der Datei in seiner ursprünglichen Form wiedergibt, ist quasi unmöglich.[948] Je nach Einzelfall muss der „verlesbare" und „nicht verlesbare" Teil herausgefiltert und individuell, möglicherweise separat als Beweismittel eingeführt werden. Das würde bedeuten, dass der schriftliche Inhalt über § 249 Abs. 1 Satz 2 StPO verlesen wird und alles andere durch Verwendung geeigneter Technik auf Computerbildschirmen oder anderen Vorführgeräten in Augenschein (§ 86 StPO) genommen wird.[949] Die dadurch verursachte gezwungene Aufteilung bei der Einführung des digitalen Beweismittels wird dann unausweislich sein. Dahingehend stellt *Knierim* fest, dass die gesetzliche Fiktion eines Urkundencharakters eines „verlesbaren

945 So auch *Knierim*, FS Schiller, S. 378.
946 *Knierim*, FS Schiller, S. 377 f.
947 *Gercke/Wollschläger*, StV 2013, 106.
948 *Gercke/Wollschläger*, StV 2013, 106.
949 *Gercke/Wollschläger*, StV 2013, 106.

elektronischen Dokuments“ keineswegs der Verkehrsauffassung von elektronischen Daten entspreche.[950]

Es gibt im Strafprozessrecht keine Beweismittelart, die dem digitalen Charakter, dem Inhalt der Informationen, ihrer Darstellung oder dem Beweisinteresse an der Art und Weise seiner Herstellung und seines Einsatzes gänzlich gerecht wird.[951] Denn es bestehen immer Überschneidungen mit anderen Beweismittelkategorien, sowie untypische eigene (neue) Elemente, die wenig bis gar nicht mit den vorhandenen gesetzlichen Instrumentarien angegangen werden können.[952] Ob dadurch die Notwendigkeit einer fünften Beweismittelkategorie des „Datenbeweises“ erwächst, wie *Knierim* dies fordert,[953] die den vielschichtigen Anforderungen digitaler Beweismittel gerecht werden kann, ist zu bezweifeln. Aufgrund dessen ist gegenwärtig eine zusätzliche (klarstellende) Regelung für nicht verlesbare elektronische Dokumente notwendig. Diese kann die Grundsatzfrage nach dem Umgang mit digitalen Beweismitteln im Strafprozess klären und fungiert nicht nur über ihren Ausnahmecharakter. Damit kann der Gesetzgeber abschließend feststellen, dass elektronische Dokumente generell beweisrechtlich als Augenscheinsobjekte zu qualifizieren sind und nur ausnahmsweise solche, die verlesbar sind, nach § 249 StPO über den Urkundsbeweis eingeführt und verlesen werden. Dadurch müsste für nicht verlesbare elektronische Dokumente nicht mehr auf die systematische Auffangfunktion des Augenscheinsbeweises zurückgegriffen werden, was gleichzeitig zu mehr Rechtssicherheit in der täglichen Handhabungspraxis führen würde. Sowohl für verlesbare als auch für nicht verlesbare elektronische Dokumente würden somit eindeutige Regelungen bestehen, die die Handhabung digitaler Dokumente erheblich erleichtern und die Bedenken bezüglich des (richtigen) Umgangs im Strafprozess verringern würden.[954] Abhänggig von deren Inhalt wäre damit klar, wie mit digitalen Daten zu verfahren ist. Neben dem Inhalt kann auch das jeweilige Aufklärungsinteresse Aufschluss über die Frage geben, nach welchen Regeln ein digitales Beweisstück erhoben werden soll.[955] Insbesondere, wenn es um Herkunft, Datenbedeutung oder Manipulationsfreiheit geht, kann die Voreinteilung nach dem Kriterium der Verlesbarkeit nicht weiterhelfen. Hier zeigt sich erneut die *Doppelnatur*

950 *Knierim*, FS Schiller, S. 378.
951 *Knierim*, FS Schiller, S. 379.
952 *Knierim*, FS Schiller, S. 379.
953 *Knierim*, FS Schiller, S. 379, 396.
954 Wie es bereits in der ZPO gehandhabt wird; vgl. § 371 ff. ZPO.
955 *Knierim*, FS Schiller, S. 378.

digitaler Beweise, der auch die Neuregelung des § 249 Abs. 1 Satz 2 StPO nicht gerecht werden vermag.

Soll das Kriterium der „Verlesbarkeit“ der Maßstab für die Einführung eines elektronischen Dokuments mittels Urkundenbeweises sein, so muss auch sichergestellt sein, dass die elektronischen Dateien dem Gericht zur Verfügung stehen,[956] und dass sie überhaupt sachgerecht sichtbar gemacht werden können, als weitere Voraussetzung der Eignung.[957]

Das Dokument steht dem Gericht bereits dann zur Verfügung, wenn es ihm als Datenträger, auf dem die Daten gespeichert sind, überreicht wird. Das kann eine als Beweismittel zu den Akten gereichte DVD oder die Festplatte eines vom Gericht genutzten Servers sein.[958] Es ist nicht nötig, dass der Inhalt dauerhaft auf einem Datenträger gespeichert ist,[959] ausreichend ist nur, dass das Gericht auf die Daten zugreifen kann, um sie über ein Anzeigegerät zu verlesen. Ausreichend ist auch die Anzeige eines Duplikats, weil es für den Urkundenbeweis nur auf den gedanklichen Inhalt ankommt.[960]

Die Sichtbarmachung der Daten erfolgt technisch über Ausgabegeräte (Datenlesegeräte) wie Bildschirme, Sichtgeräte oder Drucker und ihrer Anwenderprogramme. Erst die sog. Anwenderprogramme (z.B. Acrobat Reader, Microsoft Word, Excel und Editor) ermöglichen es die Dateien zu öffnen und als sprachlich/textlich verständlichen Inhalt wahrzunehmen.[961] Um im Strafverfahren nach § 249 StPO verlesen werden zu können, muss der Inhalt für den Betrachter bzw. Leser als Text oder Sprache wahrnehmbar und erfassbar sein. Unabhängig davon, welche Partei das elektronische Beweismittel „liest“, gewährleistet werden muss eine technisch wechselseitige „Verständlichkeit“ und Lesbarkeit im Verfahren durch die verwendeten Ausgabegeräte.[962] Des Weiteren muss

956 *Weiß*, wistra 2018, 245 (249).

957 *Knierim*, FS Schiller, S. 375 f.; siehe auch *Weiß*, wistra 2018, 245 (249) »Verwendete Programme«.

958 *Weiß*, wistra 2018, 245 (249).

959 *Weiß*, wistra 2018, 245 (249).

960 *Weiß*, wistra 2018, 245 (249).

961 Näher *Knierim*, FS Schiller, S. 375 f.; *Weiß*, wistra 2018, 245 (249).

962 Vgl. im Zusammenhang zur Kommunikation im Hinblick auf die E-Akte: die Stellungnahme des *Deutschen Anwaltsvereins* durch den Ausschuss Strafrecht zum Entwurf eines Gesetzes zur Einführung der elektronischen Akte in Strafsachen, online abrufbar unter https://anwaltverein.de/de/newsroom/sn-68-14?scope=modal&target=modal_reader_24&file=files/anwaltverein.de/downloads/newsroom/stellungnahmen/2015/DAV-SN68-14.pdf, S. 5.

eine Vielzahl an Betrachtern an jeweils getrennt voneinander genutzten Ausgabegeräten die Urkunde mit dem gleichen Inhalt und dem gleichen gedanklichen Zusammenhang wahrnehmen können.[963] Klingen die Anforderungen zunächst einmal einfach umsetzbar, so zeigt sich bei näherer Betrachtung, dass selbst eine Textdatei nicht mit gleichem Inhalt angezeigt wird, sobald von den Parteien unterschiedliche Textprogramme, Betriebssysteme und auch Hardware eingesetzt werden.[964] Wird ein digitalisierter Text mit dem marktüblichen Textprogramm *Microsoft Word* erzeugt und später beispielsweise mit einem anderen marktgängigen Programm wie *OpenOffice* geöffnet, so wird man im Vergleich der Bildschirmausgaben sofort feststellen können, dass das gleiche Dokument unterschiedlich angezeigt wird.[965] Für die technisch wechselseitige Verständlichkeit und (Ver-)Lesbarkeit bedarf es somit der gleichen Ausgangkonfigurationen (Hard- und Software), die die Prozessbeteiligten benutzen. Für das Verlesen muss also ein für alle passendes Anwenderprogramm verwendet werden.[966] Praktisch umsetzbar wäre dies nur, wenn man sich auf ein einheitliches Format einigt, „dass jedermann in gleicher Weise unabhängig von dem jeweils anderen Prozessbeteiligten wahrnehmen kann“[967]. Hier geht es also um den Kompatibilitätsaspekt. Möglicherweise könnte die Kompatibilität durch die Verwendung eines PDF-Formats gewährleistet werden, weil dieses die Präsentation und den Austausch von Dokumenten unabhängig von Original-Software, Hardware oder Betriebssystem ermöglicht.[968] In eine ähnliche Richtung geht die Überlegung eine einheitliche Software zu fordern, was allein bei älteren Dokumenten kaum praktikabel ist. Diesbezüglich bedarf es festgelegter Standards, die die „Nutzbarkeit“ und „Lesbarkeit“ einer Datei sicherstellen können; das elektronische Dokument muss für die Verlesung nach § 249 StPO, aber auch für eine richterliche Inaugenscheinnahme nach § 86 StPO *geeignet*[969] sein. In § 2 Abs. 1 Elektronischer-Rechtsverkehr-Verordnung (ERVV) hat der Gesetzgeber technische Anforderungen für elektronische Dokumente für dessen Übermittlung an die Gerichte bestimmt. Danach wird das Dateiformat PDF vorgeschrieben,

963 *Knierim*, FS Schiller, S. 375.

964 Näher *Knierim*, FS Schiller, S. 375 f.

965 *Knierim*, FS Schiller, S. 376.

966 *Weiß*, wistra 2018, 245 (249).

967 *Knierim*, FS Schiller, S. 376.

968 Vgl. etwa https://acrobat.adobe.com/de/de/acrobat/about-adobe-pdf.html, zuletzt aufgerufen am 21.10.2019.

969 Darauf stellt der Gesetzgeber bei § 32a StPO für die Bearbeitung durch die Strafverfolgungsbehörden und Gerichten im Zusammenhang mit der E-Akte ab.

nur in Ausnahmefällen ist das Dateiformat TIFF zulässig. In § 32a StPO hat der Gesetzgeber dies dadurch gelöst, dass eine von der Bundesregierung erlassene Rechtsverordnung die geeigneten und technischen Rahmenbedingungen (bzgl. der Übermittlung und Bearbeitung der E-Akte) bestimmt. Nach § 32e StPO ist für die Übertragung eines nicht elektronischen Ausgangsdokuments in ein elektronisches Dokument der *Stand der Technik* zu berücksichtigen und sicherzustellen. Im Zusammenhang mit § 249 Abs. 1 Satz 2 StPO und des Kriteriums der Verlesbarkeit wäre ebenfalls ein Verweis des Gesetzgebers auf den „Stand der Technik" und ein zu benutzendes Dateiformat als Anforderungen möglich, oder der direkte Hinweis auf eine technische Richtlinie, die die organisatorisch-technischen Rahmenbedingungen für die Verlesbarkeit elektronischer Beweismittel im Strafverfahren festlegt. Eine Rechtsverordnung vermag die dringend benötigten Gesetze zur generellen Handhabung elektronischer Beweismittel nicht zu ersetzen, kann diese aber normativ verbindlich ausgestalten. Ansonsten bedarf es der konkreten Auflistung der dafür einheitlich zu verwendenden Konfigurationen im Hauptverfahren – bestenfalls auch schon im Ermittlungs- und Zwischenverfahren.

6. Fazit zur Beweisführung mit digitalen Medien

Die Strafprozessordnung verfügte bis zum 31.12.2017 über keine explizite Vorschrift, die die Beweisführung mittels elektronischer bzw. digitaler Dateien bestimmte.[970] Daher wurde in der Praxis auf physische Ausdrucke (Umweg über Urkundenbeweis)[971] zurückgriffen. Alle übrigen digitalen Daten konnten und mussten über den Augenscheinsbeweis nach den Regelungen der §§ 86 bis 93 StPO eingeführt werden. Mit Blick auf die wachsende Bedeutung digitaler Informationen für den Wirtschaftsverkehr trug die Strafprozessordnung den Besonderheiten damit jedoch wenig Rechnung.[972] Die vielfach geforderte „angemessene beweisrechtliche Bedeutung"[973] wurde ihnen im Rahmen des Strafverfahrens nicht zuerkannt.

Hielt man sich die Schwächen der damaligen Herangehensweise vor Augen – zu nennen sind nur die Unsicherheit beim Umgang mit digitalen Beweismitteln

970 Einzige Ausnahme war insoweit § 41a StPO a.F., die als allgemeine Regelung zu elektronischen Dokumenten existierte, aber nicht die Beweisführung regelte.

971 Verlesbare elektronische Dokumente mussten danach zunächst ausgedruckt, um Gegenstand des Urkundenbeweises zu werden.

972 Ebenso *Heinson*, S. 122.

973 So *Hoffmann*, DSWR 2006, 60.

und die Eignung des Augenscheinsbeweises, zu einer gefährlichen Fehleinschätzung der Lage zu verleiten – und den dadurch bestehenden Handlungsbedarf im Bewusstsein, so wurde schnell klar, dass diese Situation nur durch den Gesetzgeber selbst beseitigt werden konnte. Sich dessen annehmend, wurde § 249 StPO (zum 01.01.2018 in Kraft getreten) neu geregelt.

Mit § 249 Abs. 1 Satz 2 StPO hat der Gesetzgeber eine eindeutige Rechtsgrundlage für die Verlesung elektronischer Dokumente in der Beweisaufnahme geschaffen.[974] § 249 Abs. 1 Satz 2 StPO stellt klar, dass elektronische Dokumente auch als Urkunden im Sinne der Vorschrift gelten, soweit sie einen verlesbaren Inhalt haben.[975] Dies ermöglicht es die Dokumente direkt vom Anzeigegerät zu verlesen, was die bisherige Praxis der physischen Ausdrucke zukünftig entfallen lässt.[976] Der Gesetzgeber hat sich explizit gegen die bis zum 31.12.2017 bestehende Spezialregelung im Ordnungswidrigkeitengesetz (§ 110e a.F.) entschieden, die elektronische Dokumente nur bei Verlesbarkeit wie Urkunden behandelte, aber generell den Augenscheinsobjekten zuordnete.

Auf den ersten Blick erscheint die neu gefasste Regelung nach § 249 Abs. 1 Satz 2 StPO nützlich zu sein;[977] der Gesetzgeber wollte dadurch die Beweisführung mit (verlesbaren) elektronischen Dokumenten erleichtern. Schaut man genauer hin, so zeigt sich, dass die neue Vorschrift nur erstaunlich wenige der aufgekommenen Probleme lösen kann.[978] Dies liegt möglicherweise daran, dass die Anpassungen nur im Rahmen der elektronischen Akte und nicht unter Berücksichtigung des kompletten Beweisrechts getroffen wurden. Nur verlesbare elektronische Dokumente fallen darunter, für nicht verlesbare elektronische Dokumente und für multimediale Dokumente fehlt es weiterhin an Bestimmungen. Vorschriften für nicht verlesbare elektronische Dokumente bzw. eine Grundvorschrift wie sie § 371 Abs. 1 Satz 2 ZPO für alle elektronischen Dokumente darstellt, wäre notwendig und wünschenswert. Nach welchen Regeln der Beweis über elektronische Dokumente erhoben wird, beantwortet sich dann einerseits anhand des Dateninhalts (Unterscheidung „verlesbar“ und „nicht verlesbar“) und andererseits anhand des jeweiligen Aufklärungsinteresses. Ist nicht der Inhalt das, worüber im Verfahren Beweis erhoben werden soll, sondern Fragen der vollständigen und korrekten Wiedergabe oder der Authentizität und

974 BT-Dr. 18/9416, S. 62; *Kassebohm*, StraFO 2017, 393 (401).

975 So auch *Kassebohm*, StraFO 2017, 393 (401).

976 So auch *Kassebohm*, StraFO 2017, 393 (401).

977 Buschmann u.a/*Brodowski*, S. 84.

978 So auch Buschmann u.a/*Brodowski*, S. 85; der nur eine »erstaunlich begrenzte Remedur für die aufgezeigte Problemlage« annimmt.

Integrität, so müssen diese ohnehin über den Augenscheins- und auch über den Sachverständigenbeweis gelöst werden. Denn diese Aufgabe kann der Urkundenbeweis für verlesbare elektronische Dokumente nicht übernehmen,[979] sog. Doppelnatur der Beweise. Man könnte meinen, dass es sich damit um eine für alle Prozessbeteiligten unerfreuliche Situation handele,[980] aber ganz im Gegenteil – dadurch kann im Rahmen der zur Verfügung stehenden Beweismittelarten Klarheit in der Frage der Beweiserhebung digitaler Beweise gefunden werden.

In Anbetracht der unübersehbaren künftigen Entwicklung der Technik ist es zu begrüßen, dass das digitale Beweismittel nicht Gegenstand eines neu zu schaffenden selbständigen Beweismittels geworden ist,[981] sondern durch die Ergänzung des bestehenden § 249 StPO in das tradierte Beweismittelsystem der Strafprozessordnung eingeordnet wurde.[982] Das eine neue Regelung geschaffen wurde ist richtig und notwendig gewesen, man könnte auch von einer längst überfälligen Maßnahme sprechen. Die Vorschrift des § 249 Abs. 1 Satz 2 StPO kann jedoch als nicht ausnahmslos gelungen bezeichnet werden. Es fällt schwer, darin die bezweckte Erleichterung zu sehen. Die Normergänzung stellt zwar klar, dass der Gesetzgeber ganz allgemein die Anwendung der Vorschriften über den Urkundenbeweis auf verlesbare elektronische Dokumente wollte. Die Diskussion über dieses Problem kommt damit aber nicht zum Abschluss, weil sich digitale Beweismittel dadurch nicht leichter in die herkömmliche Systematik des strafprozessualen Beweisverfahrens einordnen lassen und diese auch nicht zu einer klareren und einfacheren Beweiserhebung beiträgt, wenn demnächst digitale Daten regelmäßig als „Gegenstand des Beweises" eingeführt werden. Das liegt daran, dass der Gesetzgeber die „Verlesbarkeit" als besonderes Unterscheidungskriterium festgelegt hat. Um auf eine weitere, zum Augenscheinsbeweis abzugrenzende klarstellende, Norm – wie nach obiger Schilderung gefordert – zu verzichten, hätte der Gesetzgeber den Kernpunkt seiner Grundaussage durch eine anderweitige Ergänzung von § 249 StPO effektiver und nachvollziehbarer gestalten müssen. Dies indem er einen erweiterten Urkundenbegriff schriftlich fixiert hätte.[983] Die damit ermöglichte Gleichstellung würde dann nur für solche Daten gelten, die durch ihre technische Präsentation und ihren anschließenden

---

979 Vgl. BT-Dr. 18/9416, S. 63. Dies ist aber auch nicht seine Aufgabe.

980 So *Knierim*, FS Schiller, S. 378.

981 Wie von *Knierim*, FS Schiller, S. 379 gefordert.

982 Vgl. zur Diskussion über elektronische Dokumente und technische Aufzeichnungen in der ZPO *Ahrens*, FS Geimer, S. 7 ff.

983 Siehe bereits oben den vorgeschlagenen Gesetzesentwurf C.I.4.c.: »*Soweit ein elektronisches Dokument eine Urkunde oder ein Schriftstück wiedergibt oder an Stelle eines*

Ausdruck ein verlesbares Dokument (Textdatei) ergeben, d.h. eine Urkunde i.S.v. § 249 StPO wiedergeben würden (Gedanke der „hypothetischen Urkunde"). Damit wäre sowohl das Verlesbarkeitskriterium, als auch die Tatsache, dass ein Urkundenpendant (digitale „Quasiurkunde"/Urkundenäquivalent) vorliegt und nunmehr anstelle dessen zur Verwendung kommt, bei der Beurteilung miteinzubeziehen, was eine klare Unterscheidung digitaler Daten als Augenscheinsobjekte oder Urkunden ermöglichen würde. Denn das Ziel muss sein, dass sich das strafprozessuale Beweisrecht dahin entwickelt, dass der Beweis durch elektronische Dokumente den Grundfall darstellt und nicht die Ausnahme,[984] und alle Parteien im Verfahren den Umgang mit diesem sicher beherrschen und nachvollziehen können.

Letztendlich ist die genaue Einordnung digitaler Daten als Urkunds-, oder Augenscheins-beweise für das strafprozessuale *Beweisverfahren* zwingend vorzunehmen, insbesondere im Hinblick auf die unterschiedlichen Vorgaben bei Beweisaufnahme bzw. -erhebung. Dagegen ist die Einordnung elektronischer Dokumente in eine Beweismittelart für die sich anschließende *Beweiswürdigung* im Strafverfahren an keine zwingenden Folgen geknüpft. Anders als im Zivilprozess unterliegen digitale Daten weder als Beweismittel Urkunde noch als Beweismittel Augenscheinsobjekt jeweiligen Beweisregeln[985] oder Beweisvermutungen.[986] Im Strafprozess entscheidet das Gericht unabhängig der Kategorisierung über das Ergebnis der Beweisaufnahme stets nach seiner freien, aus dem Inbegriff der Verhandlung geschöpften Überzeugung, § 261 StPO.

II. Beweiswürdigung im Strafprozess

Im Anschluss an das Beweiserhebungsverfahren und damit der Beantwortung der Frage, in welcher Form digitale Daten in das Strafverfahren einzubringen sind, steht die abschließende Bewertung der erhobenen Beweise, mithin die technisch zutreffende Würdigung durch das jeweilige Gericht. „Während es die Aufgabe der Beweiserhebung im Hauptverfahren ist, allen in Bezug auf die Tat plausiblen Hypothesen nachzugehen und Beweise dafür zu finden, wird bei der

---

solchen Schriftstücks hergestellt wurde, wird es in der Hauptverhandlung verlesen.«; siehe auch das Fazit bei Buschmann u.a./*Brodowski*, S. 93.

984 *Weller/Köbler*, S. 78.

985 Abgesehen von § 274 StPO, wonach der Inhalt der Sitzungsniederschrift als richtig gilt, was die wesentlichen Förmlichkeiten in der Hauptverhandlung betrifft, solange nicht ihre Fälschung nachgewiesen ist oder das Protokoll offensichtliche Lücken aufweist.

986 Vgl. BGHSt 39, 291 (295 f.).

Beweiswürdigung der Erklärungswert der Beweismittel verglichen."[987] In dieser Phase soll erörtert werden, anhand welcher Kriterien digitale Daten zu beurteilen sind. Denn die Beweisprobleme im Zusammenhang mit der Würdigung digitaler Daten sind von großer praktischer Bedeutung.

Die Beweiswürdigung ist nur auf Grundlage einer umfassenden Aufklärung möglich. Auch hier steht die Wahrheitsgewinnung als zentrales Anliegen des Strafprozesses im Vordergrund. Das Gericht ist bei der Beweiswürdigung mit der Aufgabe betraut, einen individuellen Sachverhalt zu rekonstruieren, und zwar auf Basis der vorherigen Beweisaufnahme.[988] Die Grundlage jeder strafgerichtlichen Entscheidung sind Beweise, die die Täterschaft des Beschuldigten möglichst eindeutig belegen sollen. Mithilfe von Beweisen stellt das Gericht fest, ob ein Sachverhalt vorlag, der sich unter einen oder mehrere gesetzliche Tatbestände subsumieren lässt und damit eine Verurteilung rechtfertigt. Das Ziel der Beweiswürdigung dient dazu, sich eine Überzeugung von dem tatsächlichen Geschehen zu verschaffen,[989] im Strafprozess also die Schuld oder Unschuld des Angeklagten herauszufinden und auszuurteilen.

Die Beweiswürdigung ist in rechtlicher Hinsicht nicht mehr dem Beweisverfahren selbst zuzuordnen, sondern ein sich daran anschließendes, der Entscheidungsfindung wiederum vorausgehendes, Gerichtshandeln.[990] Denn die Beweiswürdigung beginnt dort, wo die Beweisaufnahme endet.[991] Mit der Trennung von Beweiserhebung und Beweiswürdigung kommt im Strafverfahren das Beweisantizipationsverbot zum Ausdruck: der Wert von Beweismitteln darf erst im Rahmen einer abschließenden Gesamtwürdigung bestimmt, und nicht hypothetisch bereits vor der Beweiserhebung vorweg gewürdigt werden.[992] Eine Beweiswürdigung findet im Laufe eines kompletten Strafverfahrens an vielen Stellen statt; sowohl im Ermittlungs-, Zwischen- und Hauptverfahren, aber auch innerhalb von betriebsinternen Ermittlungen müssen die gefundenen Ergebnisse und Beweise bewertet werden.[993]

Die Bewertung erhobener Beweise gehört dabei zweifellos zu den komplexesten Aufgaben der richterlichen Tätigkeit.[994] Hinzu kommt, das Recht und Justiz

987 SK-StPO/*Velten*, Vor § 261 Rn. 3.
988 SK-StPO/*Velten*, Vor § 261 Rn. 18.
989 *Jäckel*, Beweisrecht der ZPO, Rn. 702.
990 *Jäckel*, Beweisrecht der ZPO, Rn. 702.
991 *Niemöller*, StV 1984, 431.
992 *Schulenburg*, S. 41 f.
993 *Heinson*, S. 96.
994 *Jäckel*, Beweisrecht der ZPO, Rn. 700; *Dedes*, S. 31.

eine jahrhundertlange Erfahrung bei der Beweiswürdigung von Dokumenten aus Papier vorweisen können,[995] jedoch nicht was digitale Daten angeht. Entscheidend ist daher die Frage, wie demgegenüber der individuelle Beweiswert digitaler Dateien einzuschätzen ist.[996] Denn davon hängt maßgeblich der Erfolg der Beweisführung mit diesen Daten ab.

Nachfolgend der Analyse der rechtlichen Beweiseinführung digitaler Daten werden die Beweislast im Strafprozess und die Grundlagen der freien richterlichen Beweiswürdigung, d.h. das Gerüst der Bewertung erhobener Beweise, dargestellt. Anschließend werden Kriterien zur Feststellung des individuellen Beweiswertes digitaler Daten herausgearbeitet.

1. Beweislast im Strafprozess

Die Beweislast beschreibt prozessuale Beweisrisiken und -obliegenheiten und klärt ganz allgemein wer etwas nachzuweisen hat und wen die Folgen der Nichterweislichkeit einer Tatsache treffen.[997] Das Wort „Beweislast“ drückt aus, dass es um einen Nachteil geht, den jemand zu tragen hat.[998] Als Nachteil ist die Rechtsfolge einer Norm anzusehen, die für den Belasteten ungünstig ist, oder das Ausbleiben der Rechtsfolge einer Norm, die für den Belasteten günstig wäre.[999] Für den Nachteil ursächlich können verschiedene Aspekte sein, die aufeinander aufbauen und Ausprägungen des Begriffes der Beweislast darstellen.[1000] Als Ausprägungen der Beweislast sind die Behauptungs-, Benennungs-, Beibringungs-, Erhebungs- und die Zweifelslast zu nennen.[1001] Letztere meint die eigentliche Beweislast, also jene Last, den Nachteil zu tragen, dass eine nicht günstige Rechtsfolge eintritt oder eine günstige ausbleibt, weil der Tatbestand der fraglichen Norm ungewiss bleibt;[1002] kurz das Risiko des Prozessverlustes bei Nichtbeweisbarkeit. Diese Ausprägung des Beweislastbegriffs wird auch *materielle Beweislast*[1003] genannt. Alle übrigen Ausprägungen sind solche der

995 *Boehme-Neßler*, Unscharfes Recht, S. 382.
996 Vgl. *Boehme-Neßler*, Unscharfes Recht, S. 382; *Marberth-Kubicki*, Rn. 607; *Momsen/Hercher*, S. 188.
997 *Eder*, S. 185.
998 *Walter*, JZ 2006, 340.
999 *Walter*, JZ 2006, 340.
1000 *Walter*, JZ 2006, 340.
1001 *Walter*, JZ 2006, 340.
1002 *Walter*, JZ 2006, 340.
1003 Die auch als objektive Beweislast oder Feststellungslast bezeichnet wird.

formellen Beweislast[1004]. Es beschreibt die Obliegenheit, zu einem bestimmten Zeitpunkt des Prozesses den Beweis einer streitigen Tatsache zu führen.[1005] Vor dem Hintergrund ihres jeweiligen Zweckes wird die Beweislast je nach Prozessart unterschiedlich behandelt.[1006] Allen gemein ist, dass sie sich ausschließlich auf Tatsachen, nicht auf Rechtsfragen oder Probleme der Auslegung bezieht.[1007]

Die Begrifflichkeit „Beweislast" ist originär dem Zivilverfahren zuzuschreiben, was aber nicht zwingend bedeutet, dass eine Beweislastproblematik nur in Verfahrensordnungen, in denen Verhandlungs- und Dispositionsmaxime gelten, vorhanden ist.[1008] Die materielle Beweislast trägt im Strafprozess ausschließlich der Staat: der Beschuldigte hat seine Unschuld nicht zu beweisen.[1009] Das Gericht kann den Angeklagten nur verurteilen, wenn es mit Hilfe der anklagenden Staatsanwaltschaft alle entscheidungserheblichen Tatsachen und Beweismittel ermittelt, und diese für ihre Entscheidung zu Grunde gelegt hat, § 244 Abs. 2 StPO.[1010] Der formellen Beweislast kommt indes im Strafverfahren keine (große) Bedeutung zu. Denn diese kann nur da bestehen, wo der Verhandlungsgrundsatz gilt. Bei Verfahren mit Untersuchungsgrundsatz, wie es das Strafverfahren ist, liegt diese stets bei Gericht und nie bei einem Verfahrensbeteiligten. Das Gericht hat nach § 244 Abs. 2 StPO den Sachverhalt selbst zu erforschen und dies ohne Rücksicht auf Anträge und Wünsche der Beteiligten.[1011] Trotz dessen muss der Beschuldigte im Strafprozess faktisch an der Klärung entlastender Sachverhalte „intensiv mitwirken", trägt also eine gewisse Behauptungs- und Benennungslast für Umstände und Beweismittel, deren Behauptung bzw. Benennung für das Gericht einen Anlass hergibt, dem Vorbringen nachzugehen.[1012] Vor allem im Hinblick auf mögliche Beweisverbote, die sich beispielsweise durch die fehlerhafte Beweissicherung digitaler Daten ergeben und für das Gericht ohne die Auskunft des Beschuldigten nicht ersichtlich sind, müsste der Beschuldigte sich gegenüber dem Gericht äußern, damit diesen nachgegangen werden kann.[1013]

1004 Die auch als subjektive Beweislast oder Beweisführungslast bezeichnet wird.
1005 *Walter*, JZ 2006, 340.
1006 *Heinson*, S. 102.
1007 *Eder*, S. 185 f.; MüKo-ZPO/*Prütting*, § 286 Rn. 96.
1008 *Eder*, S. 186 f.
1009 LR-StPO/*Sander*, § 261 Rn. 107; Meyer-Goßner/Schmitt/*Schmitt*, § 155 StPO Rn. 3; *Walter*, JZ 2006, 340.
1010 *Heinson*, S. 102; Meyer-Goßner/Schmitt/*Schmitt*, § 155 StPO Rn. 3.
1011 Meyer-Goßner/Schmitt/*Schmitt*, § 244 StPO Rn. 11.
1012 *Walter*, JZ 2006, 340; vgl. *Eder*, S. 193 f.
1013 Vgl. *Eder*, S. 193.

Die Frage der (materiellen) Beweislast spielt innerhalb jeder Prozessordnung erst dann eine zentrale Rolle, wenn der Sachverhalt nicht abschließend aufgeklärt werden kann, also eine Situation der Beweislosigkeit auftritt.[1014] Eine solche Situation kann unabhängig von der jeweiligen Verfahrensart und der im konkreten Verfahren geltenden Prozessmaximen auftreten.[1015] Zivilprozessual spricht man von einer „non liquet" Situation, strafprozessual ist von „dubium" die Rede.[1016] Das Gericht kann die Entscheidung nicht wegen fehlender Tatsachengrundlage offen lassen, sondern muss eine solche fällen; es muss sich zu einer klaren Entscheidung, also einem Ja oder Nein durchringen.[1017]

Im Falle einer nicht hinreichenden Sachverhaltsfeststellung im Zivilrecht wird die Beweislastverteilung und die dazugehörige Beweislastregel herangezogen und damit die Situation zu Lasten einer Partei aufgelöst bzw. gelöst. Im Straf(prozess)recht wird in einer solchen Situation die materielle Beweislast im Wesentlichen durch den in dubio pro reo Grundsatz bestimmt und gelöst. Der Zweifelssatz stellt eine wichtige Entscheidungsregel im Strafrecht dar. Im Strafprozess muss das Gericht sich grundsätzlich für oder gegen eine Verurteilung bzw. einen Freispruch durchringen. Im Falle eines Zweifels „in dubio" muss das Gericht zugunsten des Beschuldigten „pro reo" entscheiden. Die Lasten bzw. Folgen hat die staatliche Strafverfolgung zu tragen. Der Zweifelssatz bestimmt dabei nicht, wann einem Gericht Zweifel aufkommen müssen, sondern nur wie ein Fall zu entscheiden ist, sofern solche bestehen.[1018] Damit wird die aus dem Justizgewährungsanspruch abzuleitende Entscheidungspflicht des Gerichtes gesichert.[1019] Der Grundsatz ist eine Entscheidungsregel des sachlichen Rechts mit Verfassungsrang.[1020] Sie enthält keine Beweisregel, greift mithin nicht in die Beweiswürdigung ein.[1021] Das in dubio pro reo Prinzip hat nur im Rahmen der (materiellen) Beweislast Auswirkungen, nicht jedoch auf die Beweiswürdigung. Der Entscheidungsregel ist erst dann zu folgen, wenn das Gericht „nach abgeschlossener Beweiswürdigung nicht die volle Überzeugung vom Vorliegen einer

---

1014 MüKo-ZPO/*Prütting*, § 286 Rn. 95.

1015 MüKo-ZPO/*Prütting*, § 286 Rn. 95.

1016 *Eder*, S. 186 ff.

1017 *Eder*, S. 186; MüKo-ZPO/*Prütting*, § 286 Rn. 93; *Walter*, JZ 2006, 340 (344).

1018 *Pfeiffer*, § 261 Rn. 16.

1019 *Eder*, S. 191 m.w.N.

1020 BayVerfGH NJW 1983, 1600; *Pfeiffer*, § 261 Rn. 16.

1021 *Pfeiffer*, § 261 Rn. 16.

für den Schuld- oder Rechtsausspruch unmittelbar entscheidungserheblichen Tatsache" gewinnen konnte.[1022]

Sind die vorgebrachten digitalen Beweise nicht hinreichend, fällt das Risiko des dubium auf den beweispflichtigen Staat; er darf nicht verurteilen.[1023] Gelingt es dem Gericht nicht, einen zweifelsfreien Nachweis zu führen, so muss es den in dubio pro reo Grundsatz anwenden. Wird in der Beweisaufnahme eine E-Mail als einziges Beweismittel eingeführt und zweifelt das Gericht bei der Würdigung dessen an deren Echtheit, so wirken die verbleibenden Zweifel an der Täterschaft zugunsten des Beschuldigten, sodass er freizusprechen ist. Die dadurch entstehenden Lasten werden dem Staat auferlegt.

2. Grundsätze der Beweislehre: Geltendes Beweismaß und freie Beweiswürdigung

Es muss zwischen der Beweiswürdigung, als verfahrensrelevante Handlung, und dem Beweismaß, als rechtliche Kategorie, unterschieden werden,[1024] trotz bestehender Zusammenhänge.[1025] Das Beweismaß stellt nach *Eder* den Kernpunkt des im engeren Sinne zu verstehenden Begriffs des „Beweises" dar.[1026] Die Frage nach ihr kann gleichzeitig als die praktisch wichtigste bei der Beweiswürdigung bezeichnet werden. Denn bei der Beweiswürdigung beschäftigt man sich mit der allgemeinen Frage, ob ein Beweis gelungen ist.[1027] Diese Frage kann immer nur im konkreten Einzelfall beantwortet werden. Wohingegen mit dem Beweismaß im Strafverfahren abstrakt bestimmt wird, welcher Grad des Nachweises von Gewissheit (Grad der Überzeugung) für eine richterliche Entscheidung erforderlich ist,[1028] welches dann generell für alle Fälle gelten soll. Das geforderte Beweismaß beeinflusst, welche Tatsachen für die rechtliche Bewertung des Falles maßgeblich sind.[1029] Es kann dabei variieren: die bloße Behauptung, die substantiierte Darlegung, die Glaubhaftmachung und die richterliche Überzeugung, abhängig von dem Verfahrensstadium oder auch von der zu

---

1022 *Pfeiffer*, § 261 Rn. 16.

1023 Vgl. *Kühne*, § 57 Rn. 956.

1024 In der Strafrechtswissenschaft wird nicht immer dogmatisch korrekt zwischen Beweismaß und Beweiswürdigung getrennt, während diese Trennung in der zivilrechtlichen Wissenschaft i.d.R. exakt durchgeführt wird: *Geipel*, § 6 Rn. 6 ff.

1025 *Ahrens*, Der Beweis im Zivilprozess, Kap. 15 Rn. 42.

1026 *Eder*, S. 203.

1027 *Ahrens*, Der Beweis im Zivilprozess, Kap. 15 Rn. 42.

1028 *Bender/Nack/Treuer*, Tatsachenfeststellung, Rn. 524; *Eder*, S. 203; *Roericht*, 155.

1029 *Ahrens*, Der Beweis im Zivilprozess, Kap. 15 Rn. 47.

erreichenden Rechtsfolge.[1030] Nach § 261 StPO ist das im Strafprozess für eine Verurteilung geforderte Beweismaß *die tatrichterliche Überzeugung*,[1031] die im engen Zusammenspiel mit dem Grundsatz der freien Beweiswürdigung zu sehen ist.

a. Grundsatz der freien Beweiswürdigung

Eine allgemein bekannte Theorie des Beweises im Strafverfahren, d.h. eine, die diejenigen Bedingungen anzugeben vermag, unter denen der Beweis als gelungen anzusehen ist, existiert laut *Eisenberg* nicht.[1032] Vielmehr erkennt das Gesetz, dass sich allgemeingültige Regeln über den Wert bestimmter Beweismittel nicht aufstellen lassen.[1033] Es gilt der für den Beweis von Tatsachen wesentliche prozessrechtliche Grundsatz der sog. freien Beweiswürdigung.[1034] Diesen legt die das Strafverfahren bestimmende Grundsatznorm[1035] § 261 StPO[1036] zu Grunde:

> „Über das Ergebnis der Beweisaufnahme entscheidet das Gericht nach seiner freien, aus dem Inbegriff der Verhandlung geschöpften Überzeugung."

Danach obliegt es allein dem Richter, sich unter dem umfassenden Eindruck der Hauptverhandlung ein persönliches Urteil über die Schuld oder Unschuld des Angeklagten zu bilden.[1037] Der Richter hat nur seinem Gewissen verantwortlich ohne Willkür zu prüfen, ob er an sich mögliche Zweifel[1038] überwinden und sich von einem bestimmten Sachverhalt überzeugen kann oder nicht.[1039] Überzeugung bedeutet in diesem Sinne *persönliche Gewissheit*. Denn erst dadurch wird der Schuldspruch zu dem über einen bloßen Verdacht oder eine Vermutung hinausreichenden „gesetzlichen Nachweis" der Schuld, welcher im Fall einer Verurteilung notwendig sei, um die verfassungsrechtlich

---

1030 *Eder*, S. 203.
1031 Auch im Zivilprozessrecht nach § 268 ZPO das geltende Beweismaß.
1032 *Eisenberg*, Rn. 88.
1033 *Roericht*, S. 5.
1034 Zentrales Prinzip des Beweisrechts in allen deutschen Verfahrensordnungen in nahezu wörtlicher Übereinstimmung, vgl. §§ 286 I 1 ZPO, 108 I VwGO, 128 I SGG, 96 I FGO, § 30 I BVerfGG sowie § 46 II ArbGG, der auf die Vorschriften der ZPO verweist.
1035 So LR-StPO/*Sander*, § 261 Rn. 1.
1036 Amtliche Überschrift: „Grundsatz der freien richterlichen Beweiswürdigung".
1037 BGH NJW 2005, 2322 (2326).
1038 Siehe bereits oben C.II.1.
1039 BGHSt 10, 208 (209); 29, 18 (19 f.).

durch Rechtsstaatsprinzip und Grundrechtsschutz sowie international durch Art. 6 Abs. 2 EMRK, Art. 14 Abs. 2 IPBPR garantierte Unschuldsvermutung zu widerlegen.[1040]

Neben der höchstpersönlichen Natur der Entscheidungsfindung („ureigene Aufgabe des Tatrichters")[1041] geht aus der in § 261 StPO angelegten Freiheit auch die Feststellung hervor, dass das Tatgericht an keine Beweisregeln gebunden ist.[1042] Beweisregeln sind Regeln, die in erster Linie die Gewinnung der „vollen Überzeugung" an bestimmte (durch ihre Art und ihre Nähe zur Beweistatsache ausgezeichneten) Beweismittel binden und den Richtern die Bedingungen vorschreiben, unter denen sie dem Beweismittel Glauben oder ein bestimmtes Maß an Glauben schenken dürfen.[1043] Die damit umfassende Freiheit der Beweiswürdigung, die § 261 StPO normiert, bildet neben der Pflicht des Gerichts zur Erforschung der Wahrheit nach § 244 Abs. 2 StPO einen tragenden Eckpfeiler des Beweisrechts.[1044] Freiheit meint aber auch hier nicht, dass eine Wahrheitsfindung „um jeden Preis" sowie die absolute Wahrheit gefordert sind.[1045] Das Gebot der Wahrheitsfindung findet etwa im Schweigerecht des Beschuldigten oder allgemein beim Bestehen von Verfahrenshindernissen oder Beweisverboten seine Grenzen.

Des Weiteren bindet § 261 StPO als Kernvorschrift die Basis der Überzeugungsbildung an den *Inbegriff* der (Haupt)Verhandlung, was zur Sicherung der Beweisprinzipien des Strengbeweises dient, und gleichzeitig den äußeren Rahmen der Beweiswürdigungsfreiheit des Tatrichters setzt[1046]. Zum einen folgt aus dem Grundsatz, dass die Grundlage der Beweiswürdigung alle aus dem Inbegriff der Hauptverhandlung gewonnenen – verfahrensrechtlich zulässigen – Erkenntnisse sind, vom Aufruf der Sache bis zu den Schlussvorträgen und dem letzten Wort des Angeklagten.[1047] Insbesondere die prägenden Umstände der Tat, sind bei der Überzeugungsbildung zu berücksichtigen. Die Entscheidung darf nicht auf diejenigen Erkenntnisse gestützt werden, die das Gericht aus den Akten oder sonst außerhalb der Hauptverhandlung (etwa privatem Wissen) gewonnen hat.[1048] Damit sichert § 261 StPO die Verfahrensgrundsätze der Mündlichkeit,

---

1040 LR-StPO/*Sander*, § 261 Rn. 1.
1041 Meyer-Goßner/Schmitt/*Schmitt*, § 261 StPO Rn. 3 m.w.N.
1042 SK-StPO/*Velten*, § 261 Rn. 1.
1043 SK-StPO/*Velten*, § 261 Rn. 5.
1044 So LR-StPO/*Sander*, § 261 Rn. 2.
1045 BGHSt 14, 358 (365).
1046 MüKo-StPO/*Miebach*, § 261 Rn. 108.
1047 *Eisenberg*, Rn. 98.
1048 LR-StPO/*Sander*, § 261 Rn. 3.

Öffentlichkeit und Unmittelbarkeit vom Zeitpunkt der Beweiserhebung bis zur Urteilsfindung.[1049] Zum anderen ergibt sich aus der Verpflichtung, alle zuvor ordnungsgemäß erhobenen Beweismittel bei der richterlicher Beweiswürdigung zu berücksichtigen, sog. Grundsatz der umfassenden Beweiswürdigung.[1050] Der Tatrichter muss sich mit allen für die Urteilsfindung wesentlichen Gesichtspunkten, die geeignet sind, das Beweisergebnis zu Ungunsten oder zu Gunsten des Angeklagten zu beeinflussen, auseinander setzen.[1051] Diese müssen erschöpfend gewürdigt und dem Urteil zugrunde gelegt werden, sofern nicht im Einzelfall ausnahmsweise Einschränkungen[1052] entgegenstehen. Bewertet werden soll nicht nur das Ergebnis der förmlichen Beweisaufnahme, sondern auch der in der Hauptverhandlung gewonnene Gesamteindruck.[1053] Die erschöpfende Beweiswürdigung muss in den Urteilsgründen niedergelegt werden, dies im Hinblick auf die revisionsrechtliche Überprüfbarkeit.[1054]

Zusammengefasst, wird bei dem komplexen Vorgang der Beweiswürdigung zunächst jedes Beweismittel ausgeschöpft und sein Wert bestimmt, bevor letztlich in einer Gesamtschau, in der Gewicht und Wert aller Beweismittel, sofern nicht ausnahmsweise ein Beweisverwertungsverbot entgegensteht, in Relation zueinander gesetzt werden (Abwägungsgebot), eine Beweiswürdigung aller Beweismittel vorgenommen wird.[1055]

b. Richterliche Überzeugung(-sbildung)

Jedes Strafverfahren hat zum Ziel, die Schuld bzw. die Unschuld eines Tatverdächtigen möglichst zweifelsfrei herauszufinden. Davon muss das Gericht überzeugt sein. § 261 StPO betrifft die Überzeugungsbildung des Richters als Grundlage der Urteilsfindung.[1056] Aus der Norm geht hervor, dass der Tatrichter die Beweise

1049 LR-StPO/*Sander*, § 261 Rn. 2.

1050 Meyer-Goßner/Schmitt/*Schmitt*, § 261 StPO Rn. 6.

1051 Std. Rspr.; BGH 29.7.1988 – 1 StR 94/98, BGHSt 44, 153 (158 f.); MüKo-StPO/*Miebach*, § 261 Rn. 108.

1052 Beispielsweise durch selbständige und unselbständige Beweisverwertungsverbote, Verwertungsverbote von Zeugenbeweisen oder durch das Schweigerecht des Angeklagten, aber auch durch Beweisthemenverbote und Regelungen, durch die die Erforschung des Sachverhalts durch das erkennende Gericht beschränkt wird, sowie durch weitere gesetzliche (z.B. durch Strengbeweis, durch Prozesshindernisse) oder vom Gericht selbst vorgenommene (z.B. Wahrunterstellung) Bindungen.

1053 *Eisenberg*, Rn. 98, 100.

1054 *Eisenberg*, Rn. 100a m.w.N.

1055 MüKo-StPO/*Miebach*, § 261 Rn. 108, 135.

1056 LR-StPO/*Sander*, § 261 Rn. 6.

nach seiner eigenen Überzeugung würdigt; über den Grad dieser richterlichen Überzeugung sagt die Norm allerdings nichts aus. Ist von (richterlicher) Überzeugung die Rede, meint das die notwendige Überzeugung, um eine Tatsachenbehauptung „für wahr zu erachten"; allgemeiner gesagt, eine bestimmte innere Stellungnahme des Richters zum Gegenstand der Untersuchung.[1057] Sie stellt das für die Verurteilung in der strafprozessualen Hauptverhandlung geforderte (subjektive) Beweismaß dar, das hinsichtlich von Schuld- und Straffrage erforderlich ist. Dahingehend bedarf es einer eigenen und persönlichen, vollen Überzeugung (subjektiven Gewissheit) des Gerichts von der Schuld des Angeklagten[1058], also das eindeutig mehr für als gegen seine Täterschaft spricht. Die Überzeugung des Richters ist höchstpersönlicher Natur; sie muss auf der eigenen Gewissheit beruhen und ist daher grundsätzlich nicht ersetzbar.[1059] Die subjektive Komponente ist zwar notwendig[1060], aber sie ist nicht die einzige Voraussetzung für die Verurteilung.[1061] Nach inzwischen gefestigter Rechtsprechung der Strafsenate des Bundesgerichtshofs[1062], muss neben der subjektiven persönlichen Überzeugung des Tatrichters eine tragfähige – objektive – Tatsachengrundlage bestehen,[1063] die auf einer logischen, intersubjektiv diskutierbaren und nachvollziehbaren Beweiswürdigung beruht und einer rationalen Argumentation standhält.[1064] Demnach erfordert eine Verurteilung das Beweismaß einer „hohen Wahrscheinlichkeit".[1065] Weiter quantifizierbar ist die Überzeugung nicht, vor allem ist sie nicht in Prozentwerten ausdrückbar.

Die persönliche Gewissheit muss in den Urteilsgründen behauptet werden. Der Tatrichter muss sich mit allen wesentlichen für und gegen den Angeklagten sprechenden Umständen auseinandersetzen, wie sie sich nach dem Inbegriff der

---

1057 LR-StPO/*Sander*, § 261 Rn. 7.

1058 Allgemein, von der objektiven Wahrheit der entscheidungserheblichen Tatsachen: *Eisenberg*, Rn. 89 m.w.N.

1059 LR-StPO/*Sander*, § 261 Rn. 12.

1060 In der älteren Rechtsprechung hat der BGH für eine Verurteilung noch allein die persönliche Gewissheit für »notwendig«, aber auch für »genügend« gehalten: BGHSt 10, 208 (209); BGH GA 1954, 154.

1061 *Bender/Nack/Treuer*, Tatsachenfeststellung, Rn. 536; KMR-StPO/*Stuckenberg*, § 261 Rn. 29.

1062 Vgl. nur BGH, StV 1993, 510 (511).

1063 *Bender/Nack/Treuer*, Tatsachenfeststellung, Rn. 549; a.A. noch BGHSt 10, 208 (209).

1064 *Bender/Nack/Treuer*, Tatsachenfeststellung, Rn. 550; *Eisenberg*, Rn. 91; *Herdegen*, StV 1992, 527; BGH NStZ 1987, 473 f.; NStZ 1988, 236 (237); NStZ 1990, 603; StV 1993, 510 (511); StV 1997, 62 (63).

1065 RGSt 61, 202 (206); BGH StV 1993, 510 (511); BGH NStZ 2017, 486.

Hauptverhandlung für ihn darstellen.[1066] Die persönliche Überzeugung schließt jedoch nicht jedweden anderweitigen Sachverhaltsvorgang aus. Die getätigten Schlussfolgerungen brauchen nicht zwingend zu sein, es genügt, dass sie denkbar und nachvollziehbar sind.[1067] Die Möglichkeit, dass objektiv Zweifel bestehen bleiben, ist ihr inhärent. Es darf nur kein vernünftiger, d.h. tatsachengestützter und rational begründbarer Zweifel mehr bestehen.[1068] Absolut sicheres Wissen über einen Tatablauf kann nicht erreicht werden, weil der Richter als Mensch von seinen Erkenntnismöglichkeiten abhängig ist. Die Anforderungen daran dürfen nicht überspannt werden. Gerade unter Berücksichtigung der spezifischen Fragen der Darstellbarkeit und Vollständigkeit eines digitalen Beweismittels, ihrer Nachvollziehbarkeit, Integrität und Authentizität (s.u.), wird die erlangte richterliche Überzeugung im Fokus stehen. Zu berücksichtigen ist dabei, dass die subjektive Gewissheit des Richters bei digitalen Beweismitteln oftmals erst nach Heranziehung eines Sachverständigen erlangt werden wird. Bei charakteristischen Fragen, die sich aus der Tatsache ergeben, dass es sich um ein digitales Beweisstück handelt – etwa potentiell bestehenden Manipulationsvorwürfen – wird ein Mangel an Sachkunde sehr wahrscheinlich sein. Insoweit bleibt abzuwarten, wie Richter im konkreten Fall mit der Situation umgehen; etwa ob Zweifel die persönliche Überzeugung insoweit reduzieren, als dass der in dubio pro reo Grundsatz anzuwenden ist.

c. Grenzen der freien Beweiswürdigung

Betrachtet man die Beweiserhebung so zeigt sich, dass dem Richter Grenzen und Regeln gesetzt sind, die die Rekonstruktion des Sachverhaltes individueller Wertung entziehen sollen, wohingegen er bei der Würdigung der Beweise weitgehend ungebunden ist.[1069] Es gibt grundsätzlich keine Regeln, nach denen eine Tatsache als bewiesen oder nicht bewiesen anzusehen ist. Rechtlich geregelt ist also nur wie das Gericht beim Beweis vorzugehen hat, aber nicht was genau bewiesen ist. Dies trägt dem Umstand Rechnung, dass sich allgemeingültige Regeln über den Wert bestimmter Beweismittel nicht aufstellen und vielfach nicht rein abstrakt beurteilen lassen.[1070] Mit der Freiheit der Beweiswürdigung wird festgelegt, dass

---

1066 MüKo-StPO/*Miebach*, § 261 Rn. 51.

1067 Stetige Rspr. Vgl. nur BGHSt 10, 208 (209); 26, 56 (63); 29, 18 (19 f.); 36, 1 (14); BGH, Urt. v. 12.02.2015 – 4 StR 420/14, BGH NStZ-RR 2015, 148; BGH, Urt. v. 26.10.2016 – 2 StR 275/16.

1068 KMR-StPO/*Stuckenberg*, § 261 Rn. 25; vgl. auch BGHSt 5, 34 (36).

1069 *Ter Veen*, S. 47.

1070 LR-StPO/*Sander*, § 261 Rn. 41.

der Tatrichter keinen festen oder gesetzlich normierten Beweisregeln bei seiner Überzeugungsbildung unterworfen ist.[1071] Gleichwohl unterliegt er gewissen Begrenzungen. Diese Grenzen ergeben sich aus dem Ziel der Wahrheitserforschung, der Suche nach der materiellen Wahrheit unter Beachtung der Prozessgrundrechte des Angeklagten auf eine willkürfreie Entscheidung, auf ein faires Verfahren, auf Ergebnisoffenheit des Gerichts und Gewährung des rechtlichen Gehörs.[1072]

aa. Beachtung der Denkgesetze, Erfahrungssätze und wissenschaftlichen Erkenntnisse

Die Freiheit des Richters wird folglich insoweit eingeschränkt, dass dieser bei seiner Gesamt-würdigung der Beweise an *Denkgesetze*, *Erfahrungssätze* und *gesicherte wissenschaftliche Erkenntnisse* gebunden ist und die richterliche Überzeugung keiner *Willkür* unterworfen ist.[1073] Freiheit der Beweiswürdigung bedeutet nicht zugleich Willkürfreiheit. Obwohl es um die eigene Überzeugung des Richters geht und die Entscheidung über den Beweiswert von Beweismitteln allein beim Richter liegt, muss die Beweiswürdigung anhand von objektiven, rational-logisch nachvollziehbaren Erwägungen vollzogen werden, um der Gefahr einer willkürlichen Entscheidung vorzubeugen.[1074] Der Richter wird damit also nicht von seiner Verpflichtung entbunden, zu einer rationalen Beweisführung zu gelangen. Zusätzlich ist der Richter bei seiner Beweiswürdigung an die Gesetze des Denkens und der Erfahrung gebunden,[1075] welche die freie Beweiswürdigung nicht verdrängen, die Freiheit aber erheblich einschränken können. Sie werden vom Richter angewendet, um zu seiner persönlichen Gewissheit zu gelangen.[1076] Unter Denkgesetzen sind die „Regeln der Logik“[1077] zu verstehen, die der Tatrichter zwingend bei seiner Würdigung einhalten muss.[1078] Die richterliche Beweiswürdigung muss demnach klar, nachvollziehbar, vollständig und widerspruchsfrei sein.[1079] Dem Gericht dürfen keine Denkfehler wie etwa Rechenfehler,

---

1071 KK-StPO/*Ott*, § 261 Rn. 49.

1072 MüKo-StPO/*Miebach*, § 261 Rn. 94.

1073 Vgl. BGHSt 6, 70 (72); *Eisenberg*, Rn. 102 ff.; Meyer-Goßner/Schmitt/*Schmitt*, § 337 StPO Rn. 27.

1074 *Eisenberg*, Rn. 91.

1075 BGHSt 6, 70 (72); 10, 208 (211); Meyer-Goßner/Schmitt/*Schmitt*, § 337 StPO Rn. 30 f.

1076 *Heinson*, S. 99.

1077 *Eisenberg*, Rn. 102.

1078 LR-StPO/*Sander*, § 261 Rn. 44; näher *Kraatz*, S. 355 f.

1079 BGH NStZ-RR 2005, 147; 2009, 181: nicht auflösbarer Widerspruch; LR-StPO/*Sander*, § 261 Rn. 44.

Rollen- oder Begriffsvertauschungen, Verwechslungen, Zirkelschlüsse und bloße Vermutungs- und Wahrscheinlichkeitsschlüsse unterlaufen.[1080] Weiterhin wird gegen die Regeln der Logik verstoßen, wenn die Beweisführung lückenhaft oder widersprüchlich ist.[1081] Zudem hat das Gericht Erfahrungssätze zu erkennen und zu bewerten. Erfahrungssätze sind keine Rechtsnormen, sondern abstrakte Regeln allgemeinen Inhalts. Die Rspr. bezeichnet zwingende allgemeingültige Erfahrungssätze als „aufgrund allgemeiner Lebenserfahrung oder wissenschaftlicher Erkenntnisse gewonnene Regeln, die keine Ausnahme zulassen und eine an Sicherheit grenzende Wahrscheinlichkeit zum Inhalt haben"[1082]. Sie liefern streng genommen nur Wahrscheinlichkeitsaussagen.[1083] Erfahrungssätze stellen das Bindeglied zwischen den im Rahmen der Hauptverhandlung gewonnenen Beweistatsachen und den vom Tatrichter gezogenen Schlussfolgerungen dar.[1084] Das Gericht darf bei seiner Schlussfolgerung bestehende Erfahrungssätze nicht missachten, genauso wenig darf es sich durch nicht bestehende Erfahrungssätze leiten lassen.[1085] Weiterhin zu beachten sind (zwingende) gesicherte wissenschaftliche Erfahrungssätze, also solche die empirisch, wissenschaftlich belegt sind, wenn sie Gegenstand entsprechender Untersuchungen waren.[1086] Der Tatrichter ist an gesicherte wissenschaftliche Erfahrungssätze[1087] gebunden wie an gesetzliche Beweisregeln.[1088] Wohingegen Erfahrungssätze, die keine wissenschaftlich begründeten Wahrscheinlichkeiten und Wahrscheinlichkeitsaussagen[1089] enthalten, für den Richter keine Allgemeingültigkeit aufweisen.[1090] Er darf sich über derartige Erkenntnisse nicht hinwegsetzen, selbst wenn er diese persönlich für nicht wahr halten sollte,[1091] oder die Richtigkeit

1080 *Eisenberg*, Rn. 102 m.w.N.

1081 MüKo-StPO/*Miebach*, § 261 Rn. 96.

1082 BGH StV 2000, 69.

1083 *Volk/Engländer*, § 23 Rn. 6.

1084 KK-StPO/*Ott*, § 261 Rn. 52

1085 KK-StPO/*Ott*, § 261 Rn. 52.

1086 MüKo-StPO/*Miebach*, § 261 Rn. 106.

1087 Beispielshaft Blutalkoholwerte, die Blutgruppenbestimmung oder die Grenze der absoluten alkoholbedingten Fahruntüchtigkeit.

1088 LR-StPO/*Sander*, § 261 Rn. 51 f.; MüKo-StPO/*Miebach*, § 261 Rn. 106.

1089 I.S.v. mehreren objektiv möglichen Tatsachenfeststellungen mit unterschiedlichen Wahrscheinlichkeitsgraden. Näher *Kraatz*, S. 194.

1090 *Eisenberg*, Rn. 103; KK-StPO/*Ott*, § 261 Rn. 54 f.; KMR-StPO/*Stuckenberg*, § 261 Rn. 34.

1091 *Eisenberg*, Rn. 106.

der Ergebnisse nicht nachprüfen kann.[1092] Von einer gesicherten wissenschaftlichen Erkenntnis, die einen Gegenbeweis ausschließt, kann auch ausgegangen werden, wenn allgemeingültige gesicherte Erfahrungssätze und Denkgesetze sich dergestalt verdichten.[1093] Den Begrenzungen kommt insoweit entscheidende Bedeutung für die freie Beweiswürdigung zu, da eine Missachtung von Denkgesetzen, bestehenden Erfahrungssätzen und wissenschaftlichen Erkenntnissen zu einer Fehlbewertung führen und das daraufhin gesprochene Urteil rechtsfehlerhaft sein würde.[1094] Etwaige Verstöße könnten dann revisionsrechtlich im Rahmen der allgemeinen Sachrüge überprüft werden.[1095] Für die Würdigung digitaler Beweismittel gilt, dass Denkgesetze, Erfahrungssätze und wissenschaftliche Erkenntnisse dieser Grenzen auferlegen. Mit steigendem Umgang digitaler Beweismittel in Strafverfahren wird sich zeigen, ob gesicherte digitale Beweismittel zwingende Erfahrungssätze herausbilden können, deren Überprüfung sich das Gericht nicht entziehen kann, etwa für elektronisch signierte Daten.[1096]

bb. Einschränkungen, Beweisverbote und Beweisvermutungen

Des Weiteren ist das Gericht bei seiner Aufgabe, den Sachverhalt zu erforschen und die Erkenntnisse zu würdigen, gleichwohl an das Gesetz gebunden. Zu beachten sind in diesem Zusammenhang Einschränkungen, Beweisverbote sowie eine mögliche Kollision mit anderen Verfahrensrechten und -grundsätzen, die den Grundsatz der freien Beweiswürdigung einschränken oder durchbrechen,[1097] insbesondere die Verwertung bestimmter Beweisergebnisse ausschließen oder die für ihren Nachweis zulässigen Beweismittel eingrenzen.[1098] Aus Beweisverboten – etwa Beweisverwertungsverboten oder Einschränkungen, die das Beweisthema und den Wahrheitsbeweis betreffen – ergibt sich die Ausnahme vom Grundsatz insoweit, als davon betroffene Beweismittel in die Würdigung nicht mehr einfließen dürfen,[1099] oder anders ausgedrückt: unzulässige Beweismittel haben einen auf null reduzierten Beweiswert.[1100] Beweisvermutungen oder widerlegbare Beweisregeln schränken die Beweiswürdigung hingegen

1092 LR-StPO/*Sander*, § 261 Rn. 52.
1093 *Eisenberg*, Rn. 106.
1094 Meyer-Goßner/Schmitt/*Schmitt*, § 337 StPO Rn. 27.
1095 *Eisenberg*, Rn. 102; siehe dazu unter E.
1096 Siehe dazu bereits oben C.II.3. und unten C.IV.
1097 *Eisenberg*, Rn. 108.
1098 LR-StPO/*Sander*, § 261 Rn. 64.
1099 Meyer-Goßner/Schmitt/*Schmitt*, § 261 StPO Rn. 13; *Pfeiffer*, § 261 Rn. 11 m.w.N.
1100 *Heinson*, S. 130.

nicht ein und bürden dem Angeklagten keine Beweislast auf.[1101] Gerade darin liegt die „Freiheit“ der Beweiswürdigung.[1102] Auch kann die Kollision mit Verfahrensrechten und -grundsätzen anderer Beteiligter[1103] zu einer Einschränkung der freien Beweiswürdigung führen.[1104] Beispielhaft sind Verwertungsverbote von Zeugenbeweisen (§§ 52 ff. StPO) oder das Schweigerecht des Angeklagten (§§ 136 Abs. 1 Satz 2 , 243 Abs. 5 Satz 1 StPO) zu nennen, die nicht ausgehöhlt werden dürfen. Schließlich ist das Gericht bei der Würdigung von Gesetzen in seiner Freiheit naturgemäß dadurch beschränkt, als das es weitere gesetzlich vorgesehene Regelungen einhalten und selbst vorgenommene Beschränkungen des Beweisstoffes beachten muss.[1105] In diesem Zusammenhang ist man bei der Schuld- und Rechtsfolgenfrage auf die nach den Regeln des Strengbeweises gewonnenen Erkenntnisse beschränkt, vorausgesetzt sie wurden zum Inbegriff der Verhandlung gemacht, auf Beachtung der für die Hauptverhandlung vorgeschriebenen Förmlichkeiten (Sitzungsprotokoll, § 274 StPO) und auf etwaige Prozesshindernisse[1106] angewiesen.[1107] Weitere Einschränkungen finden sich in den jeweiligen materiellen und prozessualen Einzelregelungen, wie es etwa § 190 StGB und die §§ 81a und c, 97, 100d, 136a Abs. 3 StPO normieren.[1108] Insbesondere die Einschränkungen aus §§ 100a Abs. 4 Satz 2 und 100 Abs. 5 Satz 3 i.V.m. 100d StPO, die den Kernbereich privater Lebensgestaltung und die Zeugnisverweigerungsberechtigten betreffen, werden für mittels Online-Durchsuchung oder Quellentelekommunikationsüberwachung[1109] erlangte digitale Beweise eine Rolle spielen.[1110]

1101 *Eisenberg*, Rn. 115; Meyer-Goßner/Schmitt/*Schmitt*, § 261 StPO Rn. 23; vgl. BGH 6, 292 (296).

1102 Meyer-Goßner/Schmitt/*Schmitt*, § 261 StPO Rn. 2a.

1103 Im Rahmen einer menschlichen Kommunikation (Austausches) sind in der Regel nicht nur die Grundrechte des Verdächtigen, sondern auch die des Kommunikationspartners betroffen. Gleichzeitig können auch die Rechte und Interessen von Telekommunikations- und Telemediendienstleistern betroffen sein.

1104 *Eisenberg*, Rn. 112.

1105 MüKo-StPO/*Miebach*, § 261 Rn. 160.

1106 Z.B. Verjährung, Verbrauch der Strafklage, Amnestie, fehlender Strafantrag und fehlende Verhandlungsfähigkeit.

1107 Näher MüKo-StPO/*Miebach*, § 261 Rn. 160 ff.

1108 LR-StPO/*Sander*, § 261 Rn. 65.

1109 Siehe zu den Eingriffsbefugnissen unten C.V.2.

1110 Näheres bei *Jahn/Brodowski*, FS Rengier, S: 413.

3. Anscheinsbeweis (im Strafprozess)[1111]

Der Beweis des ersten Anscheins, kurz Anscheinsbeweis oder auch *prima-facie-Beweis* genannt, ist ein besonderer Fall des mittelbaren Beweises, bei dem von feststehenden Tatsachen auf das Vorliegen oder Nichtvorliegen der streitigen Tatsache geschlossen wird.[1112] Es stellt dabei kein besonderes Beweismittel dar, sondern beruht auf der Anwendung von gesichertem Erfahrungswissen, unter Rückgriff auf die allgemeine Lebenserfahrung. Nach den von der Rechtsprechung[1113] aufgestellten Grundsätzen setzt die Anwendung zunächst einmal einen typischen Geschehensverlauf voraus, d.h. einen Sachverhalt, der nach der Lebenserfahrung typischerweise auf eine bestimmte Ursache oder auf einen bestimmten Ablauf als maßgeblich für den Eintritt eines bestimmten Erfolgs hinweist.[1114] Der Anscheinsbeweis zielt wie der unmittelbare Beweis auf richterliche Überzeugungsbildung ab – jedoch unter Rückgriff auf Erfahrungssätze. Er sei nach wohl herrschender Auffassung ein Modus der Beweiswürdigung.[1115] Das bedeutet einerseits, dass der Anscheinsbeweis einen Hauptbeweis ermöglicht, der aber durch einen Gegenbeweis erschüttert werden kann,[1116] und die Einstufung als solcher das Ergebnis der Beweiswürdigung und keine Regelung in Form einer Beweisregel darstellt.[1117] Dadurch wird im Prozess nur eine Beweiserleichterung bewirkt.[1118] Existiert ein Erfahrungssatz, so reiche die Feststellung, das aufzuklärende Geschehen sei von diesem Erfahrungssatz gedeckt, um den Beweis zu führen.[1119] Zu den häufigen Anwendungsbereichen[1120] zählt der Nachweis der Kausalität und des Verschuldens in Form der Fahrlässigkeit als Voraussetzung von Schadensersatzansprüchen.[1121] Also vor allem bei der Produkthaftung und dem Straßenverkehrsrecht spielt der Anscheinsbeweis eine bedeutsame Rolle. Bei einem Auffahrunfall kann aufgrund des prima-facie-Beweises vom Verschulden

---

1111 Dazu ausführlich *Kraatz* und *Müller*, Anscheinsbeweiß im Strafprozeß.

1112 *Ahrens*, Der Beweis im Zivilprozess, Kap. 16 Rn. 1.

1113 St. Rspr.; vgl. nur BGH NJW 1982, 2447 (2448); 1987, 2876 (2877); VersR 1982, 1145.

1114 *Ahrens*, Der Beweis im Zivilprozess, Kap. 16 Rn. 22; *Müller*, Anscheinsbeweis im Strafprozeß, S. 23 ff.

1115 Nachweise bei *Schemmann*, ZZP 2005, 161 (163) Fn. 14.

1116 *Schemmann*, ZZP 2005, 161 (163).

1117 *Ahrens*, Der Beweis im Zivilprozess, Kap. 16 Rn. 7.

1118 *Ahrens*, Der Beweis im Zivilprozess, Kap. 16 Rn. 3.

1119 *Kühne*, § 50 Rn. 757.

1120 Zur Kasuistik zum Anscheinsbeweis *Ahrens*, Der Beweis im Zivilprozess, Kap. 16 Rn. 40 ff. und *Müller*, Anscheinsbeweiß im Strafprozeß, S. 23 ff.

1121 *Müller*, Anscheinsbeweiß im Strafprozeß, 26; *Schemmann*, ZZP 2005, 161 (162).

des Auffahrenden ausgegangen werden.[1122] In diesen Bereichen haben Verkehrsanschauung und allgemeine Lebenserfahrung eine bevorzugte Bedeutung.[1123]

Im Zivilprozessrecht ist der Anscheinsbeweis ein anerkanntes Rechtsinstitut, im Gegensatz zum Strafprozess, wo er fast einstimmig abgelehnt wird. Einen Beweis des ersten Anscheins, der nicht auf der Gewissheit des Tatrichters, sondern auf der Wahrscheinlichkeit des Geschehensablaufs beruht, gibt es im Strafprozess nach einhelliger Meinung nicht.[1124] Im Strafverfahren, wo es um die Aufklärung der Täterschaft des Beschuldigten geht und der Grundsatz der Unschuldsvermutung gilt, sind die Anforderungen an die Beweiswürdigung dahingehend höher als die in einem Zivilverfahren einzustufen, weil in letzterem gerade auch Beweiserleichterungen in Form eines Anscheinsbeweises zugelassen werden.

Im Bereich der digitalen Daten spielt das Institut des Anscheinsbeweises in § 371a Abs. 1 Satz 2 ZPO eine entscheidende Rolle. Ergibt die Prüfung nach Art. 32 eIDAS-VO, dass die Voraussetzungen der Norm eingehalten worden sind, ist prima facie davon auszugehen, dass eine Willenserklärung mit qualifizierter elektronischer Signatur echt ist, d.h. vom Inhaber des Private Key stammt (Identität) und auf dem Transport nicht verändert wurde (Integrität).[1125] Es handelt sich damit um einen „gesetzlich normierten, vorgezogenen Anscheinsbeweis".[1126] Anders als der richterrechtlich entwickelte Anscheinsbeweis, der auf einem gefestigten Erfahrungssatz beruht, gründet sich der Anscheinsbeweis in § 371a ZPO auf einer Vorgabe des Gesetzgebers und dessen Prognose und Vertrauen hinsichtlich der technischen und organisatorischen Sicherheit der neuen Technik.[1127] Konkret soll dem Empfänger einer in elektronischen Form abgegebenen Erklärung die Beweisführung erleichtert werden. Um diesen Anschein erfolgreich zu erschüttern, muss das Gericht von den Tatsachen überzeugt werden, die Zweifel an der Sicherheit des Signaturverfahrens begründen können, etwa indem nachgewiesen wird, dass die Erklärung nicht durch den

---

1122 *Schemmann*, ZZP 2005, 161 (162) m.w.N.; weitere Beispiele bei *Kühne*, § 50 Rn. 757.

1123 *Müller*, Anscheinsbeweiß im Strafprozeß, S. 26.

1124 Ständige Rechtsprechung, siehe BGH NStZ-RR 2003, 371; NStZ-RR 2005, 147; NStZ-RR 2007, 86 (87); NStZ-RR 2011, 50 und Meyer-Goßner/Schmitt/*Schmitt*, § 261 StPO Rn. 23.

1125 Spindler/Schuster/*Spindler*, § 126a BGB Rn. 13.

1126 *Fischer-Dieskau/Gitter/Paul/Steidle*, MMR 2002, 709 (710); zu § 292a ZPO a.F. siehe auch *Roßnagel*, MMR 2000, 451.

1127 *Fischer-Dieskau/Gitter/Paul/Steidle*, MMR 2002, 709 (710); *Roßnagel*, MMR 2000, 451 (459).

Signaturschlüssel-Inhaber abgegeben wurde.[1128] Der in § 371a ZPO geregelte Anscheinsbeweis kann für das Strafprozessrecht selbst keine Bedeutung erlangen. Eine dementsprechende Vorschrift ist in der Strafprozessordnung nicht vorhanden. Ob eine solche Regelung als Hilfe/Unterstützung für die Beweiswürdigung und den zu bestimmenden Beweiswert digitaler Daten sinnvoll konzipiert werden könnte, bei gleichzeitiger Erforderlichkeit, ist fraglich.

Die gesetzliche Regelung eines Falls des Anscheinsbeweises heißt, dass „das Gericht bei Vorliegen des tatbestandlich fixierten Ausgangssachverhalts den Hauptbeweis vorbehaltlich des erleichterten Gegenbeweises als geführt ansehen hat".[1129] Die verbindliche Anordnung des Schlusses von Ausgangssachverhalt auf Beweistatsache kommt der gesetzlichen Fixierung eines Erfahrungssatzes gleich.[1130] Der Erfahrungssatz, der der Regelung des § 371a Abs. 1 Satz 2 ZPO zugrunde liegt, würde verkürzt besagen, „dass Erklärungen, mit denen eine erfolgreiche Signaturprüfung durchgeführt werden kann, mit dem Willen des Signaturschlüssel-Inhabers abgegeben wurden".[1131] Problematisch ist hierbei jedoch, dass dem komplexe technische Vorgänge zu Grunde liegen und sich der Erfahrungssatz lediglich auf der Prognose und dem Vertrauen hinsichtlich der technischen und organisatorischen Sicherheit der neuen Technik, und nicht einer bereits seit Jahren bestehenden gefestigten Erfahrung, stützt. Daher muss der „Erfahrungssatz" in zwei Teile differenziert werden. Zunächst erschwert die Regelung den Einwand, dass bei den technischen und administrativen Verfahren des Zertifizierungsdiensteanbieters Fehler aufgetreten sind. Des Weiteren besagt der zweite „Erfahrungssatz", dass die mit der Signiererstellungseinheit (Signierkarte) des Schlüsselinhabers erstellte Erklärung mit dessen Willen abgegeben wurde.

Übernimmt man diese Erkenntnisse für den Strafprozess, so könnte dem Richter im Bereich der signierten digitalen Daten dadurch ein verlässliches Kriterium bei der Beweiswertbestimmung zur Verfügung gestellt werden. Dieses würde dann nur hinsichtlich der technischen und organisatorischen Sicherheit der Technik gelten und könnte zugleich die überproportionale Hinzuziehung von Sachverständigen eindämmen und damit einer gewissen Abhängigkeit zu diesen entgegenwirken. Andererseits würde dies eine Art „Beweiswürdigungsregel" darstellen, die den Grundsatz der freien Beweiswürdigung im Strafprozess

---

1128 *Heinson*, S. 105.
1129 *Schemmann*, ZZP 2005, 161 (179).
1130 *Schemmann*, ZZP 2005, 161 (179).
1131 *Schemmann*, ZZP 2005, 161 (181).

einschränken würde. Diese Regel könnte und würde das Gericht verpflichten, die durch Erfahrungssätze begründete Wahrscheinlichkeit zum Erlangen der Überzeugung ausreichen zu lassen, sofern dies nicht durch einen Beweis eines abweichenden Geschehensablaufs erschüttert werden kann.[1132] Dies schafft eine Situation, in welcher der Richter bei der Prüfung des Sachverhalts Erfahrungssätze zugrunde legen kann, die nach allgemeiner Lebenserfahrung als gesichert gelten. Der Gefahr der Umkehrung der materiell-objektiven Beweislast würde man sich im Strafverfahren theoretisch nicht aussetzen, da die materielle Beweislast dort sowieso beim Staat liegt. Dieser „Anscheinsbeweis" würde bereits auf der Ebene der Beweiswürdigung ansetzen und ein non liquet auf Beweisebene verhindern, sodass der Anwendungsbereich des „in dubio pro reo"-Satzes nicht tangiert wäre.[1133] Denn der Schuldspruch würde auf voller richterlicher Überzeugung beruhen und nicht zu einer Beweislastentscheidung zu Ungunsten des Angeklagten erfolgen.[1134] Des Weiteren ist die Grundlage des Anscheinsbeweises dem Strafprozessrecht nicht völlig fremd.[1135] Die Überzeugungsbildung auf Grund von Erfahrungssätzen kann dem Institut des Beweises des ersten Anscheins nämlich im Ergebnis sehr nahekommen.[1136]

Bei der Idee sich auch für das Strafprozessrecht im Rahmen der freien Beweiswürdigung auf die Grundlage des Anscheinsbeweises (Erfahrungssatz/Lebenserfahrung) zu stützen und als Hilfe für die Beweiswürdigung zu benutzen, darf jedoch nicht isoliert von den gesetzgeberischen Normierungen und dessen Beweggründen getroffen werden. Mit § 371a Abs. 1 Satz 2 ZPO hat der Gesetzgeber ein „Äquivalent zum Urkundsbeweis für elektronische signierte Dokumente geschaffen, das die Aussagekraft digital signierter Dokumente angemessen berücksichtigt und die beweisrechtliche Würdigung für dessen Empfänger ähnlich voraussehbar machen soll wie die einer Urkunde"[1137]. Im Strafprozess wurde sich mit der Einführung von § 249 Abs. 1 Satz 2 StPO dafür entschieden, verlesbare elektronische Dokumente wie Urkunden zu behandeln – unabhängig von ihrer Signierung. Dadurch und weil nicht der Beibringungsgrundsatz, sondern

---

1132 *Heinson*, S. 105.

1133 Näher *Kraatz*, S. 210.

1134 *Kraatz*, S. 210.

1135 *Kühne*, § 50 Rn. 758 ff.; ebenso *Müller*, Anscheinsbeweis im Strafprozess, S. 61 ff., 240; der zudem darauf hinweist, dass bei der Vermutung der Schuldunfähigkeit wie auch etwa bei der Bestimmung der absoluten Fahruntüchtigkeit ab 1,1‰ BAK der Anscheinsbeweis schon lange im Strafverfahren akzeptiert ist.

1136 LR-StPO/*Sander*, § 261 Rn. 107 m.w.N.; vgl. dazu auch *Kraatz*, S. 193 ff.

1137 *Fischer-Dieskau/Gitter/Paul/Steidle*, MMR 2002, 709 (710) m.w.N.

der Amtsermittlungsgrundsatz gilt, bedarf es keiner normierten Beweiserleichterung im Strafprozess. Nichtsdestotrotz kann und sollte der Richter bei dem Vorliegen von digitalen Dokumenten, die mittels qualifizierter elektronischer Signatur versehen sind, das Vertrauen in die Garantie technischer und organisatorischer Sicherheit des Gesetzgebers in die bestandenen umfassenden Rahmenregelungen auch schwerpunktmäßig berücksichtigen. Werden digitale Beweismittel im Strafverfahren herangezogen, die mit einer qualifizierten elektronischen Signatur nach Art. 32 eIDAS-VO oder mit einem gleichwertigen technischen Sicherungsmittel nach der eIDAS-VO versehen sind, so sollte der Richter die Sicherheit der Technik, nur bei eindeutigen Anzeichen anzweifeln. Im Weiteren sollte darauf hingearbeitet werden, daraus auch für den Strafprozess einen Erfahrungssatz abzuleiten und anzuerkennen, der dann als Hilfe für die Beweiswürdigung genutzt werden kann und vielleicht auch muss.

4. Revisionsrechtliche Überprüfbarkeit

Gemäß § 261 StPO hat der Tatrichter über das Ergebnis der Beweisaufnahme nach seiner freien, aus dem Inbegriff der Hauptverhandlung geschöpften Überzeugung zu entscheiden. „Es ist die für die Schuldfrage bestimmende, ihm allein übertragene Aufgabe, ohne Bindung an gesetzliche Beweisregeln und nur seinem Gewissen verantwortlich zu prüfen, ob er an sich mögliche Zweifel überwinden und sich von einem bestimmten Sachverhalt überzeugen kann oder nicht.“[1138] Das Revisionsgericht ist grundsätzlich an die tatsächlichen Ergebnisse der Beweisaufnahme und die darauf vom Tatrichter gestützten Sachverhaltsfeststellungen gebunden.[1139] Sind dem Tatrichter allerdings Rechtsfehler (vgl. § 337 Abs. 1 StPO) unterlaufen, so wird von dem Grundsatz abgesehen und die Beweiswürdigung überprüft. Das mithin gefasste Urteil unterliegt somit der eingeschränkten revisionsrechtlichen Überprüfbarkeit. Die Möglichkeit der Kontrolle der vom Richter formulierten Entscheidungsgründe durch ein Rechtsmittelgericht steht nicht im Gegensatz zu der Freiheit des Richters bei der Beweiswürdigung.[1140]

Das Urteil des erstinstanzlichen Gerichts ist dann fehlerhaft, wenn es deutlich erkennbar auf einen objektiven Fehlgebrauch der Kompetenz zur freien Beweiswürdigung, samt all seiner Ausprägungen, beruht.[1141] Der Revisionsführer kann

1138 MüKo-StPO/*Miebach*, § 261 Rn. 401.

1139 KMR-StPO/*Stuckenberg*, § 261 Rn. 164.

1140 Vgl. *Herdegen*, S. 125.

1141 SK-StPO/*Velten*, § 261 Rn. 25.

etwaige Verstöße gegen § 261 StPO, die durch eine Sach- oder Verfahrensrüge geltend gemacht wurden, unter mehreren Gesichtspunkten angreifen: hinsichtlich des „Inbegriffs der Verhandlung", einer fehlerhaften und unfreien Überzeugungsbildung und der Missachtung des in dubio pro reo Grundsatzes.[1142] Konkret wird überprüft, ob der Entscheidung tatsächlich eine persönliche, zweifelsfreie Gewissheit des Tatrichters zu Grunde liegt, ob diese Gewissheit auf einer ausreichenden objektiven Grundlage beruht und ob das Gericht die rechtlichen Anforderungen an die Überzeugungsbildung richtig erkannt hat.[1143] Das Revisionsgericht kann das Urteil dann ganz oder teilweise bestätigen oder aufheben.[1144]

Zunächst kann – mit der Verfahrensrüge – geltend gemacht werden, dass das Gericht sich bei seiner Urteilsfindung auf solche Umstände gestützt hat, die nicht aus dem Inbegriff der Hauptverhandlung geschöpft worden sind, sog. Inbegriffsrüge. Mithin eine Verwertung nicht (prozessordnungsgemäßer) erhobener Beweise vorläge. Etwa wenn außerhalb der Hauptverhandlung gewonnenes Wissen, wie privates Wissen in die Beweiswürdigung miteinfließt. Weiter kann beanstandet werden, dass der Tatrichter bei seiner Entscheidungsfindung nicht von seiner eigenen, vollen Überzeugung geleitet worden sei. Dabei darf das Revisionsgericht seine eigene Überzeugung nicht an Stelle der tatgerichtlichen setzen.[1145] Es darf jedoch überprüfen, ob die rechtlichen Anforderungen an die Überzeugungsbildung verkannt wurden. Ferner kann überprüft werden, ob die Überzeugung des Tatgerichts auf einer zureichenden Grundlage basiert. Allgemein prüft es, ob die Beweiswürdigung lege artis beschritten wurde, also der Weg von den Beweismittelergebnissen hin zum Sachverhalt.[1146] Die Beweiswürdigung als solche ist nicht revisibel, sofern sich die in den Urteilsgründen mitgeteilten Erwägungen im Rahmen der durch das Gesetz gezogenen Grenzen halten, mit den Denkgesätzen und Erfahrungssätzen vereinbar sind und der Pflicht zur Darlegung der Beweisgründe und einer objektiv nachvollziehbaren und erschöpfenden Beweiswürdigung genügen, sie mithin rechtsfehlerfrei sind.[1147] Die Überprüfung wird von der Rspr. auf die Sachrüge

---

1142 MüKo-StPO/*Miebach*, § 261 Rn. 401 ff.

1143 *Eisenberg*, Rn. 96.

1144 MüKo-StPO/*Miebach*, § 261 Rn. 401.

1145 Ständige Rspr. BGH, Urt. v. 15.2.2005 – 5 StR 449/04; Urt. v. 20.06.2007 – 2 StR 161/07; Urt. v. 9.11.2010 – 5 StR 297/10.

1146 KMR-StPO/*Stuckenberg*, § 261 Rn. 164.

1147 LR-StPO/*Sander*, § 261 Rn. 182.

vorgenommen.[1148] Verurteilt der Richter den Angeklagten trotz bestehender Zweifel, so kann § 261 StPO unter dem Gesichtspunkt des in dubio pro reo Grundsatzes verletzt und die allgemeine Sachrüge begründet sein.

Für die revisionsrechtliche Überprüfbarkeit eines Urteils, auf Grundlage digitaler Daten, werden die Fragen bezüglich zu hegender Zweifel unter Berücksichtigung des kritischen Aspekts der „eigenen Sachkunde", der Reichweite der Aufklärungspflicht hinsichtlich größerer Datenmengen und dem Grundsatz des Verbotes der Rekonstruktion der Hauptverhandlung, zu beantworten sein.[1149]

5. Zwischenergebnis

Das Ergebnis der Beweiswürdigung wird geprägt durch den Grundsatz der freien Beweiswürdigung und das geforderte Beweismaß der richterlichen Überzeugung. Für ein revisionsfestes Urteil muss die Beweiswürdigung lege artis vorgenommen sein. Maßgeblich für den Erfolg der Beweisführung mit digitalen Daten ist neben der Art des Beweismittels auch der individuelle innere Wert, der ihnen beigemessen wird. Jedes Beweismittel im Einzelnen lässt sich auf deren individuellen Beweiswert hin prüfen. Über die Regeln der Strafprozessordnung lässt sich der abstrakte Wert eines Beweismittels nicht vorweg festlegen.[1150] Entscheidend ist daher die Frage, wie der individuelle Beweiswert digitaler Dateien einzuschätzen ist. Ziel muss es sein, einen möglichst hohen Beweiswert zu erreichen, unter Berücksichtigung der vorangestellten Erörterungen. Hiervon hängt maßgeblich der Erfolg der Beweisführung mit diesen Daten ab. Betrachtet man erneut die Besonderheiten einer digitalen Datei, gelangt man unweigerlich zu der Frage, welchen Beweiswert eine solche per se besitzt.

III. Beweiswertermittlung – Anhaltspunkte und Kriterien

Neben den bereits erörterten rechtlichen Rahmenbedingungen zur Beweiseinführung und Verwertung digitaler Beweise, geht es entscheidend um die Fragen nach dem Wert und der Qualität des Beweismittels. Der rechtliche Wert von Beweismitteln offenbart sich letztlich in ihrem Beweiswert. Es geht um die Fragen, ob dem konkret vorliegenden Beweismittel, bzw. wie und wann allgemein einem bestimmten Typ digitaler Beweismittel vertraut werden kann. Mit diesen

---

1148 Stetige Rspr. BGHSt 3, 213 (215); 26, 56 (62 f.); siehe auch SK-StPO/*Frisch*, § 337 Rn. 124 m.w.N.

1149 Siehe dazu unten E.

1150 KK-StPO/*Schoreit*, 6. Aufl., § 261 Rn. 29.

Fragen beschäftigen sich nicht nur die Strafverfolgungsbehörden und Gerichte im Rahmen der Würdigung von Beweisen, auch die weiteren Prozessparteien versuchen im Vorfeld abzuschätzen, ob ein digitaler Beweis zur Darlegung eines bestimmten Sachverhalts ausreichend ist.[1151] Je höher der Beweiswert des in Betracht kommenden Beweismittels einzustufen ist, desto höher auch die Chancen, dass das Gericht dieses als überzeugend ansieht. Bei der Bestimmung des Beweiswertes ist der Richter grundsätzlich frei, auch wenn die richterliche Überzeugungsbildung objektiv nachprüfbaren Regeln unterliegt.[1152] Gebunden ist er lediglich an die prozessrechtlichen Vorschriften über die Art der Erhebung des Beweismittels.

Der Beweiswert ergibt sich aus der Beurteilung durch eine Person, etwa der Strafverfolgungsbehörde oder des Gerichts. Die Beweiskraft hingegen liegt in der Substanz des Beweismittels.[1153] Es sagt aus, „wie stark das Beweismittel geeignet ist, das Gericht unter Wahrung seiner freien Beweiswürdigung von der Richtigkeit der mit dem Beweismittel zu beweisenden Tatsache zu überzeugen".[1154]

Ob sich aus diesen Bestimmungen und Rahmenbedingungen Kriterien formulieren lassen, anhand derer digitalen Daten ein maximaler Beweiswert zugesprochen werden kann, wird im Folgenden untersucht. Soweit von einem maximalen Beweiswert die Rede ist, ist qua Natur nicht von einer 100%igen Gewissheit auszugehen. Es soll ein möglichst hoher Beweiswert digitaler Beweismittel erreicht werden, damit das Gericht von der Wahrheit überzeugt[1155] ist. Dies gilt unabhängig von der Beweismittelart (analog/digital). Dazu stellt sich die Frage, woran regelmäßig ein hoher Beweiswert eines Beweismittels anknüpft. Zur Bewertung der Beweismittel wird sich deswegen eingehend mit den Voraussetzungen eines hohen Beweiswertes von digitalen Beweismitteln und mit den Anhaltspunkten, anhand derer im Streitfall einem ungesicherten und gesicherten digitalen Beweismittel vertraut wird, auseinandergesetzt,[1156] unter Berücksichtigung des bisherigen tatsächlichen Vorgehens der Rechtsprechung.

1151 Es ist Sache der Staatsanwaltschaft, den Wert und die Bedeutung einzelner Beweistatsachen etwa bei der Beurteilung des hinreichenden Tatverdachts (§§ 170 I, 203 StPO), gegeneinander abzuwägen, um entscheiden zu können, ob es in der Hauptverhandlung überhaupt zu einer Verurteilung kommen könnte.

1152 Siehe oben; vgl. *Heinson*, S. 128.

1153 *Weihmann/Schuch*, Kriminalistik, S. 154.

1154 Hoeren/Sieber/Holznagel/*Ortner*, Multimedia-Recht, Teil 13.2 Rn. 2.

1155 Insoweit wird eine „hohe Wahrscheinlichkeit" als Beweismaßstab angenommen, siehe bereits oben C.II.2.b.

1156 Vgl. *Knopp*, S. 10.

Die Beweismittel müssen bestimmte Voraussetzungen erfüllen, damit sie einerseits vor Gericht überhaupt zugelassen und andererseits als aussagekräftig akzeptiert werden. Das impliziert zunächst, dass die digitalen Beweismittel den Anforderungen des Strengbeweisverfahrens genügen müssen. Will man nach derzeitiger Rechtslage mit den Daten selbst Beweis führen, so fallen diese entweder unter den Urkunden-, oder Augenscheinsbeweis (s.o.). Handelt es sich dabei um verlesbare digitale Dokumente, werden die Vorschriften über den Urkundenbeweis herangezogen, § 249 Abs. 1 Satz 2 StPO. Ungeachtet dessen, werden Zweifel an Authentizität und Integrität, nur mit Hilfe des Augenscheins- und/oder Sachverständigenbeweises auszuräumen sein, sodass diese weiterhin eine große Rolle spielen.[1157] Um daher den Beweiswert von digitalen Beweismitteln im Folgenden zu bestimmen, muss sich neben den Kriterien zur Beweiswertbestimmung im Speziellen gewiss auch mit denjenigen im Allgemeinen auseinandergesetzt werden, also mit denen die auch für analoge Beweismittel gelten.

1. Zulässigkeit von Beweismitteln[1158]

Der Wahrheitserforschung, der Gericht und Strafverfolgungsbehörden unterliegen, sind rechtliche Grenzen gesetzt. Damit das Gericht die Beweise verwerten kann, müssen neben den Anforderungen des Strengbeweisverfahrens die Grundsätze der ordnungsgemäßen Beweiserhebung und -verwertung befolgt worden sein. Dies gilt natürlich auch für die digitale Beweissicherung und für computerforensische Untersuchungen[1159]. Der Erhebung und Verwertung können zahlreiche Beweisverbote entgegenstehen. Als Beweisverbote können alle Rechtssätze (geschriebener oder ungeschriebener) Art bezeichnet werden, die die Erhebung oder Verwertung von Beweisen hindern,[1160] mithin die Amtsaufklärungspflicht nach § 244 Abs. 2 StPO einschränken.[1161] Unter dem Oberbegriff „Beweisverbote“ werden gewöhnlich die Beweiserhebungs- und

1157 Siehe dazu unten D.

1158 Siehe dazu BGHSt 14, 358; 17, 337; 31, 304.

1159 Forensisch [lat.]: gerichtlich oder kriminaltechnisch. Unter dem Begriff Computer-Forensik oder auch Digitale Forensik wird der Nachweis und die Ermittlung von Straftaten im Bereich der Computerkriminalität verstanden. Die Computer-Forensik ist ein Teilgebiet der allgemeinen Forensik, welche sich mit dem Nachweis und der Aufklärung von strafbaren Handlungen anhand der Analyse von digitalen Spuren beschäftigt. Ziel ist somit die Nutzung von Daten zum Beweis in Gerichtsverfahren. Siehe dazu ausführlich unten F.

1160 *Weichbrodt*, S. 49.

1161 Meyer-Goßner/Schmitt/*Schmitt*, Einl. Rn. 50.

Beweisverwertungsverbote gefasst.[1162] Beweiserhebungsverbote betreffen dabei den Akt der Beweismittelgewinnung, Beweisverwertungsverbote hingegen den der Verwertung im Prozess. Ist ein Beweis unter Verletzung eines Beweisverbotes erlangt worden, so stellt sich die Frage, ob dieser trotz des Rechtsfehlers im Rahmen der Entscheidungsfindung zu verwerten ist oder aber unberücksichtigt bleibt.[1163] Die Frage der Zulässigkeit digitaler Beweismittel, beispielhaft auf digitale Aufnahmen bezogen, hängt daher im ersten Schritt davon ab, ob die Aufnahme an sich zunächst zulässig ist und im zweiten Schritt, ob die Aufnahme dann vor Gericht als Beweismittel verwendet werden kann. Eine rechtsfehlerhafte Beweiserhebung kann ein Verwertungsverbot nach sich ziehen; die Verwertung der gewonnenen Beweise ist jedoch nicht stets unzulässig.[1164] Bei „schwerwiegenden", „bewussten" oder „willkürlichen" Verfahrensverstößen – bei solchen Verfahrensvorschriften, die dem Schutz des Betroffenen zu dienen bestimmt waren – ist ein Beweisverwertungsverbot die zwingende Folge (Abwägungslehre).[1165] Wird beispielweise ein digitales Beweismittel, was sich auf einem ausländischen Cloudserver befindet, durch deutsche Ermittlungsbehörden unter Verletzung der staatlichen Souveränität des betroffenen Staates sichergestellt, so kann dies in Deutschland zu einem absoluten Beweisverwertungsverbot für das weitere Strafverfahren führen.[1166] Beweisverwertungsverbote führen dazu, dass die so ermittelten Tatsachen nicht zum Gegenstand der Beweiswürdigung und Urteilsfindung gemacht werden dürfen.[1167] Dieses Kriterium ist konsequenterweise keine Frage des Beweiswertes, weil die Daten erst gar nicht zur Grundlage der Beweiswürdigung (kein Inbegriff der Verhandlung) gemacht werden dürfen. Im Ergebnis führt das aber dazu, dass unzulässige Beweismittel einen auf null reduzierten Beweiswert haben.[1168] Die Zulässigkeit eines Beweismittels, wenn auch keine tatsächliche Frage des Beweiswertes, ist dennoch ein entscheidendes beweisrechtliches Kriterium, welches es ermöglicht, das Beweismittel überhaupt erst als Gegenstand in die rechtliche Bewertung einfließen zu lassen. Die

1162 Vgl. *Weichbrodt*, S. 49 m.w.N.

1163 So *Grünwald*, S. 141.

1164 BVerfG NJW 2009, 3225 m.w.N.

1165 Gängige Praxis: BVerfGE 113, 29 (61); BVerfG NJW 2009, 3225 (3226).

1166 So *Warken*, NZWiSt 2017, 289 (295); vgl. OLG München, StV 2015, 348. Zur Verwertbarkeit von Beweismitteln bei grenzüberschreitender Strafverfolgung *Schuster*, ZIS 2016, 564.

1167 Meyer-Goßner/Schmitt/*Schmitt*, Einl. Rn. 55.

1168 *Heinson*, S. 130.

Zulässigkeit ermöglicht es somit den Beweiswert (digitaler) Beweismittel – relativ gesehen – zu steigern.

2. Darstellbarkeit und Vollständigkeit

Die im Prozess eingeführten digitalen Beweismittel müssen vollständig und darstellbar sein. Für das Kriterium der Vollständigkeit ergeben sich für digitale und analoge Beweismittel keine expliziten Unterschiede. Der Beweiswert wird durch die Darlegung der Vollständigkeit begünstigt. Nur vollständige Beweise können das jeweilige Beweisthema hinreichend belegen. Ist ein Beweismittel unvollständig, so kann die Wahrheit damit möglicherweise nur unvollständig aufgeklärt und der Beweiswert muss als gering angesehen werden. Neben der Vollständigkeit der Beweise, kommt es besonders auf deren Darstellbarkeit bzw. Präsentation an. Ist von Darstellbarkeit die Rede, meint das zunächst die generelle Möglichkeit, das Beweismittel sichtbar zu machen, sei es als einzuführendes Augenscheinsobjekt oder als Urkunde. Gerade bei digitalen Beweismitteln ist diesbezüglich ein höherer Aufwand zu leisten, um die unmittelbare und dauerhafte Lesbarkeit zu ermöglichen. Generell gilt, dass elektronische Dokumente erst darstellbar und damit lesbar gemacht werden müssen. Es bedarf also der Aufbereitung der Daten hinsichtlich ihrer unmittelbaren Wahrnehmbarkeit (Präsentation), die erst hergestellt werden muss und nicht per se vorliegt, wie es etwa bei einem schriftlichen Dokument der Fall ist. Die digitalen Informationen müssen beispielsweise ausgedruckt werden, mittels eines Programmes dargestellt oder in ein „lesbares“ Format konvertiert werden, verschlüsselte Daten entschlüsselt, und unsichtbare Daten sichtbar gemacht werden. Die digitalen Beweise bestehen grundsätzlich aus Bitfolgen, dessen Inhalt der Mensch sich nur erschließen kann, wenn diese über Ausgabegeräte wie Bildschirme, Drucker oder Lautsprecher in eine für die sinnliche Wahrnehmung geeignete Weise ausgegeben werden.[1169] Erst durch die technische Präsentation der Primärdaten wird der Wahrnehmungsgegenstand des Dokuments erzeugt, nämlich die durch den Menschen wahrzunehmende Erklärung, und somit das digitale Beweismittel.[1170]

Dabei ist auch zu berücksichtigen, dass elektronische Dokumente in einer Vielzahl verschiedener technischer Formate hergestellt werden.[1171] Um diese vor Gericht nutzen zu können, bedarf es mitunter der Transformation in ein anderes

1169 *Wilke*, S. 71; *Pordesch*, DuD 2000, 89.
1170 *Wilke*, S. 71; *Pordesch*, DuD 2000, 89.
1171 *Wilke*, S. 30.

technisches Format. Dahingehend kann es im ersten Schritt notwendig sein, ein elektronisches Dokument von einem elektronischen Format (z.B. Word) in ein anderes elektronisches Format (z.B. PDF) zu übertragen (sog. E-to-E); ein Papierdokument mittels eines Scanners in ein elektronisches Dokument umzuwandeln (P-to-E), oder ein elektronisches Dokument auszudrucken und so in ein Papierdokument zu übertragen (E-to-P),[1172] bevor es dann vor Gericht präsentiert und interpretiert werden kann. Jede Transformation birgt aber auch Gefahren und Risiken in sich.[1173] Es muss zunächst sichergestellt sein, dass das Ausgabegerät fehlerfrei funktioniert. Das eingesetzte Gerät müsste nach dem Stand der Technik gegen unbefugte Nutzung geschützt sein, vgl. die vom Gesetzgeber verwendete Formulierung in § 100a Abs. 5 Satz 2 StPO. Des Weiteren gilt, dass die Ausgabe der Bitfolge je nach eingesetzter Soft- und Hardware unterschiedlich ausfallen kann, was dann zu unterschiedlichen Interpretationen durch den Menschen führen kann (Präsentations- und Mehrdeutigkeitsproblem).[1174] Beispielhaft wäre der Fall zu nennen, dass auf den Ausdruck des Druckers A eine Zeile gerade noch auf der ersten Seite ist, wohingegen sie, ausgedruckt mit Drucker B, deutlich auf der zweiten Seite ist. Ein anderes Beispiel ist eine Animation in einem Dokument, die im Ausdruck nicht oder nur als Screenshot abgebildet wird. Zum anderen der Fall, dass die in dem Word-Dokument enthaltenen Kommentare mittels Verwendung von Software A sichtbar sind und mittels Verwendung von Software B ausgeblendet werden (Mehrdeutigkeitsproblem). Wenn nun eine Beweisperson angibt, dass sie in Fall 1 nur die erste Seite gesehen hat oder in Fall 3 die Beweisperson sich auf die eingeblendeten Kommentare bezieht, die nur sie gesehen hat, so wirkt sich das Präsentationsproblem auch mittelbar in der Beweisaufnahme aus. Zudem kann eine Transformation eine unrichtige oder gar unvollständige Übertragung beinhalten. Ein Datenverlust kann damit einhergehen. Ein Datenverlust kann auch durch einen vorzeitigen Abbruch des Umwandlungsvorgangs eintreten, unabhängig von der Art der Transformation.[1175] Dabei geht es dann nicht mehr nur um die reine Darstellung der Daten, sondern insbesondere um die zutreffende Darstellung i.S.v. Korrektheit. Probleme können hierbei beispielsweise auftreten, wenn die Software zur Wiedergabe der Daten, oder das System, auf dem sich die Software befindet,

---

1172 *Wilke*, S. 30.

1173 Näher dazu *Wilke*, S. 73 f.

1174 *Pordesch*, S. 54 f.; *Wilke*, S. 71 f.; siehe bereits oben B.III.

1175 *Wilke*, S. 73 f.

kompromittiert ist.[1176] Im Zusammenhang mit der Korrektheit der Daten, spielt auch deren Integrität eine erhebliche Rolle.[1177]

Vollständigkeit und Darstellbarkeit von digitalen Daten sind wichtige Kriterien, die den Beweiswert beeinflussen. Insbesondere die Anforderung der unmittelbaren und dauerhaften Lesbarkeit an bestimmte elektronische Dokumente, führt zu durchaus spezifischen Beweisproblemen,[1178] die sich negativ auf den Beweiswert auswirken können. Die Vollständigkeit und Darstellbarkeit als Kriterien werden ihrerseits auch durch weitere Kriterien beeinflusst.[1179] Der Gerichtssaal muss die benötigten technischen Hilfsmittel, etwa Ausgabegeräte[1180] und PC-Komponenten (Hardware), und die entsprechenden Programme und Dateien (Software) vorweisen können, die die Darstellbarkeit der Daten i.S.e. technischen Interpretation (Präsentation) ermöglichen. Bestenfalls wird dann von den Parteien im Vorhinein sichergestellt, dass die gleiche (selbe) Hard- und Software verwendet wird (s.o.). Sollte es dem Gericht nicht möglich sein, dass digitale Beweismittel selbständig zu präsentieren, muss ein Sachverständiger zu Hilfe gezogen werden, der dann bestenfalls auch keine andere Soft- und Hardware als das Gericht verwendet. Werden die Daten IT-Forensikern zur Analyse überlassen, muss auch dort eine fachliche (Mindest-)Qualifikation vorliegen, um die Daten auswerten zu können.[1181] Um dem Kriterium der Vollständigkeit gerecht zu werden, ist eine vollständige Beweissicherung bzw. Datensicherung digitaler Beweise unerlässlich. Es reicht daher nicht aus, die Ermittlungen auf nur ein oder mehrere Endgeräte, etwa Computer oder Smartphones, zu beschränken. Der Suchkreis ist bereits gedanklich zu erweitern und auch externe Festplatten, Speicherkarten, die Cloud und soziale Netzwerke sind in den Fokus zu bringen, da sich dort ebenfalls beweiserheblich Spuren und Daten befinden können.[1182]

1176 Es ist durchaus vorstellbar, dass Beweismittel selbst als digitale Daten die Darstellungssoftware oder das System angreifen.

1177 Siehe dazu unten C.III.4.

1178 Vgl. *Jandt*, NJW 2015, 1205 (1206).

1179 Vgl. *Heinson*, S. 130 f.

1180 Etwa Bildschirme, Beamer, Drucker und Lautsprecher.

1181 So auch *Jahn/Brodowski*, FS Rengier, S. 415.

1182 Vgl. dazu ausführlich Casey/*Casey*, Digital Evidence and Computer Crime, S. 240 ff.

3. Nachvollziehbarkeit

Zudem muss bei digitalen Beweismitteln deren Nachvollziehbarkeit gewährleistet sein. Dies meint eine bestenfalls lückenlose Dokumentation des Entstehungsprozesses des Beweismittels. Je lückenloser die Daten nachvollziehbar sind (geschlossene Beweiskette), desto weniger Anhaltspunkte ergeben sich für Zweifel an dessen „Richtigkeit".[1183] Allein die Möglichkeit einer Veränderung der Datei im Laufe des Verfahrens, die nicht nachvollzogen werden kann, kann den Beweiswert des digitalen Beweismittels enorm reduzieren. In Bezug auf Daten entfaltet sich die Nachvollziehbarkeit im Wesentlichen in zwei Dimensionen: Ihrer Herkunft und ihrer Unverändertheit/Unversehrtheit (Authentizität und Integrität),[1184] also ihrer Historie. Beide Aspekte beziehen sich einerseits auf den Inhalt der vorgefundenen Daten als auch auf das, was mit dem gesicherten Datenbestand ab dem Zeitpunkt der Sicherung geschieht.[1185]

Der im Common Law Rechtsraum verwendete Grundsatz der *chain of custody*[1186] umfasst das Nachvollziehbarkeitskriterium, in dem eine lückenlose Beweismittelkette bzw. Gewahrsamskette gefordert wird. Dort schlägt sich der Grundsatz unmittelbar im Beweisrecht nieder.[1187] Danach muss die wechselnde Sachherrschaft über ein Beweismittel mittels einer vollständigen Verwahrungskette nachzuweisen sein.[1188] Diese dokumentiert lückenlos, wann welche Person Zugang zur Spur hatte.[1189] Es bedarf also eines lückenlosen Nachweises über den Verbleib von digitalen Beweismitteln und der Ergebnisse der daran vorgenommenen Untersuchungen zu jedem Zeitpunkt der Ermittlung oder Verhandlung, von ihrer ursprünglichen Form und ihrem Standort, über den Verlauf derjenigen Personen, die sie in ihrem Gewahrsam hatten.[1190] Angefangen von dem

---

1183 *Heinson*, S. 132.

1184 *Heinson*, S. 133; vgl. *Knopp*, S. 10 f.

1185 *Heinson*, S. 133.

1186 In der UK ist dies als *continuity of evidence* bekannt.

1187 Beispielsweise im Bundesrecht der USA die Federal Rule of Evidence 901 (Authenticating or Identifying Evidence): (a) In General. To satisfy the requirement of authenticating or identifying an item of evidence, the proponent must produce evidence sufficient to support a finding that the item is what the proponent claims it is. [...]. Online abrufbar unter http://www.uscourts.gov/sites/default/files/Rules%20of%20 Evidence.

1188 *Heinson*, S. 133.

1189 *Dewald*, S. 19.

1190 *BSI*, Leitfaden IT-Forensik, S. 23; *Grützner/Jakob*, Compliance von A-Z, „chain of custody".

Zeitpunkt in der sie aufgefunden und erlangt/gesichert wurden, bis hin zum Einbringen in den Gerichtsprozess.[1191] Jede weitere Übermittlung des Beweismittels an eine andere Person seit Sicherung muss dokumentiert werden, damit nachgewiesen werden kann, dass niemand – versehentlich oder absichtlich – Veränderungen an dem Beweismittel vorgenommen hat. Dies wird üblicherweise anhand eines Übergabeprotokolls umgesetzt. Werden technische Geräte zur Erzeugung des digitalen Beweismittels eingesetzt, so spielt für die Nachvollziehbarkeit zusätzlich die Störungsfreiheit und Unbeeinflussbarkeit des Gerätes bzw. Systems eine erhebliche Rolle. Es muss also hinreichend geklärt sein, wie das digitale Beweismittel entstanden ist, ob das System fehlerfrei gearbeitet hat und ob unbemerkte Eingriffe in den Erzeugungsvorgang möglich waren, um den Beweiswert des digitalen Beweismittels zu beurteilen.[1192]

Im deutschen Recht wird dem Kriterium der Nachvollziehbarkeit kein so hoher Wert beigemessen wie es das anglo-amerikanische Recht für den Grundsatz der *chain of custody* macht.[1193] Nichtsdestotrotz gilt, dass eine lückenlose und nachvollziehbare Dokumentation, d.h. eine geschlossene Beweiskette, die Basis der Beweissicherheit bildet und diese Elemente bei einem digitalen Beweismittel je nach Bedarf feststellbar und prüfbar sein müssen. Die Nachvollziehbarkeit des Datenverarbeitungsprozesses impliziert aber auch, dass bei der späteren Verwendung der durch die Ermittlungsbehörden oder IT-Forensiker erhobenen Daten, die Datenauthentizität und Datenintegrität garantiert wird.[1194] Denn die Verwahrungskette dokumentiert, dass korrekt mit den Beweismitteln umgegangen wurde.[1195]

4. Authentizität und Integrität

Neben der objektiven Nachvollziehbarkeit digitaler Beweise ist der Zurechenbarkeits- und Echtheits-, bzw. Unversehrtheitsnachweis notwendige Grundlage für die Gerichtsverwertbarkeit und einen hohen Beweiswert. Die Kriterien der Authentizität und der Integrität stehen in einem Interdependenzverhältnis zur Beweisqualität eines Beweismittels.[1196] Sowohl bei den analogen, verstärkt aber bei den digitalen Beweismitteln spielen die Authentizität und Integrität der

---

1191 *Grützner/Jakob*, Compliance von A-Z, „chain of custody".
1192 *Knopp*, S. 11.
1193 Näher dazu Casey/*Casey*, Digital Evidence and Computer Crime, S. 21 f., 56 ff., 470 ff.
1194 *Kipker*, S. 168.
1195 *Dewald*, S. 19.
1196 Hoeren/Sieber/Holznagel/*Ortner*, Multimedia-Recht, Teil 13.2 Rn. 4.

Daten eine erhebliche Rolle. Können Authentizität und Integrität eines digitalen Beweismittels belegt werden, so ist deren Beweiswert höher einzustufen.

Die Authentizität einer Information bezieht sich auf den Umstand, dass Daten natürlichen Personen, Quellen (Ausstellern, d.h. auch im weitesten Sinne IT-Systemen) als Ursprung sicher zugeordnet werden können (Zurechenbarkeit der Daten; Datendetektion).[1197] Bezogen auf die Informationstechnik meint dies, dass beispielsweise Nachrichten einer bestimmten Dateneinrichtung oder einem Absender/Aussteller zugeordnet werden.[1198] Durch das Kriterium der Authentizität wird sichergestellt, dass die Herkunft von Informationen und Daten zweifelsfrei nachgewiesen wird.[1199] Bezogen auf den Strafprozess, müssen die eingereichten digitalen Beweise eindeutig und in nachvollziehbarer Weise dem Beschuldigten bzw. Angeklagten zuzuordnen sein. Die mitunter fehlende Zurechenbarkeit des Dateninhalts zu einem bestimmten Aussteller stellt für digitale Daten aber ein besonderes Problem dar. Wird von der herkömmlichen Urkunde noch gewährleistet, dass eine Verfügung oder ein Beschluss des Gerichts als Papierdokument mit handschriftlicher Unterschrift einer bestimmten Person zugeordnet wird, so wird dies bei einem elektronischen Dokument nur unter erschwerten Bedingungen möglich sein.[1200] So besteht durchaus das Risiko, dass sich potentielle Ermittlungen auch dann gegen einen Betroffenen richten können, wenn der Personenbezug nicht zweifelsfrei hergestellt ist und er somit als Urheber einer Information nicht zwingend in Betracht kommt, wenn keine zusätzlichen Maßnahmen zur Sicherstellung der Authentizität getroffen werden.[1201] Üblicherweise wird eine Herkunftsinformation bei Dateien nur nach dem jeweils verwendeten Gerät vergeben, auf dem die Datei erzeugt, bearbeitet, gespeichert oder übertragen worden ist,[1202] sodass nicht einfach auf den wahren Aussteller zu schließen ist. Geht es hingegen nicht um Erklärungen, wird häufig die unverfälschte Zuordnung der Daten zu einer bestimmten Erstellungssoftware oder zu einem bestimmten Gerät von Belang sein.[1203]

1197 *Knopp*, S. 10.

1198 Nach *Schmidl*, IT-Recht von A–Z, „Authentizität", bezieht sich die Authentizität einer Information auf den Umstand, dass Daten auf denjenigen zurückgehen, von dem sie anscheinend stammen. Nach *Kipker*, S. 164, bezieht es sich auf den Aussteller, der suggeriert wird.

1199 *Kipker*, S. 164.

1200 *Knierim*, FS Schiller, S. 393.

1201 *Kipker*, S. 165.

1202 *Knierim*, FS Schiller, S. 393.

1203 *Knopp*, S. 10 f.

Die Datenintegrität ist hingegen dann gegeben, wenn die Daten echt[1204] bzw. korrekt sind. Ist also von der Integrität einer Datei die Rede, so geht es genauer um die Unversehrtheit/Unverändertheit dieser. Oder anders ausgedrückt um die Nachvollziehbarkeit von vorgenommenen Änderungen an der Datei. Ein unversehrtes Beweismittel ist ein solches, was unmittelbar das(selbe) ist, welches ursprünglich gewonnen wurde.[1205] Das Kriterium der Integrität bezieht sich also darauf, dass der *Inhalt der Datei* – sei es Textdokument oder Bild – nach der Erstellung nicht verändert oder ausgetauscht wurde. Hier ist der strafprozessuale Unmittelbarkeitsgrundsatz im materiellen Sinne angesprochen.[1206] Werden digitale Daten vor oder nach der Beweisgewinnung auf andere Medien oder Orte umgespeichert, können sich diesbezüglich Schwierigkeiten ergeben.[1207] Das muss nicht dazu führen, dass das Beweismittel per se einen geringeren Beweiswert aufweist, es werden zum Nachweis der Integrität neben den Primärdaten bloß weitere Kontextdaten vonnöten sein. Die Korrektheit der Daten kann sich aber nicht nur auf den Inhalt, sondern auch auf weitere mit ihm im Zusammenhang stehende Attribute beziehen, wie beispielsweise auf den Zeitpunkt der Erstellung.[1208] Ist die Datenintegrität beeinträchtig, heißt das, dass die Daten unerlaubt verändert oder die Zeitangaben zu dessen Entstehung manipuliert worden sind.[1209]

Die Integrität einer digitalen Datei kann sowohl durch Alterungsprozesse, versehentliche oder technische Veränderungen[1210], technischen Defekt (einschließlich inkorrekt funktionierender Hard- und Software) als auch durch gezielte Veränderungen (Manipulationen, Sabotage) verletzt werden.[1211] Nur, wenn die Integrität der digitalen Daten nachgewiesen werden kann, können sie als Beweis für einen bestimmten Sachverhaltsbestandteil dienen.[1212] Dabei muss im Hinterkopf behalten werden, dass elektronische Dokumente grundsätzlich als flüchtig und leicht manipulierbar gelten.[1213] Der Integritätsgrad sollte so hoch

---

1204 Echtheit im Sinne der Datenintegrität meint jedoch keine solche im Sinne des § 267 StGB (Echtheit der Urkunde).

1205 Vgl. *Momsen*, FS Beulke, S. 881.

1206 Siehe bereits oben B.IV.4.b.

1207 Näher *Momsen*, FS Beulke, S. 881.

1208 *Kipker*, S. 165.

1209 *Kipker*, S. 165 f.

1210 Beispielsweise durch eine Formatkonvertierung.

1211 *Johannes/Potthoff/Roßnagel/Neumair/Madiesh/Hackel*, S 156; *Deutscher Bundestag*, Sicherheit und Schutz im Netz, S. 108.

1212 *Knopp*, S. 10.

1213 So nach *Johannes/Potthoff/Roßnagel/Neumair/Madiesh/Hackel*, S. 156.

wie möglich sein. Zweifel können sich beispielsweise ergeben, wenn die Beweiserhebung nicht von Strafverfolgungsbehörden - sondern von externen Ermittlern oder IT-Forensikern - durchgeführt oder wenn die Datenmenge drastisch reduziert wurde.[1214]

Wird die Echtheit digitaler Beweismittel bezweifelt, so muss deren Korrektheit und Unverfälschtheit nachgewiesen werden. Dies kann mithin schwierig zu beweisen sein. Für den Strafprozess müssen strenge Anforderungen an die Herkunft und Richtigkeit der durch die Ermittlungsbehörden erlangten Daten zu stellen sein. Es muss immer das Ziel vor Augen geführt werden, dass ein lückenloser Nachweis (Dokumentation) von der Datensicherung bis zur Verwertung und Bewertung in der Hauptverhandlung für alle Verfahrensbeteiligten eine vernünftige Grundlage schafft, die zu Beweissicherheit führt. Dadurch wird das Kriterium Integrität sichergestellt. Insbesondere am Kriterium der Nachvollziehbarkeit wird deutlich, „dass in jeder Beeinträchtigung der Integrität der als Beweismittel gesicherten Daten gleichzeitig eine Schwächung des Beweiswerts liegt, sofern nicht exakt nachvollzogen werden kann, wie sich die Veränderung ausgewirkt hat".[1215]

Entscheidend für einen hohen Beweiswert sind daher der Nachweis der Echtheit und Unversehrtheit der elektronischen Dateien, die zum einen (1) nicht ohne gesetzliche und geeignete organisatorische und technische Maßnahmen sichergestellt und, (2) deren Vorliegen nicht allein aus den Rohdaten nachgewiesen werden können. Zusätzlich müssen die Metadaten herangezogen und ausgewertet werden. Metadaten sind ihrerseits Daten und dienen dazu, ausgewählte Aspekte, Merkmale oder Eigenschaften von (Primär-)Daten zu beschreiben, jedoch nicht diese Daten selbst sind oder enthalten.[1216] Die juristische Relevanz dieser erschließt sich nicht aus den Metadaten selbst, sondern nur in Zusammenspiel mit dem digitalen Beweismitteln.[1217] Die Beweisführung mit elektronischen Beweismitteln ist ohne Metadaten meist nicht umsetzbar.[1218] Metadaten können weitere nützliche Informationen liefern, und somit Aufschluss auf den zu klärenden Sachverhalt geben, weil sie in der Lage sind Bearbeitungs- oder

---

1214 *Momsen*, FS Beulke, S. 881; vgl. *Marshall*, Digital Forensics, S. 19 ff., 43 ff.

1215 *Heinson*, S. 146 f.

1216 *Krüger/Möllers*, MMR 2016, 728; *Berlit*, JurPC Web-Dok. 143/2017, Abs. 15; siehe auch *Kesper*, JurPC Web-Dok. 103/2017, Abs. 14.

1217 Vgl. *Berlit*, JurPC Web-Dok. 143/2017, Abs. 21; diese sog. Metadaten finden sich sprachlich und inhaltlich auch im Beschluss des *BVerfG* NJW 2013, 2102.

1218 Zu Metadaten im Rahmen der elektronischen Aktenführung näher *Krüger/Möllers*, MMR 2016, 728 ff. und *Berlit*, JurPC Web-Dok. 143/2017, Abs. 1–66.

Kommunikationsvorgänge zu dokumentieren.[1219] Allerdings ist auch hier zu berücksichtigen, dass Metadaten selbst (leicht) manipuliert werden können.[1220]

Die Authentizität und Integrität einer Datei ist zusammengefasst dann belegt, wenn nachgewiesen werden kann, dass die Informationen vollständig und unverfälscht vorliegen und einem konkreten Aussteller zuzurechnen ist.[1221] Unverfälschtheit sowohl in Bezug auf Manipulationen als auch auf unabsichtliche Veränderungen, z.B. durch Übertragungs- oder Hardwarefehler.[1222] Die Abgrenzung beider Kriterien ist dabei nicht immer eindeutig; es bestehen erhebliche Überschneidungen. Ein Dokument ist dann nicht mehr integer, wenn der Inhalt nach der Erstellung unbemerkt verändert wurde, gleichzeitig ist es dann nicht mehr authentisch, wenn die unerlaubten Veränderungen nicht mehr von demjenigen herrühren, der die Datei zuvor erstellt hat.[1223] Die Forderung nach (Sicherstellung der) Authentizität und Integrität wurden und sind von dem Gesetzgeber selbst als entscheidende Merkmale für die Übermittlung elektronischer Dokumente benannt, vgl. bereits § 41a Abs. 1 Satz 2 StPO a.F. und § 110a Abs. 1 Satz 2 OWiG a.F. und aktuell § 32a Abs. 4 Nr. 4 StPO, bei dem neben der qualifizierten elektronischen Signatur auch andere sichere Verfahren zugelassen wurden, die die Authentizität und die Integrität der übermittelten elektronischen Daten gewährleisten.

Betrachtet man ein digitales Dokument im Vergleich zu einem Papierdokument unter Berücksichtigung der Grundsätze der Authentizität und Integrität, so scheint zunächst das Papierdokument deren besserer Stellvertreter.[1224] Eine Urkunde kann aus sich heraus vollen Beweis für ihren Inhalt begründen.[1225] Manipulationen können meist ohne technische Hilfsmittel – mit bloßem Auge – festgestellt werden (Integritätsaspekt). Die Authentizität wird man in der Regel

---

1219 *Berlit*, JurPC Web-Dok. 143/2017, Abs. 20; *Krüger/Möllers*, MMR 2016, 728 (729), der als Beispiele legale IT-Durchsuchungen von Kartellbehörden in Form von e-Raids sowie durch Metadaten erlangte Informationen über die Anwesenheit von Bewohnern bei Hausautomationssystemen nennt.

1220 Vgl. *Heinson*, S. 4; *Johannes/Potthoff/Roßnagel/Neumair/Madiesh/Hackel*, S. 156; *Marschall/Herfurth/Winter/Allwinn*, MMR 2017, 152 (153).

1221 *Johannes/Potthoff/Roßnagel/Neumair/Madiesh/Hackel*, S. 155 f.

1222 *Johannes/Potthoff/Roßnagel/Neumair/Madiesh/Hackel*, S. 155 f.

1223 Vgl. *Johannes/Potthoff/Roßnagel/Neumair/Madiesh/Hackel*, S. 140 f.; *Knierim*, FS Schiller, S. 393 f. Da für die Integrität die Authentizität des Hash-Wertes der Nachricht benötigt wird, kann es auch zu dem Fall kommen, dass eine Nachricht dem Sender zugeordnet werden kann, aber nicht mehr integer ist.

1224 Hoeren/Sieber/Holznagel/*Ortner*, Multimedia-Recht, Teil 13.2 Rn. 4.

1225 Hoeren/Sieber/Holznagel/*Ortner*, Multimedia-Recht, Teil 13.2 Rn. 2.

durch die Urschrift gewährleisten können.[1226] Des Weiteren kann die Vertraulichkeit beim Papier dadurch gewahrt werden, dass die Urkunde in einem Safe aufbewahrt wird.[1227] Neben der fehlenden Wahrnehmbarkeit und Lesbarkeit aus sich heraus, liefern digitale Dokumente keine Anhaltspunkte für ihre Herkunft, Integrität und Authentizität. Dazu müssen immer weitere Informationen hinzugezogen werden. Darüber hinaus sind sie anfällig für Veränderungen, sofern nicht Schutzmaßnahmen ergriffen wurden.[1228]

5. Abhängigkeit des Sachbeweises vom Personalbeweis

Zur Bestimmung des individuellen Beweiswertes muss auch die Abhängigkeit des Sachbeweises vom Personalbeweis betrachtet werden. Unter den Sachbeweis können eine Festplatte, bestimmte Logfiles (dt. Logdateien) oder Fingerabdrücke zu fassen sein. Diese Sachbeweise wurden durch eine natürliche Person erhoben, in das Verfahren eingebracht und im Sachzusammenhang auf die Beweiskraft, d.h. die Eignung das Gericht zu überzeugen, erläutert.[1229] Der Sachbeweis hat zunächst keine direkte Aussagekraft. Ein Fingerabdruck auf einer Festplatte sagt nur aus, dass die Person, deren Abdruck festgestellt wurde, die Festplatte in der Hand hatte und sie so mit dem eigenen Fingerabdruck „versehen" hat.[1230] Daraus können zwar weitere Schlüsse gezogen werden, der Sachbeweis selbst sagt aber nicht aus, dass dieser Fingerabdruck bei der Tatausführung auf die Festplatte gelangt ist; gut möglich ist auch, dass die Person die Festplatte noch vor Tatausführung in der Hand hatte und der eigentliche Täter keine Abdrücke hinterlassen hat.[1231] Der Fingerabdruck auf der Festplatte allein kann daher nicht als Beweis für eine Täterschaft dienen. „Die Beweiskraft wird durch die Person, welche den Beweis erhoben hat, und durch die Person, die den Beweis in den Tatzusammenhang stellt und erläutert, erst deutlich."[1232] Das veranschaulicht, dass der Sachbeweis eng mit dem Personalbeweis verbunden ist, es kann eine gewisse Abhängigkeit bescheinigt werden: „Der Sachbeweis steht und fällt mit der Glaubwürdigkeit der erhebenden Person."[1233] Insbesondere bei digitalen

1226 Hoeren/Sieber/Holznagel/*Ortner*, Multimedia-Recht, Teil 13.2 Rn. 4.
1227 Hoeren/Sieber/Holznagel/*Ortner*, Multimedia-Recht, Teil 13.2 Rn. 4.
1228 *Gercke/Brunst*, Rn. 46.
1229 *Geschonneck*, Kap. 4.6.1.
1230 Vgl. *Geschonneck*, Kap. 4.6.1.
1231 Vgl. *Geschonneck*, Kap. 4.6.1.
1232 *Geschonneck*, Kap. 4.6.1.
1233 *Geschonneck*, Kap. 10.5.

Daten kann sogar eine doppelte Abhängigkeit festgestellt werden. Nicht nur die Abhängigkeit von der Person, die den Sachbeweis erhebt und in dem Strafverfahren präsentiert, sondern auch im Hinblick auf die fehlende unmittelbare Wahrnehmbarkeit. Ein digitales Beweismittel ist auch insoweit an den Personenbeweis gebunden, als dass jemand (ein Mensch) ihre Wahrnehmbarkeit erst ermöglichen muss. Dazu bedarf es zwar geeigneter Hard- und Software, die aber von einem Menschen bedient werden muss.

Für das Beweisrecht bedeutet das, dass eine ausschließliche Beweisführung aufgrund von digitalen (Sach-)Beweisen schwer durchführbar ist, sondern es immer zusätzlicher (nicht-digitaler) Beweise bedarf und die Beweiskraft der Daten sich nicht nur an sich selbst messen lässt.

6. Glaubwürdigkeit von Zeugen und Sachverständigen

Der Personenbeweis ist als subjektiver Beweis abhängig von der individuellen Wahrnehmungsfähigkeit und der Reproduzierbarkeit beweiserheblicher Wahrnehmungsinhalte. Dort, wie auch bei der Einlassung des Angeklagten, hängt der Beweiswert von einer individuellen Zuverlässigkeit der Aussageperson ab. Davon umfasst ist eine Glaubhaftigkeitsprüfung der Aussagen und eine Glaubwürdigkeitsprüfung der aussagenden Person.[1234] Der Gesetzgeber geht jedenfalls davon aus, dass der persönlichen Glaubwürdigkeit im Prozess bei der Beweiswürdigung durchaus Bedeutung zukommt, vgl. §§ 68a Abs. 2 StPO, 395 Abs. 2 ZPO.[1235] Denn danach sind dem Zeugen Fragen über Umstände, die seine „Glaubwürdigkeit in der vorliegenden Sache betreffen" zu stellen, soweit dies für die Beweiswürdigung erforderlich ist. Werden zur sachlichen Darstellung der Beweiserhebung, der eingesetzten Verfahren und der Erläuterung der Ergebnisse Ermittlungsbeamte oder Ermittler IT-forensischer Untersuchungen angehört, so muss bei Zweifeln und herausragender, prozessentscheidender Bedeutung deren persönliche Glaubwürdigkeit vom Richter genau ermittelt werden. Diese kann grundsätzlich nur dann beurteilt werden, wenn der Richter sich selbst einen persönlichen und unmittelbaren Eindruck von dem Zeugen/Sachverständigen verschafft.[1236] An der Glaubwürdigkeit der Personen, die den Beweis unrichtig darstellen und/oder widerlegbare Behauptungen oder Interpretationen des Beweises aufstellen, kann indes gezweifelt werden.[1237] Diesbezüglich

---

1234 *Eisenberg*, Rn. 1426.
1235 *Prechtel*, ZJS 2017, 381 (384).
1236 *Prechtel*, ZJS 2017, 381 (388) m.w.N.
1237 *Geschonneck*, Kap. 4.6.1.

sind Erinnerungslücken, Irrtümer und Lügen im Stande den Beweiswert zu senken, sogar bis zur Bedeutungslosigkeit. Die Integrität der Person (Persönlichkeit) und ihre Glaubwürdigkeit sind wesentliche Elemente des Personenbeweises.[1238] Sie stellen Indizien für die Glaubhaftigkeit der Aussage dar und haben somit Auswirkungen auf die Überzeugungskraft des Beweismittels insgesamt.[1239] Auch hier kann eine vollständige und nachvollziehbare Dokumentation über den korrekten Umgang mit dem digitalen Beweismittel (*chain of custody*) dem Zeugen und Sachverständigen helfen, beispielsweise seine Tätigkeiten bei der Beweiserhebung vor Gericht sicher darzustellen. Wird jedoch ein Zeugen- oder Sachverständigenbeweis geführt, hängt ein hoher Beweiswert davon ab, dass die Personen ihre Aussage trotz Vorhaltungen sicher und glaubhaft darlegen; sie also sicherstellen, dass Irrtümer vermieden und Lügen erschwert werden.[1240] Diesbezüglich ist auch eine mögliche Abhängigkeit zwischen Zeugen bzw. Sachverständigen zu dem Opfer oder dem Angeklagten zu beachten.[1241] Sollte eine (persönliche) Beziehung zwischen dem Zeugen und dem von ihm Beschuldigten bestehen, so kann darin ein wesentlicher Anhaltspunkt für potentielle Belastungs- bzw. Entlastungsmotive liegen,[1242] was dann Auswirkungen auf den Beweiswert des Personenbeweises haben kann. Daher ist auf die Unabhängigkeit der Personen zu achten, sodass eine Motivlage im Sinne der Opfer oder der Täter ausgeschlossen werden kann. Geht es um die Sicherstellung und Erhebung der Beweisspuren, so wird dies in der Regel dadurch gewährleistet, dass Ermittlungsbeamte agieren, von deren Unabhängigkeit per se auszugehen ist. Die Einbringung von digitalen Beweisen durch einen unabhängigen und auf dem Gebiet erfahrenen Ermittlungsbeamten deuten auf einen nicht unerheblichen Wert des Beweismittels hin.[1243] Aber es besteht auch die Möglichkeit auf externe Spezialisten zurückzugreifen. Bei diesen muss neben der Unabhängigkeit auch die Kompetenz in Form von Fachkenntnissen nachgewiesen werden. Insbesondere für IT-Sachverständige und IT-Forensiker, die als Zeugen oder Sachverständige im Verfahren über die Ermittlungsergebnisse berichten, ist eine hohe Qualifikation ein zentrales beweisrechtliches Kriterium speziell für die Glaubwürdigkeit der Person, aber auch insgesamt für den Beweiswert der

---

1238 *Geschonneck*, Kap. 4.6.1.

1239 *Heinson*, S. 135.

1240 *Heinson*, S. 136.

1241 Vgl. *Geschonneck*, Kap. 4.6.1.

1242 BGH, Urt. v. 30.07.1999 – 1 StR 618/98.

1243 Vgl. *Geschonneck*, Kap. 10.5.

erhobenen Beweisspuren.[1244] Mangelnder Sachverstand und mangelnde Erfahrung beim Umgang mit digitalen Beweisen beim IT-Forensiker kann den Ausgang des gesamten Prozesses negativ beeinflussen.[1245] Nicht nur dahingehend, dass die schlechte Ergebnisqualität den Beweiswert senken kann, sondern auch in der Hinsicht, dass durch eine falsche und mangelhafte Handhabung der digitalen Beweise der Tatrichter falsche Schlüsse für seine Überzeugung zieht.[1246]

Vor Gericht spielen Zeugen neben den unmittelbaren Beweisen, in der Praxis die größte Rolle. Sie stellen das häufigste, aber auch das unsicherste Beweismittel im Strafprozess dar.[1247] Bezieht man die hervorstechende Rolle auf digitale Beweismittel, so spiegelt sich dies nicht unbedingt wieder. Zwar kann der Angeklagte selbst oder der die Ermittlung führende Ermittlungsbeamte, der die wesentlichen digitalen Daten gesichert hat, zur Beweisführung beitragen, im Fokus stehen jedoch meist die Daten selbst bzw. ihre Ermittlungsergebnisse. So geht *Heinson* davon aus, dass je überzeugender die Auswertung der Daten ist, desto weniger bedürfe es Personenbeweise und komme es auf die Glaubwürdigkeit der aussagenden Personen an.[1248] Der Aussage lässt sich weitestgehend zustimmen, jedoch ist auch hier die Abhängigkeit des Sachbeweises vom Personenbeweis zu berücksichtigen. Die Person, die den Sachbeweis einbringt, ist für die Beweisqualität der Daten genauso bedeutend wie die Daten an sich,[1249] weil beide in einer wechselseitigen Abhängigkeit zueinanderstehen.

7. Zwischenergebnis

Der Beweiswert entscheidet maßgeblich über den Erfolg der Beweisführung digitaler Daten. Ein zuverlässiges Beweismittel lässt grundsätzlich auf einen hohen Beweiswert schließen und kann den Ausgang des Prozesses wesentlich beeinflussen. Zunächst lässt der Beweiswert sich durch verfahrensmäßige Gestaltungen beeinflussen. All die oben genannten Anhaltspunkte und Kriterien ermöglichen es den Beweiswert digitaler Beweise abstrakt, d.h. relativ zu erhöhen, der Erfolg eines Beweismittels kann dadurch jedoch nicht absolut garantiert werden.[1250] Denn letztendlich entscheidend der Tatrichter aufgrund der freien

---

1244 Siehe dazu unten F.III.

1245 *Heinson*, S. 143.

1246 Näheres bei *Heinson*, S. 143 f.

1247 *Prechtel*, ZJS 2017, 381.

1248 *Heinson*, S. 136.

1249 Vgl. *Geschonneck*, Kap. 4.6.1 und 10.5.

1250 Vgl. *Heinson*, S. 129.

richterlichen Beweiswürdigung selbst über den individuellen Beweiswert jedes Beweismittels, sodass kein sicheres Ergebnis vorausgesagt werden kann, lediglich eine Prognose.

Ziel muss es sein, eine hohe Beweissicherheit zu gewährleisten, um den digitalen Beweisen das Vertrauen entgegenzubringen, was nicht-digitalen verkörperten Beweisen bereits entgegengebracht wird. Gegenüber nicht-digitalen Beweisen besitzen digitale Beweise allerdings einige Nachteile, die sich auf die Beweisführung im Allgemeinen und auf den Beweiswert im Besonderen beziehen. Ihnen lässt sich ihre Herkunft nicht ansehen, des Weiteren besitzen Daten mangels Verkörperung keine „materielle" Geschichte, sodass Veränderungen durchaus spurlos vorgenommen werden können, ihr Nachweis jedenfalls eines größeren Aufwandes bedarf. Der Beweiswert der alleinigen Daten bleibt damit im Grundsatz gering, das Misstrauen dagegen bleibt bestehen. Erforderlich sind weitere Kontextinformationen. Dass analogen Beweisen mehr Vertrauen entgegengebracht wird, liegt unter anderem an ihrer Verkörperung. Generell werden verkörperten, mithin körperlich greifbaren Dingen mehr Vertrauen geschenkt als immateriellen Dingen. Eindringlichstes Beispiel ist das Beweismittel der Urkunde. Diesem wird aufgrund von Verkörperung und Fälschungssicherheit eine hohe Beweiskraft und damit größeres Vertrauen zugesprochen. Die Urkunde gilt insoweit als zuverlässiges Beweismittel.[1251] Insoweit Bedenken zu hegen, ist durchaus nachvollziehbar, wenn sich vor Augen geführt wird, dass der Gesetzgeber seinerseits für den gerichtswirksamen Rechtsverkehr mit elektronischen Dokumenten, *gesicherte Dokumente*, also solche, die mit einer qualifizierten Signatur versehen sind, verlangt[1252].[1253] Dieser Aspekt, als auch die fehlende Verkörperung digitaler Medien, sowie deren zugeschriebene Anfälligkeit für Manipulationen lassen den Schluss zu, dass der Beweiswert digitaler Beweismittel grundsätzlich als ausgesprochen gering anzusehen sei, im Vergleich zu analogen Beweismitteln. Dies lässt jedoch außer Acht, dass nicht-digitale Beweismittel den digitalen Beweismitteln dabei nicht zwingend überlegen sind. Denn auch sie unterliegen Schwächen, die den Beweiswert verringern können. Jedwedem Beweismittel haftet eine gewisse Unsicherheit an. Betrachtet man beispielsweise die Würdigung der Personenbeweise, so hat insbesondere die menschliche Erinnerungsfähigkeit viele Grenzen, die es zu berücksichtigen gilt.[1254] Das

1251 *Ahrens*, FS Geimer, S. 2.

1252 Vgl. §§ 41a StPO (a.F.), 110a OWiG (a.F.), § 32a StPO, 126a BGB, 3a VwVfG.

1253 So auch *Momsen/Hercher*, S. 189.

1254 *Heinson*, S. 4.

tatsächlich Wahrgenommene kann sich mit ihren Ansichten, Meinungen und Vorstellungen über das Geschehen vermischen, sowie es Zeugen gibt, die vorsätzlich die Unwahrheit sagen.[1255] Aber auch Sachbeweise wie Fotos sind nicht per se als sicher einzustufen. Auch analoge Fotos sind nicht vor Manipulationen befreit: wird ein aufgenommenes Foto verändert und sodann abfotografiert, entsteht ein neues Negativ und somit ein neues vermeintliches Original.[1256] Diese Herangehensweise ist im Vergleich zu der Veränderbarkeit eines digitalen Fotos weitaus aufwändiger, jedoch durchaus durchführbar.[1257]

Der Beweiswert digitaler Daten und damit ihre Zuverlässigkeit als Beweismittel hängt deshalb von mehreren Faktoren ab: woher stammen die Daten, mit welchen technischen Mitteln und mit welcher Methode wurden sie gewonnen und ausgewertet und von wem, sind sie authentisch und nachvollziehbar, lassen sich Veränderungen durch Sicherungsvorkehrungen ausschließen und nachweisen, bestand ein Manipulationsrisiko und wer hatte ein Manipulationsinteresse.[1258] Werden keine überzeugenden Anhaltspunkte hervorgebracht, die die Authentizität oder andere Kriterien einer Datei anzweifeln, muss dem digitalen Beweismittel nicht ohne Weiteres und nur aufgrund ihrer Art ein geringerer Beweiswert beigemessen werden als dem jeweiligen analogen Pendant.[1259]

Um dementsprechend das Vertrauen in digitale Beweismittel zu erhöhen, müssen neben der Einhaltung der beschriebenen beweisrechtlichen Kriterien (s.o.) auch weitere Vorkehrungen zur Gewährleistung von Integrität und Authentizität digitaler Beweise berücksichtigt werden, denn diese sind besonders wichtig.[1260] Geht die Integrität verloren oder unterschreitet der Grad der Integrität ein bestimmtes Niveau, so sind stichhaltige Folgerungen nur eingeschränkt möglich.[1261] Entsprechendes gilt auch für das Kriterium der Authentizität, denn auch die Gewährleistung dessen hängt von der Möglichkeit ab, die Herkunft von Informationen zu identifizieren und diese einem Angeklagten bzw. Beschuldigten zuzuordnen.[1262] Damit geht die lückenlose Dokumentation sämtlicher Schritte einher, die das digitale Beweismittel betreffen. Eine unzureichende Dokumentation kann Zweifel an der Herkunft und Handhabung des

---

1255 *Heinson*, S. 4 f.

1256 *Momsen/Hercher*, S. 189.

1257 Vgl. *Knopp*, ZRP 2008, 156 (157); *Momsen/Hercher*, S. 189.

1258 Vgl. *Heinson*, S. 4.; siehe unten C.V.

1259 So auch *Momsen/Hercher*, S. 189.

1260 Vgl. *Heinson*, S. 147.

1261 *Momsen*, FS Beulke, S. 881.

1262 *Momsen*, FS Beulke, S. 881.

Beweismittels schüren, der es entgegenzuwirken gilt. Dies nicht nur zum Zwecke der Beweissicherheit, sondern auch zum Zwecke der Verfahrenstransparenz. Die Dokumentation ermöglicht es, Widersprüche zu offenbaren bzw. zu überprüfen, was die Grundlage für mögliche Beweisanträge[1263] in der Hauptverhandlung bildet, aber auch für das Vorgehen in der Revisionsinstanz[1264] von entscheidender Bedeutung sein kann.

Je stärker die Grundsätze der Authentizität, der Integrität und Vertraulichkeit hinsichtlich des angebotenen Beweismittels ausgeprägt sind, desto höher ist auch sein Beweiswert.[1265] Um die bestmöglichste Beweissicherheit zu erzielen, bedarf es der Erfüllung weiterer technisch-organisatorischer Kriterien und Maßstäbe bei der Handhabung digitaler Beweismittel. Ausgangspunkt eines hohen Beweiswertes kann daher nur die Kombination von beweisrechtlichen Kriterien und technischen Maßnahmen sein, mit deren Hilfe Sachverständige und Richter den Beweiswert digitaler Daten eindeutig bzw. eindeutiger ermitteln/einschätzen können. Die Maßnahmen müssen unter Berücksichtigung der spezifischen Probleme digitaler Beweise und ihrer Doppelnatur eingeordnet werden. Dahingehend ist auch zu untersuchen, ob einheitliche Standards bestehen, die es zu beachten gilt. Denn an dem Grad der Sicherheit, mit dem diese Feststellungen erfolgen, bemisst sich der individuelle Beweiswert des Beweismittels,[1266] und nicht daran, dass ein Beweismittel wesentlich für die Überführung des Beschuldigten oder für sein Alibi ist.

8. Forensic Readiness

Im relevanten Kontext der Beweiseignung, Beweiswertermittlung und Beweisqualität digitaler Beweise sollte sich auch mit dem im Common Law verwendeten Begriff der *Forensic Readiness* auseinandergesetzt werden. Die *Forensic Readiness*[1267] (dt. Gerichts- oder Prozessbereitschaft) beschäftigt sich mit Methoden und Maßnahmen zur Vorbereitung von Organisationen auf digital forensische Untersuchungen.[1268] Sie hat einen weiterreichenderen Gehalt in dem Sinne, dass digitale Beweise so erstellt, gesammelt, archiviert und dokumentiert werden, dass sie im hypothetischen Falle eines späteren rechtlichen Verfahrens

1263 Siehe dazu unten G.III.
1264 Siehe dazu unten E.
1265 Hoeren/Sieber/Holznagel/*Ortner*, Multimedia-Recht, Teil 13.2 Rn. 4.
1266 *Knopp*, S. 11.
1267 Auch *Digital Forensic Readiness* genannt.
1268 *Meier*, S. 58, 61 m.w.N.

vor Gericht verwendet werden können.[1269] Aus der Unternehmensperspektive betrachtet, geht es darum, dass Organisationen und Institutionen ihr Potenzial zur Nutzung digitaler Beweise in einer forensischen Untersuchung maximieren bei gleichzeitiger Minimierung der Kosten.[1270] Weiterhin soll sichergestellt werden, „dass den Personen obliegenden Sorgfaltspflichten bei der Implementierung von Prozessabläufen eingehalten werden und insoweit keine Verantwortlichkeit für Fehler besteht".[1271] Der Begriff wird nach dem Good Practice Guide des *National Cyber Security Centre* definiert als "the achievement of an appropriate level of capability by an organization in order for it to be able to collect, preserve, protect and analyse Digital Evidence so that this evidence can be effectively used in any legal matters, in security investigations, in disciplinary matters, in an employment tribunal or in a court of law."[1272] Damit werden Voraussetzungen festgelegt, deren Einhaltung den Beweiswert der präsentierten Informationen deutlich erhöhen, auch wenn sie nicht in einem strafverfahrensspezifischen Rahmen gelten.[1273] Für das deutsche Strafverfahren können die im Common Law maßgeblichen sog. *Daubert-Criteria* hilfreich sein. Es handelt sich dabei um einen Standardkatalog von Kriterien, der seit 1993[1274] von der US-amerikanischen Rechtsprechung herangezogen wird, um zu prüfen, ob eine Methode, eine Theorie oder Ähnliches wissenschaftlichen Grundprinzipien genügt,[1275] und um falsch positive Ergebnisse zu vermeiden. Nach diesen wird zusammenfassend gefordert, dass die angewendeten Methoden und Schritte in der bisherigen Praxis weitgehend akzeptiert sind.[1276] D.h. sie müssen in der Fachwelt beschrieben und allgemein anerkannt sein (*peer-reviewed* und veröffentlicht). Neue Methoden müssen korrekt angewendet werden, was nachzuweisen ist. Dafür werden Robustheit und Funktionalität der Methoden überprüft. Des

---

1269 *Momsen*, FS Beulke, S. 879.

1270 Vgl. *Rowlingson*, Forensic Readiness, S. 1, 3, 5: „the ability of an organisation to maximise its potential to use digital evidence whilst minimising costs of an investigation"; *Meier*, S. 58, 61 m.w.N.

1271 *Momsen*, FS Beulke, S. 879.

1272 *NCSC*, Good Practise Guide Forensic Readiness, S. 1, online abrufbar unter https://www.ncsc.gov.uk/content/files/guidance_files/GPG%2018%20-%20Forensic%20Readiness%20-%20Issue%201.2%20-%20Oct%2015%20-%20NCSC%20Web.pdf.

1273 *Momsen*, FS Beulke, S. 879.

1274 Der Standardkatalog geht auf eine Entscheidung (Daubert v. Merrell Dow Pharmaceuticals, Inc., 509 U.S. 579 (1993), 593 ff.) des US Supreme Court aus dem Jahre 1993 zurück.

1275 Siehe dazu *Bernstein/Jackson*, The Daubert Trilogy.

1276 Siehe dazu *Momsen*, KriPoZ 2018, 142 (146 f.)

Weiteren müssen die herausgestellten Ergebnisse wiederholbar sein, was sich darin zeigt, dass auch dritte Personen mit denselben Hilfsmitteln auf das gleiche Ergebnis kommen. Die sichergestellten Beweismittel müssen vor unbemerkten Veränderungen geschützt sein. Der Nachweis der Integrität muss gewährleistet werden. Zusätzlich müssen alle getätigten Ermittlungsschritte vollständig dokumentiert werden. Es bedarf der Nachweisbarkeit des lückenlosen Verbleibs digitaler Beweismittel und den an ihnen getätigten Untersuchungen, sog. *chain of custody*. Diese Faktoren sind nicht erschöpfend.[1277] Des Weiteren stellen sie keinen abschließenden Bewertungsmaßstab im Sinne eines „endgültigen Tests“ dar.[1278]

Bezogen auf das Strafverfahren, könnte aber versucht werden, digitale Beweismittel bereits bei der Einführung in das Verfahren so zu präsentieren, dass die Datenerhebung die Daubert-Kriterien weitestgehend erfüllt.[1279] Damit würde es gleichfalls der Idealvorstellung der *Forensic Readiness* entsprechen.[1280] Insoweit bedarf es geschultes Personal (Ermittlungsbeamte, Staatsanwaltschaft), die ein gewisses Verständnis für den Umgang mit digitalen Spuren aufbringen.[1281] Hilfreich könnte eine (verbindliche und bundesweite) Richtlinie sein, wie sie bereits von mehreren Organisationen herausgearbeitet und etabliert wurde.[1282] Diese Richtlinie soll gewährleisten, dass alle potenziellen digitalen Spuren aufgefunden und korrekt sichergestellt werden, um sie anschließend verlustfrei und sicher aufzubewahren. Des Weiteren würden damit die Maßstäbe der Überprüfung präsentierter Beweismittel durch das Gericht oder die Verteidigung feststehen, was deren Handhabung strukturieren und damit erleichtern würde.

IV. Beweissicherheit: Ansätze zur Erzeugung sicherer digitaler Beweismittel

Die erörterten Anhaltspunkte zur Bewertung eines digitalen Beweismittels führen direkt zu dem zweiten Aspekt bei der Betrachtung, nämlich dem der

---

1277 Siehe auch die zusätzlichen Kriterien, die sich aus der amerikanischen Federal Rule of Evidence 702 (Testimony by Expert Witnesses) ergeben. Online abrufbar unter http://www.uscourts.gov/sites/default/files/Rules%20of%20Evidence.

1278 So *Momsen*, KriPoZ 2018, 142 (147); *ders.*, FS Beulke, S. 880.

1279 So *Momsen*, FS Beulke, S. 880.

1280 *Momsen*, FS Beulke, S. 880.

1281 Siehe dazu unten F.III.

1282 Vgl. *ACPO*, Good Practice Guide; *SWGDE*, Best Practices for Computer Forensics oder den *BSI*, Leitfaden IT-Forensik; siehe dazu unten F.III.

Beweissicherheit und den Ansätzen zur Erzeugung sicherer digitaler Beweismittel. Es gibt keine rechtliche Definition, was unter „Beweissicherheit" zu verstehen ist. In der IT-Sicherheit[1283] wird darunter die Abwehr/Abwesenheit von Gefahren auf Netze und IT-Systeme verstanden.[1284] In prozessrechtlicher Hinsicht kann darunter die Prognose gefasst werden, mit hoher Wahrscheinlichkeit eine Tatsache in einem Gerichtsverfahren beweisen zu können. Um sichere Beweismittel für den Gerichtsprozess zu schaffen, müssen die besprochenen Anhaltspunkte durch technische und organisatorische Sicherungsmittel abgesichert werden. Im Folgenden geht es daher um Sicherheitsmaßnahmen, Sicherungsmittel und Schutzvorkehrungen, die es ermöglichen den Beweiswert zu steigern und eine positive Beweisprognose zu erhalten. Die derzeit zur Verfügung stehenden Sicherungsmittel werden nachfolgend näher untersucht, auch in Bezugnahme auf ihre Akzeptanz und Verwendung in der Praxis. Die Zuverlässigkeit eines Sicherungsmittels entscheidet maßgebend über die Beweiskraft digitaler Beweismittel und ihrer Beweisprognose.

Vordringlich geht es um die Sicherstellung der Authentizität und Integrität der digitalen Daten als spezifische Probleme digitaler Beweise.[1285] Dabei ist zunächst festzuhalten, dass das Strafprozessrecht hierüber keine expliziten Regelungen aufweist – lediglich § 32a Abs. 4 Nr. 4 und § 100a Abs. 5 Satz 2 und 3 StPO erwähnen die beiden Punkte; ersterer Paragraph in Bezug auf eine sichere Übermittlung eines elektronischen Dokuments, zweiterer in Bezug auf die technische Umsetzung einer verdeckten Telekommunikationsüberwachung.

Die Vorschrift § 32a StPO bezieht sich in der Systematik der Strafprozessordnung ausschließlich auf elektronische Dokumente, als Bestandteile der elektronischen Akte – nicht aber in Bezug auf Kriterien für Beweismittel. Festzustellen ist, dass es dem Gesetzgeber hinsichtlich der Punkte *Integrität* und *Authentizität* nicht gelungen ist, verallgemeinerbare Vorgaben für das Prozessrecht zu entwickeln.[1286] Es stellt sich demnach die Frage, ob es konkreter gesetzlicher Vorgaben zur Sicherung der *Authentizität* und *Integrität* eines im Strafprozess verwendeten elektronischen Beweismittels bedarf – beispielsweise wie sie ganz punktuell in § 100a Abs. 5 Satz 2 und 3 StPO erwähnt werden.[1287]

1283 Zur Definition des Begriffes „IT-Sicherheit" siehe *Reinhard*/Pohl/Cappelaro, IT-Sicherheit und Recht, 1. Kap. § 1 Rn. 1.

1284 Siehe dazu unten C.V.

1285 So auch *Jandt*, NJW 2015, 1205 (1206).

1286 Vgl. *Heinson*, S. 410.

1287 So *Warken*, NZWiSt 2017, 449 (451 f.), die dringenden Bedarf sieht und auf die §§ 100a V 2 und 3 StPO verweist.

Die Grundlage der Beweisführung muss also ein zuverlässiges Beweismittel sein. Das ist dann der Fall, wenn das digitale Dokument darstellbar und vollständig ist, und seine Integrität und Authentizität technisch so gesichert wurde, dass die Verkehrsfähigkeit erhalten bleibt.[1288] Authentizitäts- und Integritätssicherungen lassen sich sowohl technisch als auch organisatorisch umsetzen. Dahingehend lassen sich die Sicherungsmittel in drei Kategorien einteilen: in systembezogene und organisatorische, in datenträgerbezogene und in datei-, bzw. dokumentbezogene Sicherungsmittel,[1289] wobei die einzelnen Mittel auch miteinander kombiniert werden können.

1. Organisatorische und systembezogene Sicherungsmittel

Die systembezogenen und organisatorischen Sicherungsmittel dienen dem Schutz des IT-Systems, in dem die Daten gespeichert sind.[1290] Diese ermöglichen unter anderem den Datenzugriff zu beschränken, indem zum Schutz der Daten nur bestimmte Personen auf die Daten Zugriff erhalten; meist wird dies durch Zutritts- und Zugriffsbeschränkungen ausgeübt.[1291] Ergänzt werden können diese durch einen zusätzlichen Schreibschutz, Passwortschutz oder auch durch Protokollierungssysteme, die die Zugriffe nachvollziehbar machen. Dadurch können die Fragen, wer zu welchem Zeitpunkt wie auf welche Daten zugreifen konnte und zugegriffen hat, beantwortet werden.[1292] Die organisatorischen und systemspezifischen Sicherungsmittel spielen unter anderem im Stadium der Beweissicherung[1293] sowie der Asservierung und Archivierung[1294] eine große Rolle.

Es soll also organisatorisch sichergestellt werden, dass die Beweismittel – seit Beweissicherung – nicht unbemerkt verändert und/oder sie insgesamt ausgetauscht werden können. Um diesen Szenarien zuvorzukommen und um die Analyse der Dateien reproduzierbar zu machen, werden von den Daten grundsätzlich 1:1 Kopien erzeugt, wogegen die Originale sicher zu verwahren sind.[1295] Weil alle digitalen Informationen (ob Text oder Bilder) auf einem genau

---

1288 *Knopp*, ZRP 2008, 156 (158); vgl. *Roßnagel/Fischer-Dieskau/Jandt/Knopp*. 99 f.

1289 Einteilung nach *Roßnagel/Fischer-Dieskau/Jandt/Knopp*, S. 23 ff., 105; *Heinson*, S. 50 ff., 148 ff; vgl. auch SWGDE, Best Practices for Computer Forensics, S. 8.

1290 *Heinson*, S. 50.

1291 *Roßnagel/Fischer-Dieskau/Jandt/Knopp*, S. 23 f.

1292 *Heinson*, S. 50 f.; *Roßnagel/Fischer-Dieskau/Jandt/Knopp*, 24.

1293 Näher *Heinson* S. 50 ff.

1294 Zur Archivierung *Roßnagel/Fischer-Dieskau/Jandt/Knopp*.

1295 *Eisenberg*, Rn. 1938e.

festgelegten binären Code basieren, kann man von diesen auch perfekte Kopien („Klone") erzeugen.[1296] Die forensische Duplikation[1297] von sichergestellten Speichermedien wird in technischen Fachkreisen als anerkannte übliche Vorgehensweise bei der Ermittlung im Umfeld der Computerkriminalität angesehen.[1298] Dieser Standardvorgang wird auch hinsichtlich der Erfüllung des beweisrechtlichen Kriteriums der Nachvollziehbarkeit rechtlich geboten sein. Somit bedarf es nicht nur des Schutzes des originären Beweismittels, sondern auch der Kopie der gesicherten Daten. Diesbezüglich besteht die Möglichkeit die Kopie auf einem Datenträger physisch getrennt und vor unerlaubten Zugriffen geschützt aufzubewahren.[1299]

Dass allein durch den organisatorischen Schutz des Beweismittels ein hoher Grad an Veränderungssicherheit gewährleistet werden kann, wie es bei körperlichen Gegenständen der Fäll wäre, ist im Allgemeinen nicht anzunehmen. Denn dadurch kann nur der Datenträger als Gegenstand gesichert werden, nicht jedoch die auf ihm enthaltenen Daten selbst - auf dessen Schutz es jedoch entscheidend ankommt. Daten stehen in dem Ruf - absichtlich oder unabsichtlich - viel einfacher manipuliert werden zu können, ohne dass es ihnen anzusehen ist.[1300] Daher sind weitere Schutzmaßnahmen erforderlich, um die Datensicherheit zu gewährleisten. In Betracht kommen die Nutzung von nur einmal beschreibbaren Datenträgern[1301], d.h. eine datenträgerspezifische und eine datenbezogene Sicherung.[1302]

1296 *Dewald*, S. 43.

1297 Ein forensisches Duplikat ist lediglich ein Image eines Datenträgers, dass bitweise als eine 1:1 Kopie sicher erzeugt wurde.: *Geschonneck*, Kap. 4.8. Ausführlich *BSI*, Leitfaden IT-Forensik, S. 235 ff. Es werden auch die Begriffe »Spiegelung« (*image*) und »Datenträgerabbild« verwendet.

1298 *Geschonneck*, Kap. 4.8.; näher zur Erstellung des Datenträgerabbildes *BSI*, Leitfaden IT-Forensik, S. 26 ff. und *Eisenberg*, Rn. 1938e; kritisch und zu selektiven Datensicherungen in der IT-Forensik *Freiling/Sack*, DuD 2014, 112.

1299 *Heinson*, S. 148.

1300 Siehe dazu unten C.V.

1301 Dabei geht es im Grunde darum, dass bestenfalls nur einmal beschreibbare Datenträger wie Write Once, Read Many (WORM)-Medien benutzt werden; näheres bei *Roßnagel/Fischer-Dieskau/Jandt/Knopp*, S. 24 und *Heinson*, S. 51. Dieses Sicherungsmittel setzt an den Eigenschaften der Datenträger an und wird im Rahmen IT-forensischen Untersuchung besonders relevant.

1302 Ausführlich *Heinson*, S. 148 ff.

2. Mathematische Methoden und technische Sicherungsmittel

Zur Wahrung der Vertraulichkeit von Daten und zur Gewährleistung der Kriterien *Authentizität* und *Integrität* bedarf es eines daten- bzw. dokumentbezogenen Schutzes. Garantiert werden kann er durch mathematische Methoden und technische Sicherungsmittel bzw. Schutzmaßnahmen, die unter anderem auf Verschlüsselungstechnologie beruhen. Mit diesen Schutzmaßnahmen kann unabhängig vom physischen Ort, an dem die Daten gespeichert sind, erreicht werden, dass digitale Inhalte nicht verändert oder vertauscht werden (Schutz der *Integrität*);[1303] zumindest können sie sichtbar gemacht werden.[1304] Und gerade die Integritätssicherung dient besonders der technischen Umsetzung des rechtlichen Kriteriums der Durchsetzung von Rechten.[1305] Weiterhin kann nachgewiesen werden, dass die Inhalte tatsächlich von derjenigen Instanz stammen, die sich als Absender der Inhalte ausgibt (Schutz der *Authentizität*).[1306]

Im Folgenden wird besonders auf die mathematisch-logischen Schutzstrategien der *Kryptographie* als Grundlage *kryptographischer Signatur- und Siegelverfahren*, *kryptographischer Hashfunktionen* und der *Blockchain-Technologie* eingegangen. Die Kryptographie, das Siegel/Signaturverfahren und die Blockchain bedienen sich kryptographischer Verschlüsselungstechniken. Die Verfahren stellen die wichtigsten Instrumente des IT-Selbstschutzes in Bezug auf die Sicherheitsziele Vertraulichkeit[1307], Integrität und Authentizität dar.[1308] Daneben wird auch auf *technische Schutzstrategien*[1309] eingegangen, die nicht mathematisch-logischer Natur sind.

a. Kryptographische Verschlüsselung und ihre Algorithmen

Nicht jede (elektronische) Information ist für Augen und Ohren anderer Menschen bestimmt, es bedarf daher oftmals der Wahrung/des Schutzes der Vertraulichkeit der Daten, die übertragen werden.[1310] Die wissenschaftliche Disziplin

---

1303 *Heinson*, S. 149; *Johannes/Potthoff/Roßnagel/Neumair/Madiesh/Hackel*, S. 156.
1304 *Heinson*, S. 149.
1305 *Johannes/Potthoff/Roßnagel/Neumair/Madiesh/Hackel*, S. 156.
1306 Hoeren/Sieber/Holznagel/*Arlt*, Multimedia-Recht, Teil 7.7 Rn. 4.
1307 Meint die Geheimhaltung von Informationen vor unbefugter Kenntnisnahme.
1308 *Deutscher Bundestag*, Sicherheit und Schutz im Netz, S. 148; *Jungermann*, S. 6 f; vgl. *Eßer*, S. 60 f.
1309 Elektronische Zeitstempel und digitale Wasserzeichen.
1310 Budiš/Gramlich/Štědroň/*Budiš*, S. 17. Rechtlich wird die Verletzung von Privatgeheimnissen durch unbefugtes Offenbaren über § 203 StGB geschützt.

der Kryptographie[1311] beschäftigt sich mit der Verschlüsselung von Nachrichten oder digitalen Daten, um diese vor unbefugter Kenntnisnahme, Veränderung oder Vervielfältigung durch Dritte abzusichern.[1312] Solche mathematischen Methoden und Techniken nennt man *kryptographisch*. Dabei wird ein mathematischer Rechenvorgang – ein Algorithmus – in konkrete Technik umgesetzt.[1313] Kryptographische Verfahren ermöglichen es mithin den Inhalt von Dokumenten so zu verschlüsseln, dass sie von Seiten eines unberechtigten Dritten nicht erkannt werden können:[1314] Die Daten werden beim Absender verschlüsselt, sodann versandt und anschließend vom Empfänger wieder entschlüsselt (siehe Abbildung 2).[1315] Kryptographische Verfahren werden seit Jahrtausenden zum Verbergen von Schriftstücken eingesetzt.[1316] Nur derjenige, der sich im Besitz des passenden Schlüssels befindet, wird in die Lage versetzt den verschlüsselten Text zu entschlüsseln.

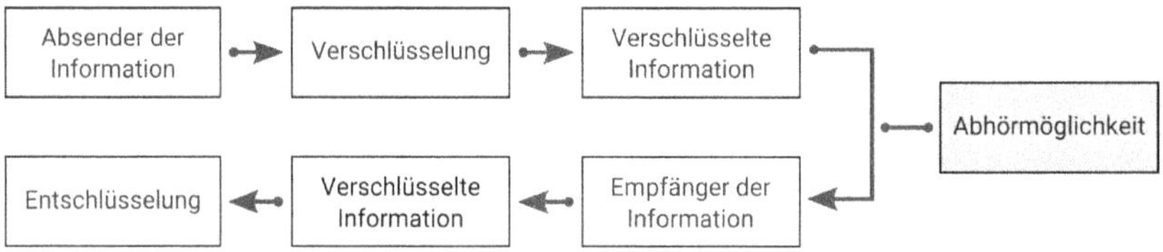

Abbildung 2: *Kryptographische Verschlüsselung*

Im Allgemeinen wird in der modernen Kryptographie zwischen zwei Verschlüsselungsverfahren (mathematischen Algorithmen) unterschieden: das symmetrische und das asymmetrische Verfahren.

Die symmetrische Kryptographie zeichnet sich durch die Anwendung eines einheitlichen Schlüssels aus. Das bedeutet, dass der gleiche Schlüssel, der vom Absender zur Verschlüsselung der Information verwendet wurde, auf der anderen Seite auch vom Empfänger zur Entschlüsselung der Information verwendet wird.[1317] Beide Kommunikationspartner benutzen also bei der Kommunikation

1311 „Krypto“ (griech.): ich verberge; „graphe“ (griech.): das Schriftstück.
1312 *Jungermann*, S. 5 m.w.N.
1313 *Deutscher Bundestag*, Sicherheit und Schutz im Netz, S. 147 f.
1314 *Deutscher Bundestag*, Sicherheit und Schutz im Netz, S. 143.
1315 Budiš/Gramlich/Štědroň/*Budiš*, S. 18.
1316 Näher *Beutelspacher/Schwenk/Wolfenstetter*.
1317 *Baum*, S. 24; Budiš/Gramlich/Štědroň/*Budiš*, S. 19.

denselben Schlüssel (Private Key Kryptographie) und können damit eine Nachricht sowohl ver- als auch entschlüsseln.[1318] Die Verwendung eines gemeinsamen Schlüssels birgt jedoch besondere Risiken. Um den identischen Schlüssel zu gebrauchen, bedarf es entweder der vorherigen auf vertraulichem Wege erfolgten Verständigung oder seiner Übermittlung. Der Austausch muss also auch gesichert sein. Sollte es einem unbefugten Dritten gelingen den geheimen Schlüssel abzufangen, so kann er daraus die zu schützende Information dekodieren.[1319] Integritätsschutz kann mit dem symmetrischen Verfahren nur vor Veränderungen durch Dritte bestehen.[1320]

Im Gegensatz dazu werden in der asymmetrischen Kryptographie zwei Schlüssel, also ein aufeinander abgestimmtes Schlüsselpaar, verwendet.[1321] Bei diesem Verschlüsselungsverfahren wird ein öffentlicher und ein privater Schlüssel erzeugt und verwendet: Sender A verwendet den öffentlichen Schlüssel vom Empfänger B, um seine Nachricht zu verschlüsseln. Der Empfänger B empfängt die vom Sender A verschlüsselte Nachricht und entschlüsselt diese sodann mit seinem privaten Schlüssel. Dieses seit Mitte der 70er Jahre favorisierte Verfahren[1322] ermöglicht es, dass jeder Teilnehmer die Verschlüsselung mit dem öffentlichen Schlüssel vornehmen kann (Public Key), aber nur der Empfänger mit seinem privaten, geheimen Schlüssel (Privat Key) dazu in der Lage ist, die Nachricht zu dekodieren.[1323] Wobei die Reihenfolge der Schlüsselanwendung bei diesem Algorithmus technisch gleichgültig ist, es kann sowohl mit dem einem Schlüssel ver- als auch entschlüsselt werden,[1324] was bei anderen Algorithmen nicht der Fall sein muss. Wichtig ist nur, dass der eine nur zum Ver- der andere

1318 *Baum*, S. 24; *Rapp*, S. 7.

1319 Dies ist in der Kryptographie auch unter dem „man-in-the middle"-Angriff bekannt. Vgl. *von Seck*, S. 22.

1320 *Fischer-Dieskau*, S. 60.

1321 *Jungermann*, S. 10.

1322 Im Jahre 1976 wurde das Verfahren erstmals durch Whitfield Diffie und Martin Hellmann in ihrem Beitrag „New Directions in cryptography" (IEEE Transaction on Information Theory, 1976, S. 644 ff.) vorgestellt. Zwei Jahre später konstruierten Ronald Rivest, Adi Shamir und Leonard Aldeman („A Method for Obtaining Digital Signatures and Public-Key Cryptosystems" in Communications of the ACM, 21, 2, S. 120–126, [1978]) mit dem sog. RSA-Verfahren das erste Signatursystem, das den von Diffie und Hellmann geforderten Eigenschaften eines asymmetrischen Signaturverfahrens entsprach.

1323 *Bösing*, S. 21; *Deutscher Bundestag*, Sicherheit und Schutz im Netz, S. 143.

1324 *Jungermann*, S. 10.

dagegen nur zum Entschlüsseln geeignet ist.[1325] Der private Schlüssel wird entweder in einer sicheren Umgebung beim Anwender erzeugt oder durch einen vertrauenswürdigen Dritten.[1326] Der jeweilige öffentliche Schlüssel wird unter den beteiligten Personen ausgetauscht oder für jedermann in einem öffentlich zugänglichen Verzeichnis hinterlegt.[1327] Verwahrt der Empfänger die verschlüsselte Nachricht oder Erklärung, so kann sicher davon ausgegangen werden, dass die Erklärung mit dem privaten Schlüssel dieser Person abgegeben worden ist.[1328] Eine Manipulation an der verschlüsselten Erklärung ist demnach praktisch ausgeschlossen.[1329]

Das asymmetrische Verfahren hat gegenüber dem symmetrischen Verfahren den Vorteil, dass der öffentliche Schlüssel praktisch keine Rückschlüsse auf den privaten Schlüssel erlaubt – oder umgekehrt, selbst unter Zuhilfenahme leistungsfähiger Rechensysteme und Millionen von Jahren an Rechenzeit.[1330] Er kann somit ohne Weiteres einer breiten Öffentlichkeit bekannt gegeben werden, ohne dass das System aufgedeckt wird.[1331] Des Weiteren bedarf es keiner sicheren Schlüsselübergabe, da dem Sender zuvor kein gemeinsamer Schlüssel übermittelt werden muss. Die Sicherheit des asymmetrischen Verfahrens beruht also grundsätzlich auf dem Geheimhalten des privaten Schlüssels und der besonders großen Schlüssellänge[1332].[1333]

Die Verschlüsselungsmethoden sind in der juristischen Praxis hauptsächlich auf herkömmliche Textdateien angewendet worden.[1334] In der Praxis werden die Vorteile beider Systeme in sog. Hybrid-Verfahren kombiniert, d.h. in einer Kombination aus symmetrischer und asymmetrischer Kryptographie.[1335]

1325 *Baum*, S. 24.
1326 *Von Seck*, S. 24.
1327 *Von Seck*, S. 24.
1328 *Redeker*, IT-Recht, Rn. 908.
1329 *Redeker*, IT-Recht, Rn. 908.
1330 *BSI*, Grundlagen der elektronischen Signatur, S. 21; zu den Vor- und Nachteilen *Bunzel*, S. 85 f.
1331 *Bösing*, S. 21; *Deutscher Bundestag*, Sicherheit und Schutz im Netz, S. 144; *Rapp*, S. 13.
1332 Siehe dazu *BSI*, TR-02102-1.
1333 *Redeker*, IT-Recht, Rn. 909.
1334 *Dittmann*, S. 13.
1335 *Bunzel*, S. 86 ff.; Schulte/Schröder/*Federrath/Pfitzmann*, Technikrecht, S. 865; vgl. Hoeren/Sieber/Holznagel/*Kuner*, Multimedia-Recht, Teil 17 Rn. 6; *Jungermann*, S. 11.

b. Kryptographische Hashfunktionen

Um die Sicherheit digitaler Daten zu erhöhen, bietet es sich an, zusätzlich zu der Datei den Hashwert zu versenden, um die Integrität des Ganzen im Nachhinein überprüfbar zu machen. Dazu werden Hashfunktionen benötigt. In der IT-Sicherheitsforschung werden Hashfunktionen insbesondere als Teil von integritätssichernden Mittel anerkannt, indem sie im Rahmen von digitalen Signaturen verwendet werden.

Hashfunktionen reduzieren mit Hilfe eines Komprimierungsalgorithmus zunächst beliebig große Zeichen (Bitfolgen) zu einem Prüfwert (sog. Hashwert) mit fest definierter, kürzerer Bitlänge (Buchstaben- und Zeichenfolge[1336]) – von beispielsweise 160 Bit.[1337] Man legt also einen kompakten, kleineren „Fingerabdruck" einer Datei an, sodass hinterher nicht die gesamte Datei 1:1 vergleichen werden muss, sondern nur deren viel kürzerer Hashwert.

Für eine *kryptographische Hashfunktion* ergeben sich zwei Voraussetzungen. Zum einen, dass es praktisch nicht möglich ist, aus einem Hashwert eine zugehörige Nachricht zu berechnen und zum anderen, dass es praktisch so gut wie unmöglich ist, zwei Nachrichten zu finden, die auf den gleichen Hashwert abgebildet werden (Kollisionsresistenz).[1338] Es ist höchst unwahrscheinlich, dass zwei Datenmengen denselben Hashwert haben, jedoch theoretisch nicht auszuschließen (sog. Kollision der Hashwerte). Es darf also nicht möglich sein, aus dem Hashwert den originalen Inhalt zu erzeugen.[1339] Somit sind kryptographische Hashfunktionen nur in eine Richtung berechenbar (sog. Einweg- oder Falltürfunktion); die Umkehrung des Prozesses ist praktisch unmöglich.[1340] Es besteht dann auch nicht die Möglichkeit, eine Datenmenge zu erzeugen, die einen bestimmten Hashwert hat. Kryptographische Hashfunktionen sind also zum einen nur in eine Richtung berechenbar, kollisionsresistent und sollten gleichzeitig den Hashwert komplett ändern, wenn auch nur eine kleine Änderung an Daten – sogar nur bei einem Bit – erfolgt. Der Hashwert stellt somit

---

1336 Oftmals codiert als eine hexadezimale Zeichenkette, d.h. der Hashwert besteht aus einer Zahlen und Buchstaben-Kombination zwischen 0 und 9 sowie A bis F (als Ersatz für die Zahlen 10 bis 15). Ein Hashwert aus 10 hexadezimalen Zeichen könnte daher wie folgt aussehen: „3d180ab86e".

1337 Vgl. *Eßer*, S. 66; *Jungermann*, S. 12.

1338 *BSI*, TR-02102-1, S. 39; *ders.*, Grundlagen der elektronischen Signatur, Kap. 3., S. 44.

1339 *Jungermann*, S. 12.

1340 Budiš/Gramlich/Štědroň/*Budiš*, S. 25; *Eßer*, S. 66.

eine *Kurzkennung* der jeweiligen Daten dar,[1341] die als „digitaler/elektronischer Fingerabdruck" einer Nachricht oder Datei bezeichnet wird.[1342]

Im Bereich der Auswertung von Bild- und Videomaterial stellt die Verwendung sogenannter Hashwerte eine verlässliche Methode zur automatisierten Datenselektion dar. Aber auch bei digitalen Daten im Allgemeinen können Hashwerte zum Integritätsschutz dienen. Wird eine digitale Datei aufgefunden, so wird empfohlen sofort nach Erstellung einer (oder mehrerer) Sicherungskopie(n) (forensisches Duplikat) einen Hashwert des Abbildes zu erzeugen, zur Authentifizierung der angefertigten Kopien. Denn wenn man digitale Daten kopiert, muss man ebenfalls sicherstellen, dass ihm Rahmen des Kopiervorgangs keine Veränderungen an der Originaldatei stattfinden.[1343] Der Abgleich der zwei Hashwerte – dem ursprünglich bei der Sicherung des Original erzeugten und einem mit demselben Algorithmus erzeugten Hashwert der Arbeitskopie – kann somit jede (Bit-)Änderung der Daten sichtbar machen, da diese nicht übereinstimmen würden.[1344] Der Hashwert selber ist zwar manipulierbar,[1345] aber meist nur mit erheblichem Aufwand. Zumindest für die Phase von der erstmaligen Erzeugung des Hashwertes bis zum Einbringen in den Gerichtsprozess kann somit nachgewiesen werden, dass die Daten frei von Veränderungen sind (Integritätsnachweis).[1346] Eine Unverändertheit der Daten kann der Hashwert aber nicht garantieren, da vorstellbar ist, dass Nachricht und Hashwert manipuliert sind, lediglich einen bloßen Nachweis dafür erbringen, wenn Hashwert und Nachricht nicht zusammenpassen.

Kryptographische Hashfunktionen können somit einen mathematisch beweisbaren Beleg darüber erbringen, dass Daten verändert bzw. nicht verändert wurden – auch bei großen Datenmengen. Gerade auf Grund der mathematischen Beweisbarkeit kann die Gültigkeit dieser Aussage vor Gericht kaum bezweifelt werden – sofern ein geschlossenes Konzept der Gesamtsicherung vorzuweisen

---

1341 *Deutscher Bundestag*, Sicherheit und Schutz im Netz, S. 147.

1342 *BSI*, Glossar der Cybersicherheit, Stichwort „Hashwert", https://www.bsi.bund.de/DE/Themen/Cyber-Sicherheit/Empfehlungen/cyberglossar/Functions/glossar.html?cms_lv2=9817286, zuletzt aufgerufen am 21.10.2019; *dies.*, Grundlagen der elektronischen Signatur, Kap. 3., S. 44.

1343 *Dewald*, S. 43.

1344 *Eisenberg*, Rn. 1938e Fn. 244; *Heinson*, S. 150; MAH Strafverteidigung/*Kricsanowits*, § 80 Rn. 18.

1345 Vgl. LG Köln, BeckRS 2008, 23649.

1346 Der Nachweis gelingt nur dann, wenn auch nachweisbar ist, dass der Hash-Wert nicht auch manipuliert werden konnte.

ist.[1347] Für die Beweiswürdigung könnte mit einem Erfahrungssatz gearbeitet werden: Die Übereinstimmung der Hashwerte zeigt, dass die Sicherungskopie zwischenzeitlich nicht verändert wurde.[1348] Das heißt, dass das Gericht diesen bestehenden Erfahrungssatz bei seiner Schlussfolgerung nicht missachten darf. Um sich dies zu Nutze zu machen, muss ein Hashwert bereits möglichst früh, spätestens zum Zeitpunkt der Sicherung erstellt werden. Ab diesem Zeitpunkt lässt sich die Integrität der Datei dann prinzipiell zweifelsfrei nachweisen, wenn gleichzeitig die Integrität des Hashwertes gewährleistet werden kann.[1349] Um Beweissicherheit zu garantieren, ist zusätzlich der Schutz der Authentizität der Daten erforderlich, der darauf abzielt, dass die Hashwerterzeugung und -aufbewahrung technisch-organisatorisch gesichert wird.[1350] Wird die kryptographische Hashfunktion im Rahmen eines Siegel- oder Signaturerzeugungsverfahrens verwendet, kann auch der Authentizitätsnachweis erbracht werden.

c. Elektronische Signaturen

Die elektronische Signatur stellt derzeit das wichtigste technische Mittel zur Herstellung von Beweissicherheit bei digitalen Beweismitteln dar. Ihr Ziel besteht darin, die Unverfälschtheit (Integrität) der Daten sowie dessen Zuordnung zu einer natürlichen Person (Authentizität) mit einem hohen Grad an Fälschungssicherheit sicherzustellen.[1351] Eine Verschlüsselung vor unbefugter Kenntnisnahme findet bei dem Signaturverfahren nicht statt.[1352] Der Begriff „elektronische Signatur“[1353] wird in Art. 3 Nr. 10 eIDAS-VO definiert, als „Daten in elektronischer Form, die anderen elektronischen Daten beigefügt oder logisch mit ihnen verbunden werden und die der Unterzeichner zum Unterzeichnen verwendet“.

1347 So *Heinson*, S. 150.

1348 Vgl. *Heinson*, S. 150; MAH Strafverteidigung/*Kricsanowits*, § 80 Rn. 18.

1349 *Heinson*, S. 150.

1350 *Heinson*, S. 150.

1351 *Eßer*, S. 61; *Heinson*, S. 150, 411.

1352 *Sellner*, S. 124.

1353 Begriff erstmals eingeführt durch Art. 2 Nr. 1 der Richtlinie 1999/93/EG des Europäischen Parlaments und des Rates vom 13. Dezember 1999, ABl. EG 2000 Nr. L 13 S. 2.

aa. Technische Grundlagen elektronischer Signaturen

Trotz technologieneutraler Formulierung basieren elektronische Signaturen[1354] mathematisch auf asymmetrischen Verschlüsselungsalgorithmen sowie Hashalgorithmen.[1355] Die Signaturerstellung und -prüfung beruhen auf einem mehrstufigen Prozess.

Im ersten Schritt des Signaturerzeugungsprozesses wird für die zu signierenden Daten zunächst ein Hashwert (elektronischer Fingerabdruck) erzeugt.[1356] Das bedeutet, dass das zu signierende Dokument durch eine kryptographische Hashfunktion auf einen Hashwert fester Bitlänge gebracht wird. Im nächsten Schritt wird der durch die Hashfunktion aus den Daten gewonnen Hashwert mittels des privaten Schlüssels des Signaturanwenders verschlüsselt.[1357] Es wird mittels Signaturerstellungseinheit als Resultat eine elektronische Signatur erstellt. Der dadurch erzeugte Signaturwert kann nun dem Dokument/den Daten, die nicht verschlüsselt sind, angehängt und an einen Empfänger, beispielsweise per E-Mail, übermittelt werden.[1358] Die Daten können nun mit Hilfe der Daten samt Signatur auf ihre Authentizität und Integrität überprüft werden (Signaturprüfung). Es muss einerseits gesichert sein, dass das Dokument nicht verändert oder gar verfälscht worden ist und andererseits, dass der behauptete Absender auch der tatsächliche Absender ist.[1359] Ausgehend von der technischen Konstruktion hat die elektronische Signatur zunächst einmal die Funktion des Integrationsschutzes.[1360] Um die Datenintegrität sicherzustellen, wird aus den unverschlüsselten Daten nun der Hashwert ermittelt, und dies mittels derselben Hashfunktion wie bereits bei der Erzeugung der Signatur.[1361] Der nun errechnete Hashwert wird mit dem Hashwert verglichen, der zuvor durch den Erzeuger privat verschlüsselt wurde. Dazu entschlüsselt der Empfänger mit dem öffentlichen Schlüssel des Signaturerzeugers die Signatur und erhält den Hashwert. Den dafür notwendigen öffentlichen Schlüssel erhält der Empfänger entweder direkt von dem Signaturersteller oder aus dem öffentlichen Verzeichnis

---

1354 Dabei handelt es sich um einen technologieneutralen Oberbegriff für unterschiedliche Arten von Authentifizierungsverfahren, die aber alle der nachweisbaren Urheberschaft und Manipulationsfreiheit digitaler Daten dienen.

1355 BeckOK-VwVfG/*U. Müller*, § 3a Rn. 16, vgl. auch § 2 Nr. 4 und 5 SigG a.F.

1356 Graphisch dargestellt bei *Eßer*, S. 65.

1357 *Eßer*, S. 67.

1358 *Eßer*, S. 67.

1359 Hoeren/Sieber/Holznagel/*W. Viefhues*, Multimedia-Recht, Teil 24 Rn. 43.

1360 Hoeren/Sieber/Holznagel/*W. Viefhues*, Multimedia-Recht, Teil 24 Rn. 44.

1361 *Eßer*, S. 67.

des Vertrauensdiensteanbieters. Wenn beide Hashwerte übereinstimmen, so steht fest, dass der Inhalt der Daten seit der Signierung nicht verändert und ihre Integrität gewahrt worden ist. Die Signatur macht die Daten bzw. das Dokument nicht unveränderbar, sondern bewirkt nur, dass eine Änderung an dieser erkennbar wird.[1362] Mit dem Signaturwert wird jedoch nur die Überprüfung der Integrität der Daten zwischen dem Zeitpunkt, zu dem er erzeugt wurden ist bis zu dem Zeitpunkt der Verifizierung, ermöglicht.[1363] Um weitere Aussagen zu treffen, beispielweise über den Erzeugungszeitpunkt und den Schlüsselinhaber (Datenauthentizität), sind weitere Informationen erforderlich.[1364] Der Empfänger der Nachricht kann zwar davon ausgehen, dass diese tatsächlich von dem stammt, der den entsprechenden privaten Schlüssel besitzt, jedoch sagt dies nichts über die Person selbst aus, schon gar nicht wird die Authentizität der Daten dadurch gewährleistet.[1365] Zur Sicherstellung der Datenauthentizität muss der Empfänger der Daten die Identität desjenigen kennen, der die Signatur erstellt hat.[1366] Dem Signaturprüfenden muss demnach die Zuordnung des Signaturprüfschlüssels zu seinem Inhaber bekannt sein.[1367] Denn erst dann kann ermittelt werden, mit wessen Signaturschlüssel die Daten signiert wurden.[1368] Dafür wird ein vertrauens-würdiger Dritter eingeschaltet, ein sog. Vertrauensdiensteanbieter (Art. 3 Nr. 19 eIDAS-VO). Diese Stelle gibt das Schlüsselpaar entweder an die Beteiligten heraus oder überprüft es. Der Vertrauensdiensteanbieter ordnet dem Schlüsselpaar die Identität einer natürlichen Person zu und bestätigt diese Zuordnung mit einem Zertifikat.[1369] Kontrolliert werden kann die Zuordnung des Signierschlüssels zum Signierschlüsselinhaber durch einen über die öffentlichen Netze zugänglichen und durch den Vertrauensdiensteanbieter geführten Verzeichnisdienst nach Art. 24 Abs. 4 eIDAS-VO, der jederzeit eine kostenlose Online-Überprüfung eines Zertifikats ermöglicht (früher: Schlüsselregister).[1370] Angaben über qualifizierte Vertrauensdiensteanbieter[1371] und ihre

1362 Hoeren/Sieber/Holznagel/*W. Viefhues*, Multimedia-Recht, Teil 24 Rn. 44.

1363 *Pordesch*, S. 37.

1364 *Pordesch*, S. 37.

1365 *Baum*, S. 28.

1366 *Fischer-Dieskau*, S. 61.

1367 *Fischer-Dieskau*, S. 61, 64.

1368 *Fischer-Dieskau*, S. 62.

1369 Vgl. *Eßer*, S. 68.

1370 *Roßnagel*, MMR 2018, 31 (33); vgl. *Eßer*, S. 68.

1371 Die §§ 9 bis 16 VDG enthalten allgemeine Bestimmungen, die für alle qualifizierten Vertrauensdiensteanbieter nach Art. 3 Nr. 20 eIDAS-VO gelten. Dazu *Roßnagel*, MMR 2018, 31 (33 f.).

Vertrauensdienste können über öffentlich zugängliche „Vertrauenslisten“[1372] bezogen werden, die jeder Mitgliedsstaat aufzustellen, zu führen und zu veröffentlichen hat, Art. 22 Abs. 1 eIDAS-VO. Eine Aufsichtsstelle[1373] übt die Aufsicht über die qualifizierten Vertrauensdiensteanbieter aus, Art. 17 eIDAS-VO.

Fällt der Vergleich beider Hashwerte sowie die Überprüfung des Schlüssels und seines qualifizierten Zertifikats im Register positiv aus, so kann davon ausgegangen werden, dass die signierten Daten von der im qualifizierten Zertifikat bezeichneten Person stammen (Authentizität) und seitdem unverändert geblieben sind (Integrität).[1374]

bb. Rechtliche Grundlagen und Signaturstufen

Die technischen und organisatorischen Anforderungen an die Infrastruktur für elektronische Signaturen regelte bisher das SigG in Zusammenspiel mit der SiGV, die lange Zeit die einzigen rechtlichen Infrastrukturregelungen für Sicherungsmittel enthielten, genauer die Rahmenbedingungen für elektronische Signaturen. Mit Inkrafttreten der eIDAS-VO der Europäischen Union im Jahre 2016 kamen neue Regelungen für Sicherungsmittel, unter anderem für elektronische Signaturen, die deren bisheriges rechtliches Rahmenwerk – die Signaturrichtlinie[1375] – überlagerte. Nunmehr stellen die eIDAS-VO und das eIDAS-DG im Zusammenspiel mit den Vorschriften des nationalen Prozess- und Privatrechts den rechtlichen Rahmen von Sicherungsmitteln. Somit gelten nicht mehr die Begriffsbestimmungen aus dem SigG, sondern diese müssen direkt der eIDAS-VO entnommen werden.

1372 Für die Aufstellung, Führung und Veröffentlichung von Vertrauenslisten ist nach § 9 VDG die *Bundesnetzagentur* zuständig.

1373 Nach § 2 I VDG obliegen der *Bundesnetzagentur* die Bereiche Erstellung, Überprüfung und Validierung elektronischer Signaturen, elektronischer Siegel oder elektronischer Zeitstempel und Dienste für die Zustellung elektronischer Einschreiben sowie von diese Dienste betreffenden Zertifikaten nach Art. 3 Nr. 16 lit. a der Verordnung (EU) Nr. 910/2014 und Bewahrung von diese Dienste betreffenden elektronischen Signaturen, Siegeln oder Zertifikaten nach Art. 3 Nr. 16 lit. c der Verordnung (EU) Nr. 910/2014. Dem *Bundesamt für Sicherheit in der Informationstechnik (BSI)* obliegen für den Bereich Erstellung, Überprüfung und Validierung von Zertifikaten für die Website-Authentifizierung nach Artikel 3 Nr. 16 lit. b der Verordnung (EU) Nr. 910/2014.

1374 *Eßer*, S. 68.

1375 RL 1999/93/EG.

Die eIDAS-VO bringt eine Einteilung der elektronischen Signatur in drei Sicherheitsstufen mit sich: in eine elektronische, fortgeschrittene elektronische und qualifizierte elektronische Signatur.[1376] Je nach Art der elektronischen Signatur gelten gesetzlich verbriefte Sicherheitsstandards.

Unter die Definition einer (einfachen) elektronischen Signatur nach Art. 3 Nr. 10 eIDAS-VO fallen beispielsweise die Absenderangabe in einer E-Mail,[1377] ein eingetippter Name oder eine eingescannte Unterschrift.[1378] Die einfache elektronische Signatur als Grundform erfüllt keinerlei Sicherheitsstandards, da sie von jedem erzeugt, kopiert und unter andere elektronische Dokumente gesetzt werden kann.[1379] Sie kann die Datenintegrität und -authentizität in keiner Weise gewährleisten. Diesbezüglich ist von einem niedrigen Sicherheitsniveau auszugehen. Nach Art. 3 Nr. 11 eIDAS-VO ist eine fortgeschrittene elektronische Signatur „eine elektronische Signatur, die die Anforderungen des Artikels 26 erfüllt". Es wird gefordert, dass sie (1) eindeutig dem Unterzeichner zugeordnet ist, (2) die Identifizierung des Unterzeichners ermöglicht, (3) unter Verwendung elektronischer Signaturerstellungsdaten erstellt wird, die der Unterzeichner mit einem hohen Maß an Vertrauen unter seiner alleinigen Kontrolle verwenden kann und (4) sie so mit den auf diese Weise unterzeichneten Daten verbunden ist, dass eine nachträgliche Veränderung der Daten erkannt werden kann. An die fortgeschrittene Signatur werden keine spezifischen Anforderungen an die Sicherheit der organisatorischen Prozesse der Schlüsselverwaltung und der technischen Komponenten gestellt.[1380] Somit kann der fortgeschrittenen Signatur nur ein mittleres Sicherheitsniveau zugesprochen werden. Sie unterliegt zwar höheren Anforderungen als (einfache) elektronische Signaturen, erfüllt jedoch nicht die der qualifizierten elektronischen Signatur.[1381] Bei letzterer handelt es sich nach Art. 3 Nr. 12 eIDAS-VO um „eine fortgeschrittene elektronische Signatur, die von einer qualifizierten elektronischen Signaturerstellungseinheit erstellt wurde und auf einem qualifizierten Zertifikat für elektronische Signaturen beruht". Zusätzlich wird also gefordert, dass sie auf einem zum Zeitpunkt ihrer Erzeugung gültigen „qualifizierten Zertifikat" nach Art. 28 eIDAS-VO beruht und mit einer „qualifizierten Signaturerstellungseinheit" nach

---

1376 Die Einteilung war bereits im SigG so angelegt.

1377 *Johannes/Potthoff/Roßnagel/Neumair/Madiesh/Hackel*, S. 114.

1378 *Roßnagel*, MMR 2003, 164.

1379 *Roßnagel*, MMR 2003, 164.

1380 *Johannes/Potthoff/Roßnagel/Neumair/Madiesh/Hackel*, S. 114; *von Seck*, S. 30; vgl. BeckRTD-Komm/*Roßnagel*, § 2 SigG Rn. 29 f.

1381 Näher dazu *Roßnagel*, MMR 2003, 164.

Art. 29 eIDAS-VO erzeugt worden ist. „Qualifizierte Zertifikate" sind nach Art. 3 Nr. 15 eIDAS-VO Zertifikate – mithin elektronische Bescheinigungen, die elektronische Signaturvalidierungsdaten mit einer natürlichen Person verknüpfen und die mindestens den Namen oder das Pseudonym dieser Person bestätigen –,[1382] die die Voraussetzungen von Art. 28 eIDAS-VO erfüllen und von einem qualifizierten Vertrauensdiensteanbieter ausgestellt worden sind, welcher die Anforderungen des Anhangs I der Verordnung erfüllt. „Qualifizierte Signaturerstellungseinheiten" sind nach Art. 3 Nr. 23 i.V.m. Nr. 22 eIDAS-VO konfigurierte Software- und Hardwareeinheiten, die zum Erstellen einer elektronischen Signatur verwendet werden und die Anforderungen des Anhangs II erfüllen. Korrespondierend zu den drei Signaturstufen von elektronischen Signaturen, sieht die eIDAS-VO auch zwei Klassen von Zertifikaten vor; ein einfaches Zertifikat (Art. 3 Nr. 14 eIDAS-VO) und ein qualifiziertes Zertifikat (Art. 3 Nr. 5 eIDAS-VO) nach Art. 28 eIDAS-VO.

Die eIDAS-VO stellt also nur an die qualifiziert elektronischen Signaturen technische und organisatorische Anforderungen. Und auch nur an dieses Signaturverfahren werden im nationalen Prozess- und Privatrecht spezifische Rechtsfolgen geknüpft bzw. durch die Verwendung dieser belohnt.[1383] Die erste Rechtsfolge ist eine Beweiserleichterung (im Zivilprozess), vgl. § 371a ZPO. Wird im Zivilverfahren ein Dokument mit einer qualifizierten elektronischen Signatur vorgelegt, die nach Maßgabe der eIDAS-VO geprüft ist, erwächst hieraus der (vorweggenommene) Anschein für den Nachweis der Integrität, Authentizität und Autorisierung eines elektronischen Dokuments oder eine Beweisvermutung.[1384] Die zweite Rechtfolge der Verwendung einer qualifizierten elektronischen Signatur wirkt sich darin aus, dass nur sie bestimmte Formanforderungen erfüllen,[1385] wie die Ersetzung der herkömmlichen Schriftform mit der elektronischen Form, vgl. § 126a BGB[1386].

1382 Art. 3 Nr. 14 eIDAS-VO.

1383 BeckRTD-Komm/*Roßnagel*, Einl. SigG Rn. 5.

1384 BeckRTD-Komm/*Roßnagel*, Einl. SigG Rn. 5 und siehe bereits oben C.I.2.a.

1385 BeckRTD-Komm/*Roßnagel*, Einl. SigG Rn. 6.

1386 Vgl. auch bei §§ 3a II VwVfG; 52a I, III FGO, 87a III AO, 36a II SGB I sowie § 41a StPO a.F. Die von Art. 25 II eIDAS-VO bestimmte Gleichstellung mit einer handschriftlichen Unterschrift wirkt sich nach Art. 2 III eIDAS-VO nicht auf das deutsche Recht und die damit verbundenen Formvorschriften aus.

cc. Beweissicherheit durch elektronische Signaturen

Elektronische Signaturen ermöglichen es die elektronische Kommunikation, aber auch digitale Beweismittel zu sichern, indem mit ihnen die Authentizität im Sinne der Urheberschaft und die Integrität im Sinne der Unverfälscht- und Unversehrtheit elektronischer Daten mit einem hohen Grad an Fälschungssicherheit nachgewiesen werden kann.

Elektronische Signaturen bieten einen rein datenbezogenen Schutz, der nicht von den Eigenschaften der Datenträger oder den zu speichernden Systemen abhängig ist.[1387] Hinzu kommt, dass Signaturen nicht auf eine konkrete Gestaltung eines Systems bezogen sind, sondern sich unabhängig verwenden lassen.[1388] Auch der Umfang der zu signierenden Daten ist unerheblich, weil nur ein Hashwert der Daten erzeugt wird.[1389] Die Anforderungen der eIDAS-VO und des eIDAS-DG bilden den dafür sicheren Rahmen für die organisatorische Einbettung des datenbezogenen Schutzes. Sie gewährleisten die sichere Zuordnung von Signaturschlüsseln und deren Sicherheit, abhängig von ihrer Sicherheitsstufe. Das geringste Sicherheitsniveau wird von der einfachen elektronischen Signatur geboten, gefolgt von der fortgeschrittenen elektronischen Signatur. Mit einfachen Signaturen ist kein Sicherheits- oder Nachweiswert verbunden.[1390] Dahingegen können fortgeschrittene elektronische Signaturen den Beweiswert faktisch erhöhen, weil sie den Nachweis liefern, dass bestimmte Angriffe gegen die Echtheit des Dokuments nicht feststehen. Die durchaus bestehenden Manipulationsmöglichkeiten in Einzelfällen können aber zu einem niedrigen Maß an Beweissicherheit führen, die fortgeschrittene elektronische Signatur betreffend.[1391] Und weil es kein zwingend einzuhaltendes Sicherheitsniveau und keine Qualitätskontrolle gibt, gelten für diese keine Beweiserleichterungen. Nur die qualifizierte elektronische Signatur kann ein starkes Sicherheitsniveau[1392]

1387 *Heinson*, S. 411.

1388 *Heinson*, S. 411.

1389 *Heinson*, S. 411.

1390 BeckRTD-Komm/*Roßnagel*, § 2 SigG Rn. 12.

1391 So *Roßnagel*, MMR 2003, 164 (168 f.).

1392 Um die Sicherheit und Zuverlässigkeit qualifiziert elektronischer Signaturen sicherzustellen, erarbeitet die *Bundesnetzagentur* in Abstimmung mit dem *BSI* seit 2004 jährlich eine Übersicht über die Eignung von Algorithmen, den sog. *Algorithmenkatalog*. Der Entwurf für 2017 ist online abrufbar unter https://www.bsi.bund.de/SharedDocs/Downloads/DE/BSI/ElekSignatur/Algorithmenkatalog2017_Entwurf.pdf?__blob=publicationFile&v=4. Ergänzend dazu werden Technische Richtlinien mit Informationen, Empfehlungen und Vorgaben zu elektronischen Signaturverfahren erstellt: BSI TR-02102-1 (Kryptographische Verfahren: Empfehlungen und

gewährleisten.[1393] Die Verwendung dieser ist jedoch nur in wenigen Ausnahmefällen zwingend vorgeschrieben. Im Übrigen bleibt der Einsatz der qualifizierten elektronischen Signatur bei der Abgabe einer Erklärung in Datenform fakultativ.

Dass signierten Dokumenten ein gewisses Maß an Beweissicherheit und dementsprechend ein hoher Beweiswert beigemessen wird, zeigt sich auch an den Rechtsfolgen, die laut Gesetz mit der Verwendung elektronischer Signaturen einhergehen. Im Zivilprozessrecht hat der Gesetzgeber Beweiserleichterungen vorgesehen, wenn eine qualifizierte elektronische Signatur verwendet wird. Insbesondere § 371a ZPO enthält besondere Regelungen hinsichtlich der Beweiskraft solcher Dokumente, die den Grundsatz der freien Beweiswürdigung einschränken. Dadurch soll elektronischen Dokumenten eine vergleichbare Beweiskraft wie Urkunden gewährt und die Beweisführung mit diesen erleichtert werden.[1394] Die durch die Norm getroffenen Rechtsfolgen gelten für Privatdokumente jedoch nur, wenn sie mit einer qualifizierten elektronischen Signatur versehen sind; nicht bei einfachen oder fortgeschrittenen Signaturen.

Um beide Kriterien – *Authentizität* und *Integrität* – mittels elektronischer Signatur zu erfüllen und ein sicheres Beweismittel zu erzeugen, muss ein Dokument frühzeitig, bestenfalls direkt nach Erstellung mit dem Sicherungsmittel[1395] versehen werden. Nur dann können Authentizität und Integrität für die gesamte Zeit nachvollziehbar gewährleistet werden. Die Integritäts- und Authentizitätssicherung bleibt dann nur hinsichtlich ihrer technisch-organisatorischen Einbettung angreifbar, dies vor allem in dem Zeitraum vor der Signierung.[1396] Hinsichtlich des Entstehungsprozesses des Inhalts kann die elektronische Signatur selbst keine nachweisbare Sicherheit bieten, weil sie regelmäßig erst nach

---

Schlüssellängen); BSI TR-03114 (Stapelsignatur mit dem Heilberufsausweis); BSI TR-03115 (Komfortsignatur mit dem Heilberufsausweis); BSI TR-03117 (eCards mit kontaktloser Schnittstelle als sichere Signaturerstellungseinheit); näheres unter https://www.bsi.bund.de/DE/Themen/DigitaleGesellschaft/ElektronischeSignatur/TechnischeRealisierung/Kryptoalgorithmen/kryptoalgorithmen_node.html, zuletzt aufgerufen am 21.10.2019.

1393 Laut § 41a I 2 StPO a.F. konnte neben der qualifizierten elektronischen Signatur auch ein anderes sicheres Verfahren zugelassen werden, das die Authentizität und die Integrität des übermittelten elektronischen Dokuments sicherstellt. So auch § 32a IV Nr. 4 für die Einreichung über einen sicheren Übermittlungsweg.

1394 *Johannes/Potthoff/Roßnagel/Neumair/Madiesh/Hackel*, S. 116 f. m.w.N.

1395 Dabei ist auch das Präsentationsproblem zu berücksichtigen, also die Frage, ob der Signierer das Dokument lesen konnte, welches signiert wird. Dazu Näheres unter https://ipsec.pl/files/ipsec/Archiwum/cwa14170-00-2004-May.pdf.

1396 *Heinson*, S. 151.

der Dateifertigstellung erstellt wird.[1397] Was bedeutet, dass der Zeitraum der Herstellung bis zur Signierung von dem Sicherungsmittel nicht abgedeckt werden kann.[1398] Die Zeitangabe der Signatur beruht auf der Systemzeit, sodass aus der Signatur selbst kein sicherer Nachweis über die Dauer der Sicherungslücke besteht.[1399] Dies kann vor allem bei Digitalfotos und -videos entscheidend sein, weil es dort nicht unbedingt um die Zurechnung zu einer Person geht, sondern um den Beweis eines bestimmten Vorgangs oder Zustands.[1400] Um dem Problem entgegenzuwirken, kann man sich eines qualifizierten Zeitstempels bedienen, der bestätigen kann, dass die fraglichen Daten dem Vertrauensdiensteanbieter zu einem bestimmten Zeitpunkt vorgelegen haben; was die Sicherheitslücke aber nicht in jeden Fall schließen kann.[1401] Bestehende Zweifel können dazu führen, dass bei diesen digitalen Beweismitteln im Streitfall weitere Beweismittel herangezogen werden.

Damit elektronische Signaturen ihre Wirkung als Sicherungsmittel zur Feststellung von Authentizität und Integrität entfalten können, muss das Gesamtverfahren sicher sein.[1402] Sicherheit basiert auf dem Zusammenspiel der verwendeten mathematischen Verfahren (Algorithmen) zur Bildung der Hashwerte und der Signaturen, wie auch zur Erzeugung der Schlüssel (mathematische Sicherheit), ausreichend sicheren technischen Komponenten, die zur Schlüsselerzeugung, Signaturerstellung und -prüfung und zur Darstellung zu signierender und signierter Daten und Prüfergebnisse eingesetzt werden (technische Sicherheit), sowie einer ausreichend sicheren Organisation der Sicherungsinfrastruktur (organisatorische Sicherheit)[1403].[1404] Die eIDAS-VO und das eIDAS-DG enthalten diesbezügliche Sicherheitsanforderungen. Die notwendigen Sicherheitsmaßnahmen müssten bei Zweifeln im Prozess nachgewiesen werden.

1397 *Knopp*, S. 6.
1398 *Knopp*, S. 6.
1399 *Knopp*, S. 6.
1400 *Knopp*, S. 6.
1401 *Knopp*, S. 6.
1402 Ausführlich *Fischer-Dieskau*, S. 62 ff.; *Roßnagel/Fischer-Dieskau/Jandt/Knopp*, S. 26.
1403 Anforderungen nach *Fischer-Dieskau*, S. 62 ff, siehe auch *Rapp*, S. 11 ff. Die Unterteilung der Sicherheitsebenen wird bei BeckRTD-Komm/*Roßnagel*, Einl. SigG Rn. 26 ff.; *Roßnagel/Fischer-Dieskau/Jandt/Knopp*, S. 26, noch weiter differenziert: auf sechs Ebenen.
1404 BeckRTD-Komm/*Roßnagel*, Einl. SigG Rn. 26; *Fischer-Dieskau*, 62; *Grigorjew*, S. 109 ff.; *Roßnagel/Fischer-Dieskau/Jandt/Knopp*, S. 26.

dd. Wirtschaftliche Bedeutung von Signaturverfahren

Nach dem *BSI* stellt die elektronische Signatur das zentrale Mittel zur Beweiswerterhaltung kryptographisch signierter Dokumente dar. In der juristischen Praxis[1405] wird sie aber nur von den wenigsten Benutzern akzeptiert und verwendet, obwohl ihr Einsatz seit Jahren hinreichend geregelt und ihre Anwendung immerfort im Gespräch ist.[1406] Die elektronische Signatur spielte bisher im Rechtsverkehr nur eine untergeordnete Rolle.[1407] Es fehlt an einer Alternative für den elektronischen Rechts- und Geschäftsverkehr, die dieselben Potenziale sichern kann.[1408] Der Staat hat es versäumt für den Bürger und Unternehmen Zwänge und Anreize zu erzeugen, damit diese aus Eigeninteresse die elektronischen Signaturen verwenden.[1409] Des Weiteren hat er auch für ihre eigene Verwaltung keine konsequente Handhabung eingeführt; es fehlt eine koordinierte Infrastrukturpolitik.[1410] Behält man das De-Mail-Gesetz[1411], die neue elektronische Gesundheitskarte und den neuen elektronischen Personalausweis[1412] im Hinterkopf, so zeigt sich, dass es weiter Bestrebungen seitens der Politik gibt, der elektronischen Signatur noch zu dem erhofften Durchbruch im Rechtsverkehr zu verhelfen.[1413] Durch die eIDAS-VO könnte sich die Situation tatsächlich ändern, indem sie das Vertrauen der Verbraucher und Unternehmer in das Online-Umfeld stärkt und eine europaweite gemeinsame Grundlage für eine

---

1405 Überblick über die Anwendungsfelder bei *Eßer*, S. 79 f. und *Roßnagel*, MMR 2008, 22 f.

1406 BeckOK-VwVfG/*U. Müller*, § 3a Rn. 21.

1407 Siehe BeckOK-VwVfG/*U. Müller*, § 3a Rn. 21; *Heinson*, S. 93; *Knopp*, S. 9; Leupold/Glossner/*Scheja*, MAH IT-Recht, 1. Auflage, Teil 4 Rn. 213; BeckRTD-Komm/*Roßnagel*, Einf. Rn. 97; Einl. SigG Rn. 138 ff.; Ausnahmen bestehen bei Notaren und Steuerberatern die das Signaturverfahren häufig für ihre Kommunikation mit Justiz bzw. Verwaltung nutzen.

1408 BeckRTD-Komm/*Roßnagel*, Einf. Rn. 97; Einl. SigG Rn. 138.

1409 BeckRTD-Komm/*Roßnagel*, Einf. Rn. 97.

1410 BeckRTD-Komm/*Roßnagel*, Einf. Rn. 97; Einl. SigG Rn. 143.

1411 Der Einsatz qualifizierter elektronischer Signaturen spielt auch im Anwendungsbereich von De-Mail eine Rolle, vgl. § 5 De-Mail-Gesetz. Das De-Mail-Gesetz bildet den rechtlichen Rahmen für De-Mail-Dienste und ist im Mai 2011 in Kraft getreten.

1412 Vgl. § 22 Personalausweisgesetz; weitere Infos unter www. personalausweisportal. de.

1413 BeckRTD-Komm/*Roßnagel*, Einl. SigG Rn. 144 f.; *Heinson*, S. 93.

sichere elektronische Interaktion zwischen Bürgern, Unternehmen und öffentlichen Verwaltungen schafft.[1414]

d. *Elektronische Siegel*

Erstmalig mit der eIDAS-VO sind elektronische Siegel als neuartige Sicherungsmittel bestimmt worden; dem deutschen Signaturrecht war das elektronische Siegel bisher unbekannt. Davon umfasst sind nach der Legaldefinition „Daten in elektronischer Form, die anderen Daten in elektronischer Form beigefügt oder logisch mit ihnen verbunden werden, um deren Ursprung und Unversehrtheit sicherzustellen", Art. 3 Nr. 25 eIDAS-VO. Technisch gesehen sind elektronische Siegel vergleichbar mit elektronischen Signaturen. Auch das elektronische Siegel wird in drei Sicherheitsstufen unterteilt, nämlich als „einfaches", fortgeschrittenes und qualifiziertes elektronisches Siegel, Art. 3 Nr. 35 bis 37 eIDAS-VO. Die jeweiligen Voraussetzungen der Sicherheitsstufen sind mit denen der Signatur identisch oder gelten sinngemäß, vgl. Art. 36 bis 39, Anhang III eIDAS-VO. Einzig die beweisrechtliche Vermutung nach Art. 35 Abs. 2 eIDAS-VO geht über diejenige einer qualifizierten Signatur hinaus.[1415] Sie gilt hinsichtlich der Unversehrtheit der Daten und Richtigkeit der Herkunftsangabe der Daten, mit denen das Siegel verbunden ist.

Im Unterschied zur elektronischen Signatur ist das Siegel ein Signaturwerkzeug, das keiner natürlichen Person, sondern einer privat- oder öffentlichrechtlichen juristischen Person als „Siegelersteller" (Art. 3 Nr. 24 eIDAS-VO) zugeordnet wird. Faktisch handelt es sich dabei aber um eine natürliche Person,[1416] da juristische Personen naturgemäß nur durch ihre mit natürlichen Personen besetzten Organe handlungsfähig sind.[1417]

Laut *BSI* kann das elektronische Siegel überall dort eingesetzt werden, wo eine persönliche Unterschrift nicht notwendig, aber der Nachweis der Authentizität gewünscht ist (z. B. bei amtlichen Bescheiden, Urkunden, Kontoauszügen etc.).[1418] Beispielsweise, wenn eine Behörde, die Justiz oder ein Unternehmen

---

1414 Nach BeckRTD-Komm/*Roßnagel*, Einf. Rn. 97, kann auch die eIDAS-VO nichts Entscheidendes an der fehlenden koordinierten Infrastrukturpolitik mehr ändern. Siehe zur Harmonisierung *Jandt*, NJW 2015, 1205 (1210 f.).

1415 *Bacher*, NJW 2753 (2759).

1416 Angaben zu der vertretungsberechtigten Person können nach § 12 I, III VDG auf Antrag des Siegererstellers in das qualifizierte Zertifikat aufgenommen werden.

1417 *Heinze/Prado Ojea*, CR 2018, 37 (42); *Jandt*, NJW 2015, 1205 (1206).

1418 Https://www.bsi.bund.de/DE/Themen/DigitaleGesellschaft/eIDAS/Elektronische_Signaturen_Siegel_und_Zeitstempel/Elektronische_Signaturen_Siegel_und_Zeitstempel_node.html, zuletzt aufgerufen am 21.10.2019.

sich als Absender eines Dokuments dauerhaft erkennbar machen möchte. Sie bezwecken ebenso wie elektronische Signaturen, den Ursprung (Authentizität) und die Unversehrtheit der Daten (Integrität) sicher und vertrauenswürdig nachzuweisen. Obgleich nur für qualifizierte Siegel die beweisrechtliche Vermutung, „der Unversehrtheit der Daten und der Richtigkeit der Herkunftsangabe der Daten, mit denen das qualifizierte elektronische Siegel verbunden ist", gilt, Art. 35 Abs. 2 eIDAS-VO. Im Gegensatz zu der qualifizierten elektronischen Signatur können qualifizierte elektronische Siegel eine rechtlich geforderte handschriftliche Unterschrift nicht elektronisch ersetzen.

Die für das fortgeschrittene und qualifizierte elektronische Siegel festgelegten Anforderungen gem. Art. 36 lit. d eIDAS-VO, dass dieses „mit den Daten, auf die es sich bezieht, verbunden, dass eine nachträgliche Veränderung der Daten erkannt wird", sichert dahingehend die Integrität.[1419] Hinsichtlich der Vermutung des sicheren Nachweises des Ursprungs (Authentizitätsnachweis) muss beachtet werden, dass die Zuordnung des qualifizierten elektronischen Siegels zu einer juristischen Person nicht vollends risikofrei ist.[1420] Nicht ausgeschlossen werden kann, dass es von einer im Innenverhältnis nicht berechtigten natürlichen Person verwendet wird. Denn die Berechtigung der handelnden Person kann nicht immer anhand des Zertifikats überprüft werden, weil dort keine ergänzenden Angaben zu einer natürlichen vertretungsberechtigten Person enthalten sein müssen. Um sicherzustellen, dass gerade diese Person das qualifizierte elektronische Siegel verwendet, bedarf es der Hinzuziehung weiterer Attribute und Nachweise, etwa eines Zeugen- oder ergänzenden Dokumentenbeweises.[1421] Das qualifizierte elektronische Siegel scheint daher für die sichere Gewährleistung des Kriteriums der Authentizität ungünstig, weil nicht ausgeschlossen werden kann, dass sich die dargestellten Risiken verwirklichen.[1422] Im Hinblick auf das Kriterium der Integrität kann die beweisrechtliche Vermutung jedoch Sicherheit schaffen, sofern die Siegelerstellungsdaten die im Anhang II der eIDAS-VO enthaltenen Anforderungen erfüllen.

e. Elektronische Zeitstempel

Ein elektronischer Zeitstempel ist eine Bestätigung, dass bestimmte elektronische Daten bereits vor bzw. zu einem bestimmten Zeitpunkt existierten und

1419 *Jandt*, NJW 2015, 1205 (1206).
1420 Ausführlich *Jandt*, NJW 2015, 1205 (1206 f.).
1421 *Jandt*, NJW 2015, 1205 (1206).
1422 *Jandt*, NJW 2015, 1205 (1206 f.).

diesen dokumentiert.[1423] Geläufigstes Beispiel für einen Zeitstempel dürfte der Posteingangsstempel sein.[1424] Ansonsten wird der Begriff Zeitstempel (engl. *timestamp*) vor allem in der EDV verwendet. Dort ist es gängig, dass Betriebssysteme den Zeitpunkt der letzten Bearbeitung, des letzten Zugriffs oder andere Bearbeitungsvorgänge an Dokumenten, Datensätzen und ähnlichem im Dateisystem festhalten.[1425] Im Zusammenhang mit der Beweisführung mit elektronischen Dokumenten können elektronische Zeitstempel dazu dienen zu beweisen, ob eine Datei zu einer bestimmten Zeit vorgelegen hat und dass sie seitdem inhaltlich nicht mehr verändert worden ist. Nach Art. 3 Nr. 33 eIDAS-VO bezeichnet ein elektronischer Zeitstempel „Daten in elektronischer Form, die andere Daten in elektronischer Form mit einem bestimmten Zeitpunkt verknüpfen und dadurch den Nachweis erbringen, dass diese anderen Daten zu diesem Zeitpunkt vorhanden waren". Ebenso wie bei Signatur und Siegel wird bei den elektronischen Zeitstempeln nach seiner Art unterschieden: dem einfachen und dem qualifizierten Zeitstempel. Der Zeitstempel ist nach Art. 3 Nr. 34 eIDAS-VO qualifiziert, wenn er die Anforderungen des Artikels 42 Abs. 1 der Verordnung erfüllt. Dafür muss dieser (a) Datum und Zeit so mit Daten verknüpfen, dass die Möglichkeit der unbemerkten Veränderung der Daten nach vernünftigen Ermessen ausgeschlossen ist, (b) auf einer korrekten Zeitquelle, die mit der koordinierten Weltzeit[1426] verknüpft ist, beruhen und (c) mit einer fortgeschrittenen elektronischen Signatur unterzeichnet oder einem fortgeschrittenen elektronischen Siegel des qualifizierten Vertrauensdiensteanbieters versiegelt werden, wenn nicht ein gleichwertiges Verfahren verwendet wird. Dabei wird der Zeitstempel nicht durch einen lokalen Computer bestimmt, sondern innerhalb eines akkreditierten Trustcenters erzeugt und basiert somit auf der amtlichen Zeit. Folglich wird das Risiko, dass der Ersteller des Zeitstempels Datum und Uhrzeit manipuliert, indem er Änderungen an der Systemzeit vornimmt, durch die genannten Anforderungen weitgehend abgewendet.[1427] Für den qualifizierten elektronischen Zeitstempel[1428] gilt die beweisrechtliche Vermutung „der Richtigkeit des Datums und der Zeit, die darin angegeben sind, sowie der Unversehrtheit der mit dem Datum

1423 *Johannes/Potthoff/Roßnagel/Neumair/Madiesh/Hackel*, S. 120, 131.

1424 Näheres bei *Johannes/Potthoff/Roßnagel/Neumair/Madiesh/Hackel*, S 120.

1425 *Johannes/Potthoff/Roßnagel/Neumair/Madiesh/Hackel*, S. 120.

1426 Verbreitet von der Physikalisch-Technischen Bundesanstalt (PTB) in Braunschweig.

1427 *Jandt*, NJW 2015, 1205 (1207).

1428 Die technische Realisierung folgt in der Praxis den Vorgaben des Time Stamp Protocol (TSP) nach RFC 3161; näheres bei *Johannes/Potthoff/Roßnagel/Neumair/Madiesh/Hackel*, S. 123 f. und *BSI*, Grundlagen der elektronischen Signatur, S. 59 ff.

und der Zeit verbundenen Daten", Art. 41 Abs. 2 eIDAS-VO. Der Integritätsnachweis unterscheidet sich somit nicht von dem des qualifizierten elektronischen Siegels oder der Signatur, da er auf die dem fortgeschrittenen Siegel entsprechende fortgeschrittene Signatur zurückzuführen ist, Art. 42 Abs. 1 lit. c eIDAS-VO.[1429]

Daraus folgt, dass neben der Verwendung einer qualifizierten elektronischen Signatur und eines solchen Siegels, eine qualifizierte elektronische Zeitstempelung eines digitalen Dokumentes den Beweiswert für die Abgabe einer elektronischen Erklärung merklich erhöht. Denn er bestätigt verlässlich, dass bestimmte digitale Daten oder Dokumente zu einer bestimmten Zeit so und nicht anders vorgelegen haben, vgl. die beweisrechtliche Vermutung gem. Art. 41 Abs. 2 eIDAS-VO. Dadurch kann aber keine Aussage über die im qualifizierten elektronischen Zeitstempel erklärten Tatsachen gemacht werden. Ob diese der Wahrheit entsprechen, vermag der Zeitstempel nicht zu beweisen.

Außer in der eIDAS-VO findet der qualifizierte elektronische Zeitstempel jedoch sonst keine gesetzliche Erwähnung. Auf den (einfachen) elektronischen Zeitstempel wird in der Personalausweisverordnung, der Passdatenerfassungs- und Übermittlungsverordnung, und der Grundbuchordnung eingegangen. Diesem kann aber genau wie bei den einfachen Signaturen und Siegeln keine hohe Beweiskraft beigemessen werden. Für diesen wird gerade keine Beweisvermutung bestimmt, sodass es dann entscheidend darauf ankommt, ob der Zeitstempelgeber vertrauenswürdig ist und er für eine sichere technische Umgebung sorgen kann – ähnlich wie es für qualifizierte elektronische Zeitstempel der Fall ist.[1430]

f. Digitale Wasserzeichen

Neben Kryptographie (s.o.) kann Integritäts- und Authentizitätsschutz auch durch digitale Wasserzeichen gewährleistet werden. Wasserzeichen spielen schon seit Jahren eine wichtige Rolle um Echtheit, Originalität und Urheberschaft nachzuweisen.[1431] Meist wurden sie an Papier oder Teppiche angebracht; bestes Beispiel ist das Wasserzeichen in dem Papier der Banknoten. Die bisherigen Wasserzeichen, die auf materielle Träger ausgerichtet sind, mussten sich

1429 *Jandt*, NJW 2015, 1205 (1207).

1430 Vgl. *Johannes/Potthoff/Roßnagel/Neumair/Madiesh/Hackel*, S. 132.

1431 Zum Einsatz digitaler Wasserzeichen in der Kriminalistik als Mittel zur Aufklärung von Geheimnisverrat und ähnlichen Delikten *Waschetzki/Steinebach*, DuD 2018, 69 ff.

aufgrund des Einsatzes digitaler Technik verändern, um sich der Digitalisierung und den digitalen Medien anzupassen.[1432] Daraus entwickelte sich das digitale Wasserzeichen. Digitale Wasserzeichen ermöglichen es, die Authentizität (den Urheber und die Herkunft des Datenmaterials) oder die Integrität nachzuweisen, indem Informationen direkt in das Datenmaterial eingefügt werden;[1433] sie werden sozusagen direkt im Datenmaterial selbst versteckt[1434].[1435] Es handelt sich dabei um unsichtbare technische Markierungen (Wasserzeicheninformationen), die mittels Einbettungsalgorithmen fest an Bild-, Video-, Audiodaten, Texte oder Dokumente angebracht werden.[1436] Mit ihrer Hilfe können elektronische Dokumente forensisch markiert werden.[1437] Die eingebrachte Information ist dabei im Allgemeinen für das menschliche Auge oder Gehör nicht wahrnehmbar (binäre Sequenz) und wird so fest mit dem Datenmaterial verwoben, dass ein simples Entfernen weitgehend unmöglich ist, ohne das Datenmaterial selbst zu beschädigen.[1438] Die Wasserzeicheninformation wird dabei meist in ein Pseudorauschsignal (-muster) transferiert und in das Wasserzeichenmuster eingebracht.[1439] Dieses Muster wird entweder dazu genutzt, um das Vorhandensein einer Kennzeichnung anzuzeigen oder Informationen zu verschlüsseln.[1440] Das eingebrachte Muster repräsentiert die eingebrachte Information.[1441] Die eingebettete Information kann dann mit Hilfe eines Auslesealgorithmus und eines geheimen Schlüssels aus dem markierten Dokument ausgelesen werden (Ausleseprozess).[1442] Die ausgelesene Information kann dann Aufschluss über die Authentizität und die Integrität der Datei geben.

Digitale Wasserzeichen als Sicherungsmittel werden häufig bei solchen digitalen Dokumenten eingesetzt, die keinen Erklärungsinhalt enthalten, beispielsweise Fotos, Videos und Audioaufzeichnungen.[1443] Für Textdokumente

---

1432 *Dittmann*, S. 16.

1433 *Dittmann*, S. 2; *Ditmann/Steinmetz*, Informatik Spektrum 2000, 47.

1434 Zumindest bei nicht-wahrnehmbaren Wasserzeichen.

1435 *Dittmann*, S. 16; *Ditmann/Steinmetz*, Informatik Spektrum 2000, 47.

1436 Zu den verschiedenen Ausprägungen von Wasserzeichen näher *Waschetzki/Steinebach*, DuD 2018, 69 (73).

1437 *Waschetzki/Steinebach*, DuD 2018, 69 (70).

1438 *Dittmann*, S. 2; *Ditmann/Steinmetz*, Informatik Spektrum 2000, 47.

1439 *Dittmann*, S. 19.

1440 *Dittmann*, S. 20.

1441 *Dittmann*, S. 21.

1442 *Dittmann*, S. 43; *Thiemert*, Kap. 1.2., S. 2.

1443 Es existieren aber auch für Dokumente als Ganzes, Texte und Tabellen digitale Wasserzeichen, näher dazu *Ditmann/Steinmetz*, Informatik Spektrum 2000, 47 (48).

stellen Wasserzeichen hingegen eine Herausforderung dar. Insbesondere bei Fotografien sind die Verfahren zur Einbettung eines Bildwasserzeichens heute weit fortgeschritten.[1444] Diese sollen direkt bestimmte Vorgänge und Zustände beweisen, wofür die Manipulationsfreiheit einschließlich des Entstehungsprozesses des Inhalts relevant wird,[1445] etwa bei einer Videoüberwachung. Sollten die Wasserzeichen mit der erstmaligen Entstehung des digitalen Beweismittels angebracht werden, so könnte darüber Nachweis erbracht werden. Dazu müsste das Wasserzeichen bestenfalls bereits bei der Aufnahme direkt in der Kamera eingebettet sein,[1446] um den geforderten Integritätsschutz zu gewährleisten. Im Gegensatz dazu steht die elektronische Signatur. Diese kann diesbezüglich keine nachweisbare Sicherheit erbringen, weil sie durch den Signaturschlüsselinhaber regelmäßig erst nach der Dateifertigstellung angebracht wird.[1447] Somit kann der Zeitraum der Herstellung bis zur Signierung damit nicht abgedeckt werden, was zu einer Sicherheitslücke führen kann.

Wasserzeichenverfahren erlauben es festzustellen, ob Datenmaterial manipuliert worden ist oder ob bestimmte Zusatzinformationen zum Datenmaterial korrekt sind,[1448] und eignen sich somit zum Integritätsschutz. Dabei ist zu beachten, dass das Wasserzeichen ein Dokument verändert und somit eventuelle Auswirkungen auf den Beweiswert möglich sind. Weiterhin kann durch ein Wasserzeichenverfahren zweifelsfrei die Urheberschaft i.S.v. Authentizität nachgewiesen werden. Konkrete Verwendung könnten Wasserzeichen als technische Sicherungsmittel für die elektronische Akte finden. Nach § 32f Abs. 4 Satz 2 StPO soll „der Name der Person, der Akteneinsicht gewährt wird, […] durch technische Maßnahmen in abgerufenen Akten und auf übermittelten elektronischen Dokumenten nach dem Stand der Technik dauerhaft erkennbar gemacht werden". Das digitale Wasserzeichen kann damit sichtbar machen, wer das elektronische Dokument erhalten hat und wer auch zum Schutz vor Einsichtnahme Dritter verantwortlich ist, vgl. § 32f Abs. 4 Satz 1 StPO. Für die Wasserzeichenverfahren gilt jedoch, wie für die anderen technischen Sicherungsmittel auch, dass der Schutz dieser vor Eingriffen in deren Funktionsweise eine wichtige Rolle spielt, wenn es um Fragen der Sicherheitsaspekte Integrität und Authentizität geht.

1444 *Waschetzki/Steinebach*, DuD 2018, 69 (73).

1445 *Knopp*, S. 6.

1446 Vgl. *Thiemert*, Kap. 2, S. 10.

1447 *Knopp*, S. 6.

1448 *Dittmann*, S. 30.

g. *Blockchain*

Die *Blockchain*-Technologie ist vorwiegend in ihrer Anwendung als Grundlage der dezentralen digitalen Krypto-Währung *Bitcoin*[1449] sehr bekannt geworden. Die *Blockchain*[1450] ist eine dezentral geführte Datenbank, in der Datenblöcke (mit Informationen) sinnbildlich in einer Kette aneinandergereiht und distributiv im Netzwerk gespeichert werden.[1451] Informationen werden in einem „Block" geschrieben. Wird das Fassungsvermögen erreicht, so kommen diese in den nächsten Block usw. Verkettet werden die Blöcke mittels digitaler Fingerabdrücke (sog. *Hashes*). Jeder neue Block speichert den Hash des vorangehenden Blocks und verweist somit auf den vorherigen, sodass eine Kette von Blöcken entsteht, die *Blockchain* (dt. Blockkette). Aufgrund dieser fortschreibenden Vorgehensweise werden alle jemals gespeicherten Informationen bzw. vorgenommenen Änderungen auf mehreren am Netzwerk angeschlossenen Recheneinheiten in chronologischer Reihenfolge protokolliert,[1452] wodurch das Kriterium der *Nachvollziehbarkeit* gewährleistet werden kann. Bei dezentral organisierten *Blockchains* ist die Datenkette also nicht zentral auf einem Server hinterlegt, sondern auf den Rechnern derjenigen gespeichert, die das *Mining* betreiben, sog. *Full-Nodes*.[1453] Die *Blockchain*-Technologie benötigt keine vertrauenswürdigen Intermediären, also Vermittlungsinstanzen wie beispielweise Registraturbehörden oder Banken.[1454] Zur Prüfung und zum Nachweis einer wirksamen Datenübertragung (Transaktion)[1455] bedarf es grundsätzlich einer zentralen Verifizierungsstelle. Die *Blockchain* kann auf diese verzichten, weil sämtliche Transaktionen von Daten auf mehreren am Netzwerk angeschlossenen Recheneinheiten chronologisch archiviert werden.[1456] Die oben erwähnte

---

1449 Zu den strafprozessualen Herausforderungen bei virtuellen Währungen *Safferling/Rückert*, MMR 2015, 788.

1450 „Die eine Blockchain" existiert nicht – vielmehr handelt es sich um ein Technologiekonzept mit zahlreichen Ausgestaltungsformen im Hinblick auf die Teilnehmer, den Konsensmechanismus und die Speicherorte.

1451 *Schrey/Thalhoder*, NJW 2017, 1431; *Simmchen*, MMR 2017, 162.

1452 *Martini/Weinzierl*, NVwZ 2017, 1251.

1453 *Martini/Weinzierl*, NVwZ 2017, 1251.

1454 *Martini/Weinzierl*, NVwZ 2017, 1251 (1252); *Mienert/Gipp*, ZD 2017; 514 (517); *Simmchen*, MMR 2017, 162.

1455 Näher zur Funktionsweise *Martini/Weinzierl*, NVwZ 2017, 1251; *Schrey/Thalhofer*, NJW 2017, 1431 und *Simmchen*, MMR 2017, 162.

1456 *Martini/Weinzierl*, NVwZ 2017, 1251, *Schrey/Thalhofer*, NJW 2017, 1431; *Simmchen*, MMR 2017, 162 (163).

Verifizierung beruht auf kryptographischen Verfahren. Zur Bildung eines neuen Datenblocks und dessen Anknüpfung an die Transaktionshistorie löst ein am Netzwerk partizipierender Rechner eine mathematische Aufgabe und die gefundene Lösung wird von weiteren am Netzwerk beteiligten Rechnern bestätigt.[1457] Nach erfolgreicher Bestätigung des Ergebnisses werden alle Transaktionen der letzten ca. 10 Minuten zusammengefasst und als neuer Datenblock archiviert.[1458] „Die Verbindung aus Verkettung und dezentraler Speicherung macht die *Blockchain* zu einer Registratur des Vertrauens: Sie stellt Vertrauen zwischen Akteuren her, die einander nicht kennen."[1459] Zusätzlich wird die Authentizität der in der *Blockchain* gespeicherten Information über den Einsatz des asymmetrischen Verfahrens gewährleistet.[1460]

Die *Blockchain*-Technologie ermöglicht daher eine spezielle technische Realisierung der Integritäts- und Authentizitätssicherung,[1461] die sehr manipulationssicher ist und eine algorithmische Richtigkeitsgewähr bietet,[1462] sowie ihre lückenlose Nachvollziehbarkeit. Sie ist im Vergleich zu Systemen, die auf Vertrauensintermediäre angewiesen sind, besonders änderungsresistent und somit weitgehend fälschungssicher[1463].[1464] Die darin getätigten Transaktionen sind „transparent, kryptographisch gesichert, für immer gespeichert, nicht manipulierbar, zeitlich nachvollziehbar und dezentral validiert".[1465] Aufgrund dieser Eigenschaften ergeben sich zahlreiche Anwendungs- und Nutzungsmöglichkeiten in der Wirtschaft und Verwaltung.[1466] Für alle Anwendungsfälle, in denen

---

1457 *Mienert/Gipp*, ZD 2017; 514 (517); *Simmchen*, MMR 2017, 162 (163). Diese Vorgehensweise gilt nicht für sämtliche Blockchain-Varianten. Bei dem sog. Proof-of-Stake-Verfahren müssen die *Miner* Kryptowährungseinheiten „einsetzen", um einen Block zu verifizieren. Gerade weil dies Energie spart, könnte dies in Zukunft die bevorzugte Vorgehensweise werden.

1458 *Hofert*, ZD 2017, 161 (162); *Mienert/Gipp*, ZD 2017; 514 (517). Auch diese Vorgehensweise gilt nicht für alle Blockchain-Varianten.

1459 *Martini/Weinzierl*, NVwZ 2017, 1251 (1252).

1460 *Schrey/Thalhofer*, NJW 2017, 1431 (1432).

1461 Vgl. *Böhme/Pesch*, DuD 2017, 473.

1462 *Simmchen*, MMR 2017, 162 (163).

1463 Lediglich ein Angreifer der über 51 % der im Netzwerk zur Verfügung stehendenden Rechenkraft verfügt, kann aufgrund seiner absoluten Mehrheit die Blockchain zu seinen Gunsten verändern.

1464 *Martini/Weinzierl*, NVwZ 2017, 1251 (1252).

1465 *Schrey/Thalhofer*, NJW 2017, 1431 (1433).

1466 Zu den aktuellen Anwendungsbereichen Buschmann u.a./*Krupar*, S. 165 ff. Zum Blockchain-Einsatz in der deutschen Wirtschaft die Studie von *Bitkom* https://www.bitkom.org/Presse/Presseinformation/Studie-Deutschland-ist-bei-der-Blockchain-aktuell-nur-Mittelmass, zuletzt aufgerufen am 21.10.2019.

Vertrauen in die Echtheit eines Dokuments oder einer Aussage notwendig sind, sei die *Blockchain* prädestiniert.[1467] Besonders ihre Veränderungsresistenz lässt die Technologie im Prozessrecht als Plattform zur Speicherung digitaler Beweise in Frage kommen. Der Gedanke dahinter ist die Möglichkeit einer Speicherung von elektronischen Dokumenten (von Texten über Bildern) in einem revisionssicheren Aufbewahrungssystem, das stets abrufbar ist. Im Kern geht es auch hier wieder darum, die Integrität und Authentizität beweiserheblicher digitaler Beweismittel zu waren. Vorteilhaft ist dabei auch, dass die Speicherung des digitalen Beweises auf einer *Blockchain* mit der Speicherung des exakten Zeitpunkts einhergehen kann.[1468] Technisch gesehen gibt es zwei Möglichkeiten die Dokumente beweissicher auf der *Blockchain* zu speichern: Entweder wird das gesamte Dokument ähnlich wie bei Cloudspeicherdiensten gespeichert, oder nur ein eindeutiger Hashwert des Dokuments.[1469] Erstere Variante bietet die Möglichkeit das Beweisstück dauerhaft unlöschbar und unveränderbar zu speichern, sowie dass es dann nur für bestimmte Personen einsehbar ist.[1470] Wird hingegen nur der Hashwert des Beweismittels in der *Blockchain* hinterlegt, so muss zusätzlich das Beweismittel separat und geschützt gespeichert werden.[1471] Eine Änderung des Originaldokuments würde automatisch die Änderung des Hashwertes nach sich ziehen. Wird das Beweismittel dann zu einem späteren Zeitpunkt (Gerichtsverhandlung) eingeführt, so kann der Hash des archivierten digitalen Beweismittels mit dem in der *Blockchain* gespeicherten verglichen werden und bei Übereinstimmung der Nachweis der Integrität zweifelsfrei bewiesen werden. Wird das Originaldokument jedoch gelöscht, so lässt sich aus dem Hashwert nicht mehr der Inhalt des Dokuments reproduzieren.[1472] In beiden Fällen garantiert die *Blockchain*, dass die digitalen Beweise integer sind.

Für alle Verfahrensbeteiligten würde dies enorme Erleichterungen nach sich ziehen. Das Gericht müsste keinen Sachverständigen hinzuziehen[1473], was sowohl Zeit als auch Kosten spart, und auch die Strafverteidiger könnten den

1467 So Buschmann u.a./*Krupar*, S. 160, 172 f.
1468 Buschmann u.a./*Krupar*, S. 172 f.
1469 Buschmann u.a./*Krupar*, S. 173.
1470 Buschmann u.a./*Krupar*, S. 173.
1471 Buschmann u.a./*Krupar*, S. 173.
1472 Buschmann u.a./*Krupar*, S. 173.
1473 Der Verzicht auf Sachverständige wäre wohl erst dann Wirklichkeit, wenn die technischen Hintergründe der Blockchain und ihre Auswirkungen gerichtsbekannt sind.

Beweiswert des elektronischen Beweismittels von Anfang an besser einschätzen. Insgesamt kann dem elektronischen Beweismittel ein hoher Beweiswert beigemessen werden, weil eine lückenlose Dokumentation seit Speicherung in der *Blockchain* besteht, dessen dezentrale Struktur ein hohes Maß an Fälschungssicherheit mit sich bringt. Zusätzlich kann auch die Authentizität der in der *Blockchain* gespeicherten Informationen gewährleistet werden, weil die Transaktionen ausschließlich zwischen legitimierten Partnern stattfinden.[1474]

Es stellt sich aber die Frage der richtigen Implementierung und Nutzung der Technologie für das Strafverfahren, insbesondere für das strafprozessuale Beweisverfahren. Innovativ ist dabei gerade die Möglichkeit zur dezentralen Registerführung.[1475] Digitale Beweismittel wie Fotos, Dokumente, E-Mails und Videos könnten in dem Register digital archiviert werden und damit eine spätere Beweismittelführung vor Gericht untermauern. Gerade in der dezentralen Speicherung und Bearbeitung von Daten ergeben sich konzeptionelle und rechtliche Hürden, insbesondere aus datenschutzrechtlicher Sicht, aber auch im Hinblick auf die Nutzung der Technologie zur Aufbewahrung digitaler Beweismittel, die noch geklärt werden müssen. In Deutschland hat sich die Regierung bisher sehr wenig mit der Blockchain auseinandergesetzt.[1476]

Die *Blockchain* bietet – als eine von vielen dezentralen Systemen – eine hochinnovative und zukunftsträchtige Technologie, die zwei der Sicherheitsziele der IT-Sicherheit – Integrität und Authentizität – zu erfüllen vermag. Ob sich gerade das *Blockchain*-Konzept als neuer und dezentraler Speicherort für digitale Beweismittel und somit als eine tatsächliche Alternative zur Sicherung von Authentizität und Integrität für Gerichtsverfahren durchsetzen kann und ob die dortige Verwendung sinnvoll ist[1477], wird sich erst nach sorgfältiger Prüfung zeigen. Das Recht steht der Nutzung der *Blockchain* im Prozessrecht aber aktuell nicht entgegen.[1478]

3. Zwischenergebnis: Beweiswertsteigerung durch Sicherungsmittel

Zur Gewährleistung von Integrität und Authentizität von digitalen Beweismitteln kommen als Resultat unterschiedliche Ansätze in Betracht. Sowohl

---

1474 Siehe *Schrey/Thalhofer*, NJW 2017, 1431 (1432).

1475 Näher *Hofert*, ZD 2017, 161 (162).

1476 Näher Buschmann u.a./*Krupar*, S. 172 ff.

1477 Nach Buschmann u.a./*Krupar*, S. 177 sei die Sinnhaftigkeit momentan wegen der Unabwägbarkeiten der Akzeptanz der neuen Technik noch gering.

1478 So auch Buschmann u.a./*Krupar*, S. 177.

organisatorische Maßnahmen (s.o.) als auch der Einsatz mathematischer und/oder technischer Sicherungsmittel verbieten sich nicht pauschal, da das Beweisrecht keine diesbezüglichen Vorgaben macht. Weil es im Strafprozessrecht auch keine Normen gibt, die die Beurteilung des Inhalts eines digitalen Beweismittels regeln, gilt die freie Beweiswürdigung nach § 261 StPO. Das bedeutet, dass der Beweiswert stets individuell zu bestimmen ist. Beim Beweis mit digitalen Beweismitteln kann es insbesondere dann zu Schwierigkeiten kommen, wenn es um die Echtheit und Unverfälschtheit der Daten geht (Integritätsaspekt, s.o.). Mangels Verkörperung und fehlender unmittelbarer Wahrnehmbarkeit gelten digitale Daten als grundsätzlich flüchtig.[1479] Digitale Daten stehen in dem Ruf, dass sie sehr leicht und ohne die Möglichkeit, dies nachzuweisen, verändert werden können.[1480]

Festzustellen ist, dass digitale Beweismittel aus sich heraus alleine keine Anhaltspunkte für ihre Integrität und Authentizität liefern. Diese Aussagen sind aber für den Beweiswert entscheidend. Aussagen über den Beweiswert eines digitalen Beweismittels können im Rahmen der freien Beweiswürdigung nur über Wahrscheinlichkeitskriterien vorgenommen werden, generalisierte Aussagen verbieten sich hingegen. Entscheidend ist aber, dass der Beweiswert digitaler Beweismittel zusätzlich durch geeignete organisatorische oder technische Sicherungsmaßnahmen erhöht werden kann. Dadurch soll Datenintegrität und -authentizität hergestellt und dauerhaft erhalten[1481] werden.

Einige dieser geeigneten Sicherheitstechniken und Verfahren wurden oben vorgestellt. Als mathematische und technische Sicherungsmittel vermögen sie den Beweiswert der mit ihnen verbundenen digitalen Beweismittel zu steigern, weil damit Authentizität und Integrität der Daten zuverlässig bewiesen werden können. Zu berücksichtigen ist aber auch hier, dass der Einsatz aller Sicherungsmittel (bis auf die *Blockchain*-Technologie) nicht vor Veränderungen schützt, sondern vielmehr nur einen Integritäts- und Authentizitätsnachweis erlaubt.[1482] Lediglich in der *Blockchain* gespeicherte Daten sind veränderungsresistent. Lücken bei der Nachvollziehbarkeit, welche dadurch entstehen, dass Integrität und Authentizität der Daten ausschließlich mit technischen Sicherungsmitteln nachgewiesen werden können, müssen anderweitig geschlossen werden,[1483]

1479 *Johannes/Potthoff/Roßnagel/Neumair/Madiesh/Hackel*, S. 102 m.w.N.
1480 Siehe unten C.V.
1481 Siehe dazu unten C.VI.6.
1482 *Roßnagel/Fischer-Dieskau/Jandt/Knopp*, S. 103.
1483 *Heinson*, S. 151 f.

beispielsweise durch Dokumentation oder durch Zeugenaussagen. Vor allem eine Kombination aus unterschiedlichen Sicherungsvorkehrungen kann zu einem besonders hohen Beweiswert führen,[1484] und ist meinem Erachten nach zu empfehlen. Für ungesicherte Beweismittel kann die Aussage der Beweiswertsteigerung jedoch nicht getroffen werden. Sie bieten keine Gewähr dafür, dass die darin enthaltenen Daten nicht manipuliert wurden (Integrität) und diese auch tatsächlich von einem bestimmten Verfasser herrühren (Authentizität).[1485] Ihr Beweiswert kann daher von einem Gericht als sehr niedrig einzustufen sein,[1486] wenn die beweisrechtlichen Kriterien nicht anderweitig belegt werden können. Gesicherten Beweismitteln wird daher in der Regel der Vorzug gegenüber ungesicherten Beweismitteln gewährt. Zwischen den Sicherungsmitteln herrscht aber keine klare Hierarchie, welches vorzugswürdig erscheint, sondern hängt von der jeweiligen Situation und des Beweismittels ab. Diesbezüglich stellt datenbezogener Schutz durch den Einsatz elektronischer Signaturen ein besonders geeignetes Sicherungsmittel dar, was ein hohes Niveau an Gesamtsicherheit bietet.

Grundlage für den Einsatz technischer Sicherungsmittel zur Erzeugung eines sicheren digitalen Beweismittels, ist die Sicherheit der Technik. Dahingehend ist der jeweilige *Stand der Technik*[1487] zu berücksichtigen: Auf Grund technischer Grenzen kann immer nur ein Sicherheitsniveau nach dem jeweiligen Stand der Technik erreicht werden. Dadurch wird es ermöglicht die Wahrscheinlichkeit von Missbrauch und Manipulationen entgegenzuwirken, diese kann aber nie ganz ausgeschlossen werden. Auch die juristische Beurteilung des Beweiswertes bzw. des Wahrscheinlichkeitsgrades kann sich daher nur am Stand der Technik orientieren. Jede Schwachstelle des eingesetzten Sicherungsmittels kann sich negativ auf den Beweiswert auswirken. Es kommt also auch auf eine sichere Technik an. Dafür wird regelmäßig ein Nachweis über die eingesetzte Sicherheitstechnik, ihren Stand und des Verfahrens vonnöten sein. Für diese Fragen spielt es aber keine Rolle, als welches Beweismittel die Daten in der

1484 So *Heinson*, S. 152.

1485 Vgl. *Roßnagel/Pfitzmann*, NJW 2003, 1209 und *Wagner*, JuS 2016, 29 (31) hinsichtlich einer ungesicherten E-Mail.

1486 Siehe *Knopp*, S. 7, 11.

1487 Der unbestimmte Rechtsbegriff wird bereits seit langem vom Gesetzgeber verwendet. Zuletzt ist er mit dem IT-Sicherheitsgesetz, der Datenschutz-Grundverordnung in mehrere Regelungen für die IT-Sicherheit, aber auch mit dem Gesetz zur Einführung der elektronischen Akte in der Justiz und zur weiteren Förderung des elektronischen Rechtsverkehrs vom 05.07.2017 in die Strafprozessordnung (§ 32e StPO) aufgenommen worden.

Hauptverhandlung eingesetzt werden.[1488] In dieser Hinsicht kommt die Frage auf, ob verbindliche IT-Sicherheitsstandards[1489] (Daubert-Kriterien) und/oder technische Richtlinien beachtet werden müssen. Auch für den Bereich digitaler Beweismittel und ihrer Handhabung im Beweisrecht würden konkrete gesetzlichen Vorgaben zur Sicherung von Integrität und Authentizität, wie sie ganz punktuell in § 32b Abs. 4 Satz 3 und in den § 100a Abs. 5 Satz 2 und 3 StPO erwähnt werden, empfehlenswert.[1490]

Vergegenwärtigt man sich die Erkenntnisse hinsichtlich der Erzeugung sicherer Beweismittel durch technische Verfahren, so muss der konkrete Bezug zum Strafverfahren beachtet werden. Die elektronische Signatur, das elektronische Siegel und der elektronische Zeitstempel werden als elektronische Vertrauensdienste durch die eIDAS-VO geregelt und geprägt. Darin werden sowohl beweisrechtliche Wirkungen als auch Vermutungen bestimmt. Diese lassen sich nicht 1:1 für das Beweisverfahren im Strafprozess übernehmen. Die eIDAS-VO schafft eine einheitliche Grundlage über elektronische Identifizierung und Vertrauensdienste im Rahmen elektronischer Transaktionen im Binnenmarkt. Es geht im Kern um den elektronischen Rechtsverkehr, nicht um das prozessrechtliche Beweisverfahren. Einzig die Bestimmungen, dass elektronischen Dokumenten und den Sicherungsmitteln die Rechtswirkung und die Zulässigkeit als Beweismittel im Gerichtsverfahren nicht allein deshalb angesprochen werden darf, weil sie in elektronischer Form vorliegen oder weil sie die Anforderungen an qualifizierte elektronische Sicherungsmittel nicht erfüllen,[1491] sind beweisrechtlicher Natur und können auch für das Strafverfahren Bedeutung erlangen. Auch für das Strafverfahren gilt, dass ein digitales Dokument trotz ihrer Form als Beweismittel akzeptiert werden muss. Des Weiteren erscheint es auch im Strafverfahren naheliegend und sinnvoll, dass das Gericht gesicherten digitalen Beweismitteln gegenüber ungesicherten digitalen Beweismitteln den Vorrang gewährt bzw. ihnen mehr Vertrauen entgegenbringt, auch wenn die durch die eIDAS-VO aufgestellten „beweisrechtlichen Vermutungen" für besonders gesicherte digitale Beweismittel im Strafverfahren nicht gelten. Das Strafprozessrecht braucht einheitliche Standards, um etwa die Integrität einer Datei validieren zu können. Die in den § 32a Abs. 4 Nr. 4 und § 100a Abs. 5 Satz 2 und 3 StPO punktuell

1488 Vgl. *Heinson*, S. 164.

1489 Siehe dazu unten F.III.

1490 Vgl. auch *Warken*, NZWiSt 2017, 417 (421); *dies.*, NZWiSt 2017, 449 (451 f.).

1491 Art. 46 eIDAS-VO sowie Art. 25, 35, 41 und 43 eIDAS-VO.

getätigten Erwähnungen, hinsichtlich der Kriterien Authentizität und Integrität, reichen dafür nicht aus.

Sowohl rechtlich als auch technisch vermag die Strafprozessordnung den Einzug digitaler Beweise in das Verfahren nicht umfänglich und nicht immer sachgerecht zu lösen. Als Verfahrensordnung obliegt ihr zumindest die rechtliche Umsetzung, die technische Umsetzung ist wohl nicht Aufgabe einer Verfahrensordnung. Unter Berücksichtigung dessen, hätte der Gesetzgeber im Rahmen der Änderungen des „Gesetzes zur effektiveren und praxistauglicheren Ausgestaltung des Strafverfahrens" vom 17.08.2017 und des „Gesetzes zur Einführung der elektronischen Akte in der Justiz und zur weiteren Förderung des elektronischen Rechtsverkehrs" vom 05.07.2017 für im Strafprozess verwendete elektronische Beweismittel konkrete gesetzliche Vorgaben zur Sicherung der Integrität und Authentizität, wie sie ganz punktuell in § 32a Abs. 4 Nr. 4 und § 100a Abs. 5 Satz 2 und 3 StPO erwähnt werden, bestimmen können und müssen.[1492] Noch besser wäre die Entwicklung eines schlüssigen Gesamtkonzeptes, das sowohl Gewissheit über die Einführung sämtlicher digitaler Beweise in das Strafverfahren, als auch die Anpassung der Strafprozessordnung an nicht körperliche und nicht unmittelbar wahrnehmbare Gegenstände, ergo elektronische Daten, regelt.[1493] Trotz der richtigen Bestrebungen, die Strafprozessordnung technologieoffen zu gestalten, bedarf es der Entwicklung einheitlicher und verbindlicher technischer Standards für den Bereich digitaler Beweismittel und ihrer Handhabung im Strafverfahren. Dazu gehört es auch, den *Stand der Technik* wie ihn bereits § 32f StPO erwähnt, mit in die Formulierungen zur Authentizität und Integrität aufzunehmen. Über den unbestimmten Rechtsbegriff – der bestenfalls Bezug auf eine technische Richtlinie[1494] (etwa des *BSI*) nimmt – kann der Gesetzgeber auch Rechtssicherheit in Bezug auf die anzuwendende Technik schaffen, bei Beibehaltung technologieneutraler Formulierungen. Somit würde der Gesetzgeber den rechtlichen und technischen Anforderungen im Hinblick auf sichere Beweismittel gerecht werden, die der Einzug der Digitalisierung in den juristischen (Verfahrens-)Alltag mit sich gebracht hat.

Wie bereits erörtert, ermöglichen gesicherte Beweismittel die faktische Erhöhung ihrer Beweiswerte im Rahmen des Strafverfahrens, sollten sie in diesem

1492 *Warken*, NZWiSt 2017, 417 (421); *dies.*, NZWiSt 2017, 449 (451 f.).

1493 Vgl. auch *Warken*, NZWiSt 2017, 449 (452).

1494 So wie bei der amtlichen Begründung des § 32e StPO, die sogar einen ausdrücklichen Verweis auf die technische Richtlinie des BSI zum „rechtssicheren ersetzenden Scannen" (TR-RESISCAN) enthält. Vgl. BT-Dr. 18/9416, S. 53 und die zusammenfassenden Ausführungen unten C.VI.5.

gesicherten Zustand in das Beweisverfahren eingeführt werden. Kurzum gewährleisten nur gesicherte digitale Beweismittel Beweissicherheit in hohem Maße; sie können dann den maximalen Beweiswert erreichen. In der Regel werden digitale Beweise aber nicht gezielt geschaffen oder gar gesichert aufgefunden, sondern sie entstehen weitestgehend beiläufig bei jeglicher Datenverarbeitung und/oder werden erst nachträglich – etwa durch IT-Forensiker – gezielt gesichert. Es ist daher derzeit unüblich, ein bereits gesichertes digitales Beweismittel vorzufinden und in diesem Zustand in das Strafverfahren einzuführen. Was in Zukunft der für die Industrie sinnvollste Weg sein wird, auch im Hinblick auf die Einhaltung datenschutzrechtlicher Vorgaben, und wie damit im Prozess umgegangen wird, wird unter G. erörtert.

Ob dem gesicherten Beweismittel letztlich mehr Vertrauen entgegengebracht wird, hängt neben den möglichen Schutz- und Sicherungsmaßnahmen auch von dem spezifischen Unsicherheitsfaktor der Manipulierbarkeit digitaler Beweise ab, auf den nachfolgend näher eingegangen wird.

V. Manipulationsrisiko, -sicherheit

Digitale Beweise sollten – wie auch konventionelle Beweise – beweissicher sein, damit ihnen ein hohes Vertrauen im Prozess entgegengebracht wird. Die Beweissicherheit digitaler Daten und Dokumente kann auch durch fehlende Veränderungen einschließlich Manipulationsfreiheit bzw. Manipulationssicherheit gewährleistet werden. Ist ein Beweismittel frei von Manipulationen, so wurde es mithin nicht verändert und ist echt (Integritätsaspekt). Davon zu unterscheiden ist die Authentizität einer Datei. Sie umfasst die korrekte Zuordnung von Daten zu einem Aussteller, sagt aber nichts darüber aus, ob die Daten frei von Manipulationen sind.[1495] Manipulationssicherheit bedeutet, dass die Beweise nicht nur im prozessrechtlichen Sinne, sondern auch nach IT-Sicherheitsmaßstäben als beweissicher gelten müssen. Gewährleistet werden muss die Abwesenheit von (beherrschbaren) Gefahren auf IT-Systeme und ihre Daten. Besonders schützenswert sind neben der Verfügbarkeit, insbesondere die Authentizität und Integrität der Daten. Dabei spielen sowohl die Datensicherung als auch die Datensicherheit eine entscheidende Rolle. Bereits bei der Datensicherung

1495 Zu beachten ist aber, dass auch die Angaben zum Urheber eines Datums verfälscht werden können und in diesen Fall die Datei sowohl nicht authentisch als auch nicht mehr integer ist.

in der frühen Phase der Ermittlungen, geht es darum Datenveränderungen[1496] und Manipulationen[1497] auszuschließen oder sichtbar zu machen. Im weiteren Verlauf ist dann auch die Datensicherheit zu garantieren, nämlich die bereits gesicherten Daten vor weiteren Beeinträchtigungen jeglicher Art (Missbrauch, technische Fehler, höhere Gewalt) zu schützen.

Bei digitalen Beweismitteln ist zu beachten, dass ihnen aufgrund der digitalen Form der gespeicherten Informationen im Allgemeinen eine erhöhte Manipulations- oder Datenverlustanfälligkeit nachgesagt wird.[1498] Sie stehen im Ruf, dass ihre Unversehrtheit und Urheberschaft sehr leicht[1499] und ohne die Möglichkeit dies nachzuweisen, verändert werden kann. Was zum einen an der ortsunabhängigen Zugriffsmöglichkeit und zum anderen an dem geringen finanziellen oder faktischen Aufwand einer Datenmanipulation liegt.[1500] Das Gegenstände unabsichtlich oder absichtlich verändert werden, ist in der klassisch forensischen Ermittlungstätigkeit kein Novum. Sowohl körperliche als auch nicht körperlichen Gegenstände sind nicht ausnahmslos vor Veränderungen sicher.[1501] Trotzdem ist man sich in der Literatur darüber einig, dass digitale Daten manipulationsanfälliger sind als herkömmliche Beweise.[1502] Für den Ausgang des Verfahrens und für das Vertrauen in digitale Beweismittel können Manipulationen und Datenveränderungen erhebliche negative Folgen nach sich ziehen. Um die Tauglichkeit von digitalen Daten als Beweismittel zu verbessern, kommt es entscheidend darauf an, die Frage zu klären, inwiefern digitale Beweismittel anfälliger als analoge sind bzw. die von der Literatur aufgeworfene These zu bestätigen oder zu widerlegen. Zur Klärung dessen wird ebenfalls untersucht, wie die bestehenden Manipulationsrisiken erkannt und nachgewiesen werden können.

1. Datenveränderungen

Bei der Handhabung mit digitalen Daten darf das Risiko der Datenveränderung und der Datenverlustanfälligkeit nicht außenvorgelassen werden. Bereits im

1496 Ist im Folgenden von Datenveränderung die Rede, meint es unabsichtliche Veränderungen an der Datei oder am IT-System, das die Datei enthält.

1497 Manipulationen meint demgegenüber absichtlichen Veränderungen bzw. Verfälschungen der Datei.

1498 Vgl. *Gercke*, AnwBl 2012, 709 (713); *Kipker*, S. 161 f.; *Momsen*, FS Beulke, S. 875; *Warken*, NZWiSt 2017, 329 (332) m.w.N.

1499 *Dewald*, S. 41.

1500 *Warken*, NZWiSt 2017, 329 (332).

1501 *Knopp*, ZPR 2008, 156 (157).

1502 So Labudde/Spranger/*Labudde/Czerner/Spranger*, S. 9.

Stadium der Beweissicherung digitaler Daten besteht das Risiko, dass die auszuwertenden Daten unbewusst verändert oder gelöscht werden. Abhängig von der jeweiligen Art der eingesetzten Methoden durch die Strafverfolgungsbehörden oder externen IT-Forensiker erfolgt nach der sorgfältigen Erfassung die Sicherung digitaler Spuren.[1503] Diese orientiert sich an den jeweils bestehenden technischen Gegebenheiten und an dem zu sichernden Objekt. Die auf dem IT-System befindlichen digitalen Spuren können mitunter sehr empfindlich sein, was sich auf die Art und Weise der Sicherung auswirkt. Fest in einem System integrierte Speichermedien und die darauf enthaltenen Daten (persistente Spuren[1504]) – etwa auf Festplatten, DVDs, CDs oder USB-Sticks – sind mitunter anders auszulesen und zu sichern als einzeln auslesbare Datenträger.[1505] Neben flüchtigen Daten[1506] kommen auch nur temporär zugreifbare Daten (semi-persistente Spuren[1507]) auf dem IT-System für die Sicherung in Betracht. Wie mit diesen im Detail umzugehen ist, hängt von den Gegebenheiten des Einzelfalls ab, insbesondere der Flüchtigkeit der Daten. Von ihnen hängt maßgeblich das weitere Vorgehen bei ihrer Sicherung und Verarbeitung ab und somit auch die Art der Untersuchung. Unterschieden wird zwischen zwei Arten von Analysemethoden. Die erste Form der Datensicherung ist als *Live-Sicherung*[1508] (Live-Forensik) bekannt, da sie die zu untersuchenden Spuren dem IT-System *während der Laufzeit* extrahiert und dafür das System selbst nutzt. Hier wird vordringlich versucht, den Teil der Informationen zu gewinnen, die wegen ihrer kurzen Halbwertszeit schnell unbrauchbar werden oder verloren gehen.[1509] Damit können sowohl flüchtige als auch semi-persistente Daten wie der RAM-Inhalt gesichert werden. Solche Inhalte sind aber nur dann greifbar, solange eine Spannungsversorgung vorhanden ist. Beispielsweise kann ein ordnungsgemäßes Herunterfahren des Systems bzw. der Wegfall der Datenspannung in kürzester Zeit zum Datenverlust

---

1503 Siehe unten F.I.

1504 Persistente Spuren bleiben auch ohne Stromzufuhr des Mediums, auf dem sie gespeichert sind, für einen großen Zeitraum erhalten.: *Dewald*, S. 27 und *Meier*, S. 24.

1505 Dazu *Eisenberg*, Rn. 1938a ff.

1506 Flüchtige Spuren sind solche die selbst im laufenden Betrieb und unter ständiger Stromzufuhr nur temporär auf den Medien erhalten bleiben, und ohne willentliche Vernichtung in kurzer Zeit zerstört werden können.: *Dewald*, S. 27 und *Meier*, S. 24.

1507 Semi-persistente Spuren bleiben nur mit ständiger Stromzufuhr des Speichermediums dauerhaft bestehen.: *Meier*, S. 24.

1508 Sog. *Live-Response* Untersuchung oder *Online-Forensik*; näher *Dolle*, DuD 2009, 183 (185 f.); *Heinson*, S. 37 ff.; 168 f.; Labudde/Spranger/*Pawlaszczyk*, S. 119 ff.

1509 *Geschonneck*, Kap. 4.6; Labudde/Spranger/*Pawlaszczyk*, S. 118.

führen.[1510] Aber auch wenn das System eingeschaltet ist, führt jeder Eingriff zur Datenveränderung. Darin liegt auch die größte Schwäche der Untersuchungsmethode, nämlich in der Verletzung der Integrität des untersuchten Systems, wenn auch teils nur minimal. Denn einen ausschließlichen Lesezugriff auf das Computersystem gibt es nicht.[1511] Aufgrund der Tatsache, dass das System selbst benutzt wird, ist eine Veränderung der gespeicherten und verarbeiteten Daten fast immer unvermeidbar. Werden in dem frühen Schritt der Beweissicherung bereits Fehler gemacht, so kann dies zu mitunter erheblichen Datenveränderungen und/oder -löschungen führen, die das digitale Beweismittel entwerten können.[1512] Weil ein ausschließlicher Lesezugriff auf Computersysteme eher die Ausnahme als die Regel darstellt, muss sich auch der Staat bei der Durchführung von behördlichen Ermittlungsmaßnahmen, die in informationstechnische Systeme eingreifen, vor Veränderungen der Ursprungsdaten vorsehen.[1513] Es besteht daher grundsätzlich das Risiko, die Daten bereits bei der Sicherung so unabsichtlich zu verändern, dass dies zu negativen Auswirkungen hinsichtlich des Beweiswertes führt.[1514] Werden Daten aus IT-Systemen in einem ruhenden (ausgeschalteten) Betriebszustand *nachträglich* gesichert, so wird dies als *Post-Mortem-Analyse* (Sicherung) bezeichnet.[1515] Aus diesem Grund wird einer Post-Mortem-Analyse im strafrechtlichen Ermittlungsverfahren zumeist der Vorzug gegenüber einer Live-Sicherung gegeben.[1516] Gegenständlich umfasst sind in der Regel die am Tatort gefundenen Speichermedien, wie etwa Festplatten, Speicherkarten und USB-Sticks.[1517] Um die Daten für die spätere Auswertung zu konservieren, müssen die zu untersuchenden Datenträger physisch sichergestellt und forensisch dupliziert werden.[1518] Es wird zuallererst eine bitgenaue Kopie erstellt. Damit wird der Ist-Zustand des Datenträgers unverfälscht und unveränderbar festgehalten.[1519] Nach der Sicherung wird überprüft, ob die Sicherung

---

1510 Zu weiteren möglichen Fehlern bei der Beweissammlung *Geschonneck*, Kap. 4.6.7; Labudde/Spranger/*Pawlaszczyk*, S. 118 ff.

1511 *Heinson*, S. 55, 147, 392; *Kipker*, S. 161 f.

1512 *Meier*, S. 25.

1513 Näher dazu *Kipker*, S. 161 ff.

1514 *Heinson*, S. 28.

1515 *BSI*, Leitfaden 2011, S. 13; siehe dazu auch *Dolle*, DuD 2009, 183 (186 f.), *Heinson*, S. 30 ff., 168 und Labudde/Spranger/*Pawlaszczyk*, S. 125 ff.

1516 Labudde/Spranger/*Pawlaszczyk*, S. 125.

1517 Labudde/Spranger/*Pawlaszczyk*, S. 118.

1518 *Heinson*, S. 27; Labudde/Spranger/*Pawlaszczyk*, Forensik in der digitalen Welt, S. 118; MAH Strafverteidigung/*Kricsanowits*, § 80 Rn. 16.

1519 Labudde/Spranger/*Pawlaszczyk*, Forensik in der digitalen Welt, S. 125.

mit dem Original tatsächlich übereinstimmt, indem Hash-Werte gebildet und verglichen werden.[1520] Dieser Untersuchungsschritt beeinflusst entscheidend die spätere Auswertbarkeit und die Beweiskraft der Daten.[1521] Für die Speicherung der Beweise sollte ebenfalls darauf geachtet werden, „sterile" Datenträger zu verwenden. Diese sollten idealerweise vor der Verwendung formatiert und von allen vorherigen Datenspuren bereinigt worden sein.[1522]

So gilt es bereits im Stadium der Beweissicherung – unabhängig ob die Daten bzw. Spuren vor Ort oder nach Transport im Labor extrahiert werden – so vorzugehen, dass so wenige unabsichtliche Veränderungen und Löschungen an dem untersuchten System oder der Datei wie möglich vorgenommen werden. Wenngleich unbewusste Datenveränderungen oder Datenlöschungen in einer Art und Weise erfolgen können, die weder den Änderungsvorgang noch die Änderung an sich im Nachhinein nachvollziehbar gemacht werden können.[1523] Weil Nachlässigkeiten und Fehler in dieser frühen Phase des Ermittlungsprozesses meist nicht mehr rückgängig gemacht werden können,[1524] gilt es daher jeden Datenverlust zu vermeiden und keine Veränderungen am Beweisdatenträger vorzunehmen. Andernfalls scheidet eine Verwertung im Strafverfahren aus tatsächlichen oder strafprozessualen Gründen aus.[1525] Spuren, die nicht einwandfrei gesichert wurden, sind auch nicht bzw. schwerlich gerichtsverwertbar. Damit eine falsche Handhabung nicht zum Verlust der Beweiskraft des Beweismittels führt, müssen sämtliche während der Ermittlung durchgeführten Aktionen und Schritte – sowohl von staatlichen als auch von privaten Ermittlern – genauestens und lückenlos dokumentiert werden.[1526] Somit können unabsichtliche Datenveränderungen in der Ermittlungs- bzw. Sicherungsphase vollständig nachvollzogen und bei der Präsentation des Beweismittels in der Hauptverhandlung von den Parteien berücksichtigt werden. Die Gewissheit, dass unabsichtliche Datenveränderungen stattgefunden haben, kann das Vertrauen in das Beweismittel selbst stärken und führt damit im weiteren Maße zur Beweissicherheit. Des Weiteren müssen die Daten mit großer Sorgfalt und Sachkunde gesichert werden. So kann bereits früh der Grundstein dafür gelegt werden, dass die gesammelten Informationen in einer späteren juristischen Würdigung als beweissicher

---

1520 MAH Strafverteidigung/*Kricsanowits*, § 80 Rn. 17.

1521 Labudde/Spranger/*Pawlaszczyk*, Forensik in der digitalen Welt, S. 125.

1522 *Geschonneck*, Kap. 4.6.3.; vgl. Eisenberg, Rn. 1938 ff.

1523 *Warken*, NZWiSt 2017, 329 (332).

1524 Labudde/Spranger/*Pawlaszczyk*, Forensik in der digitalen Welt, S. 118.

1525 *Eisenberg*, Rn. 1938b.

1526 So auch *Eisenberg*, Rn. 1938b.

einzustufen sind. In concreto bedeutet das für das spätere Hauptverfahren, dass der Datensicherungsprozess einer erneuten Überprüfung durch Sachverständige standhalten muss,[1527] sowie, dass die potentiellen Beweismittel – mit geeigneten Maßnahmen – vor nachträglichen Manipulationen zu schützen sind. Die gilt dann sowohl mathematisch technisch für die Daten an sich, als auch organisatorisch für die Datenträger.

2. Datenmanipulationen

Die virtuelle Welt ermöglicht es relativ einfach Zugriff auf Komponenten, Ressourcen und Prozesse in der realen Welt zu erlangen.[1528] Aufgrund dessen eignet sie sich auch hervorragend dafür, aus ihr heraus Manipulationen und Angriffe zu starten, die für die reale Welt verhängnisvolle Auswirkungen nach sich ziehen können.[1529] Die Bedrohungen im und gegen den Cyberspace mindern letztlich auch die Beweissicherheit potentieller digitaler Beweismittel enorm, der (vermeintlich) leichten Manipulierbarkeit digitaler Daten und deren weitreichender Manipulationsmöglichkeiten geschuldet. Die vermeintlich fehlende Manipulationssicherheit digitaler Daten muss unter Bezug des bestehenden Risikos erläutert und der Frage, wer überhaupt alles ein *Manipulationsinteresse* besitzen könnte und wie sich das Risiko *auf den Beweiswert/die Beweissicherheit auswirkt*, beantwortet werden. Insbesondere bei digitalen Beweisen stellt sich die Notwendigkeit der Beweisbarkeit des Vorliegens oder Nicht-Vorliegens von Manipulationen als besonders wichtig heraus. Als Tathandlungen kommen das nachträgliche Verändern der Daten, das Löschen oder auch das Einfügen von Daten in Betracht; die sowohl durch den Aussteller, den Empfänger oder gezielt durch Dritteingriffe verursacht werden können.

Digitale Daten scheinen als „Fälschungsobjekte der Zukunft" wie geschaffen.[1530] Es heißt, dass sie vielfältige und neue Eingriffs- und Manipulationsmöglichkeiten aufweisen, die für Schriftstücke oder sonstige Objekte so bisher nicht in dieser Form bestanden.[1531] Die weitreichenden Manipulationsmöglichkeiten für digitale Daten werden durch den erheblichen Datenzuwachs und die Vernetzung informationstechnischer Systeme bedingt.[1532] Das liegt zum einen daran,

---

1527 Siehe dazu unten F.II.
1528 *Kochheim*, Cybercrime und IuK-Strafrecht, Rn. 509.
1529 *Kochheim*, Cybercrime und IuK-Strafrecht, Rn. 509.
1530 *Kipker*, S. 175.
1531 *Loritz*, FS Geimer, S. 410; *Warken*, NZWiSt 2017, 329 (332).
1532 *Kipker*, S. 162.

dass es jedermann ohne größere Anstrengungen möglich ist, mit einem Computer erstellte Texte, Dateien, Bilder und Videos, und auch Metadaten in vielerlei Hinsicht zu verändern oder Bilder und Videos zu bearbeiten.[1533]

Gerade bei Bildern und Videos steigen die Manipulationsmöglichkeiten seit Einführung der Digitalfotografie. Bereits jetzt ist es mit einem Smartphone und/oder passenden Apps wie Snapchat oder Instagram relativ einfach möglich, Bildteile in bereits bestehende Bilder einzufügen, sowie zu kopieren, gezielt zu verändern oder gar neu zu generieren.[1534] Damit sinkt der erforderliche Aufwand auf ein Minimum und die Perfektion der Bildbearbeitungsergebnisse steigt.[1535] Zum anderen liegt das daran, dass die Manipulationen bei entsprechender technischer Zugangsmöglichkeit grundsätzlich von überall aus erfolgen können, es ist gerade nicht nötig die Handlungen am Speicherort selbst durchzuführen.[1536] Hinzu kommt, dass die entsprechenden Programme ohne großen faktischen oder finanziellen Aufwand im Internet abgerufen werden können, wenn man von dem Erwerb eines entsprechenden Tatwerkzeugs (Rechner, Smartphone mit entsprechender Software) absieht.[1537] Diese Programme bieten teilweise einfache Möglichkeiten zu nachträglichen Veränderungen, die im Vergleich zu einem handschriftlich erstellten Dokument oder einem von einem Negativ entwickelten Foto nicht genauso möglich wären.[1538] Das Risiko einer Manipulation durch Löschen der digitalen Daten wird auch schon dann verwirklicht, wenn die Stromzufuhr zum Speichermedium für einen Moment unterbunden wird, was wahrlich jeder durchführen kann.[1539] Zusätzliche Risiken eröffnen sich, wenn es um solche digitale Daten geht, die einer Übertragung und einer Datenverarbeitung bedürfen, wie es bei elektronischer Kommunikation (E-Mail- und De-Mail-Verkehr) der Fall ist.[1540]

Wie hoch die reale Wahrscheinlichkeit eines manipulierten (Dritt-)Eingriffs ist, kann jedoch nicht genau beziffert werden und hängt auch von der konkreten Beweisqualität digitaler Daten[1541] ab. *Mankowski* geht von einer sehr geringen

---

1533 *Momsen*, FS Heintschel-Heinegg, S. 314; *ders.*, FS Beulke, S. 875; *Momsen/Hercher*, S. 175.

1534 *Knopp*, ZRP 2008, 156 (157).

1535 *Knopp*, ZRP 2008, 156 (157).

1536 *Warken*, NZWiSt 2017, 329 (332).

1537 *Warken*, NZWiSt 2017, 329 (332).

1538 So *Momsen*, FS Heintschel-Heinegg, S. 314; *ders.*, FS Beulke, S. 875; *Momsen/Hercher*, S. 175.

1539 *Warken*, NZWiSt 2017, 329 (332) m.w.N.

1540 *Warken*, NZWiSt 2017, 329 (332).

1541 Sieh dazu unten C.VI.

Wahrscheinlichkeit eines Dritteingriffs aus, auch weil Dritteingriffe durch das Strafgesetzbuch ausreichend geschützt sind.[1542] *Kipker* hingegen prognostiziert, dass in Zukunft „Zahl und Intensität der Missbrauchsmotive digitaler Daten weiter ansteigen werden".[1543] Damit einhergehend und aufgrund immer weiter ausgereifter Computerprogramme und Bearbeitungsverfahren, schwinde auch die einfache Nachweisbarkeit von erfolgten Datenmanipulationen und -veränderungen.[1544] Ob die digitalen Daten berechtigt in dem Ruf stehen spurlos verändert werden zu können, erscheint indes fraglich. Um diese These zu untermauern, werden meist E-Mails und elektronische Textdokumente angeführt.[1545] Veränderungen an solchen (einfachen und ungesicherten) Textdateien, „die offen, unverschlüsselt und frei veränderbar auf einem informationstechnischen System abgelegt waren" sind laut *Kipker* nicht nur „seit jeher schwierig nachzuweisen, sondern oftmals schlechthin unmöglich", wohingegen „Manipulationen an entwickelten, nicht digitalen Fotografien meistens schon bei genauem Hinsehen mit bloßem Auge erkennbar" sind.[1546] Aber auch für Bilder soll dies seit Einführung der Digitalfotografie gelten, weil mit dieser der erforderliche Aufwand weiter sinkt und die Perfektion der Bildbearbeitungsergebnisse steigt.[1547]

Manipulationen an digitalen Spuren hinterlassen zunächst keine unmittelbar sichtbaren Zeichen,[1548] die allein durch menschliche Betrachtung nachvollzogen werden können.[1549] In der klassischen Forensik ist die Möglichkeit einer nicht (direkt) nachvollziehbaren Manipulation selten; prinzipiell hinterlässt jede Handlung auch eine (sichtbare) Spur.[1550] Nicht nachvollziehbare Manipulationen an digitalen Spuren in der rein digitalen Welt sind innerhalb eines geschlossenen Systems durchaus realisierbar.[1551] Jedoch zeigt die Realität, dass Spuren auch außerhalb des Systems entstehen, unter anderem weil Rechner in der Regel nicht isoliert genutzt werden, sondern eine Verbindung zu anderen Rechnern aufbauen, oder es werden weitere Spuren im Netz (beim Internet-Service-Provider

1542 *Mankowski*, NJW 2002, 2822 (2823 f.), der sich explizit auf Manipulationen an E-Mails bezieht; siehe unten C.V.3.
1543 *Kipker*, S. 162 m.w.N.
1544 So *Kipker*, S. 168, 175.
1545 *Knopp*, S. 2; *Kipker*, S. 168.
1546 *Kipker*, S. 168.
1547 *Kipker*, S. 168 f.; *Knopp*, ZRP 2008, 156 (157).
1548 Näher *Dewald*, S. 41.
1549 *Marschall/Herfurth/Winter/Allwinn*, MMR 2017, 152 (155).
1550 *Dewald*, S. 41.
1551 *Dewald*, S. 42.

oder im Router) hinterlassen.[1552] Hinzu kommt, dass die digitale Welt auch an die physische Welt gebunden ist, wo letztlich auch Spuren entstehen – etwa in Form von Fingerabdrücken auf Tastaturen oder Computermäusen.[1553] Daher stellt eine nicht nachvollziehbare, spurlose Manipulation an einem digitalen Beweismittel in der physischen Welt eher die Ausnahme als die Regel dar.[1554] Auch anspruchsvolle Manipulationen, die mittels informationstechnischer Hilfestellung durchgeführt wurden, machen sich zumeist in der Datenstruktur sichtbar, was durch Hinzuziehung der Metadaten oder Spezialisten erkannt werden kann. „Die perfekte Manipulierbarkeit digitaler Spuren ist also ähnlich problematisch wie die perfekte Manipulierbarkeit physischer Spuren."[1555] Beispielsweise das selektive Löschen einzelner Daten, als besondere Form der Manipulation, ist in der Praxis nicht so einfach wie vermutet, da viele Daten wiederherstellbar sind bzw. nicht endgültig gelöscht werden.[1556] Denn üblicherweise werden durch den Löschungsbefehl die Daten nicht physikalisch entfernt, sodass sie mit speziellen Suchprogrammen noch aufzufinden sind.[1557] Manipulationen an digitalen Bilder können durch geschultes Personal oder Sachverständige im Bereich der „digitalen Forensik" bzw. der „IT-Forensik" teilweise auch allein durch die gründliche Betrachtung des Bildes identifiziert werden.[1558] Die in den vergangenen Jahren neu herausgebildete wissenschaftliche Disziplin der IT-Forensik, befasst sich kriminalistisch mit digitalen Daten als Beweismittel und dient auch dazu Manipulationen an diesen zu erkennen und sichtbar zu machen.[1559] Das Risiko der Staatsanwaltschaft sich mit manipulierten Beweismitteln konfrontiert zu sehen/ sich auseinanderzusetzen, kann dadurch verringert werden. Die Manipulationsfestigkeit digitaler Daten kann aber auch durch technisch-organisatorische Schutzmaßnahmen weiter untermauert werden (s.o.). Technisch-organisatorische Maßnahmen, wie die Signierung oder Verschlüsselung digitaler Daten, können nachträglich erfolgte Dateimanipulationen erkennbar machen, sie aber selbst nicht verhindern. Dies und der bestehende strafrechtliche Schutz digitaler

1552 *Dewald*, S. 42.

1553 *Dewald*, S. 42.

1554 Anders BR-Dr. 966/96 S. 28: „Elektronisch übertragene oder gespeicherte Daten können jedoch verändert werden, ohne daß dies Spuren hinterlässt und nachgewiesen werden kann." Ebenso *Kipker*, S. 169.

1555 *Dewald*, S. 42.

1556 *Dewald*, S. 42.

1557 *Eisenberg*, Rn. 1938c.

1558 *Knopp*, ZRP 2008, 156 (157).

1559 Siehe dazu ausführlich unten F.

Daten und ihrer Schutzsysteme kann im Wesentlichen dazu führen, dass das Manipulationsinteresse abstrakt gesenkt wird. Dieser „Schutz“ kann aber keine absolute Geltung besitzen.[1560] Der Beweiswert lässt sich dadurch steigern, jedoch nicht hundertprozentig gewährleisten.[1561]

Wie hoch das konkrete Risiko einer Manipulation einzuschätzen ist, sollte auch unter Berücksichtigung des Manipulationsinteresses beantwortet werden. Ein gewisser Grad an Manipulationsinteresse kann von den Verfahrensbeteiligten des Strafprozesses ausgehen. Denn dort geht es im Gegensatz zum Zivilprozess um teils erhebliche Grundrechtseingriffe und Grundrechtsbeschränkungen des Angeklagten. Im Falle einer strafprozessualen Verurteilung kann der Betroffene seine gesamte Existenzgrundlage verlieren. Es stellt daher keinen fernliegenden Gedanken dar, den Parteien eines Strafverfahrens ein potentielles Manipulationsinteresse zu unterstellen, welches bei der Verhandlung auch im Hinterkopf behalten werden sollte. Zunächst einmal kann ein Manipulationsinteresse bei dem Beschuldigten bzw. Angeklagten der Tat in Erwägung gezogen werden, um sich persönliche Vorteile zu verschaffen bzw. sich negativen Konsequenzen zu entziehen. Erfährt der Beschuldigte kurz vor Zugriff der Ermittlungsbehörden von einer geplanten Wohnungsdurchsuchung im Zusammenhang des Verdachts auf Verbreitung pornographischer Schriften nach § 184 StGB, so kann es durchaus möglich sein, dass dieser versuchen wird, die auf seinen Computer oder anderen Speichermedien vorhanden belastenden digitalen Beweise vorher zu löschen, verändern oder neu anzulegen. Vergleichbares lässt sich auch für ein (vermeintliches) Opfer, einen Zeugen oder eine involvierte Person einer Straftat andenken, wenn diese Person digitale Spuren verwischt oder zusätzliche legt, um den Verdacht der Straftat zu erhärten. Die Manipulationen erfolgen unter anderem aus Rachegefühlen, um einen Nachteil mutwillig zu erzeugen, um sich persönliche Vorteile zu verschaffen oder um sich dadurch zu bereichern.[1562] Manipulationen können aber auch von Ermittlungsbehörden selbst und ihren handelnden Akteuren ausgehen. Es erscheint nach *Momsen/Hercher* nicht abwegig und sollte ernsthaft berücksichtigt werden, dass bei schwerer Beweislage und besonderem öffentlichen Interesse an der Strafverfolgung auch einmal die Versuchung bestehen könnte, durch Selektion oder andere Manipulationsformen Daten „passend“ zu machen.[1563] Gleiches gilt auch für externe Spezialisten

1560 Vgl. auch *Kipker*, S. 187 f.
1561 Vgl. auch *Kipker*, S. 187 f.
1562 *BSI*, IT-Grundschutz-Kataloge, S. 466.
1563 *Momsen/Hercher*, S. 181.

wie IT-Forensiker. Dahingehend ist Vorsicht geboten. Die Möglichkeit digitale Daten zu manipulieren stellt ein signifikant erhöhtes Risiko dar, wenn externe Dritte das Beweismittel „schaffen". Sind die externen Dienstleister von der Strafverfolgungsbehörde beauftragt worden,[1564] so kann von einem weitaus geringeren Risiko ausgegangen werden, als wenn es sich um externe Ermittler handelt, die zunächst von einem Unternehmen beauftragt wurden und dessen gesicherte Beweise dann Teil des Strafverfahrens werden. Denn letztlich geht es den Unternehmen um ihr Interesse, sodass die Daten in der Regel ergebnisorientiert ausgewertet werden.

Berücksichtig werden muss auch, dass bei der Datensicherung grundsätzlich der Original-Datensatz beim ursprünglichen Dateninhaber verbleibt, sodass generell nicht ausgeschlossen werden kann, dass dieser seinen Datensatz bewusst verändert, um damit im späteren Verfahren Einfluss auf die Beweisführung zu nehmen.[1565] Sollte die Manipulation nicht nachgewiesen werden können, stellt sich das Problem dar, dass sich zwei unterschiedliche Datensätze als „Aussage gegen Aussage" gegenüberstehen.[1566] Die dann zu erwartende Aussage des Ermittlungsbeamten, er habe die Daten vor und nach der Sicherung nicht verändert, dürfte allein nicht ausreichend sein.[1567] Vielmehr bedarf es des Nachweises einer lückenlosen Beweiskette um Authentizitäts- und Integritätszweifel mit der erforderlichen Gewissheit auszuräumen, die den Tatrichter überzeugen lässt. Schließlich sollten auch manipulierte Dritteingriffe nicht von vornherein ausgeschlossen werden. Cyber-Aktivisten und Kriminelle sollten ebenfalls in den Kreis der Manipulationsinteressierten mit einbezogen werden. Die Vernetzung von Informationstechnik macht Angriffe aus der Ferne von nahezu jedem Ort der Welt und zu jedem Zeitpunkt aus durchführbar. Es ermöglicht den Angreifern in fremde informationstechnische Systeme (etwa Computer) einzugreifen, gespeicherte und verarbeitete Daten auszuspähen, und Manipulationen am System vorzunehmen.[1568] In diesem Zusammenhang können sie Schadprogramme (Malware)[1569] installieren, die dann selbständig Veränderungen

1564 Siehe zu den rechtlichen Grundlagen der IT-Forensik *Wenzel*, NZWiSt 2016, 85 ff. und unten F.I.

1565 *Warken*, NZWiSt 2017, 329 (332).

1566 *Warken*, NZWiSt 2017, 329 (332).

1567 *Warken*, NZWiSt 2017, 329 (332).

1568 *Kochheim*, Cybercrime und IuK-Strafrecht, Rn. 567.

1569 Dazu näher *Bundeskriminalamt*, Cybercrime 2017, S. 13.

unterschiedlicher Intensität vornehmen,[1570] oder um das IT-System zu infizieren, die Daten des Opfers verschlüsseln und die Entschlüsselung gegen Überweisung eines Entgeltes anbieten.[1571] Die Erfolgsaussichten für Cyber-Angriffe werden durch ein fehlendes Sicherheitsbewusstsein der Nutzer (z.B. fehlende Antiviren Software) erhöht, aber auch die von staatlichen Ermittlern absichtlich genutzten oder unbeabsichtigt geöffneten Systemlücken öffnen Manipulationen Tür und Angel. So der Fall, wenn computerbezogene Durchsuchungen als verdeckte Maßnahme nach der Strafprozessordnung durchgeführt werden und ein Missbrauch des Zugriffsprogramm zur Durchführung dieser von Dritten ausgenutzt wird. Beispielgebend bei einem Missbrauch des Zugriffsprogramms zur Durchführung einer Online-Durchsuchung[1572] nach § 100b StPO oder einer Quellentelekommunikationsüberwachung (Quellen-TKÜ)[1573] nach § 100a StPO.[1574] Bei der Quellen-TKÜ muss zum Abhören zwingend eine Abhörsoftware (Malware) auf dem Endgerät der verdächtigen Person aufgespielt werden.[1575] Da die gängigen Betriebssysteme dies verhindern, muss der Staat eine vorhandene Schwachstelle in der Software des Endgerätes ausnutzen, um den „Bundestrojaner"[1576] zu installieren.[1577] Dabei muss davon ausgegangen werden, dass die relevanten Schwachstellen für die Quellen-TKÜ simultan von den Ermittlern als auch von Cyberkriminellen verwendet werden.[1578] Durch unverschlüsselte

---

1570 Näheres bei *Kochheim*, Cybercrime und IuK-Strafrecht, Rn. 772 ff. und *Marberth-Kubicki*, Rn. 144 ff.

1571 Es wird Ransomware zur Umsetzung einer Erpressung genutzt: *Pohlmann/Riedel*, DuD 2018, 37 (40).

1572 Laut Gesetzgeber wird als Online-Durchsuchung der verdeckte staatliche Zugriff auf fremde informationstechnische Systeme über Kommunikationsnetze mittels einer Überwachungssoftware bezeichnet: BT-Dr. 18/12785, S. 46.

1573 BT-Dr. 18/12785, S. 46: „Bei der Quellen-Telekommunikationsüberwachung wird ebenfalls ein fremdes informationstechnisches System infiltriert, um mit einer eigens für diesen Zweck entwickelten Überwachungssoftware die Kommunikation zwischen den Beteiligten überwachen und aufzeichnen zu können."

1574 Die beiden Befugnisse basieren auf einer heimlichen Infizierung informationstechnischer Systeme mittels einer Schadsoftware, weshalb sie zusammen auch unter dem Begriff „Staatstrojaner" firmieren. Zu den elektronischen Überwachungsmaßnahmen *Freiling/Safferling/Rückert*, JR 2018, 9; *Kochheim*, KriPoZ 2018, 60; *Roggan*, StV 2017, 821; *Ruppert*, JA 2018, 994; zur Online-Durchsuchung siehe auch *Kipker*, S. 161 ff.

1575 *Pohlmann/Riedel*, DuD 2018, 37 (39).

1576 Zur technischen Umsetzung *Pohlmann/Riedel*, DuD 2018, 37 (39 ff.).

1577 *Pohlmann/Riedel*, DuD 2018, 37 (39 f.).

1578 *Pohlmann/Riedel*, DuD 2018, 37 (42).

Datenübertragungen oder nicht dem technischen Standard entsprechende Authentifizierungsverfahren werden zusätzliche Sicherheitslücken geschaffen, die Eingriffe von Seiten Dritter in einmal beeinträchtigte informationstechnische Systeme auslösen können.[1579] Die dadurch geschaffenen (weiteren) Sicherheitslücken lassen gezielte Veränderungen persönlicher Informationen zu, etwa durch Löschen, Verändern oder neu Anlegen der Daten.[1580] So sei man nach *Sieber/Brodowski* bei der „Beweiserlangung mit einer Online-Durchsuchung dem grundsätzlichen Einwand ausgesetzt, dass Daten nach dem ermittlungsbedingten Systemeinbruch durch dritte Personen eingebracht oder verändert wurden".[1581] Auch hier gilt für die Behörden, den gesamten Datenverarbeitungsprozess und korrekten Umgang mit den Beweismitteln – von der verdeckten Erhebung der Daten zu Ermittlungszwecken bis zur späteren Verwendung im Prozess – eindeutig zu dokumentieren und nachvollziehbar zu machen, um Unsicherheiten gar nicht erst aufkommen zu lassen.

Insoweit kann auch Datenschutz unweigerlich zu Manipulationen an Daten führen. Die Verarbeitung personenbezogener Daten richtet sich nach den Vorschriften des BDSG und der DSGVO. Wurden personenbezogene Daten von Behörden oder Unternehmen rechtswidrig erhoben, kann den Betroffenen darauf ein Anspruch auf Berichtigung, Löschung dieser Daten und einer Beschränkung der Verarbeitung erwachsen,[1582] der letztlich dazu führt, dass digitale Beweise nachträglich verändert oder gelöscht werden. Der von einer Datenmanipulation Betroffene kann auf verschiedenste Art geschädigt werden. Aufgrund der verfälschten Informationen ist denkbar, dass die Person überhaupt erst ins Visier der Ermittler und Polizei geraten ist, also deswegen strafrechtliche Ermittlungen oder Gefahrenabwehrmaßnahmen gegen diese eingeleitet werden.[1583] In diesem Zusammenhang wird der Straftatbestand der falschen Verdächtigung nach § 164 StGB relevant, nämlich dann, wenn Indizien so manipuliert werden, dass eine Beweislage geschaffen wird, die einen unbeteiligten Dritten in Tatverdacht bringt.[1584] Die Möglichkeit der absichtlichen Falschbelastung durch einen Dritten sollte bei der Würdigung des Ergebnisses der Untersuchung in Betracht gezogen werden.[1585] In Anbetracht der qualifizierten Gefährdungslage muss die

1579 *Kipker*, S. 163 f.

1580 *Kipker*, S. 162; BVerfG NJW 2008, 822 (830).

1581 Hoeren/Sieber/Holznagel/*Sieber/Brodowski*, Multimedia-Recht, Teil 19.3 Rn. 164.

1582 Vgl. Art. 16 ff. DSGVO.

1583 *Kipker*, S. 162.

1584 *Kipker*, S. 163 m.w.N.

1585 *Eisenberg*, Rn. 1944.

Sicherstellung von Datenauthentizität und Datenintegrität durch die Ermittler hohe Priorität haben.[1586] Dafür müssen primär Manipulationsrisiken erkannt und sekundär strafbare Handlungen verfolgt werden.

3. Strafrechtlicher Schutz digitaler Daten und ihrer technischen Sicherungsmittel – Strafbarkeitsrisiken

Digitale Daten und ihre Verfügungsberechtigten sind nicht vollends schutzlos gestellt, trotz bestehender Manipulationsrisiken. Jede neue Form von Cybercrime lässt den Ruf nach neuen Gesetzen lauter werden. Bis dato ist der Gesetzgeber dem Bedürfnis nach strafrechtlichen Normen zum Schutze der Datensicherheit stetig nachgekommen, was sich an der Reihe gesetzlicher Änderungen mit technischen Ansätzen zeigt.[1587] Dabei können Eingriffe in elektronische Beweismittel aus verschiedenen Schutzrichtungen betrachtet, etwa aus der Perspektive des Integritätsinteresses, des Verwertungsinteresses[1588] und des Persönlichkeitsrechts[1589],[1590] und unter verschiedene Erscheinungsformen von Computerstrafrecht gefasst werden. Im Folgenden wird der Schutz des Integritätsinteresses näher betrachtet, der die Geheimhaltung der Informationen gegenüber unberechtigten Dritten umfasst,[1591] und diejenigen Delikte, die Einwirkungen auf die Informationstechnik (-systeme) schützen. Zu nennen sind insbesondere die §§ 202a bis 202d StGB (Ausspähen und Abfangen von Daten sowie deren Vorbereitung, Datenhehlerei), die §§ 303a, 303b StGB (Datenveränderung und Computersabotage), Computerbetrug nach § 263a StGB und auch eine Norm aus dem Bereich der Urkundendelikte, nämlich § 269 StGB (Fälschung beweiserheblicher Daten).

1586 *Kipker*, S. 163.

1587 Sowohl das Land Nordrhein-Westfalen als auch der Freistaat Bayern haben derzeit einen Gesetzesantrag zur effektiveren Verfolgung der Computerkriminalität bzw. zur Verbesserung der Bekämpfung der Cyberkriminalität in den Bundesrat eingebracht, vgl. BR-Dr. 248/19 und BR-Dr. 168/19.

1588 Geschützt durch das Urhebergesetz und das Gesetz gegen den unlauteren Wettbewerb.

1589 Im Vordergrund steht hier das allgemeine Persönlichkeitsrecht aus Art. 2 I i.V.m. Art. 1 I GG in seinen besonderen Ausprägungen als Recht auf informationelle Selbstbestimmung und als Recht auf Gewährleistung der Vertraulichkeit und Integrität informationstechnischer Systeme, aber auch das Datenschutzrecht nach BDSG und DSGVO.

1590 Vgl. *Eiding*, S. 36 ff.

1591 *Eiding*, S. 36.

Verschafft sich eine Person rechtswidrig Zugriff auf IT-Systeme und sodann personenbezogene Daten, dessen Inhalt er oder ein Dritter zur Kenntnis nehmen, so wird dieses Verhalten nach § 202a StGB unter Strafe gestellt. Durch das Recht am gedanklichen Inhalt sollte der Verfügungsberechtigte darüber bestimmen können, wem die Daten zugänglich sein sollen.[1592] Hinzu tritt, dass die verschafften Daten „besonders gesichert“ gewesen sein müssen. Das heißt, dass zur Erfüllung der Norm besondere Schutzmaßnahmen des Nutzers überwunden wurden, die den Zugriff auf Daten ausschließen oder wenigstens nicht unerheblich erschweren sollten.[1593] Die Norm ist beispielweise dann einschlägig, wenn Trojaner eingesetzt werden. Dem Strafbarkeitsrisiko sind aber nicht nur beliebige Dritte ausgesetzt, sondern auch staatliche und private Ermittler, wenn Schutzmechanismen – wie Authentisierungsverfahren oder Datenträgerverschlüsselung des Nutzers eingesetzt werden, um den Zugriff auf das IT-System zu begrenzen – überwunden werden, damit sich Zugang zu Daten verschafft wird.

Darüber hinaus ist das Integritätsinteresse des Verfügungsberechtigen an der unversehrten Verwendung der Daten auch dann betroffen, wenn elektronische Daten (nach § 202a StGB) unbefugt gelöscht, unterdrückt, unbrauchbar gemacht oder verändert werden. Solche sachbeschädigungsähnlichen Datenmanipulationen werden von § 303a StGB geschützt. Denn sowohl Hacker als auch im Strafverfahren involvierte Parteien werden versuchen darauf zu achten, bei ihrer Betätigung keine Spuren zu hinterlassen bzw. diese zu verwischen.[1594] Neben dem Löschen und Verändern von Daten und Systemen wird der Profi durchaus auch Einträge in Logdateien so verändern, dass sie nicht auf ihn deuten. Etwa indem er die eigene IP-Adresse oder den Zeitstempel (Logeintrag aus IP-Adresse und Uhrzeit) verschleiert oder durch eine Falsche oder einen Falschen ersetzt. Eine solche Möglichkeit liegt in der Angriffsmethode des IP-Spoofing.[1595] Dabei werden falsche IP-Adressen verwendet, um dem angegriffenen IT-System eine falsche Identität vorzuspielen.[1596] Häufig geschieht dies durch eine Abzockfalle im Internet: mittels eines Gewinnspiels werden ahnungslose Nutzer dazu gebracht ihre persönlichen Daten samt IP-Adresse und Zeitstempel zu hinterlassen. Mit diesen Informationen ausgerüstet, kann ein Hacker den abzusendenden Datenpaketen die falsche Absenderadresse in Form der IP-Adresse beifügen und

---

1592 *Eisele*, § 6 Rn. 1; *Lackner/Kühl*, § 202a Rn. 1.

1593 BT-Dr. 16/3656, S. 9 f.

1594 Vgl. *Marberth*- Rn. 109.

1595 Näheres dazu bei *Koch*, S. 97 f., *Marberth/Kubicki*, Rn. 110 f.; *Rinker*, MMR 2002, 663.

1596 *BSI*, IT-Grundschutz-Kataloge, S. 1148.

die eigene entfernen. Aus der beigefügten Absenderadresse kann der Empfänger dann nicht mehr den „wahren“ Absender erkennen, sondern wird über diesen getäuscht. Strafrechtlich ist dies als Fälschung beweiserheblicher Daten nach § 269 StGB zu werten.[1597] Denn strafrechtlicher Schutz wird auch bei Fälschungen an beweiserheblichen Daten, die keine Urkunde nach § 267 StGB darstellen, gewährleistet. Wer Briefe manipuliert, indem er Unterschriften fälscht oder diesen unter falschem Namen verschickt, macht sich der Urkundenfälschung nach § 267 Abs. 1 StGB strafbar. Werden solche Tathandlungen an elektronischen Erklärungen wie E-Mails vorgenommen, kann strafrechtlicher Schutz nicht durch diese Norm gewährleistet werden. Die E-Mail erfüllt nicht die Anforderungen der strafrechtlichen Urkunde, insbesondere dem Element der Verkörperung hält die E-Mail nicht stand. Indes kann auf § 269 StGB zurückgegriffen werden, der als Pendant die Fälschung „elektronischer Urkunden“ bestraft. Ergänzt der Täter eine E-Mail mit seinen Daten, so stellt er eine unechte Urkunde her, was nach § 269 StGB tatbestandsmäßig ist. Bewirkt der Aussteller hingegen selbst Veränderungen, macht dieser sich für die nachträglichen Veränderungen nicht nach § 269 StGB strafbar, aber möglicherweise nach § 274 Abs. 1 StGB. Hinzu kommt eine mögliche Strafbarkeit nach § 303a StGB wegen unbefugter Datenveränderung. Wird also eine E-Mail von einer Person für seine Zwecke inhaltlich angepasst, so wird das Interesse des Datenverfügungsberechtigten an der unversehrten Datenverwendung als Schutzgut verletzt und die Norm ist einschlägig.

Mit der Zunahme der Verwendung von elektronischen Signaturen als technische Schutzvorrichtungen, die dazu dienen Fälschungen von Datendokumenten erkennbar zu machen,[1598] sind auch diese als potentielle Fälschungsobjekte interessanter geworden. Neben den zu signierenden Daten wird daher die Signatur selbst manipuliert oder der Täter verwendet einen fremden Signaturschlüssel i.S.d. eIDAS-VO, etwa zur Aufgabe oder Verfälschung einer elektronischen Bestellung.[1599] Wird die signierte Erklärung nachträglich von einem Dritten verändert, so kommt auch hier eine Strafbarkeit nach § 269 Abs. 1 StGB in Betracht.[1600]

1597 *Rinker*, MMR 2002, 663 f.; a.A. *Koch*, S. 89 ff., der eine Strafbarkeit nach § 269 StGB verneint, aber eine Strafbarkeit wegen einer Fälschung technischer Aufzeichnungen nach § 268 StGB für möglich hält.

1598 *Eßer*, S. 35.

1599 *Malek/Popp*, Rn. 217.

1600 Zu getätigten Veränderungen signierter Erklärungen nach der Signaturerzeugung *Eßer*, S. 131.

Dass das Integritätsinteresse in Bezug auf die Geheimhaltung der Informationen gegenüber unberechtigten Dritten nicht nur nach dem Strafrecht ein schützenswertes Interesse ist (vgl. §§ 202a ff. StGB), zeigt das Datenschutzrecht, verkörpert durch das BDSG und die DSGVO. Ein Schutzbedürfnis kann sich eventuell aus dem Bezug zu einer bestimmten Person ergeben,[1601] denn die personenbezogenen Daten erlauben Rückschlüsse auf persönliche Eigenschaften, Profile etc. und berühren damit das allgemeine Persönlichkeitsrecht in seiner Ausprägung als Recht auf informationelle Selbstbestimmung nach Art. 2 Abs. 1 i.V.m. Art. 1 Abs. 1 GG.[1602]

Die Suche nach dem Täter und dessen Identifizierung kann sich faktisch bei solchen Straftaten, die mittels eines Computers oder unter Verwendung des Internets geschehen, als schwierig erweisen. Für diese Delikte bedarf es einer sicheren Zuordnung einer IP-Adresse zum Rechner zur Identifizierung des Beteiligten. Wurde eine konkrete Person ausfindig gemacht, wird der Nachweis der vorsätzlichen Begehung hinsichtlich der Manipulationen kaum Probleme bereiten, anders bei zufälligen Datenveränderungen. Zufällige Datenveränderungen sind meistens systematischer Art (Logdateien) und erfolgen erfahrungsgemäß ohne Vorsatz des Täters, also fahrlässig.[1603] Die fahrlässige Begehung i.S.v. § 303a StGB ist jedoch straflos.[1604] Anders kann das bei erfahrenen IT-Forensikern und staatlichen Ermittlern sein, die sich ihrer Handlungen bewusst sind und trotzdem Veränderungen an den Daten verursachen.[1605] Eine IT-forensische Untersuchung mit einer reinen Post-Mortem-Sicherung führt zu keiner Strafbarkeit nach § 303a StGB, weil bereits keine Tathandlung vorliegt, wenn lediglich ein nur-lesender Zugriff erfolgt.[1606] Gleiches gilt, wenn eine Datei kopiert wird, solange die Daten unverändert erhalten bleiben.[1607] Werden an dem forensischen Duplikat anschließend die Daten durch die Ermittler verändert, stellt dies keine strafrechtlich erhebliche Datenveränderung nach § 303a StGB dar.[1608] Wird eine Live-Sicherung vorgenommen, kann ein nur-lesender Zugriff nicht

---

1601 *Hilgendorf/Valerius*, Rn. 733.
1602 *Hilgendorf/Valerius*, Rn. 733.
1603 *Kochheim*, Cybercrime und IuK-Strafrecht, Rn. 671.
1604 Auch die §§ 202a-d, 269, 274, 263a und 303b–c StGB kennen keine fahrlässige Begehung.
1605 Vgl. in Bezug auf Hacker *Kochheim*, Cybercrime und IuK-Strafrecht, Rn. 671; näher *Heinson*, S. 391 ff.
1606 *Heinson*, S. 391; LK-StGB/*Wolff*, § 303a Rn. 16.
1607 LK-StGB/*Wolff* § 303a Rn. 16, 19.
1608 LK-StGB/*Wolff*, § 303a Rn. 16.

gewährleistet werden; damit gehen regelmäßig Veränderungen der Daten einher. Es kann dann durchaus der Fall sein, dass private und staatliche Ermittler den objektiven und subjektiven Tatbestand einer Datenveränderung nach § 303a StGB erfüllen. Denn diesen Personen ist regelmäßig bekannt, dass solche Veränderungen bei ihrer Arbeit erfolgen und in Kauf genommen werden müssen. Mithin kann der Vorsatz der Handelnden in solchen Fällen nicht mit hinreichender Rechtssicherheit ausgeschlossen werden.[1609] Besondere Bedeutung kommt daher dem Merkmal der Rechtswidrigkeit zu.[1610]

Das Handeln staatlicher Ermittler kann gerechtfertigt sein, soweit sie auf Grundlage von Ermächtigungsnormen handeln. Werden IT-Forensiker als externe Gutachter von der Staatsanwaltschaft zur Hilfe gezogen,[1611] können deren Handlungen über § 161a Abs. 1 StPO ebenfalls über die staatliche Ermächtigungsgrundlage zu rechtfertigen sein, weil sie dann die staatlichen Organe bei der Erfüllung ihrer hoheitlichen Aufgaben unterstützen.[1612] Ist eine solche Legitimationskette nicht vorhanden, weil die privaten Ermittler nicht durch den Staat, sondern durch ein Unternehmen beauftragt worden, so kommen zur Rechtfertigung von Rechtsgutsverletzungen nur die allgemeinen oder rechtsgutsspezifischen Rechtfertigungs-gründe in Betracht. Gleiches gilt bei der Beauftragung externer Dienstleister und der Weitergabe fremder (mitunter personenbezogener) Daten im Hinblick auf eine mögliche Strafbarkeit nach § 203 StGB und § 42 BDSG, wenn eine Preisgabe der persönlichen Informationen (Geheimnisse) insoweit tatbestandsmäßig ist.[1613] Insbesondere der (allgemeine) Rechtfertigungsgrund der Einwilligung kann eine tragende Rolle spielen. Wurde der zu untersuchende Laptop etwa durch den Betroffenen (Bsp. Mitarbeiter eines Unternehmens) freiwillig zur Analyse zur Verfügung gestellt, so können die am IT-System erfolgten Maßnahmen eventuell durch eine vorherige Einwilligung gedeckt sein.[1614] Dafür müsste diese hier durch den Mitarbeiter ausdrücklich erklärt wurden sein, nach vorheriger ausreichender Information. Eine Einwilligung kann aber nur insoweit die Strafbarkeit ausschließen, als dass die betroffenen Personen über die jeweiligen Daten verfügungsberechtigt sind, also die Dispositionsbefugnis innehaben.

1609 *Heinson*, S. 395.

1610 *Heinson*, S. 392.

1611 Siehe dazu näher *Wenzel*, NZWiSt 2016, 85 (86 f.).

1612 *Heinson*, S. 380 f.

1613 Zum Thema Datenoutsourcing und IT-Compliance bei Berufsgeheimnisträgern im Rahmen der Neuregelung des § 203 StGB näher *Momsen/Savić*, KriPoZ 2017, 301 und *Grosskopf/Momsen*, CCZ 2018, 98.

1614 *Heinson*, S. 381.

Regelmäßig sind aber noch eine Vielzahl von Rechtsträgern betroffen, sodass von jeder mitbetroffenen Person die Einwilligung im Vorhinein eingeholt werden müsste.[1615] Ein solches Handeln, nämlich die Einholung einer wirksamen Einwilligung aller potenziell betroffenen Personen zur vollständigen rechtlichen Absicherung der Maßnahmen, ist in der Praxis nicht durchführbar. Das liegt mitunter auch daran, dass im Vorhinein nicht klar ist, wer die betroffenen Personen überhaupt sind. Es verbleibt ein Restrisiko für externe Ermittler. Denkbar ist zwar eine Rechtfertigung auf Grund von Notwehr nach § 32 StGB und rechtfertigenden Notstands nach § 34 StGB, jedoch setzen diese voraus, dass staatliche Hilfe nicht oder nicht rechtzeitig erreichbar ist. Es dürfte bei Maßnahmen der IT-Forensik nur in Ausnahmefällen erforderlich sein, sofort und selbst zu handeln.[1616] Externe und betriebsinterne Ermittler sind daher durchaus einem höheren Strafbarkeitsrisiko ausgesetzt als staatliche Ermittler, da sie sich gerade nicht auf Ermächtigungsgrundlagen der Strafprozessordnung berufen können. Denn die Strafverfolgung obliegt als originär hoheitliche Handlung dem Staat, vgl. Art. 33 Abs. 4 GG, §§ 160 Abs. 1 und 152 Abs. 1 StPO. *Heinson* rät daher dazu, dass immer dort, wo das Risiko der Strafbarkeit beginnt, betriebliche Ermittler ihre Erkenntnisse den Strafverfolgungsbehörden mitteilen und die Herrschaft über die Ermittlung an diese abtreten sollten.[1617]

4. Zwischenergebnis

Zusammenfassend lässt sich feststellen, dass bei digitalen Daten und Beweismitteln die Manipulationssicherheit einen besonderen Stellenwert in Bezug auf ihre Beweismitteltauglichkeit (vor Gericht) einnimmt. Die Tatsache, dass Datenveränderungen bei ihrem Zugriff oder ihrer Sicherung unabdingbar sein können, birgt ein gesteigertes Veränderungspotenzial und eine erhöhte Verlustanfälligkeit digitaler Daten in sich. Auch aufgrund der Vielzahl an bestehenden Manipulationsmöglichkeiten, besitzen sie ein potentielles Manipulationsrisiko, dem sich die Parteien nicht vollends verschließen dürfen. Bedingt durch ihre fehlende unmittelbare Wahrnehmbarkeit können Manipulationen durchaus leichter stattfinden. All dieses impliziert, dass die Kriterien der Datenauthentizität und der Datenintegrität abstrakt gefährdet sind. An diesen zwei Kriterien soll die Manipulationsfestigkeit aber gerade festgemacht werden, sodass deren Gewährleistung

---

1615 *Heinson*, S. 381 f.
1616 *Heinson*, S. 382.
1617 *Heinson*, S. 383.

für die spätere Bewertung im Hauptverfahren entscheidend sein wird. Gerade für das digitale Beweismittel stellt das potentiell bestehende Manipulationsrisiko damit einen spezifischen Unsicherheitsfaktor dar. Mit steigenden Risiken für Datenmanipulationen, soll auch die Nachweisbarkeit von erfolgten Datenmanipulationen und -veränderungen zunehmend schwinden. Es ist meines Erachtens aber nicht davon auszugehen, dass diese generell spurlos erfolgen (s.o.). Vielmehr steigen zeitgleich Manipulationsmöglichkeiten und die Möglichkeiten Veränderungen zu erkennen und nachzuweisen. Insoweit ist es empfehlenswert, technisch-organisatorische Maßnahmen zur Verbesserung der Beweismitteltauglichkeit der digitalen Daten vorzunehmen; allein durch rechtliche Konzepte kann dies nicht erreicht werden. Rechtlich kann lediglich das Manipulationsinteresse durch ausreichenden strafrechtlichen Schutz gesenkt werden. Sowohl mit elektronischen Signaturen und Siegeln als auch mittels Verschlüsselung können Veränderungen an digitalen Daten im Wesentlichen sichtbar gemacht werden. Einen Schutz vor unberechtigten Veränderungen können sie nicht leisten; dies könnte allenfalls über die Sicherung in der *Blockchain* gewährleistet werden. Bestenfalls sind diese Maßnahmen bereits im Vorfeld einer Datenerhebung vorzunehmen, damit Veränderungen sicher nachgewiesen werden und damit digitale Beweise im Strafverfahren ohne Bedenken herangezogen werden können. Nachträgliche Veränderungs- und Manipulationssicherheit kann auch durch IT-forensische Sicherungen und Untersuchungen gewährleistet werden, die ebenfalls darauf abzielen, dass Vertrauen in digitale Beweismittel im Verfahren zu stärken. Insoweit ist auch die zur Sicherung verwendete Software einer digitalen Dokumentation zu unterziehen. Der Beweiswert digitaler Beweismittel lässt sich dadurch steigern, jedoch nicht hundertprozentig gewährleisten. Beweisrechtlich kann eine vollständige Sicherheit, also eine Wahrscheinlichkeit von Null, nicht gefordert werden. Kein Beweismittel ist hundertprozentig fälschungssicher. Ebenso wenig sind technische Schutzsysteme so sicher, dass sie nicht umgangen werden können. Da gibt es auch keine Unterschiede zwischen herkömmlichen und digitalen Beweismitteln, denn absolute Manipulationssicherheit ist ein Zustand, der sich praktisch kaum je erreichen lässt.[1618]

Die Erörterungen zeigen, dass dem digitalen Beweismittel durchaus eine erhöhte Datenverlust- und Manipulationsanfälligkeit zugeschrieben werden kann. Um also auf die oben aufgeworfene These, dass Beweismittel relativ einfach und in vielerlei Hinsicht verändert werden können, zurückzukommen, so kann dieser weitestgehend zugestimmt werden. Bedingt durch ihre Charakteristika, zu

1618 *Mankowski*, NJW 2002, 2822 (2824).

nennen sind nur die fehlende Körperlichkeit und Wahrnehmbarkeit, bestehen neue Risiken[1619], denen analoge Beweismittel so nicht ausgesetzt sind. Dass abstrakt mehr Möglichkeiten bestehen, indiziert aber nicht gleichsam, dass sich das auch so in der Verfahrenswirklichkeit widerspiegelt. Es sind nur wenige Fälle bekannt, in denen gezielt digitale Beweismittel manipuliert wurden, um auf diese Weise das Strafverfahren und ihr Ergebnis zu beeinflussen.[1620] Zudem darf nicht übersehen werden, dass sich parallel dazu auch diejenigen Möglichkeiten erweitert haben, Veränderungen und Manipulationen (technisch) sichtbar zu machen, gerade durch den Bereich der digitalen Forensik[1621]. Es gilt diese richtig zu nutzen, um einen hohen Beweiswert zu gewährleisten. Dies wird derzeit nur über den Weg eines auf dem einschlägigen Gebiet versierten Sachverständigen durchzuführen sein. Ausgehend von der Frage, ob überhaupt ein Manipulationsinteresse vorlag und Manipulationsmöglichkeiten durch die Personen durchführbar sind, kann und sollte von einem manipulierten Eingriff nur bei einem ganz konkreten Verdacht ausgegangen werden, auch wenn diese nie auf null reduziert werden können. Das bedeutet aber auch, dass nicht per se ein Fälschungsinteresse unterstellt werden kann und sollte. Pauschalisierungen würden dahingehend nur zu einer Abstufung der Wertigkeit als taugliches Beweismittel führen, die meinem Erachten nach nicht zielführend sind.[1622] Trotz dessen ist das potentiell erhöhte Veränderungs- und Manipulationsrisiko von digitalen Beweismitteln bei der Beweiswürdigung des Richters zwingend im Hinterkopf zu behalten. Die Beweise sollten unter dem Aspekt der Manipulationssicherheit kritisch hinterfragt und gewürdigt werden. Das darf aber nicht dazu führen, dass digitale Spuren und Beweise in Zukunft nicht ausschließlich allein genutzt werden dürfen, um daran Rechtsfolgen zu knüpfen.[1623]

VI. Beweisqualität digitaler Dateien

Aus rechtlicher Sicht lässt sich festhalten, dass Anhaltspunkte und Kriterien für die Sicherheit und Verlässlichkeit digitaler Beweismittel bestehen, in Form der Darstellbarkeit und Vollständigkeit, der Nachvollziehbarkeit und der Authentizität und Integrität von digitalen Informationen. Diese Kriterien müssen

---

1619 Vgl. *Kipker*, S. 162 ff.

1620 Vgl. *Kipker*, S. 188.

1621 Siehe dazu ausführlich unten F.

1622 Zum Vorschlag der Reduzierung des Stellenwerts digitaler Daten im Ermittlungsverfahren *Kipker*, S. 186 ff.

1623 So aber *Kipker*, S. 186 ff.

feststellbar und prüfbar sein. Je mehr Kriterien erfüllt sind und nachgewiesen werden können, desto mehr wird dem digitalen Beweismittel vertraut. Dies gilt sowohl für ungesicherte als auch gesicherte digitale Beweismittel. Nichtsdestotrotz kann und wird dem gesicherten digitalen Beweismittel in der Praxis[1624] weitaus mehr Vertrauen entgegengebracht, weil die genannten Anhaltspunkte und Kriterien dann durch organisatorische und technische Sicherungsmittel abgesichert wurden. Hinsichtlich der Erzeugung sicherer Beweismittel kommt es dabei entscheidend auf die Art des Sicherungsmittels an. Datenbezogener Schutz durch elektronische Signaturen oder Siegel ist zu diesem Zweck besonders geeignet. Die Beweiskraft im Hinblick auf Authentizität und Integrität kann dann nur schwer erschüttert werden. Neben der Art des Sicherungsmittels kommt es ebenso auf die eingesetzte, sichere Technik und die organisatorische Einbettung an. Wird die Beweissicherung durch Externe vorgenommen, so spielen zusätzlich das eingesetzte Verfahren und die Qualifizierung der Ermittlungspersonen für die Umsetzung der beweisrechtlichen Anforderungen (s.o.) eine wichtige Rolle. Aber auch der spezifische Unsicherheitsfaktor Manipulationsrisiko ist für die digitalen Daten einzukalkulieren. Daher bedürfen auch technische Sicherungsmittel des Schutzes. Der Schutz dieser vor Umgehung kann durch das materielle Recht ergänzt werden – etwa durch das Strafgesetzbuch.[1625]

Jedes Beweismittel ist anhand seiner Reichweite und Qualität zu überprüfen.[1626] Die Beweisqualität hängt dabei stark von der Integrität und Authentizität des digitalen Beweismittels ab. Je stärker diese Kriterien ausgeprägt sind, desto höher ist ihr Beweiswert. Eine einheitliche Bewertung der Sicherheits- und Beweisfragen ist allerdings bei digitalen Beweismitteln nicht durchgehend möglich, da jede Datei hinsichtlich ihrer Struktur und Technik uneinheitlich ist.[1627] Im Hinblick auf den Großteil der elektronisch übermittelten Daten stellen sich prozessual vor allem die Probleme der Beweisbarkeit der Abgabe, des Empfangs und des Inhalts.[1628] Letztlich bleibt es aber dabei, dass das Gericht individuell darüber entscheiden muss, ob das digitale Beweismittel eine sichere Erkenntnis über den Sachverhalt ermitteln kann, bzw. ob es geeignet ist, das Gericht von der Richtigkeit der mit dem Beweismittel zu beweisenden Tatsache zu

---

1624 So in der zivilrechtlichen Praxis.

1625 Siehe bereits oben C.V.3.

1626 Vgl. *Momsen*, FS Beulke, S. 872.

1627 Vgl. Hoeren/Sieber/Holznagel/*Werner*, Multimedia-Recht, Teil 13.5 Rn. 101.

1628 *Redeker*, IT-Recht, Rn. 905.

überzeugen.[1629] Nachfolgend soll exemplarisch anhand ausgewählter digitaler Beweismittel deren individuelle Beweisqualität aufgezeigt werden.

1. Beweiswert einer E-Mail

E-Mails[1630] sind eine alltägliche Erscheinung im privaten und geschäftlichen Erklärungs- und Kommunikationsverkehr geworden. Auch der Rechts- und Geschäftsverkehr bedient sich zunehmend der Vorteile der E-Mail, in Form von Willenserklärungen, zur elektronischen Kommunikation.[1631] Daher verwundert es nicht, dass die einfache E-Mail dasjenige digitale Beweismittel ist, welches am häufigsten bei Rechtsstreitigkeiten herangezogen wird,[1632] um bestrittene und fragliche Sachverhalte oder die Täterschaft aufzuklären. Gleichzeitig ist man skeptisch und hegt Misstrauen gegenüber der Sicherheit neuer Medien.[1633] Dies gilt besonders für die Integrität und Authentizität der elektronischen Erklärungen.

Zunächst kann festgestellt werden, dass es sich bei der E-Mail „als solche“[1634] in der Terminologie der Zivilprozessordnung und Strafprozessordnung um ein „elektronisches Dokument“ handelt.[1635] Die E-Mail besteht aus elektronischen Daten, die dauerhaft in einem Schriftträger verkörpert sind, und ohne technische Hilfsmittel nicht gelesen werden kann.[1636] Sowohl mit der E-Mail selbst als auch mit dem Ausdruck derselben kann vor Gericht Beweis geführt werden. Jedoch ist nur die E-Mail als solche, zugleich elektronisches Dokument und digitales Beweismittel; für den Ausdruck gilt das nicht.[1637] Die beweisrechtliche Behandlung elektronischer Dokumente wird in der Zivilprozessordnung durch § 371 ZPO bestimmt. Die in rein elektronischer Form vorliegende einfache E-Mail, also bei dem mittels Software sichtbar gemachten Daten „am

1629 Vgl. Hoeren/Sieber/Holznagel/*Ortner*, Multimedia-Recht, Teil 13.2 Rn. 2; *Knopp*, S. 10.

1630 Zur technischen Erläuterung des Weges einer E-Mail vom Absender zum Adressaten *Sander*, CR 2014, 292 (293).

1631 *Roßnagel/Pfitzmann*, NJW 2003, 1209.

1632 *Borchers/Gottberg/Hoffmann*, S. 43.

1633 *Mankowski*, NJW 2002, 2822.

1634 Aufgrund eines nichtexistierenden Originals gibt es eine E-Mail »als solche« nicht: *Sander*, CR 2014, 292 (293).

1635 So auch *Al-Deb´i/Weidt*, JA 2017, 618; *Borchers/Gottberg/Hoffmann*, S. 44; *Sander*, CR 2014, 292 (294).

1636 *Wagner*, JuS 2016, 29 (30).

1637 Siehe bereits oben B.II.1.

Bildschirm", handelt es sich daher um ein Beweismittel des Augenscheins, § 371 Abs. 1 Satz 2 ZPO.[1638] Der Beweis wird „durch Vorlegung oder Übermittlung der Datei angetreten", etwa durch Einbringung eines Datenträgers in den Prozess. Im Strafprozess werden E-Mails im einfachen Textformat als Urkunden nach § 249 Abs. 1 Satz 2 StPO eingeführt, wenn sie als elektronische Dokumente verlesbar sind.[1639]

Wie E-Mails rechtlich zu bewerten sind, ist – sowohl für den Strafprozess als auch für den Zivilprozess – noch nicht eindeutig geklärt.[1640] Die entscheidende Frage, wie deren Beweiswert zu beurteilen ist, soll nachfolgend erläutert werden. Aufgrund fehlender Beweisregeln sind E-Mails gem. § 261 StPO (und § 286 ZPO[1641]) nach freier Überzeugung zu würdigen. Die Einzelfallwürdigung einer E-Mail als Beweismittel hängt in der Regel von zwei Faktoren ab: (1) der Integrität und (2) der Authentizität.[1642] Für die Integrität kommt es darauf an, dass die in der E-Mail enthaltenen Daten/Erklärungen nicht manipuliert bzw. verändert wurden.[1643] Die Prüfung der Authentizität hingegen bezieht sich auf die Zurechnung zum angeblichen Absender.[1644] Vermehrt wird der E-Mail-Verkehr sowohl zur Aufklärung von Straftaten, als auch zur Aufklärung juristischer Auseinandersetzungen im Zivilrecht herangezogen. In diesem Zusammenhang stellen sich prozessual vor allem die Probleme dahingehend, dass die Abgabe, der Zugang, somit die Existenz, aber auch der konkrete Inhalt der elektronisch übermittelten Erklärungen bewiesen werden muss.[1645] Bei Erklärungen, die ohne Sicherungsmechanismen übermittelt werden, stellt dies in aller Regel ein sehr schwieriges, möglicherweise auch unmögliches Unterfangen dar.[1646] Schaut man sich die dortige Handhabung der Beweiskraft einfacher ungesicherter E-Mails an, so zeigt sich, dass die große Mehrheit in Rechtsprechung und Literatur sich

---

1638 *Al-Deb´i/Weidt*, JA 2017, 618 (619); *Borchers/Gottberg/Hoffmann*, S. 46 m.w.N.

1639 Siehe oben C.I.1.c. und C.I.5.

1640 Vgl. *Marberth-Kubicki*, Rn. 608; *Al-Deb´i/Weidt*, JA 2017, 618 (620).

1641 Dort gilt dies nur für ungesicherte, d.h. einfache E-Mails. Nur für solche E-Mails, die mit einer qualifizierten elektronischen Signatur versehen sind, ist der Anwendungsbereich von § 371a i.V.m. §§ 415 ff. ZPO eröffnet und die freie Beweiswürdigung wird eingeschränkt.

1642 *Al-Deb´i/Weidt*, JA 2017, 618 (620).

1643 *Al-Deb´i/Weidt*, JA 2017, 618 (620); *Roßnagel/Pfitzmann*, NJW 2003, 1209 f.; *Wagner*, JuS 2016, 29 (30).

1644 *Al-Deb´i/Weidt*, JA 2017, 618 (620); *Roßnagel/Pfitzmann*, NJW 2003, 1209 (1210); *Wagner*, JuS 2016, 29 (30).

1645 *Redeker*, IT-Recht, Rn. 905; vgl. auch *Roßnagel/Pfitzmann*, NJW 2003, 1209.

1646 *Redeker*, IT-Recht, Rn. 905.

gegen die Beweiskraft dieser entschieden hat.[1647] Von den Instanzgerichten werden diese überwiegend für die Beweisführung als unzureichend angesehen, wenn es um Aspekte wie die bestrittene Unverfälschtheit der vorgelegten Erklärung oder die Zurechnung zum angeblichen Aussteller geht.[1648] Dies wird auch für die Absicherung einer E-Mail-Versendung oder der Teilnahme an einer mailgestützten Internet-Plattform durch Passworte vertreten.[1649] Begründet wird dieser Umgang mit der allgemein bekannten Unsicherheit des E-Mail-Verkehrs und mit der Vielzahl an Fälschungsmöglichkeiten[1650].[1651] Gestützt wird die breite Ansicht durch die Einführung der elektronischen Signatur, die gerade dazu dienen sollte elektronische Dokumente – und damit auch E-Mails – beweistauglich zu machen.[1652] Dass der Gesetzgeber einfachen ungesicherten E-Mails weniger Vertrauen entgegenbringt, zeigt die Voraussetzung einer Signierung, wenn es um den schriftformersetzenden Versand an Gerichte (und Staatsanwaltschaft) (vgl. § 130a Abs. 1 Satz 2 ZPO a.F. und § 41a StPO a.F.[1653] sowie § 130 Abs. 3 2. Hs. ZPO und § 32a Abs. 3, 4 StPO)[1654] oder auch um die Anwendung der Vorschriften über die Beweiskraft privater Urkunden (§ 371a ZPO i.V.m. §§ 415 ff. ZPO) geht.

Veränderungen an E-Mails können relativ einfach durch bloßes Eintippen erfolgen, von jedem durch dessen Hände oder System die E-Mail geht. So kann diese nach dem Empfang oder bereits „auf ihrem Transport durch offene Netze für den Adressaten unerkennbar" verändert oder manipuliert worden sein.[1655]

1647 *Al-Deb'i/Weidt*, JA 2017, 618 (620); *Roßnagel/Pfitzmann*, NJW 2003, 1209 m.w.N.; a.A. *Mankowski*, NJW 2002, 2822; *ders.*, CR 2003, 44, der sogar einen Anscheinsbeweis für E-Mails fordert.

1648 *Roßnagel/Pfitzmann*, NJW 2003, 1209 m.w.N.

1649 BGH, Urt. v. 11.05.2011, VIII ZR 289/09; LG Konstanz, Urt. v. 19.04.2002 – 2 O 141/01 A; OLG Köln, Urt. v. 06.09.2002 – 19 U 16/02; OLG Hamm, Urt. v. 16.11.2006 – 28 U 84/06; *Marberth-Kubicki*, Rn. 610; *Roßnagel/Pfitzmann*, NJW 2003, 1209.

1650 Etwa E-Mails abzufangen und zu manipulieren, unter einer fingierten oder fremden Mailadresse Erklärungen abzusenden, Passwörter auszuspähen oder durch „Trojanische Pferde" auszuspionieren.

1651 *Al-Deb'i/Weidt*, JA 2017, 618 (620); *Roßnagel/Pfitzmann*, NJW 2003, 1209; *Marberth-Kubicki*, Rn. 610.

1652 *Roßnagel/Pfitzmann*, NJW 2003, 1209 (1210).

1653 Danach bedurfte es einer qualifizierten elektronischen Signatur.

1654 In § 130 III 2. Hs. ZPO n.F. und § 32a III, IV StPO n.F. besteht die Möglichkeit eines schriftformersetzenden Versands ohne qualifiziert elektronische Signatur, wenn das elektronische Dokument von der verantwortlichen Person signiert und „auf einen sicheren Übermittlungsweg eingereicht" wurde.

1655 BT-Dr. 14/4987, S. 10; *Roßnagel/Pfitzmann*, NJW 2003, 1209 (1210).

Die Integrität der Datei und damit die Unverfälschtheit kann alleine durch diese schwerlich bewiesen werden. Dass der aus der E-Mail zu erkennende Absender auch der tatsächliche Absender ist, kann bei unsignierten E-Mails „meist allenfalls mit erheblichen Aufwand, wenn überhaupt" nachgewiesen werden.[1656] Auch wenn die Möglichkeit besteht, dass aussagekräftige Protokolldaten (*Logfiles*) vorgelegt werden, aus denen hervorgeht, dass eine E-Mail vom Account des vermeintlichen Absenders abgeschickt worden ist, so beweist dies noch nicht, dass die E-Mail auch von dem Inhaber des betreffenden Kontos abgesendet wurde,[1657] und auch nicht welchen Inhalt die E-Mail gehabt hat. Denn es kann technisch nicht vollumfänglich gewährleistet werden, dass nicht ein Missbrauch dieses Accounts durch Dritte – natürliche Personen oder einen Trojaner – erfolgt ist, die sich unbefugt eingeloggt und das Versenden der E-Mail verursacht haben.[1658] Des Weiteren werden die für die Beweisführung notwendigen Logfiles nicht durch alle Mail-Server erhoben. Falls diese nicht bereits gelöscht wurden, wird es wohl nur den Strafverfolgungsbehörden möglich sein auf diese zuzugreifen. Zwar kann ein Account für das Versenden von E-Mails durch ein Passwort abgesichert sein. Doch auch der Einsatz bzw. die Abfrage von Passwörtern erhöht nur die Sicherheit, kann aber auch keinen sicheren Beweis für die Authentizität einer (Willens-) Erklärung bieten.[1659] Anders verhält es sich mit gesicherten E-Mails, also solchen die mit einer qualifizierten elektronischen Signatur oder einem solchen Siegel versehen sind. Die Einführung des Sicherungsmittels hat die Beweiswirkung einer E-Mail im Zivilprozess insofern gestärkt, als dass für private elektronische Dokumente nach § 371a ZPO die Vorschriften über die Beweiskraft privater Urkunden (§§ 415 bis 419 ZPO) entsprechende Anwendung finden. Danach begründen sie wie echte Privaturkunden nach § 416 ZPO *vollen Beweis* dafür, dass der Inhaber des Signaturschlüssels auch Urheber der so gekennzeichneten Erklärung ist.[1660] Nur wenn die E-Mail mit einer qualifizierten elektronischen Signatur versehen ist, kommt ihr nach der gesetzlichen Konzeption ein besonderer bzw. hoher Beweiswert zu.[1661] Aus der eIDAS-VO lässt sich für ungesicherte E-Mails als elektronisches Dokument lediglich feststellen, dass

---

1656 *Redeker*, IT-Recht, Rn. 906; näher *Ernst*, MDR 2003, 1091.

1657 OLG Köln MMR 2002, 813; *Marberth-Kubicki*, Rn. 611.

1658 *Marberth-Kubicki*, Rn. 611.

1659 BGH, Urt. v. 11.05.2011, VIII ZR 289/09; LG Konstanz, Urt. v. 19.04.2002 – 2 O 141/01 A; OLG Köln, Urt. v. 06.09.2002 – 19 U 16/02; OLG Hamm, Urt. v. 16.11.2006 – 28 U 84/06; näher *Roßnagel/Pfitzmann*, NJW 2003, 1209 (1211).

1660 HK-ZPO/*Siebert*, § 371a Rn. 3.

1661 Musielak/Voit/*Huber*, § 371a ZPO Rn. 2.

ihr die „Rechtswirkung und die Zulässigkeit als Beweismittel in Gerichtsverfahren nicht allein deshalb abgesprochen werden, weil es in elektronischer Form vorliegt“, Art. 46.

Wie geht jedoch das Strafgericht oder die Staatsanwaltschaft mit E-Mails um, beispielsweise um mittels derartiger digitaler Dokumente gegen den Beschuldigten einen Tatverdacht zu erhärten. Möchte sich die Staatsanwaltschaft darauf berufen, dass der Beschuldigte die belastende E-Mail verschickt hat und führt sie dies als Indiz für die Täterschaft der Person an, so sollte sie versuchen zu beweisen, dass die E-Mail auch von demjenigen verfasst worden ist, der als Absender genannt ist. Ansonsten ist es dem Strafverteidiger geraten, die Tatsache anzuzweifeln bzw. darauf hinzuweisen, dass E-Mails als elektronische Daten einfach manipuliert oder neu erstellt werden können, ohne dass dies auf den ersten Blick zu erkennen ist. Daher erscheint es ebenso einfach wie nachvollziehbar auch im Strafverfahren den einfachen ungesicherten E-Mails einen geringen bis gar keinen Beweiswert zuzusprechen, mit Verweis auf die zivilprozessuale Praxis und den Bedenken, denen ungesicherten E-Mails entgegengebracht wird. Weil eine sichere Zurechnung einer ungeschützten E-Mail zum Mail-Absender nicht durchgängig möglich ist, sollte der E-Mail auch im strafrechtlichen Verfahren nur ein geringer Beweiswert beigemessen werden. Dennoch sollte der Beweiswert einer ungesicherten E-Mail nicht pauschal auf null reduziert werden, mit dem schlichten Verweis auf das erhöhte Manipulationsrisiko. Es kann durchaus sein, dass dies dem Einzelfall nicht gerecht wird, und dieser muss bei der Beweiswürdigung bekanntlich im Mittelpunkt stehen.[1662] Der Richter sollte dabei noch weitere äußere Faktoren berücksichtigen. Wird die Existenz und der konkrete Inhalt bezweifelt, sollten Aspekte wie die technische Affinität/Versiertheit oder das Manipulationsinteresse der Beteiligten bedacht werden, ebenso über was für eine Internetplattform die E-Mail abgeschickt wurde, aber auch ob sich diese noch auf der Plattform im Postfach befindet oder es sich um Archivnachrichten handelt.[1663] Sollte die E-Mail in einem Archivsystem gespeichert sein, das nachträglich Änderungen verbietet, so kann dies den Beweiswert erhöhen.[1664] Handelt es sich hingegen um eine gesicherte E-Mail – mit einer elektronischen Signatur oder einer sonstigen Verschlüsselung – so kann und muss grundsätzlich von einem erhöhten Beweiswert ausgegangen werden. Das Ergebnis fußt nicht nur auf dem vom Gesetzgeber ausgesprochenen Vertrauen in elektronische

---

1662 Vgl. auch für den Zivilprozess *Al-Deb'i/Weidt*, JA 2017, 618 (620).

1663 Dazu näher *Al-Deb'i/Weidt*, JA 2017, 618 (620 f.).

1664 Dazu Hoeren/Sieber/Holznagel/*Ortner*, Multimedia-Recht, Teil 13.2 Rn. 20.

Signaturen, sondern auch in dem technischen Nachweis der Faktoren Authentizität und Integrität. Aber auch dahingehend lässt sich unterscheiden.[1665] Gemessen an den Grundsätzen der *Vertraulichkeit, Integrität und Authentizität* hat die E-Mail mit einer einfachen elektronischen Signatur einen verhältnismäßig geringen Beweiswert als eine E-Mail mit einer fortgeschrittenen oder qualifizierten elektronischen Signatur.[1666] Trotzdem sollte auch in Anbetracht der Festsetzungen in der eIDAS-VO der einfachen E-Mail nicht per se die Beweismitteltauglichkeit im Strafverfahren aberkannt werden, weil sie in elektronischer Form vorliegt und nicht mehr als körperlicher Ausdruck. So sollte die einfache ungeschützte E-Mail im Strafverfahren sowohl hinsichtlich des Inhalts als auch des Zugangs solange als potentiell unsicher gelten und nur einen geringen Beweiswert haben, bis nicht Indizien für die Authentizität und Integrität vorliegen. Bei der Beweiswürdigung wird sich das Gericht in einer Vielzahl von Fällen auf andere vorgelegte Beweismittel als die einfache E-Mail stützen.[1667]

2. Beweiswert einer De-Mail

Um die Unsicherheiten hinsichtlich Abgabe und Zugang von elektronisch übermittelten Erklärungen zu beseitigen, hat der Gesetzgeber – neben der bereits eingeführten elektronischen Signatur als „Basistechnologie des sicheren elektronischen Rechtsverkehrs“[1668] – mit dem „Gesetz zur Regelung von De-Mail-Diensten und zur Änderung weiterer Vorschriften“ (De-MailG)[1669] einen weiteren Regulierungsrahmen für eine internetbasierte sichere, vertrauliche und nachweisbare Kommunikationsinfrastruktur im Geschäftsverkehr geschaffen. Dadurch wurde die Möglichkeit eröffnet neue Dienste für die Internetkommunikation anzubieten, deren Sicherheit geprüft und akkreditiert ist.[1670] Dementsprechend definiert § 1 De-MailG De-Mail-Dienste als „Dienste auf einer elektronischen Kommunikationsplattform, die einen sicheren, vertraulichen und nachweisbaren Geschäftsverkehr für jedermann im Internet sicherstellen sollen“. Dafür muss ein De-Mail-Dienst nach § 1 Abs. 2 De-MailG eine sichere

---

1665 Siehe dazu oben C.IV.2.c.

1666 Hoeren/Sieber/Holznagel/*Ortner*, Multimedia-Recht, Teil 13.2 Rn. 20.

1667 Vgl. *Borchers/Gottberg/Hoffmann*, S. 48 mit Verweis auf die Schlussfolgerung bei *Roßnagel/Nebel*, Simulationsstudie, S. 8.

1668 *Roßnagel*, NJW 2001, 1817.

1669 Vom 28.04.2011, BGBl. I S. 666; zuletzt geändert durch Artikel 3 G v. 18.07.2017, BGBl. I S. 2745.

1670 *Roßnagel*, NJW 2011, 1473; siehe dazu auch *BSI*, TR-01201.

Anmeldung, die Nutzung eines Postfach- und Versanddienstes für sichere elektronische Post sowie die Nutzung eines Verzeichnisdienstes ermöglichen und kann zusätzlich einen Identitätsbestätigungs- und einen Dokumentenablagedienst anbieten.[1671] Das De-Mail-Konto wird dem Nutzer nur von einem akkreditierten Diensteanbieter zur Verfügung gestellt. Dieser stellt technisch sicher, dass alle De-Mail Nutzer identifiziert sind, diese vor jeder Nutzung sicher authentisiert werden, die übermittelten Inhalte geschützt sind und die Identitäten und Handlungen bestätigt werden.[1672] Damit bietet das De-Mail Verfahren vier Möglichkeiten, die bisher im E-Mail-Verkehr fehlten, nämlich einen gegen Ausspähung und Manipulation gesicherten E-Mail-Verkehr, sichere Nachweise der Identität des Kommunikationspartners, belastbare Beweismittel für Handlungen im E-Mail-Verkehr und eine rechtssichere Zustellung elektronischer Dokumente auch gegen nichtkooperative Kommunikationspartner.[1673]

Für die Bestimmung des Beweiswertes von De-Mails[1674] sind wie bei E-Mails die Kriterien der Authentizität und Integrität besonders wichtig. Die beiden Kriterien sowie die Vertraulichkeit der Nachrichten hat der Post- und Versanddienst gesetzlich nach § 5 Abs. 3 De-MailG zu gewährleisten. Er stellt also sicher, dass eine Nachricht unversehrt und vertraulich von einem identifizierten Absender an einen identifizierten Empfänger übertragen wird und dass dies für alle Beteiligten zu Beweiszwecken bestätigt werden kann.[1675] Dadurch kann ein widerlegbarer Anschein dahingehend angenommen werden, dass der Nutzer selbst von seinem Konto aus im Internet gehandelt hat.[1676] Dieser Anscheinsbeweis betrifft jedoch nur die Identität des Handelnden, nicht jedoch den Inhalt der Willenserklärungen.[1677] Die Beweissicherheit bezüglich des Inhalts kann weiterhin nur mit elektronischen Signaturen nachgewiesen werden.[1678] Das zeigt auch

1671 *Roßnagel*, NJW 2011, 1473 (1474).

1672 Insoweit ist die starke Kritik, die dem De-Mail Verfahren entgegengebracht wird, nicht außer Acht zu lassen. Unteranderem der Chaos Computer Club wies in seiner Stellungnahme zum D-MailG darauf hin, dass dieses keine Verpflichtung zur Ende-zu-Ende-Verschlüsselung vorsieht, was es letztlich den De-Mail-Providern, Polizei, Geheimdiensten und potentiellen Angreifern ermöglicht, Zugriff auf die unverschlüsselten Kommunikationsdaten zu bekommen.

1673 *Roßnagel*, NJW 2011, 1473.

1674 Zur Beweiskraft von De-Mails unter Berücksichtigung des zivilprozessualen Verfahrens *Borchers/Gottberg/Hoffmann*, S. 94 ff. und *Försterling*.

1675 *Roßnagel*, NJW 2011, 1473 (1475).

1676 *Roßnagel*, NJW 2011, 1473 (1477).

1677 *Roßnagel*, NJW 2011, 1473 (1477).

1678 *Roßnagel*, NJW 2011, 1473 (1477).

§ 371a Abs. 2 ZPO, der nur für eine vom De-Mail-Konto versandte elektronische Nachricht den Anschein der Echtheit annimmt, der sich aus der Überprüfung der Absenderbestätigung gemäß § 5 Abs. 5 des De-Mail-Gesetzes ergibt. Die normierte formelle Beweiskraft der De-Mail betrifft also nur die Absendereigenschaft und keine weiteren Aspekte wie deren Inhalt oder Eingang. Bezüglich dieser Aspekte bleibt es bei den Grundsätzen, die für einfache E-Mails gelten.

Auch beweisrechtlich gilt es im Strafverfahren die De-Mail Nachricht individuell zu würdigen. Ihnen kann – wie der E-Mail – nicht per se die Beweismitteltauglichkeit abgesprochen werden. Für einen im Vergleich zur einfachen E-Mail ausgesprochenes höheres Vertrauen spricht, dass die Kommunikation zwischen den Nutzern über gegenseitig authentisierte und verschlüsselte Kommunikationskanäle stattfindet, vgl. § 5 Abs. 3 De-MailG, und eine rechtssichere Erstregistrierung (§ 3 De-MailG) erforderlich ist. Dadurch wird gewährleistet, dass sich Sender und Empfänger darauf verlassen können, dass „der in der Nachricht angegebene Sender oder Empfänger mit diesem Nutzer identisch ist",[1679] was Indizien für das Kriterium Authentizität liefert. Das trifft aber nicht für alle Versandoptionen[1680] zu, sodass zur Bestimmung des Beweiswertes die jeweilige Versandart besonders berücksichtig werden muss. Gegen eine erhöhte Sicherheit gegenüber einer einfachen E-Mail spricht jedoch der Aspekt, dass der De-Mail Provider über alle Schlüssel zum Ver- und Entschlüsseln verfügt und die Kommunikationspartner hierbei keine Möglichkeit haben die Schutzeigenschaften selbst zu prüfen. Die Tatsache, dass der Post- und Versanddienst eines De-Mail-Kontos laut Gesetzgeber als ein sicherer Übermittlungsweg gilt, vgl. § 32a Abs. 3, 4 StPO, ist hingegen nur im Hinblick auf die elektronische Akte und die damit einhergehende Kommunikation mit den Behörden wesentlich.

3. Beweiswert einer digitalen Aufnahme

Die im „Original" vorgelegte digitale Aufnahme bzw. das Digitalfoto ist ebenfalls ein elektronisches Dokument im Sinne der Strafprozessordnung und Zivilprozessordnung. Mit Hilfe eines Ausgabegerätes werden die in einer Bilddatei enthaltenen Daten zu einem wahrnehmbaren Bild gemacht.[1681] Erst dadurch wird das digitale Bild zu einem Augenscheinsobjekt und kann in Form des Augenscheinsbeweises als Beweismittel in den Zivil- und Strafprozess eingeführt

---

1679 *Borchers/Gottberg/Hoffmann*, S. 95.

1680 Als einfache De-Mail, „persönlich", „absenderbestätigt", „mit Versandbestätigung" und „mit Eingangsbestätigung"; näheres bei *Borchers/Gottberg/Hoffmann*, S. 94 ff.

1681 Näheres bei *Marschall/Herfurth/Winter/Allwinn*, MMR 2017, 152.

werden, §§ 86 StPO, 371 Abs. 1 Satz 2 ZPO. Sie können nicht als Urkunden nach der neuen Regelung des § 249 Abs. 1 Satz 2 StPO in den Strafprozess eingeführt werden, weil sie nicht verlesbar sind. Zudem geht es bei digitalen Aufnahmen und auch Videos um die gegenständliche Wahrnehmung von Personen und Sachen, die nur durch Augenschein erfolgen kann. Dabei können Digitalfotos nicht nur eigenständig als Beweismittel eingeführt werden, sondern auch als Teil anderer Beweismittel, etwa durch Sachverständigengutachten, beigezogenen Akten oder als Erinnerungsstützen bei Zeugenaussagen.[1682] In solchen Fällen dienen sich jedoch nur zur Visualisierung und Unterstützung.[1683] Im Unterschied zu elektronischen Erklärungen sind die Beweisfragen im Zusammenhang mit Digitalfotos noch weitgehend ungeklärt und wenig beachtet.[1684]

Die besondere Manipulationsanfälligkeit digitaler Daten (s.o.) wirkt sich besonders bei digitalen Fotos aus. Aufgrund von verhältnismäßig leicht bedienbarer Fotobearbeitungssoftware können auf vielfältige Weise durchaus überzeugende Fälschungen mit relativ wenig Aufwand und kaum Vorwissen erstellt werden.[1685] Das geringfügige verschönernde Manipulationen längst keine Ausnahmefälle sind, zeigt die direkt in den Smartphones und Kameras integrierte Funktionalität (Filter etc.) und auch Apps wie *Prisma* und *Snapchat*. Bezogen auf das Strafverfahren bedeuten mögliche Manipulationen an digitalen Aufnahmen, dass (1) möglicherweise Personen oder Objekte nachträglich eingefügt werden, um ihnen eine Tat anzulasten oder (2) Personen oder Objekte entfernt und (3) ersetzt werden, um sie zu entlasten. Sollen Digitalfotos als Beweismittel im Prozess dienen, wird die Frage nach deren Vertrauenswürdigkeit und der Nachweisbarkeit von Veränderungen immer lauter. Vor dem Hintergrund der Fälschungsmöglichkeiten muss der Beweiswert von Bildern vor Gericht hinterfragt werden. Um einen Sachverhalt durch ein Foto als bewiesen anzusehen, muss das Gericht zur vollen Überzeugung der Unverfälschtheit des Bildes gelangen. Die Kriterien der Authentizität und Integrität rücken in den Fokus. Zum Schutz der Authentizität von digitalen Fotos wird gerne auf digitale Wasserzeichen (s.o.). verwiesen. In der Regel werden sie als äußerlich nicht wahrnehmbares Signal in das Foto eingebettet. Wird das Foto manipuliert, so wird auch das eingebrachte

---

1682 *Knopp*, ZPR 2008, 156 (157).

1683 *Knopp*, ZPR 2008, 156 (157).

1684 *Knopp*, S. 2, 14; *ders.*, MMR 2008, 624; skeptisch zum Beweiswert von Digitalfotos *Mühlhausen/Prell*, NJW 2002, 99; *Bachmeier*, NZV 2003, 1; a.A. *Bleutge/Uschold*, NJW 2002, 2765; vermittelnd *Wietschorek/Stockmann/Pieper*, NZV 2000, 486.

1685 Vgl. *Kirchner*, Digitale Forensik, S. 1; *Knopp*, ZPR 2008, 156 (157 f.); *Marschall/Herfurth/Winter/Allwinn*, MMR 2017, 152.

(geeignete)[1686] Wasserzeichen verändert. Das ermöglicht die Überprüfung der Echtheit des Mediums, indem das ausgelesene Wasserzeichen mit dem eingebetteten vergleichen wird. Der technische Schutz ist aber nur dann sinnvoll und führt zu einem besonders hohen Beweiswert, wenn ein lückenloser Schutz ab der Entstehung des Fotos gewährleistet wird. Für das Wasserzeichen oder auch eine elektronische Signatur bedeutet das eine Einbettung im unmittelbaren Entstehungsprozesses der Fotografie. Werden zusätzlich Metadaten integriert, so lässt sich der Beweiswert von Digitalfotos sogar weiter steigern.[1687] Grundsätzlich ist gerade eine qualifiziert elektronische Signatur technisch dazu geeignet nachzuweisen, dass der Dokumentinhalt ab der Signierung nicht verändert wurde und dass die Signatur mit dem Schlüssel einer bestimmten Person erstellt wurde; was rechtlich durch § 371a Abs. 1 Satz 2 ZPO unterstützt wird. Diese Regelung gilt aber nur für Erklärungen, sodass für signierte elektronische Dokumente ohne Erklärungsinhalte, etwa digitale Bilder, Videos, Audioaufzeichnungen, der Anschein der Echtheit nicht gilt. Trotz dessen kann mit einer solchen Signatur ein ebenso hoher Beweiswert auch für sonstige Inhalte erreicht werden, wenn das Verfahren zertifiziert ist und die begründbare Sicherheit des Hashwert- und Verschlüsselungsalgorithmus als Grundlage für einen Erfahrungssatz gelegt wurde, der dann einen richterrechtlichen Anscheinsbeweis rechtfertigen kann.[1688] Sind digitale Aufnahmen nicht bereits ab dem Entstehungszeitpunkt oder gänzlich ungesichert, so kann der entscheidende Nachweis der Integrität und Authentizität nur durch weitere ergänzende Beweise/Tatsachen, beispielsweise durch Zeugen des zu beweisenden Ereignisses, einen Sachverständigen oder mittels einer Prüfsoftware, sicher geführt werden. Technische Sicherungsmittel wie Wasserzeichen, Hashfunktionen, Signaturen und Zeitstempel führen bei digitalen Aufnahmen in der Regel zu einem hohen Beweiswert, der je nach Sicherungsgrad und Sicherungszeitraum abgeschwächt werden kann. Komplett ungesicherte digitale Aufnahmen hingegen können in der Regel nur einen sehr geringen Beweiswert vorweisen, wenn nicht die Manipulationsmöglichkeit anderweitig ausgeschlossen oder als unwahrscheinlich verworfen werden kann.[1689] Ohne weitere (technische) Maßnahmen oder Anhaltspunkte ist die Beweislage aus der ex post Perspektive des Gerichtes als unsicher einzustufen;

1686 Zu beachten ist, dass nicht jedes Wasserzeichen diese Vorgabe erfüllt.

1687 Näher *Knopp*, ZPR 2008, 156 (159); aus den Metadaten (Datum, Uhrzeit und Dateiname) allein lassen sich aufgrund ihrer Manipulierbarkeit keine zuverlässigen Rückschlüsse auf die enthaltenen Informationen ziehen: LG München I, MMR 2008, 622.

1688 *Knopp*, S. 5 ff.; *ders.*, ZPR 2008, 156 (159) m.w.N.

1689 So auch *Knopp*, S. 6 f.; *ders.*, ZPR 2008, 156 (158 f.).

Beweissicherheit besteht so nicht.[1690] Es ist zur Verwendung von vorhandenen (technischen) Sicherungsmittel zu raten. Angesichts der Tatsache, dass immer mehr Kameras bereits mit digitalen Wasserzeichen zur Kennzeichnung von Digitalfotos ausgestattet sind, wird laut *Knopp* die Zahl der Fälle, in denen die Urheberschaft ohne Würdigung technischer Sicherungsmittel zu klären ist, wohl zukünftig abnehmen und den weiteren (ungesicherten) Beweismöglichkeiten eine geringere Bedeutung zukommen.[1691]

Forensische Bilduntersuchungen können dem Gericht nachträglich Sicherheit über ein entscheidendes Beweismittel bieten, indem sie Veränderungen und Manipulationen offenbaren. Die digitale Bildforensik als vergleichsweise neues Forschungsgebiet im Bereich digitaler bzw. digitalisierter Bilder widmet sich dem Nachweis von Manipulationen an oder der Fälschung solcher Mediendaten.[1692] Sie untersucht damit die Authentizität und Integrität von Bildern. Auch hier bezieht sich die Integrität auf eine fehlende Veränderung des Bildinhaltes nach Erstellung. Die Authentizität gewährleistet, dass die Aussagen zum Ursprung des Bildes korrekt sind.[1693] Bei der forensischen Datenanalyse werden dann zur Prüfung von Authentizität und Integrität digitaler Bilder verschiedene Datenarten herangezogen: Inhaltsdaten, Koordinierungsparameter und Metadaten.[1694] Ob eine Bilddatei manipuliert oder verändert wurde oder aus welcher Quelle sie stammt, lässt sich meisten nicht mehr durch bloßes Betrachten nachvollziehen; es bedarf also des Einsatzes von Technik.[1695] Geht es insbesondere um die Echtheit, Urheberschaft und Manipulationsfreiheit wird es dem Richter durch eine bloße Augenscheinseinnahme nahezu unmöglich sein, eine qualifizierte Aussage aufgrund eigener Sachkunde zu treffen. Es bleibt nur die Möglichkeit und sehr wahrscheinlich die Notwendigkeit ein Sachverständigengutachten einzuholen. Dass Beweisanträge hinsichtlich dieser Eigenschaften auf Hinzuziehung eines Sachverständigen mit der Begründung der „eigenen Sachkunde" abgelehnt werden, dürfte derzeit eher die Ausnahme als die Regel sein.[1696]

1690 *Knopp*, ZPR 2008, 156 (158).

1691 *Knopp*, MMR 2008, 624 f.

1692 *Kirchner*, Digitale Forensik, S. 2.

1693 *Marschall/Herfurth/Winter/Allwinn*, MMR 2017, 152 (153).

1694 Ausführlich *Marschall/Herfurth/Winter/Allwinn*, MMR 2017, 152 (153 f.).

1695 *Marschall/Herfurth/Winter/Allwinn*, MMR 2017, 152 (155).

1696 Siehe dazu unten G.III.3.

4. Beweiswert von IP-Adressen

Die Internetprotokoll-Adresse (kurz IP-Adresse) ist für die Strafverfolgungsbehörde der wichtigste Anknüpfungspunkt und Informationsquelle für die Rückverfolgung von Tatverdächtigen.[1697] Die Kommunikation zwischen Computersystemen erfolgt im Internet über die IP-Adresse oder IP-Nummer, sog. „Personalausweis des Computers“[1698]. Jeder Rechner, der an das Internet angeschlossen ist, erhält eine weltweit eindeutige Kennung (Adressierung mittels Zahlenfolge),[1699] um den Datenaustausch mit anderen Computern zu gewährleisten.[1700] Diese Adressierung wird einem beteiligten Rechner zugeordnet und macht ihn somit eindeutig identifizierbar. Zunächst ist festzuhalten, dass die Authentifikation im Internet im Grunde ausschließlich auf Basis der IP-Adresse geschieht.[1701] Dabei wird zwischen statischen und dynamischen IP-Adressen unterschieden. Erstere werden als statisch[1702] bezeichnet, weil sie dauerhaft bzw. für einen längeren Zeitraum und unverwechselbar mit einer bestimmten aktiven Komponente oder einem Endgerät verbunden sind.[1703] In der Regel werden sie fest auf dem Gerät eingetragen. Dynamische IP-Adressen werden hingegen vom Zugangsprovider aus seinem Bestand für jede Internetsitzung neu und vorübergehend an den Nutzer vergeben.[1704] Wird die Sitzung beendet, so gelangt die Nummer wieder in einem Pool und kann erneut vergeben werden. Anhand dieser IP-Adresse und einer Zeitvorgabe kann der Provider in den meisten Fällen die Zuordnung zu einem Anschluss und damit dem Anschlussinhaber vornehmen,[1705] und diese Daten an die Strafverfolgungsbehörden – bei Auskunftsersuchen – weitergeben. Aus dem digitalen Beweis, nämlich der IP-Adresse, kann die Ermittlungsbehörde zu einem Namen gelangen, der für sie eine (eindeutige) Spur zu dem Beschuldigten darstellt. Dadurch ist aber nur eine Zuordnung zu einem Anschluss und dem Anschlussinhaber als Vertragspartner möglich. Die Frage, wer tatsächlich zu dem Nutzungszeitpunkt am Computer gesessen hat und die vermeintliche Straftat vorgenommen hat, ist damit noch

---

1697 *Marberth/Kubicki*, Rn. 613.

1698 *Rinker*, MMR 2002, 663.

1699 *Rinker*, MMR 2002, 663.

1700 *Marberth/Kubicki*, Rn. 613.

1701 *Rinker*, MMR 2002, 663.

1702 Einmalige, fest zugewiesene IP-Adresse.

1703 Hoeren/Sieber/Holznagel/*Sieber*, Multimedia-Recht, Teil 1 Rn. 55; *Kochheim*, Cybercrime und IuK-Strafrecht, Glossar S. 889.

1704 *Kochheim*, Cybercrime und IuK-Strafrecht, Glossar S. 832.

1705 *Marberth/Kubicki*, Rn. 614.

nicht geklärt.[1706] Die Zuordnung einer IP-Adresse zu einer konkreten Person kann sich bei einer statischen IP-Adresse noch als relativ einfach herausstellen, geht es jedoch um eine dynamische IP-Adresse, so muss zusätzlich festgestellt werden, zu welchem Zeitpunkt welche IP-Adresse mit welchem Provider verknüpft war.[1707] Interessant kann es auch sein zu wissen, wie lange einem Kunden eine dynamische IP-Adresse schon zugewiesen ist. Die IP-Adresse selbst kann eine strafrechtliche Handlung nicht beweisen, sie allein stellt lediglich eine Zahlenreihenfolge (Adresse) dar.[1708] Die Zuordnung einer IP-Adresse zu einem Anschluss und Nutzungszeitpunkt kann nur belegen, dass dieser Anschluss zu dem Zeitpunkt online war.[1709] Mit diesen Informationen vom Provider kann die Strafverfolgungsbehörde die IP-Adresse einer bestimmten (realen) Person zuordnen. Daraus folgt aber nicht zugleich, dass die ermittelte Person auch zu der angegebenen Tatzeit über den genannten Anschluss die vorgeworfene (strafrechtliche) Handlung begangen hat.[1710] Für die Annahme eines hinreichenden Tatverdachtes gegen den Anschlussinhaber reicht die bloße Zuordnung der IP-Adresse nicht aus, weil damit der Täter nicht einwandfrei identifiziert werden kann.[1711] Möglicherweise hat nicht der Anschlussinhaber selbst, sondern ein anderer Nutzer - berechtigt oder unberechtigt - den Anschluss zum fraglichen Zeitpunkt genutzt, oder es kommen mehrere Personen in Frage.[1712] Das zeigt, dass aus der ermittelten IP-Adresse nach näherer Betrachtung nur ein sehr geringer Beweiswert angenommen werden kann. Hinzu kommt, das bestehende Risiko einer Fremdnutzung[1713], die Gefahr des Vortäuschens der Identität mittels IP-Adresse (IP-Spoofing)[1714] und die Fehleranfälligkeit bei der Auskunft des Providers. Durch falsche Angaben seitens des Providers kam es sogar schon zu der Einleitung von Strafermittlungsverfahren gegen Unschuldige.[1715] Falschzuordnungen der IP-Adresse zu Kundendaten können aufgrund von Zahlendrehern,

1706 *Gietl/Mantz*, CR 2008, 810 (814); *Marberth/Kubicki*, Rn. 615.

1707 Hoeren/Sieber/Holznagel/*Sieber*, Multimedia-Recht, Teil 1 Rn. 58; *Sieber*, Gutachten C, S. 36 f.

1708 *Gietl/Mantz*, CR 2008, 810 (814).

1709 *Gietl/Mantz*, CR 2008, 810 (815); *Solmecke*, MMR 2006, XXIII (XXIV).

1710 Vgl. LG Saarbrücken, Beschl. v. 28.1.2008 - 5 (3) Qs 349/07 = MMR 2008, 562.

1711 Zumeist in Akteneinsichtsgesuche (406e StPO) betreffenden Fällen: vgl. LG Karlsruhe, MMR 2010, 68; LG Köln, MMR 2009, 291; LG Saarbrücken, MMR 2008, 562.

1712 *Gietl/Mantz*, CR 2008, 810 (815).

1713 Darunter kann auch das Surfen eines offenen W-LANs gefasst werden.

1714 Siehe bereits oben C.V.3.

1715 *Marberth/Kubicki*, Rn. 616 m.w.N.

Übertragungsfehlern oder falsch zugeordneten Zeitzonen nicht komplett ausgeschlossen werden.[1716] Dies lässt den Beweiswert von IP-Adressen weiter in Zweifel ziehen. Laut dem Verband der deutschen Internetwirtschaft eco e.V. zeigt eine US-amerikanische Studie, dass Zweifel zu Recht angebracht sind. Die Studie der University of Washington[1717] nährt Zweifel an der Beweisführung der US-Film-, Musik- und Softwareindustrie bei Abmahnungen gegen mutmaßliche Filesharer, anhand der Ermittlungen von IP-Adressen. In zwei Testläufen erhielten die Forscher fast 500 solcher Abmahnungen für IP-Adressen, die sie unter ihrer Kontrolle hatten und über die nachweislich keinerlei urheberrechtlich geschütztes Material getauscht wurde.[1718] Außerdem gelang es den Forschern, eine manipulierte IP-Adresse in einem Tauschbörsen-Netzwerk zu verbreiten und für diese manipulierte IP-Adresse eine Abmahnung zu erhalten.[1719]

Für das Strafverfahren zeigt sich, dass nur die Beibringung der IP-Adresse nicht als hinreichend beweiskräftig erachtet werden kann und somit keine solide Grundlage für eine Verurteilung begründet. Denn allein die IP-Adresse beweist letzten Endes nichts. Dafür müsste diese einem konkreten Anschlussinhaber zu einem fraglichen Zeitpunkt sicher verlässlich zugeordnet werden. Auf diesbezüglich mögliche Probleme und Fehlerquellen hinzuweisen, ist dann auch Sache der Verteidigung – unter Umständen auch mit Hilfe von Sachverständigen.[1720]

5. Beweiswert beim ersetzenden Scannen

Die Digitalisierung von Dokumenten ist im Geschäfts-, Verwaltungs- und Rechtsverkehr zu einem fast alltäglichen Phänomen geworden – im Gegensatz zu der Verwendung elektronischer Signaturen und dem De-Mail Verfahren.[1721] Beim Scannen wird von einem ursprünglich verkörperten Dokument (meist Papierdokument) ein elektronisches Abbild oder eine elektronische Abschrift erzeugt und als Bilddatei oder Textdatei gespeichert.[1722] Technisch beschreibt es das Verfahren der Digitalisierung; also die Umwandlung einer papiergebundenen

---

1716 Siehe dazu https://www.heise.de/ct/artikel/Unschuldig-unter-Verdacht-291506.html, zuletzt aufgerufen am 21.10.2019.

1717 Http://dmca.cs.washington.edu/, zuletzt aufgerufen am 21.10.2019.

1718 Https://www.beck.de/cms/?toc=MMR.ARC.200808&docid=264319, zuletzt aufgerufen am 21.10.2019.

1719 Https://www.beck.de/cms/?toc=MMR.ARC.200808&docid=264319, zuletzt aufgerufen am 21.10.2019.

1720 *Marberth/Kubicki*, Rn. 616; siehe dazu *Grosskopf*, CR 2007, 121.

1721 *Bacher*, NJW 2015, 2753 (2758).

1722 *Borchers/Gottberg/Hoffmann*, S. 114; *Roßnagel/Wilke*, NJW 2006, 2145.

Information in einen einheitlichen Binärcode ergo elektronische Daten.[1723] Beim ersetzendes Scannen wird ebenso ein elektronisches Abbild als Scanprodukt erzeugt, jedoch das papiergebundene Original später vernichtet. Das vernichtete Papieroriginal wird dann durch sein elektronisches Abbild ersetzt. Dieser Vorgang wird ersetzendes Scannen genannt.[1724] Bei der Umwandlung von Papierurkunden in elektronische Dokumente bei gleichzeitiger Vernichtung der Papieroriginale stellt sich ebenso die Frage, welcher Beweiswert dem sekundären elektronischen Dokument (Scanprodukt) nun – und darauf aufbauend, ob dem eingescannten Dokument der gleiche Beweiswert wie dem schriftlichen Original zukommt. Ziel muss es sein, den Beweiswert des Ausgangsdokuments soweit wie möglich in dem durch das Scannen erzeugte Zieldokument zu erhalten, selbst wenn das Original vernichtet worden ist.[1725] Abhängig davon, wird sich auch zeigen, ob es nicht doch empfehlenswerter ist, die Originale weiterhin als Beweismittel aufzubewahren.

Durch das ersetzende Scannen tritt im Strafprozess keine Veränderung der Beweissituation ein,[1726] weil das Scanprodukt, solange es verlesen werden kann, nach § 249 Abs. 1 Satz 2 StPO wie eine Urkunde in den Prozess eingeführt wird. Als Gegenstand des Urkundenbeweises unterliegen gescannte Dokumente ohne Ausnahmen der freien Beweiswürdigung nach § 261 StPO. Ähnlich wie mit ungesicherten elektronischen Dokumenten kann mit dem gescannten Dokument allein nicht seine Integrität und Authentizität seit Abschluss des Scannens, aber auch nicht die Übereinstimmung mit dem Ursprungsdokument bewiesen werden.[1727] Des Weiteren enthält es keine Anhaltspunkte darüber, ob das Ursprungsdokument vor dem Scannen verändert wurde.[1728] Dabei ist es gerade beim Scannen entscheidend, dass die Informationen des Ausgangsdokuments in dem Zieldokument enthalten sind und das Ergebnis übereinstimmt.[1729]

1723 *Roßnagel/Fischer-Dieskau/Jandt/Wilke*, S. 20.

1724 *Roßnagel/Fischer-Dieskau/Jandt/Wilke*, S. 13; siehe auch die Definition des *BSI*, TR-RESISCAN, S. 5.

1725 *Wilke*, S. 79.

1726 Anders im Zivilprozess, wo das Scanprodukt als elektronisches Dokument keine Urkundenqualität aufweist und damit nicht als Urkunde, sondern als bloßes Augenscheinsobjekt eingeführt werden kann, § 371 I 2 ZPO; siehe *Roßnagel/Wilke*, NJW 2006, 2145 (2147 f.); *Roßnagel/Fischer-Dieskau/Jandt/Wilke*, S. 89 ff.; *Roßnagel/Nebel*, NJW 2014, 886 (887); *Weller/Köbler*, S. 84.

1727 *Roßnagel/Fischer-Dieskau/Jandt/Wilke*, S. 91.

1728 *Roßnagel/Fischer-Dieskau/Jandt/Wilke*, S. 91 f.

1729 Zu dem sog. „Transformationsproblem“ siehe *Roßnagel/Fischer-Dieskau/Jandt/Wilke*, S. 22 ff.

Der Beweiswert des (ersetzend) gescannten Dokuments hängt daher davon ab, ob der möglichen Einrede der Fälschung des Ursprungs- oder Zieldokuments oder eines Fehlers im Übertragungsvorgang wirksam begegnet werden kann,[1730] ggf. mit weiteren hinzuzuziehenden Beweismitteln. Um ein beweissicheres gescanntes Dokument zu erhalten, muss die Integrität des transformierten Dokuments nachgewiesen werden. Es muss also feststehen, dass Zieldokument und das Ausgangsdokument den selben bestimmten Inhalt hatten. Dafür muss ausgeschlossen sein, dass die Umwandlung des Ausgangsdokuments zu einer Inhaltsänderung geführt hat oder das Zieldokument nachträglich verändert wurde, und dass vor dem Scannen keine Änderungen am Ausgangsdokument stattgefunden haben.[1731] Einwände, die die Integrität des Originaldokuments betreffen, können und werden eine Beweiswertminderung zur Folge haben, weil diese nach dem Vernichten nicht mehr überprüft werden können.

Die Integritätswahrung seit Transformation kann durch eine elektronische Signatur oder ein Siegel gewährleistet werden. Die Sicherungsmittel ermöglichen dann den Nachweis, dass das Scanprodukt nach der Signierung nicht mehr verändert wurde.[1732] Zudem können die Sicherungsmittel Nachweis darüber geben, wer der Aussteller des Ausgangsdokuments war und damit den Authentizitätsnachweis erbringen. Um Authentizität und Integrität bestmöglich zu wahren, sollte das elektronische Sicherungsmittel automatisch beim Scanvorgang oder unmittelbar danach angefügt werden (möglichst früher Zeitpunkt), um den Zeitraum einer möglichen Manipulation an dem ungesicherten Dokument zu minimieren.[1733] Wird das Sicherungsmittel dann auch noch durch einen Dritten – etwa durch einen externen Dienstleister – angebracht, so wird dem Dokument vor Gericht generell mehr Vertrauen entgegengebracht.[1734] Es obliegt dann dem Gericht im Rahmen der freien Beweiswürdigung, für die Frage der Echtheit des Inhalts des Scanprodukts das Zeitmoment in seine Erwägungen einbeziehen.[1735] Dafür kann der Nachweis des tatsächlichen Scanzeitpunktes eine entscheidende Rolle spielen, auch um herauszufinden, wann ein Manipulationsinteresse bestand oder sich eine Manipulationsmöglichkeit ergeben hat.[1736]

1730 *Roßnagel/Fischer-Dieskau/Jandt/Wilke*, S. 92.

1731 *Wilke*, S. 79.

1732 Hoeren/Sieber/Holznagel/*Ortner*, Multimedia-Recht, Teil 13.2 Rn. 24.

1733 *Roßnagel/Nebel*, Simulationsstudie, S. 4.

1734 So das Ergebnis nach *Roßnagel/Nebel*, NJW 2014, 886 (890 f.) und *ders.*, Simulationsstudie, S. 47.

1735 Hoeren/Sieber/Holznagel/*Ortner*, Multimedia-Recht, Teil 13.2 Rn. 24.

1736 Näher *Roßnagel/Nebel*, NJW 2014, 886 (889).

In diesem Zusammenhang kann ein (qualifizierter) Zeitstempel nützlich und verlässlich sein, um einen bestimmten Scan-Zeitpunkt unabhängig zu bestätigen und dem Vorwurf entgegenzukommen, den Scanzeitpunkt manipuliert zu haben.[1737] Kann also zusätzlich mit Maßnahmen nachgewiesen werden, „dass entsprechende Manipulationen während des Scannvorgangs ausgeschlossen oder zumindest festgestellt werden können“, und das Scanverfahren ordnungsgemäß abgelaufen ist, so kann der Beweiswert des Scanprodukts deutlich erhöht werden.[1738] Zusätzlich kann der Einsatz einer *Blockchain*-Technologie bei der Speicherung von ersetzend gescannten Dokumenten die Integrität langfristig gewährleisten, nämlich indem ein Hashwert des gescannten Dokuments erstellt und in die *Blockchain* geschrieben wird. Dadurch kann zu einem späteren Zeitpunkt der Hashwert des aufbewahrten Scans mit dem in der *Blockchain* gespeicherten abgeglichen werden. Bei Übereinstimmung der Hashwerte steht zweifelsfrei fest, dass der Scan nachträglich nicht mehr verändert wurde und somit integer ist. Der Mehrwert liegt gerade darin, dass ein einmal angelegter Scan nicht mehr aus dem Archiv entfernt werden kann.[1739]

Zusammenfassend kann festgehalten werden, dass mit Scanprodukten ebenso wie mit ihren papiernen Originalen im Strafverfahren grundsätzlich Beweis über eine entscheidungserhebliche Tatsache geführt werden kann. Eine konkrete Regelung wie mit Scan-Produkten als Beweismittel zu verfahren ist, kann der Strafprozessordnung nicht entnommen werden.[1740] Das Scanprodukt ist als Beweismittel vom Gericht frei zu würdigen.[1741] Berücksichtigt werden muss, dass der Prozess des ersetzenden Scannens auf der Vernichtung der Urschrift

---

1737 *Roßnagel/Nebel*, NJW 2014, 886 (889).

1738 *Roßnagel/Fischer-Dieskau/Jandt/Wilke*, S. 92.

1739 Dabei gilt es zu berücksichtigen, dass eine Blockchain stetig wächst und unweigerlich eine Größe erreicht, die ihren praktischen Einsatz konterkariert.

1740 § 32e StPO regelt zwar den Umgang mit Scan-Produkten im Strafverfahren, jedoch zu Aktenführungszwecken und nicht im Hinblick auf deren Beweisführung oder -qualität.

1741 Für das Scan-Produkt im Zivilprozess sieht (nur) § 371b ZPO eine spezifische Beweisregel vor. Sie erklärt die Vorschriften zur Beweiskraft öffentlicher Urkunden nach §§ 415 ff. ZPO explizit auf solche öffentlichen Dokumente anwendbar, die nach dem Stand der Technik vom Papier in ein elektronisches Dokument übertragen wurden und einen Bestätigungsvermerk für die bildliche und inhaltliche Übereinstimmung des Scan-Produkts mit dem Original tragen. Für private ersetzend gescannte Dokumente gilt weder das Urkundenbeweisrecht noch die Regelungen der §§ 371a und 371b ZPO. Private Scan-Produkte unterliegen als Augenscheinsobjekte der freien Beweiswürdigung des Gerichts.

beruht. Somit gehen alle dem Papieroriginal immanenten Merkmale restlos verloren und können auf dem Scanprodukt nicht mehr rekonstruiert werden.[1742] Diese Vorgehensweise kann zu Rechtsunsicherheit[1743] im Prozess führen, weil nunmehr kein verkörpertes Beweismittel vorhanden ist. Denn die Echtheit des Beweismittels kann nachträglich nicht mehr überprüft werden. Zusätzlich kann die korrekte Übertragung in ein elektronisches Dokument und als drittes die Echtheit des gescannten elektronischen Dokuments nachzuweisen sein, um Beweisnachteilen im Verfahren zu entgehen. Um die möglichen Beweisnachteile und Verluste des Beweiswertes auszugleichen, sind sowohl organisatorische als auch technische Maßnahmen vorzunehmen, die durchaus herausfordernd sein können. Für die Bestimmung des individuellen Beweiswertes sind auch hier – wie bei allen digitalen Beweismitteln – die Integrität und Authentizität besonders zu berücksichtigen. Diesbezüglichen Unsicherheiten bei der Beweisführung von ersetzend gescannten Dokumenten kann mit dem Einhalten des „Stands der Technik" (vgl. § 32e StPO[1744]) entgegengewirkt werden, indem auch im Strafverfahren die begleitende technische Richtlinie „RESISCAN" des *BSI* als Maßstab (i.S.v. Standard) genommen wird.

Nur aufgrund der bestehenden Risiken kommt dem Scanprodukt im Strafprozess nicht per se ein auf null reduzierter Beweiswert zu. Jedoch können dem gescannten Dokument keine Informationen über Authentizität und Integrität des Ausgangsdokuments, der ordnungsgemäßen Transformation und der eigenen Integrität entnommen werden, was einen (erheblichen) Nachteil im Beweisverfahren darstellen kann. Daher wird dem sekundären elektronischen Dokument nicht der gleiche Beweiswert wie dem zugrundeliegenden Originaldokument beigemessen werden, wenn es nicht eine entsprechende Rechtsqualität aufweist. Die entsprechende Beweisqualität kann über eine Reihe von Indizien, unter anderem durch technische und organisatorische Sicherheitsmaßnahmen, für

---

1742 *Roßnagel/Nebel*, NJW 2014, 886 (887).

1743 Im Zivilprozess könnten eventuell negative Folgen aus § 444 ZPO wegen Beweisvereitelung drohen, bei Vernichtung der Originalurkunde nach ersetzendem Scannen. Dazu *Borchers/Gottberg/Hoffmann*, S. 117 m.w.N.

1744 Der Gesetzesentwurf sieht davon ab, „den für die Übertragung maßgeblichen Rechtsbegriff »Stand der Technik« gesetzlich oder untergesetzlich näher zu konkretisieren. Für die Rechtsprechung stellt die Technische Richtlinie des Bundesamtes für Sicherheit in der Informationstechnik (BSI) zum »rechtssicheren ersetzenden Scannen« (TR RESISCAN) Hinweise dafür bereit, welche technischen Anforderungen und organisatorischen Vorgaben ein dem jeweiligen Stand der Technik entsprechendes Verfahren genügen muss.": BT-Dr. 18/9416, S. 53.

das Scanprodukt gewährleistet werden. Fehlen Sicherheitsmaßnahmen an dem gescannten Dokument, so wird die Beweissituation verschlechtert, was einen geringeren Beweiswert des Scans im Vergleich zum Original bedeutet.[1745] Es ist dann zu empfehlen, weiterhin die Originalurkunden aufzubewahren,[1746] gerade wenn es um den Nachweis der Echtheit und Authentizität der Urkunde geht und nicht nur um deren Inhalt.

6. Beweiswerterhalt

Reichweite und Qualität von digitalen Beweismitteln hängen im weiteren Verlauf ihrer „Lebensphase"[1747] auch von ihrem langfristigen Beweiswerterhalt ab. Der Aspekt der langfristigen Beweiswerterhaltung umfasst insbesondere die Aufbewahrung des Beweismittels. Aufbewahrung soll im Folgenden als Oberbegriff für jede Form der Erhaltung eines Dokuments, unabhängig von einer bestimmten Aufbewahrungsdauer, verwendet werden.[1748] Ziel einer solchen Aufbewahrung ist es, die Beweisführung zu sichern.[1749]

Eng mit der Erstellung eines Dokuments ist auch dessen Aufbewahrung verknüpft. Um das Ziel eines beweissicheren und revisionsfesten elektronischen Beweismittels zu erreichen, muss auch der Aspekt der langfristigen Aufbewahrung elektronischer Dokumente und somit ihrer Beweiswerterhaltung berücksichtigt werden. Es geht neben dem Kriterium der Lesbarkeit und Vollständigkeit wesentlich darum die Integrität und Authentizität zu wahren,[1750] also den innewohnenden Gehalt (Wert) langfristig nachprüfbar zu machen. Generelles Ziel muss es sein, die einmal erlangte Beweisqualität digitaler Daten (s.o.) zu erhalten.[1751]

Für die Strafverfolgungsbehörden bedeutet dies zunächst einmal, digitale Beweise korrekt aufzubewahren[1752]. Das bedeutet, sie mit dem geringstmöglichen

1745 Im Zivilprozess soll eine Verschlechterung der Beweissituation mit der Tatsache einhergehen, dass gescannte Dokumente keine Urkunden darstellen. Vgl. Hoeren/Sieber/Holznagel/*Ortner*, Multimedia-Recht, Teil 13.2 Rn. 24; *Roßnagel/Fischer-Dieskau/Jandt/Wilke*, S. 91 f.

1746 So auch *Weller/Köbler*, S. 84.

1747 Umfasst den Zeitraum von der Erstellung bis zur Vernichtung.

1748 Näher zum Begriff der „Aufbewahrung" in Abgrenzung zur „Archivierung" *BSI*, TR-ESOR 03125, S. 13 und *Roßnagel/Fischer-Dieskau/Jandt/Knopp*, S. 19 f.

1749 *Roßnagel/Fischer-Dieskau/Jandt/Knopp*, S. 37.

1750 *BSI*, TR-ESOR 03125, S. 3.

1751 Vgl. *Johannes/Potthoff/Roßnagel/Neumair/Madiesh/Hackel*, S. 143; *Roßnagel/Fischer-Dieskau/Jandt/Knopp*, S. 19.

1752 Umfasst auch die amtliche Verwahrung nach § 94 StPO.

Risiko eines tatsächlichen Verlustes durch den Zugriff Unbefugter – sowohl externer, als auch interner Art –aufzubewahren.[1753] Der einwandfreie Umgang mit dem digitalen Beweismittel wird dann in der Verwahrungskette (*chain of custody*, s.o.) dokumentiert. In dieser wird lückenlos festgehalten, wann welche Personen Zugang zu dem Beweismittel hatten.[1754] Soll das Beweismittel so aufbewahrt werden, dass keine Person Zugang hat, wird es in eine besonders geschützte Umgebung gebracht.[1755] Der Zutritt zum Aufbewahrungsort der Beweismittel (etwa die Asservatenkammer) sollte nur ausgewählten Personen gewährt werden, was organisatorisch durch Zutrittsbeschränkungen[1756] gesichert werden kann. Des Weiteren muss die Verfügbarkeit und Wahrnehmbarkeit (i.S.v. Lesbarkeit) der Beweismittel auf Dauer gewährleistet werden – unabhängig von einzelnen Produkten und Herstellern.[1757] Die dafür benötigte Hardware muss beispielsweise vor Einwirkungen von außen geschützt werden, die diese zerstören oder beschädigen kann. Auch hier sollten nur solche Personen mit den technischen Geräten agieren, die über eine entsprechende Mindestqualifikation verfügen. Physische Komponenten unterliegen einem natürlichen Alterungsprozess.[1758] Ohne die passende Hardware kann die Software nicht ausgeführt werden. Gleichzeitig muss sichergestellt werden, dass die zur sinnlichen Wahrnehmung elektronischer Daten verwendete Software, auch nach etlichen Jahren vorhanden, sowie brauchbar ist. Mit dem weiteren Voranschreiten der modernen Informations- und Kommunikationstechnik ist es nur logische Konsequenz, dass Datenformate und Datenumsetzungsprogramme, mit denen diese wahrnehmbar und lesbar gemacht werden, veralten oder nicht mehr verfügbar sind. Ist die passende Hard- und Software für das digitale Beweismittel nicht mehr vorhanden, so ist dieses ohne Wert. Um die Lesbarkeit digitaler Beweise zu erhalten, kann dieses in ein langfristig sicheres Archivsystem (etwa *ArchiSig*[1759]) gespeichert werden, oder das Dokument wird auf einem Datenträger abgespeichert, der in einer sicheren IT-Umgebung betrieben wird.[1760] Bei letzterem

1753 *Momsen/Hercher*, S. 179.
1754 *Dewald*, S. 19.
1755 *Dewald*, S. 19.
1756 Siehe bereits oben C.IV.1.
1757 *BSI*, TR-ESOR 03125, S. 16.
1758 *Diwell*, E-Justice, S. 455 f.
1759 Das Projekt „ArchiSig – Beweiskräftige und sichere Langzeitarchivierung digital signierter Dokumente"
1760 *Johannes/Potthoff/Roßnagel/Neumair/Madiesh/Hackel*, S. 143.

müsste auch die verlustfreie Transformation[1761] in ein anderes Format sichergestellt sein, bevor die notwendige Hard- und Software verschwunden ist.[1762]

Um elektronische Dokumente als Beweismittel dauerhaft sicher und revisionsfest aufzubewahren, kann ebenfalls auf technische Systeme und Sicherungsmittel zurückgegriffen werden. Werden Systeme zur Verwaltung und Aufbewahrung elektronischer Dokumente benutzt, so sind diese anhand der mit der Aufbewahrung verfolgten Zwecke auszuwählen.[1763] Innerhalb dieser können ebenfalls Sicherungsmittel zum Einsatz kommen. So wird auch bei der Aufbewahrung zwischen organisatorischen, datenträgerbezogenen und dokumentbezogenen Sicherungsmitteln unterschieden.[1764] Ein gesichertes Beweismittel[1765] sollte, um langfristig den identischen Beweiswert zu erhalten, immer den aktuellen Stand der Technik widerspiegeln. Maßgebend ist demnach der Stand der Technik, der zum aktuellen Zeitpunkt gilt, und nicht derjenige zu dem das Beweismittel erstellt wurde. Die stetige Veränderung von technisch-organisatorischen und sicherheitsrechtlichen Anforderungen erhöhen die Probleme einer sicheren Aufbewahrung digitaler Dokumente.[1766] Kryptographiebasierende Verfahren verlieren im Laufe der Zeit an Sicherheit bzw. Vertrauen, was instruktiv an einer elektronischen Signatur beschrieben werden kann.[1767] Denn „die Sicherheit einer elektronischen Signatur hängt von der Sicherheit der eingesetzten Algorithmen und ihrer dazugehörigen Parameter ab“[1768]. Dies gilt mithin auch für elektronische Siegel, Zeitstempel, das De-Mail-Verfahren, die *Blockchain*-Technologie und transformierte Dokumente. Verschlüsselungs- und Hashverfahren werden unsicher, weil nach Jahren die Möglichkeit besteht diese zu entschlüsseln. Es ist derzeit davon auszugehen, dass jede Signatur aufgrund technischen Fortschritts irgendwann gebrochen werden kann.[1769]

Die Anwender der Sicherungsmittel müssen daher rechtzeitig Vorkehrungen oder Maßnahmen treffen, die den Beweiswert eines digitalen Beweismittels

---

1761 Bei langfristigen Archivierungen besteht oft das Bedürfnis diese zuvor in ein anderes Format zu konvertieren. Dazu Hoeren/Sieber/Holznagel/*B. Brisch/K. Brisch*, Multimedia-Recht, Teil 13.3, Rn. 219 ff.

1762 *Johannes/Potthoff/Roßnagel/Neumair/Madiesh/Hackel*, S. 143.

1763 *Roßnagel/Fischer-Dieskau/Jandt/Knopp,* S. 35 ff.

1764 *Roßnagel/Fischer-Dieskau/Jandt/Knopp,* S. 23 ff.

1765 Siehe zu den Sicherungsmitteln oben C.IV.

1766 Hoeren/Sieber/Holznagel/*B. Brisch/K. Brisch*, Multimedia-Recht, Teil 13.3, Rn. 211.

1767 Hoeren/Sieber/Holznagel/*B. Brisch/K. Brisch*, Multimedia-Recht, Teil 13.3, Rn. 212.

1768 *Roßnagel/Fischer-Dieskau/Jandt/Knopp,* S. 28.

1769 *Schemmann*, ZZP 2005, 161 (168).

dauerhaft sicherstellen; sie müssen die Grundlage des Vertrauens in das Sicherungsmittel stetig aufrechterhalten.[1770] Konkret bedeutet das, dass das digitale Dokument zu keinem Zeitpunkt mit einem ungültigen bzw. unsicherem Sicherungsverfahren versehen sein darf,[1771] damit es in den Genuss eines hohen Beweiswertes (bzw. im Zivilprozess einer der gesetzlichen Aufwertungen) kommt. Bevor die bisher verwendeten Algorithmen und Parameter ihre Sicherheitseignung durch Zeitablauf verlieren, sollten elektronische Signaturen und Siegel über den Zeitraum ihrer technologischen Gültigkeit hinaus verlängert werden.[1772] Dafür bietet sich eine Neusignierung an oder es muss ein Zeitstempel an die Daten angebracht werden.[1773] Ein Zeitstempel als automatisch erzeugte elektronische Signatur bietet sich für eine langfristige Aufbewahrung an, weil diese im Gegensatz zu anderen elektronischen Signaturen keiner natürlichen Person zugeordnet sein müssen.[1774] Da diese ebenfalls dem Alterungsprozess unterliegen, erscheint es sinnvoll, ein Dokument mit unterschiedlichen Verfahren parallel zu schützen. Für die Neusignierung von elektronischen Sicherungsmitteln ist das VDG zu beachten.[1775] Laut § 15 Satz 1 VDG (langfristige Beweiserhaltung) sind „sofern hierfür Bedarf besteht, [...] qualifiziert elektronisch signierte, gesiegelte oder zeitgestempelte Daten durch geeignete Maßnahmen neu zu schützen, bevor der Sicherheitswert der vorhandenen Signaturen, Siegel oder Zeitstempel durch Zeitablauf geringer wird", sofern sie für längere Zeit in kryptographisch signierter Form benötigt werden, als der Signatur-, Siegel- bzw. Zeitstempelalgorithmus als geeignet (technisch sicher) beurteilt werden kann.[1776] Auch die (Neu-)Sicherung hat nach dem Stand der Technik zu erfolgen, § 15 Satz 2 VDG. Die Einhaltung des Stands der Technik kann vermutet werden, wenn die aktuellsten Schutzprofile und Technischen Richtlinien des *BSI* eingehalten wurden.[1777] Insoweit ist der Leitfaden „Beweiswerterhaltung kryptographisch

---

1770 Vgl. Hoeren/Sieber/Holznagel/*B. Brisch/K. Brisch*, Multimedia-Recht, Teil 13.3, Rn. 212.

1771 Hoeren/Sieber/Holznagel/*B. Brisch/K. Brisch*, Multimedia-Recht, Teil 13.3, Rn. 212.

1772 Dies soll durch technische Bewahrungsdienste erfolgen, vgl. Art. 34, 40 eIDAS-VO.

1773 Hoeren/Sieber/Holznagel/*B. Brisch/K. Brisch*, Multimedia-Recht, Teil 13.3, Rn. 212; *Schemmann*, ZZP 2005, 161 (168).

1774 So *Schemmann*, ZZP 2005, 161 (168).

1775 Eine Regelung wie bisher in § 17 SigV (Zeitraum und Verfahren zur Datensicherung) zur langfristigen Beweiswerterhaltung fehlt in der eIDAS-VO, insofern durfte das VDG diese ergänzen.

1776 *BSI*, TR-ESOR 03125, S. 22.

1777 *BSI*, TR-ESOR 03125, S. 22; BT-Dr. 18/12494, S. 43.

signierter Dokumente"[1778] derzeit maßgebend. Dieser beschreibt, „wie elektronisch signierte Daten und Dokumente über lange Zeiträume – bis zum Ende der Aufbewahrungsfristen – im Sinne eines rechtswirksamen Beweiswerterhalts vertrauenswürdig gespeichert werden können".[1779]

Die Beweisqualität eines digitalen Beweismittels bemisst sich zusammenfassend auch daran, dass der Beweiswert dauerhaft erhalten bleibt oder erhalten werden kann. Dafür ist neben der Erhaltung der Wahrnehmbarkeit – i.S.d. Gewährleistung der Lesbarkeit und Verfügbarkeit von Speichermedien und Datenformaten – und Vollständigkeit, auch der Nachweis der Integrität und Authentizität unabdingbar. Die Eigenschaften müssen durch zusätzliche technische und organisatorische Maßnahmen hergestellt und dauerhaft erhalten werden. Werden keine Vorkehrungen zur dauerhaften Erhaltung des Beweiswertes eines digitalen Beweismittels unternommen, so kann damit eine (deutliche) Minderung der Beweisqualität einhergehen.

1778 *BSI*, TR-ESOR 03125.

1779 Https://www.bsi.bund.de/DE/Publikationen/TechnischeRichtlinien/tr03125/index_htm.html, zuletzt aufgerufen am 21.10.2019.

D. Doppelnatur der Beweise

Das digitale Beweismittel ist eine neue Erscheinung im deutschen Beweisrecht. Es stellt ein Beweismittel dar, dass sich mit den tradierten Beweismittelkategorien überschneidet, aber auch untypische eigene Elemente aufweist, die von diesen nur mittelbar und teils unvollständig aufgefangen werden können. Zunächst muss über das Verlesbarkeitskriterium die Entscheidung getroffen werden, ob digitale Dokumente als Urkunden gelten und verlesen werden oder in Augenschein genommen werden müssen. Steht nicht der gedankliche Inhalt einer digitalen Datei oder ihre Daten im Fokus, sondern Fragen der Authentizität und Integrität des digitalen Dokuments, werden auch der Augenscheins- und Urkundenbeweis an ihre Grenzen stoßen. Insoweit geht es um die Beweisqualität des betreffenden Dokuments und damit vor allem um Fragen der Beweiswürdigung.[1780] Wenn es also darum geht festzustellen, ob das digitale Dokument echt oder verfälscht ist und wem es zugeordnet werden kann, werden im Wesentlichen die Kriterien der Authentizität, der Integrität und der Nachvollziehbarkeit für die Bestimmung des Beweiswertes allein relevant. In Anbetracht der Besonderheiten digitaler Beweismittel können diesbezüglich leicht Zweifel aufkommen. Gerade weil aus den Daten selbst kein Rückschluss und zuverlässiger Nachweis über ihre Authentizität und Integrität erbracht werden kann, wie es bei herkömmlichen Beweisen, die als Urkunde oder Augenscheinsobjekt in den Strafprozess eingeführt werden, regelmäßig der Fall ist.

Das bedeutet, dass ein digitales Beweismittel nicht immer eindeutig in eine der bestehenden Beweismittelkategorien eingeordnet werden kann, trotz der Tatsache, dass dies für die Einführung eines Beweismittels zwingend notwendig ist. Für die Klärung ihrer spezifischen Probleme ist nicht nur eine Beweismittelart und -einführung nötig, sondern regelmäßig mehrere. Zwar stellt es kein neues Phänomen dar, dass mehrere Beweismittelarten herangezogen werden müssen. Seit jeher ist es gängige Praxis, dass der Zustand oder die Existenz einer Urkunde nicht mit dem Urkundsbeweis, sondern mit dem Augenscheins- und oder Sachverständigenbeweis angetreten wird. Denn dann steht nicht der gedankliche Inhalt im Fokus. Wird neben dem gedanklichen Inhalt also die äußere Gestalt – etwa zur Feststellung ihrer Echtheit bzw. von Fälschungen – beweisbedürftig, so wird die Urkunde nicht nur nach § 249 Abs. 1 StPO verlesen, sondern meist auch über § 86 StPO in Augenschein genommen.[1781] Soweit die richterliche

1780 So Meyer-Goßner/Schmitt/*Schmitt*, § 249 StPO Rn. 13.

1781 Vgl. BeckOK-StPO/*Ganter*, § 249 Rn. 8.

Augenscheinnahme keinen Aufschluss über die Echtheit der Urkunde erbringen kann, wird die in Frage stehende Gestalt über den Sachverständigenbeweis gelöst werden müssen. Zusätzlich können Zeugenaussagen zu Hilfe gezogen werden. Dies zeigt deutlich, dass die Einführung eines Beweisgegenstandes nicht immer eindeutig über eine Beweismittelkategorie gelöst werden kann. Diese Herangehensweise wird bei digitalen Beweismitteln jedoch der Regel entsprechen und nicht die Ausnahme darstellen. Bei herkömmlichen Beweisen vermag eine bloße Inaugenscheinnahme solche Fragen zu klären, weil es sich um verkörperte Objekte handelt. Einer Urkunde kann man durchaus Veränderungen (des Inhalts) ansehen, gleiches kann für ein verkörpertes Augenscheinsobjekt gelten. Bei digitalen Beweismitteln ist es aber weniger eine Frage des körperlichen Beweismittelträgers, sondern eine Frage der digital enthaltenen Information und ihrer „erstellten" Wahrnehmbarkeit. Eine E-Mail muss im Gegensatz zu einem Brief z.B. noch ausgedruckt werden, um die enthaltenen Informationen menschlich wahrnehmbar und lesbar zu machen. Der E-Mail kann daher nicht unmittelbar angesehen werden, ob an ihr Veränderungen stattgefunden haben. Solche an einem Brief sollten in der Regel durch genaue Betrachtung der Schrift und des Papiers möglich sein. Das zeigt, dass es den digitalen Beweismitteln an einer solchen Verkörperung fehlt, die wichtige Aufschlüsse auf die Manipulation eines Beweismittels geben kann. Des Weiteren mangelt es den digitalen Beweisen an einer Geschichte (Historie), die ihnen angesehen werden kann, sodass eine bloße Inaugenscheinnahme nie ausreichen wird. Aber auch bei erzeugter Verlesbarkeit können alle weiteren Fragen gerade nicht durch Inaugenscheinnahme geklärt werden, es bedarf immer weiterer Abhilfe – vorwiegend durch Sachverständige. Geht es daher um Authentizität und Integrität dürfte es dem Gericht nahezu unmöglich sein, eine dahingehende qualifizierte Aussage aufgrund eigener Sachkunde zu treffen. Dafür bedarf es einer forensischen Auswertung der digitalen Dateien und Spuren, die für die Verfahrensbeteiligten, die auf dem einschlägigen Gebiet weniger versiert sind, kaum nachvollziehbar sein wird.[1782] Es bleibt daher nur der Weg über die Hinzuziehung eines Sachverständigen – aus dem Bereich der IT-Forensik.[1783]

Für das Beweisrecht bedeutet dies, dass die relevanten und spezifischen Fragen digitaler Beweise nicht nur über eine Beweismittelkategorie gelöst werden können. Eine Beweisführung, die ausschließlich auf digitalen Beweismitteln beruht, ist zwar in der Theorie denkbar, (zurzeit) aber mangels fehlender Akzeptanz

---

1782 *Eisenberg*, Rn. 1938m.

1783 So auch *Momsen/Hercher*, S. 188; *Momsen*, FS Beulke, S. 887; siehe dazu unten F.II.

in der Praxis schwer vorstellbar. Es bedarf daher zusätzlicher (nicht-digitaler) Beweise. Für die Beweiswürdigung heißt das, dass sich die Beweisqualität digitaler Daten maßgeblich an den Kriterien der Authentizität und Integrität orientiert und der Beweiswert der Daten sich nicht nur an sich selbst messen lässt. Es ist demnach die „Überlegenheit des Sachverständigen“[1784] und die erweiterte Beweisqualität, die im Bereich der digitalen Beweise den Unterschied macht und zu ihrer *Doppelnatur* führt. Will der Tatrichter das Urteil auf digitale Beweismittel stützen, muss dies im Beweisverfahren beachtet werden, um eine darauf basierende Verurteilung revisionsfest zu machen.

1784 So *Eisenberg*, Rn. 1938m; vgl. *Neuhaus/Artkämper*, Rn. 190.

E. Digitale Beweise in der Revisionsinstanz

Das Tatgericht muss so arbeiten, dass das getroffene Urteil in einem Strafverfahren „revisionsfest“ ist, also die getroffene Entscheidung nicht mit den Rechtsmitteln der Berufung oder Revision wegen tatsächlicher oder rechtlicher Fehler angegriffen oder aufgehoben werden kann.[1785] Schon die Staatsanwaltschaft und später das erstinstanzliche Gericht sind dahingehend verpflichtet, „eine entsprechend fundierte und tragfähige Beweislage zu schaffen“.[1786]

Digitale Beweismittel weisen spezielle Eigenschaften auf, welche nicht nur für die Beweiserhebung und -einführung beachtenswert sind, sondern auch wenn es darum geht diese rechtlich in der Revisionsinstanz zu überprüfen.[1787] So müssen sich die Verfahrensbeteiligten darüber bewusst sein, was technisch möglich ist, welchen Grenzen ihnen dadurch auferlegt werden, über das spezifische Manipulationspotential, den Grad der Zuverlässigkeit sowie die vermeintliche Objektivität und Reichweite digitaler Beweise.[1788] Die Spezifika digitaler Beweismittel können für das Revisionsverfahren entscheidend sein, insbesondere im Hinblick auf ihre Darstellbarkeit und Vollständigkeit, Nachvollziehbarkeit, Authentizität und Integrität.

Betrachtet man zunächst einmal die Aspekte der Darstellbarkeit und Vollständigkeit,[1789] so muss sich in Erinnerung gerufen werden, dass digitale Daten erst sinnlich wahrnehmbar gemacht werden müssen. Dieser unabdingbare Transformations- und Bearbeitungsprozess geht auch mit den im Strafprozess geltenden Prinzipien der Mündlichkeit und Unmittelbarkeit einher. Gerade weil die digitale Datei an sich in den meisten Fällen ein „völlig untaugliches Beweismittel“[1790] ist, kann auf die eindeutige Darstellung der Art der Präsentation, d.h. welche Hard- und Software verwendet wurde, um die Datei in das Beweisverfahren einzuführen, nicht verzichtet werden. Damit kann gleichsam dem Aspekt der Vollständigkeit Rechnung getragen werden, wenn klar ist, was und wie die Daten „hergestellt“ wurden. In diesem Zusammenhang ist das Problem der enormen Masse an Daten zu diskutieren. Der Amtsermittlungsgrundsatz verpflichtet die

---

1785 Labudde/Spranger/*Labudde/Czerner/Spranger*, Forensik in der digitalen Welt, S. 21.
1786 Labudde/Spranger/*Labudde/Czerner/Spranger*, Forensik in der digitalen Welt, S. 21.
1787 *Momsen*, FS Heintschel-Heinegg, S. 313.
1788 *Momsen*, FS Heintschel-Heinegg, S. 313.
1789 Siehe dazu oben C.III.2.
1790 *Momsen*, FS Heintschel-Heinegg, S. 313 f.

Strafverfolgungsbehörden dazu eine vollständige und erschöpfende Beweiserhebung durchzuführen. Der Umgang mit den erheblichen Datenmengen, die auf Datenträgern auf kleinsten Raum abgespeichert werden können, stellt die Strafverfolgungsbehörden vor technische und rechtliche Probleme,[1791] die sich bis zur Revision auswirken können. Das impliziert zunächst einen Selektionsprozess, den das Beweismittel durchlaufen muss. Denn dass alle zur Verfügung stehenden Daten in den Prozess eingeführt werden können, ist ein unmögliches Unterfangen, wenn man sich das gigantische Datenvolumen (bis in den Terabyte-Bereich) vor Augen führt. Werden also die relevanten Umstände und Daten herausgefiltert und nur diese im Gerichtsverfahren als Beweismittel eingeführt, stellt sich die Frage, ob die Selektion und das Auslassen von möglicherweise beweisrelevanten (weiteren) Daten nicht einen Verstoß gegen die Aufklärungspflicht nach § 244 Abs. 2 StPO oder gegen den Grundsatz der freien Überzeugungsbildung nach § 261 StPO darstellt, den es revisionsrechtlich zu rügen gilt.

Mit der Aufklärungsrüge nach § 244 Abs. 2 StPO können die Verfahrensbeteiligten die Verletzung der gerichtlichen Aufklärungspflicht beanstanden.[1792] Aus § 244 Abs. 2 StPO ergibt sich die Pflicht des Gerichts, zur Erforschung der Wahrheit alle entscheidungserheblichen Tatsachen von Amts wegen aufzuklären. Es muss die Beweisaufnahme somit auch auf alle Beweismittel erstrecken, die von Bedeutung sind. Das Gericht muss Beweismittel aber nur insoweit erheben, wenn es sich „eine für die Urteilsbildung erforderliche Überzeugung noch nicht gebildet hat oder ihm Umstände bekannt oder erkennbar sind, die bei verständiger Würdigung der Sachlage aus der Sicht eines lebenserfahrenen Richters begründete Zweifel an der Richtigkeit der erlangten Überzeugung hervorrufen müssen".[1793] Insoweit ist die Reichweite der Aufklärungspflicht zu hinterfragen. Das führt zu der Frage, ob das Vorliegen von großen Datenmengen und der damit einhergehende Selektionsprozess den Vorwurf auslöst, dass der Tatrichter auf dem Weg zu seiner Überzeugung wesentliche Beweise außer Acht gelassen hat, obwohl die Umstände hierzu drängten.[1794] Das wäre dann der Fall, wenn bei dem Selektionsprozess eine falsche Auswahl an Daten getroffen wurde, während andere, entlastende Daten als Beweismittel nicht eingeführt wurden.[1795] Um nicht dem obigen Vorwurf ausgesetzt zu sein, bedarf es einer

1791 Siehe *Warken*, NZWiSt 2017, 329 (333).
1792 SSW-StPO/*Sättele*, § 244 Rn. 73.
1793 SK-StPO/*Frister*, § 244 Rn. 17.
1794 LR-StPO/*Becker*, § 244 Rn. 361.
1795 *Momsen*, FS Heintschel-Heinegg, S. 316.

vollständigen Dokumentation des stattgefundenen Auswahlverfahrens. Fehlt eine solche oder ist diese lückenhaft, so wird der Revisionsführer dazu geneigt sein, die Qualität des digitalen Beweismittels in Zweifel zu ziehen. Zum einen im Hinblick auf die fehlende Darlegung der angewendeten Relevanzkriterien in den Urteilsgründen, zum anderen im Hinblick auf die fehlende Dokumentation des als irrelevant eingestuften Datenbestands.[1796] Insoweit spielt der Aspekt der Nachvollziehbarkeit des digitalen Beweismittels eine wesentliche Rolle.[1797] Nachvollziehbarkeit meint eine möglichst lückenlose Dokumentation des ganzen Vorgangs von dem Auffinden des Beweises über die Sicherstellung bis zur Einführung in das Beweisverfahren, hin zu den Urteilsgründen. Fehlt eine aussagekräftige Dokumentation der hinzugezogenen Beweise oder ist diese in den Urteilsgründen lückenhaft, so bleibt immer ein Restzweifel dahingehend, dass noch weitere, „im Rahmen der Datenaufbereitung zu Unrecht irrelevant eingestufte entlastende Dateien existieren könnten, die für die richterliche Überzeugungsbildung i.S.d § 261 StPO hätten erforscht werden müssen".[1798] Gewiss muss eine solche Aufklärungsrüge substantiiert begründet werden und kann nicht allein auf einen Verdacht gestützt werden. Für die Revisionsbegründung einer solchen Verfahrensrüge sind die strengen Darlegungsanforderungen des § 344 Abs. 2 Satz 2 StPO zu beachten.[1799] Erforderlich ist zunächst, dass der Verfahrensverstoß konkret behauptet wird. Der Revisionsführer muss die konkreten Beweistatsachen, die mit einem bestimmt bezeichneten Beweismittel hätten bewiesen werden können, angeben.[1800] Es muss zudem deutlich werden, weshalb das Beweismittel geeignet ist, die aufgestellte Behauptung unmittelbar zu belegen, und aus welchen Gründen sich dem Gericht die vermisste Beweiserhebung hätte aufdrängen müssen.[1801] Wurde ein entsprechender Beweisantrag des Verteidigers zuvor abgelehnt (§ 244 Abs. 3 StPO), so kann auch die Verletzung des Beweisantragsrechts gerügt werden. Generell sind die Anforderungen an die Begründung der Aufklärungsrüge wegen des Vorwurfs der unterlassenen bzw. fehlerhaften Beweiserhebung in der Praxis nicht leicht umzusetzen. Tatsächlich wird der Revisionsführer gezwungen sein, einen solchen Fehler einfach „ins Blaue hinein" zu behaupten, weil er meist keine Möglichkeit hatte, die fehlenden

1796 *Momsen*, FS Heintschel-Heinegg, S. 316.

1797 Siehe oben C.III.3.

1798 So *Momsen*, FS Heintschel-Heinegg, S. 320.

1799 Dazu näher *Jahn/Brodowski*, FS Rengier, S. 420 f.

1800 *Cirener/Herb*, NStZ-RR 2018, 131 (132); vgl. BGH, Beschl. v. 27.04.2017 – 4 StR 609/16.

1801 *Cirener/Herb*, NStZ-RR 2018, 131 (132); vgl. BGH, Beschl. v. 25.07.2017 – 5 StR 46/17.

Daten zu analysieren. Die generelle Rüge, relevante Tatsachen ergeben sich aus nichtverwertetem Datenmaterial, reicht dafür nicht aus. Zudem ist zu beachten, dass größere Datenmengen nicht zwingend entlastende Aspekte enthalten.[1802]

Problematisch erscheint all dies unter Berücksichtigung des Verbots der Rekonstruktion der Hauptverhandlung[1803], denn für die revisionsrechtliche Überprüfung der Sachverhalts-feststellung im Urteil ist von entscheidender Bedeutung, inwieweit ein möglicher Fehler ohne Rekonstruktion der Hauptverhandlung bewiesen werden kann.[1804] Es handelt sich bei dem sog. Rekonstruktionsverbots um einen ungeschriebenen Verfahrensgrundsatz des Revisionsrechts, der besagt, dass das Revisionsgericht die tatrichterlichen Feststellungen nicht erneut durch eine eigene Beweiserhebung nachvollziehen darf. Allein der Inhalt der Urteilsgründe ist für das Revisionsgericht maßgebend.

Es stellt sich bezogen auf die *Big Data* Problematik die Frage, ob ein solcher Verstoß ohne verbotene Rekonstruktion der Hauptverhandlung überhaupt bewiesen werden kann. Es lässt sich zunächst leicht feststellen, dass eine Auseinandersetzung im schriftlichen Urteil nicht erfolgt ist, weil sich dies direkt aus den Urteilsgründen ergibt.[1805] Des Weiteren könnte das Revisionsgericht selbst durch Inaugenscheinnahme eines digitalen Beweismittels herausfinden, ob dieses bezogen auf die Urteilsfeststellungen einen bestimmten Beweisgehalt hatte.[1806] Eine Auseinandersetzung mit dem Beweismittel ist jedoch revisionsrechtlich nicht zugelassen. Beweiserhebungen des Revisionsgerichts über „Einzelheiten der tatrichterlichen Beweisaufnahme", etwa durch Überprüfen der Daten aus der Akte oder im Freibeweis, scheiden somit aus, weil eine solche eigenständige Beweiswürdigung als tatsachenwertender Akt unzulässig ist.[1807] Weder eine Wiederholung noch eine Ergänzung der Beweisaufnahme, etwa durch Hinzuziehen der übrigen Daten, sind möglich.[1808] Ein Ausnahme ist nur dann anzunehmen, wenn allein der Akteninhalt die Unrichtigkeit der Urteilsfeststellung beweist, wenn etwa der Wortlaut einer verlesenen Urkunde mit deren Wiedergabe im Urteil nicht übereinstimmt.[1809] Von dieser Ausnahme ist das Auslassen der Daten oder deren Selektion aber nicht erfasst, weil die unberücksichtigten

---

1802 *Momsen*, FS Heintschel-Heinegg, S. 320.
1803 Dazu näher *Bartel*.
1804 *Diemer*, NStZ 2002, 16 (19); *Gercke/Wollschläger*, StV 2013, 106 (109).
1805 *Gercke/Wollschläger*, StV 2013, 106 (111).
1806 *Gercke/Wollschläger*, StV 2013, 106 (111).
1807 *Momsen*, FS Heintschel-Heinegg, S. 318; vgl. *Bartel*, S. 25.
1808 *Momsen*, FS Heintschel-Heinegg, S. 318; BGHSt 57, 53.
1809 BGHSt 43, 212 (214); Radtke/Hohmann/*Pegel*, § 261 StPO Rn. 95.

Daten keinen Eingang in das Urteil gefunden haben.[1810] Daher wäre eine Rüge, die das Revisionsgericht dazu veranlassen soll, die nicht einbezogenen Daten nunmehr selbst einzusehen, von vornherein ohne jede Erfolgsaussicht.[1811]

Daraus ergeben sich neue Anforderungen für die Darstellung der Beweiswürdigung in den Urteilsgründen. Zum einen ist zu berücksichtigen, dass die digitalen Beweismittel in ihrer Ursprungsform nicht selbst in die Urteilsgründe eingefügt werden können, und auch Verweisungen in die Urteilsbegründung nur in sehr eingeschränkten Umfang möglich sind.[1812] § 267 Abs. 1 Satz 3 StPO besagt, dass „auf Abbildungen, die sich bei den Akten befinden, [...] hierbei wegen der Einzelheiten verwiesen werden" kann. Generell kann also nicht auf Beweismittel verwiesen werden, die sich nicht in den Akten befinden, und wenn, ist die Vorschrift des § 267 Abs. 1 Satz 3 StPO nur auf „Abbildungen" anwendbar. Digitale Daten können selbst nicht Bestandteil der Akte werden, sodass eine Bezugnahme auf die (Roh-)Daten im Sinne des § 267 Abs. 1 Satz 3 StPO nicht in Betracht kommt.[1813] Es stellt sich aber die Frage, ob unter „Abbildungen" neben Fotografien, Bildern, Zeichnungen und Skizzen auch digitale Daten auf einem Datenträger/Speichermedium umfasst sein können und somit wirksam auf diese verwiesen werden kann, ohne gegen das Rekonstruktionsverbot zu verstoßen. Der BGH hat in seinem Urteil vom 02.11.2011[1814] rechtliche Bedenken dagegen geäußert, dass in dem zu überprüfenden Urteil des Landgerichts Verweisungen auf Videoaufzeichnungen nach § 267 Abs. 1 Satz 3 StPO vorgenommen wurden.[1815] Er machte klar, dass in der Verweisung auf ein elektronisches Speichermedium als solches keine wirksame Bezugnahme i.S.v. § 267 Abs. 1 Satz 3 StPO liege.[1816] In dem entschiedenen Fall war die Videoaufzeichnung auf einer CD-ROM gespeichert und Teil der Akten. Es handele sich bei auf elektronischen Medien gespeicherten Bilddateien

1810 *Momsen*, FS Heintschel-Heinegg, S. 318.

1811 *Momsen*, FS Heintschel-Heinegg, S. 318.

1812 *Momsen*, FS Heintschel-Heinegg, S. 318.

1813 *Gercke/Wollschläger*, StV 2013, 106 (108); *Jahn/Brodowski*, FS Rengier, S. 416 ff.

1814 BGHSt 57, 53 = StV 2012, 272. In dieser Entscheidung hatte der BGH auf die Revision des Nebenklägers ein Urteil zu überprüfen, durch das der Angeklagte u.a. vom Vorwurf der schweren räuberischen Erpressung freigesprochen worden war. In dem freisprechenden Urteil des Landgerichts wurde eine Videoaufzeichnung der Örtlichkeiten zugrunde gelegt, auf die »wegen der weiteren Einzelheiten« Bezug genommen wurde.

1815 Näher *Gercke/Wollschläger*, StV 2013, 106 ff.

1816 BGHSt 57, 53 (54) m.w.N.; die Linie wurde zuletzt durch eine Entscheidung des 2. Senats v. 14.03.2012 bestätigt: BGH StV 2013, 73.

(Filmen) aber nicht um Abbildungen, weil nicht der Film als solcher und damit das durch das menschliche Auge unmittelbar wahrnehmbare Geschehen, sondern die Wahrnehmung der Vermittlung durch das Speichermedium sowie weiterer technischer Hilfsmittel, die das Abspielen ermöglichen, bedürfe.[1817] Somit ist der Film nicht Bestandteil der Akten. Das bedeutet offenbar, dass nur *Akteninhalt* sein kann, was durch das menschliche Auge *unmittelbar wahrnehmbar* ist.[1818] Demzufolge können auch solche Dinge nicht Eingang in die Akte finden, die erst durch *Vermittlung des Speichermediums und weiterer technischer Hilfsmittel* wahrgenommen werden können.[1819] Das bedeutet im Ergebnis, dass alle wertenden Aspekte direkt aus den Urteilsgründen nachvollzogen werden müssen, um darauf eine Aufklärungsrüge stützen zu können. Der BGH entschied *obiter dicta* an diesem Beispiel, dass das Revisionsgericht zwar bestimmte Beweismittel im Freibeweis betrachten kann, beispielsweise um festzustellen, ob das in Bezug genommene Beweismittel überhaupt existiert oder ob überhaupt Informationen zu dem Thema enthalten sind.[1820] Bedingt durch die Masse der Daten kann es durchaus sein, dass das in Bezug genommene Beweismittel überhaupt nicht zum Gegenstand der Hauptverhandlung gemacht wurde.[1821] Eine darüber hinausgehende Würdigung darf das Revisionsgericht jedoch nicht vornehmen. Es sei nicht Aufgabe des Revisionsgerichts, „das Urteil möglicherweise tragende Umstände selbst an passender Stelle herauszufinden und zu bewerten", da es sich bei einem solchen Vorgehen nicht mehr um ein Nachvollziehen des Urteils, sondern um einen „Akt eigenständiger Beweiswürdigung" handeln würde, der dem Revisionsgericht verwehrt sei.[1822] Es ist davon auszugehen, dass sich diese Entscheidung auch auf die meisten Erscheinungsformen digitaler Daten als Beweismittel übertragen lässt.[1823] Das bedeutet zum anderen aber auch, dass bei solchen digitalen Daten, die keine Abbildungen i.S.v. § 267 Abs. 1 Satz 3 StPO sind bzw. nicht als solche anerkannt werden, und zur Grundlage des Urteils gemacht worden, ein Bedürfnis besteht, das digitale Beweismittel aus sich heraus verständlich und genauestens schriftlich beschreiben und würdigen zu müssen.[1824] Dies um dem

---

1817 BGH 57, 53 (55).
1818 So zusammenfassend *Sandherr*, NZV 2012, 143 (144).
1819 *Sandherr*, NZV 2012, 143 (144).
1820 *Momsen*, FS Heintschel-Heinegg, S. 319; *Momsen/Hercher*, S. 193.
1821 *Momsen*, FS Heintschel-Heinegg, S. 319; *Momsen/Hercher*, S. 193.
1822 BGH 57, 53 (55); näher dazu *Gercke/Wollschläger*, StV 2013, 106 ff.
1823 *Momsen*, FS Heintschel-Heinegg, S. 319.
1824 Vgl. BGHSt 57, 53 (55).

Revisionsgericht die Überprüfung des Urteils ohne Verstoß gegen den Grundsatz des Verbots der Rekonstruktion der Hauptverhandlung zu ermöglichen.

Kann die Beschränkung auf bestimmte Daten mit einer Verfahrensrüge in Gestalt der Aufklärungsrüge nach § 244 Abs. 2 StPO nicht angegriffen werden, so könnte eventuell die daraus resultierende „unvollständige Beweiswürdigung" mit der Rüge der Verletzung des § 261 StPO aussichtsreich sein. Der Grundsatz aus § 261 StPO, nachdem das Gericht über das Ergebnis der Beweisaufnahme nach seiner freien, aus dem Inbegriff der Verhandlungen geschöpften Überzeugung, entscheidet, steht in enger Beziehung zur Amtsaufklärungspflicht des Gerichtes. Die revisionsgerichtliche Kontrolle des § 261 StPO erfolgt in der Systematik der Revisionsrechtsprechung, trotz ihrer verfahrensrechtlichen Stellung und ihres verfahrensrechtlichen Inhalts, auf die Sachrüge hin.[1825] Ein sachlich-rechtlicher Mangel des Urteils liegt vor, wenn das Recht auf den festgestellten Sachverhalt nicht richtig angewendet wurde und/oder wenn dem Urteil eine tragfähige Grundlage fehlt.[1826] Dies ist dann der Fall, wenn die Darstellung und Würdigung des festgestellten Sachverhalts unklar, widersprüchlich, lückenhaft oder unvollständig ist, oder wenn Verstöße gegen Denk- und Erfahrungssätze vorliegen.[1827] Grundlage dessen ist jedoch allein die Urteilsniederschrift nebst den nach § 267 Abs. 1 Satz 3 StPO in Bezug genommenen Abbildungen.[1828]

Die Beweiswürdigung ist dann unvollständig und lückenhaft, wenn aus großen Datenmengen einzelne Informationen selektiert und nur bestimmte Informationen in den Prozess und letztlich in die Würdigung einbezogen werden.[1829] Darin könnte eine spezifische Erscheinungsform des zu berücksichtigenden Mangels des Beweiswürdigungsvorgangs gesehen werden.[1830] Betrachtet man das ganze abstrakt, so ist es durchaus möglich, dass bei einer großen Datenmenge eine Gefahr besteht, dass wesentliche Gesichtspunkte außer Acht gelassen werden, die für die Urteilsfindung oder zumindest die Strafzumessung relevant sein könnten.[1831] Das würde letztlich dazu führen, dass die dargelegten Überzeugungen nicht vollständig aus dem Inbegriff der Hauptverhandlung geschöpft wurden

---

1825 Näher *Bartel*, S. 285 ff.; die Verletzung des § 261 StPO kann allerdings auch auf die Verfahrensrüge hin erhoben werden.

1826 BGHSt 3, 213 (215); 14, 162 (164 f.); Meyer-Goßner/Schmitt/*Schmitt*, § 337 StPO Rn. 21; siehe auch SK-StPO/*Frisch*, § 337 Rn. 124 ff.

1827 Meyer-Goßner/Schmitt/*Schmitt*, § 337 StPO Rn. 21.

1828 Meyer-Goßner/Schmitt/*Schmitt*, § 337 StPO Rn. 22.

1829 *Momsen*, FS Heintschel-Heinegg, S. 319.

1830 So *Momsen*, FS Heintschel-Heinegg, S. 319.

1831 So auch *Momsen*, FS Heintschel-Heinegg, S. 319.

und somit lückenhaft sind. Problematisch ist dabei aber, dass eine solche Rüge seitens des Revisionsgerichts nachprüfbar sein muss. Ein solcher nachweisbarer Verstoß kann zumindest dann vorliegen, wenn das Tatgericht eine Verurteilung auf einen digitalen Beweis stützt, aus dem Sitzungsprotokoll jedoch hervorgeht, dass dieses überhaupt nicht Gegenstand der Beweisaufnahme geworden ist.[1832] Darf aber nicht auf digitale Daten Bezug genommen werden, außer in den von § 267 Abs. 1 Satz 3 StPO erwähnten Fällen der Abbildungen (s.o.) und ist es dem Revisionsgericht auf Grund des bereits angesprochenen Rekonstruktionsverbotes verwehrt, unbeschränkt auf die Akte Rückgriff zu nehmen, so kann im Rahmen der sachlich-rechtlichen Prüfung nicht mehr festgestellt werden, ob sich aus einer in Bezug genommen digitalen Datei, im Hinblick auf die Darstellung und Würdigung des festgestellten Sachverhaltes, Lücken ergeben.[1833] Die revisionsrechtliche Überprüfung des Vorwurfs der Lückenhaftigkeit der tatrichterlichen Sachverhaltsfeststellung mit der Behauptung „unberücksichtigte größere Datenmengen enthalten in jedem Fall noch relevante Informationen“,[1834] ist auf die Sachrüge hin nicht möglich.[1835] Der Inhalt einer digitalen Datei, etwa eines Videos, kann also nur in der Form der schriftlich niedergelegten Urteilsgründe zum Gegenstand einer Sachrüge gemacht werden.[1836] Ansonsten ergibt sich aus der Rechtsprechung des BGH zu § 267 Abs. 1 Satz 3 StPO in Bezug auf digitale Beweise eine „revisionsrechtliche Sperre“ für die Überprüfung des Urteils auf sachlich-rechtliche Fehler.[1837]

Für die Darstellung in den Urteilsgründen bedeutet das, dass digitale Beweismittel in den Urteilsfeststellungen künftig detailliert schriftlich dokumentiert (dargestellt) werden müssen, wenn dessen Inhalt tragend ist.[1838] Für die Überprüfung in der Revisionsinstanz müssen alle wertenden Aspekte aus den Urteilsgründen unmittelbar nachvollziehbar sein.[1839] Diese erhöhte Dokumentationspflicht muss erfolgen, weil digitale Beweismittel einerseits nicht selbst in die Urteilsbegründung eingefügt werden können und andererseits nur sehr eingeschränkt auf die Hauptverhandlungsakte verwiesen werden kann (s.o.). Die geforderte Dokumentationspflicht führt dann dazu, dass es dem Revisionsgericht

1832 *Jahn/Brodowski*, FS Rengier, S. 420.
1833 *Gercke/Wollschläger*, StV 2013, 106 (108); *Jahn/Brodowski*, FS Rengier, S. 418.
1834 *Momsen*, FS Heintschel-Heinegg, S. 320.
1835 *Gercke/Wollschläger*, StV 2013, 106 (108); *Momsen*, FS Heintschel-Heinegg, S. 320.
1836 *Gercke/Wollschläger*, StV 2013, 106 (108); vgl. *Sandherr*, NZV 2012, 143 (144).
1837 *Gercke/Wollschläger*, StV 2013, 106 (109); so auch *Jahn/Brodowski*, FS Rengier, S. 418.
1838 Vgl. *Gercke/Wollschläger*, StV 2013, 106 (108); *Sandherr*, NZV 2012, 143 (144).
1839 *Momsen/Hercher*, S. 193; vgl. auch BGH StV 2013, 73.

ohne Verstoß gegen das Rekonstruktionsverbot möglich ist, über die Rügen der Staatsanwaltschaft oder der Verteidigung zu entscheiden.

Letztlich kann das Rekonstruktionsverbot aber dazu führen, dass der Revisionsführer sowohl mit der Aufklärungsrüge nach § 244 Abs. 2 StPO als auch mit der Rüge der Verletzung des § 261 StPO scheitert.[1840]

In dem revisionsrechtlichen Zusammenhang gilt es ebenfalls das potentielle Manipulationsrisiko digitaler Beweise zu berücksichtigen, im Hinblick auf die Aspekte der Authentizität und Integrität digitaler Daten.[1841] Digitale Daten können relativ einfach und auch weitergehend als konventionelle Beweismittel verändert werden. Um diesem potentiellen Unsicherheitsfaktor in Bezug auf die Richtigkeit einer Tatsache, die die Datei beweisen soll, einzudämmen, sollte in den Urteilsgründen genau dargelegt werden, warum das herangezogene digitale Beweismittel als „beweissicher" eingestuft wurde, und ob die Historie des Beweismittels nachvollzogen wurde. Das Tatgericht muss dabei nicht positiv feststellen, dass eine digitale Datei nicht verändert oder manipuliert wurde. Vor allem wäre es aber wichtig, dass aus den Urteilgründen hervorgeht, dass überhaupt entsprechende Erwägungen hinsichtlich des Themas *Manipulationssicherheit* angestellt wurden, auch im Sinne einer vollständigen Nachvollziehbarkeit. Geht es um geschehene Veränderungen und Manipulationen an solchen Beweisen, die das Tatgericht zur Grundlage ihres Urteils herangezogen hat, so kann der Revisionsführer diese mit dem Vorwurf fehlerhafter Beweiswürdigung angreifen. Der generelle Verdacht einer Manipulation durch Dritte reicht insoweit aber nicht aus, das Urteil muss gerade auf der fehlerhaften Beweiswürdigung beruhen. Wie das Ganze substantiiert gerügt werden kann, ist allerdings fraglich. Eine entsprechende Beanstandung scheitert regelmäßig daran, dass der Revisionsführer diesen Fehler nicht beweisen kann, auch weil der mögliche Fehler bei den Sachverhaltsfeststellungen im Urteil ohne die Rekonstruktion der Hauptverhandlung bewiesen werden muss. Am ehesten wird das Beruhen des Urteils auf dem Fehler im Wege der Rüge des § 244 StPO – wegen fehlerhafter Ablehnung eines Beweisantrages auf Einholung eines Sachverständigengutachtens – erreicht werden können. Das setzt gleichsam voraus, dass ein entsprechender Antrag in der Hauptverhandlung gestellt und begründet[1842] wurde, und etwa wegen „eigener Sachkunde" des Tatgerichts abgelehnt wurde, § 244 Abs. 4 Satz 1 StPO. Aussichtsreicher erscheint dies, weil es gerade in Bezug auf Fragen der Authentizität

1840 *Momsen*, FS Heintschel-Heinegg, S. 322.

1841 Siehe oben C.III.4.

1842 Siehe zur Begründung des Antrags unten G.III.

und Integrität eines digitalen Beweismittels derzeit schwer vorstellbar ist, dass sich das Gericht dem Antrag wegen eigener Sachkunde – die es aufgrund beruflicher oder privater Tätigkeit erworben hat – entziehen kann.[1843]

In dem Kontext der Problematik des unüberschaubaren Konvoluts digitaler Daten ist revisionsrechtlich ferner die zeitliche Komponente im Hinblick auf einen Verstoß gegen den fair trial Grundsatz beachtenswert.[1844] Alle Verfahrensbeteiligten stehen vor demselben Problem, nämlich mit der enormen Masse der Daten umzugehen. Die Strafverfolgungsbehörden müssen die beweisrelevanten Spuren auffinden, sichern und danach ggf. selektieren. Im weiteren Verlauf des Verfahrens müssen die so »aufgearbeiteten« Roh- und Kontextdaten den anderen Verfahrensbeteiligten zur Überprüfung zugänglich gemacht werden. Für das Strafverfahren an sich kann das bedeuten, dass der Auswahlprozess der Staatsanwaltschaft und die Durchsicht der Verteidigung erhebliche Verzögerungen nach sich zieht, die alle Beteiligten in Kauf nehmen müssen – zumindest soweit, bis nicht ein Verstoß gegen den Beschleunigungsgrundsatz und den Grundsatz auf ein faires Verfahren (Art. 6 EMRK) verletzt ist. Einerseits muss der Strafverteidigung ausreichend Zeit zur Vorbereitung gegeben werden (Waffengleichheit), andererseits soll eine unzumutbar lange Verfahrensdauer für den Beschuldigten vermieden werden. Insoweit dürfte auch hier eine erhöhte Dokumentation, etwa hinsichtlich des Auswahlprozesses der Daten und der erfolgten Bearbeitungsschritte, verlangt werden (s.o.). Daraus und aus dem Blickwinkel des Datenschutz- und Persönlichkeitsrechts jedes Einzelnen erscheint es in Bezug auf den fair trial Gedanken wichtig, den Umgang mit großen Datenmengen weiter zu diskutieren.[1845]

Aufgrund der zunehmend besseren technischen Ausstattung der Verfahrensbeteiligten (Verteidiger mit Tablets und Notebooks, die Sitzungssäle mit entsprechender Hard- und Software),[1846] die die Einsichtnahme digitaler Beweismittel auf diesen erlauben, ist davon auszugehen, dass die „Problematik der Verwendung von digitalen Beweismittel im Revisionsverfahren weiter zunehmen wird“.[1847] Die obigen Ausführungen machen deutlich, dass aus dem Blickwinkel der Revisionsinstanz an das tatrichterliche Urteil entsprechend höhere Anforderungen zu stellen sind,[1848] wenn mit digitalen Daten Beweis geführt werden

1843 So auch *Momsen/Hercher*, S. 194; vgl. *Eisenberg*, Rn. 1938m.
1844 Siehe bereits oben B.IV.4.f.
1845 Näher *Momsen*, FS Heintschel-Heinegg, S. 322 f.; *Momsen/Hercher*, S. 195 f.
1846 Vgl. *Deutscher*, NStZ 2012, 228 (230).
1847 *Gercke/Wollschläger*, StV 2013, 106 (107).
1848 *Momsen*, FS Heintschel-Heinegg, S. 314.

soll. Das Urteil müsste konkrete schriftliche Angaben zu den Aspekten der Darstellbarkeit und Vollständigkeit, Nachvollziehbarkeit, Authentizität und Integrität digitaler Beweismittel aufweisen, um die gerügten Fehler mit den „Mitteln des Revisionsrechts" festzustellen. Gleichzeitig muss der Beschwerdeführer das Urteil genauestens daraufhin untersuchen, um festzustellen, ob eine erfolgreiche Rüge angebracht ist. Entweder weil es überprüfbare erkennbare Fehler enthält oder aber, weil die Darstellungen im Zusammenhang mit dem digitalen Beweismittel und seinem Beweiswert lückenhaft oder widersprüchlich sind. Ob sich daraus ein Umdenken und eine Auflockerung des Rekonstruktionsverbotes ergeben wird, bleibt insoweit abzuwarten.[1849]

1849 So *Momsen*, FS Heintschel-Heinegg, S. 324; vgl. auch *Jahn/Brodowski*, FS Rengier, S. 420 f.

F. Die Rolle digitaler Forensik im Strafverfahren

Geht es um die Auswertung klassischer und digitaler Spuren bedarf es der Anwendung modernster Methoden, Techniken und Technologien durch forensische Experten, um Verbrechen aufzuklären, Tatorte und Spuren zu analysieren und den gesamten Tathergang zu rekonstruieren.[1850] Diesen Aufgaben widmet sich im Allgemeinen die Forensik. Der Begriff Forensik stammt von dem lateinischen Wort *forensis* ab und bedeute so viel wie „im oder vor dem Forum (Marktplatz)".[1851] Die Forensik ist die Wissenschaft, die sich mit dem Nachweis und der Aufklärung kriminellen Verhaltens bzw. strafbarer Handlungen befasst.[1852] Sie umfasst alle Arbeitsgebiete, die strafrechtlich und zivilrechtlich relevante Handlungen identifizieren, ausschließen, analysieren und rekonstruieren.[1853] Im Allgemeinen beschäftigen sich die forensischen Wissenschaften mit der Anwendung wissenschaftlicher Methoden auf Fragen des Rechtssystems.[1854]

Die steigende Digitalisierung zwingt die Parteien dazu, sowohl in der virtuellen als auch in der realen Welt zu ermitteln, Spuren und Beweise aufzufinden, um Hintergründe, Zusammenhänge und Motive aufzuklären und aufzudecken.[1855] Nur der Abgleich der Informationen aus beiden Welten, der digitalen Welt und der digitalisierten realen Welt, kann den Beteiligten im Strafverfahren, aber auch in Unternehmen, ein vollständiges Bild einer Straftat bzw. eines Vorfalles liefern. Zur Behandlung von digitalen Spuren hat sich eine neue forensische Wissenschaft[1856] als Teilgebiet der Forensik herausgebildet, die sog. „IT-Forensik" oder „digitale Forensik"[1857]. Sie beschäftigt sich mit der gerichtsfesten Sichtung, Sicherung und Analyse digitaler

---

1850 Näher Labudde/Spranger/*Labudde/Czerner/Spranger*, S. 3.

1851 *Dolle*, DuD 2009, 183; Labudde/Spranger/*Labudde/Czerner/Spranger*, S. 5. Im antiken Rom war der Marktplatz oder Mittelpunkt einer urbanen Gemeinschaft oft der Schauplatz der Gerichtsbarkeit; Gerichtsverfahren, Untersuchungen, Urteilsverkündungen sowie der Strafvollzug fanden dort öffentlich statt.

1852 *Heinson*, S. 17.

1853 Labudde/Spranger/*Labudde/Czerner/Spranger*, S. 5.

1854 *Meier*, S. 14.

1855 Vgl. *Smuha*, EuCLR 2018, 83 (84).

1856 Sie ist im Vergleich zu anderen forensischen Wissenschaften noch eine sehr junge Disziplin. Siehe dazu auch *Jaquet-Chiffelle*, Kriminalistik 2014, 188 ff.

1857 Weitere synonyme Begriffe sind *Computerforensik* oder *forensische Informatik*.

Spuren.[1858] IT-Forensiker wenden wissenschaftliche Methoden an, „um im Falle von Computerkriminalität Tatbestände und etwaige Täter festzustellen und digitale Beweismittel und Analyseschritte für Gerichtsverfahren aufzubereiten, d. h. in einer Art und Weise darzustellen, sodass diese den strengen Anforderungen von Gerichten an Beweismittel genügen".[1859] Das Fachgebiet beschränkt sich ausschließlich auf digitale Beweismittel bzw. Spuren.[1860] Eine einheitliche Definition des Begriffes existiert bis dato nicht.[1861] Im Leitfaden „IT-Forensik" des *BSI* wird diese als „die streng methodisch vorgenommene Datenanalyse auf Datenträgern und in Computernetzen zur Aufklärung von Vorfällen unter Einbeziehung der Möglichkeiten der strategischen Vorbereitung insbesondere aus der Sicht des Anlagenbetreibers eines IT-Systems" definiert.[1862] Dabei zielt dies darauf ab, die Methoden oder Schwachstellen, die zum Systemeinbruch geführt haben könnten, zu erkennen, den entstandenen Schaden zu ermitteln, den Angreifer zu identifizieren und die Beweise für ein juristisches Verfahren zu sichern.[1863] *Heinson* fasst darunter die „Sicherung und Analyse von Daten aus IT-Systemen mit wissenschaftlichen Methoden, um damit vor Gericht Sachverhalte zu beweisen".[1864] Im Strafverfahren dient die digitale Forensik der nachträglichen Aufklärung von Straftaten,[1865] indem sie zur Beurteilung und Verbesserung des Beweiswerts von Daten herangezogen wird.[1866]

Forensische Untersuchungen digitaler Beweismittel sind heutzutage wichtiger Bestandteil von Ermittlungen der Strafverfolgungsbehörden.[1867] Sie können in jedem Stadium des Strafverfahrens eine Rolle spielen.[1868] Weiteres wesentliches Anwendungsgebiet der IT-Forensik liegt bei betriebsinternen Ermittlungen, also dem Einsatz innerhalb privater Rechtsverhältnisse.[1869] Bei den internen Ermittlungen ist es externes geschultes Personal, das sich mit dem Erkennen und

---

1858 *Dolle*, DuD 2009, 183; Hoeren/Sieber/Holznagel/*Sieber/Brodowski*, Multimedia-Recht, Teil 19.3 Rn. 165.
1859 *Meier*, Geleitwort, S. 5.
1860 *Meier*, S. 15.
1861 *Heinson*, S. 16 f.; *Meier*, S. 14.
1862 *BSI*, Leitfaden IT-Forensik, S. 13.
1863 *Geschonneck*, Kap. 4.1.
1864 *Heinson*, S. 17.
1865 Ausführlich *Heinson*, S. 165 ff.
1866 Hoeren/Sieber/Holznagel/*Sieber/Brodowski*, Multimedia-Recht, Teil 19.3 Rn. 165.
1867 So *Freiling/Sack*, DuD 2014, 112; vgl. auch *Heinson*, S. 165 ff.; 275.
1868 *Heinson*, S. 167.
1869 Ausführlich *Heinson*, S. 275 ff.

Erfassen von Eingriffen in IT-Systeme befasst, in strafrechtlichen Ermittlungen werden die IT-forensischen Untersuchungen von speziell geschulten Strafverfolgungsbehörden (Staatsanwälte samt ihrer Ermittlungsbehörden) durchgeführt.[1870]

I. Strafrechtliche Ermittlungen mit IT-Forensik

Die strafrechtlichen Ermittlungen gegen einen Beschuldigten werden erst dann eingeleitet, wenn Hinweise oder Anhaltspunkte auf eine Straftat bestehen. Liegt ein Anfangsverdacht vor, sind die Strafverfolgungsbehörden aufgrund des Legalitätsprinzips i.S.d. § 152 Abs. 2 StPO dazu verpflichtet diesem nachzugehen und die den Sachverhalt aufklärenden Ermittlungsmaßnahmen durchzuführen. Werden digitale Beweismittel im Rahmen von Ermittlungsverfahren durch Staatsanwälte oder ihre Ermittlungspersonen innerhalb der technischen Medien gesichert,[1871] so stellen sie eine der häufigsten Quellen für Daten dar, die einer IT-forensischen Untersuchung unterzogen werden.[1872] Ausgangspunkt einer IT-forensischen Untersuchung ist zunächst die digitale Spur. Anhand dieser wird die Rekonstruktion eines Tathergangs ermöglicht und die Grundlage einer forensischen Untersuchung gebildet.

Um IT-Anlagen und ihr Zubehör systematisch analysieren zu können, müssen diese zunächst aufgefunden und – soweit strafprozessual relevant – sichergestellt werden.[1873] Bedingt durch die fehlende Wahrnehmbarkeit/Körperlichkeit und ihre Speicherung auf IT-Systemen, stellt es sowohl für die Strafverfolgungsbehörden als auch für die IT-Forensiker eine Herausforderung dar, diese zunächst aufzufinden. Es beginnt bereits damit, die potentiell betroffenen Komponenten physisch wahrzunehmen. Nicht nur, dass sich viele Gigabyte Daten auf sehr kleinen Speichermedien ablegen lassen, die aufgrund ihrer tatsächlichen Größe leicht zu übersehen sind,[1874] auch können Speichermedien wie USB-Sticks nicht immer gleich als solche erkannt werden.[1875] Die Spurensuche ist aber längst nicht mehr auf die Festplatte eines Rechners beschränkt, es müssen immer häufiger auch Spuren im Internet, in der Cloud oder in sozialen

---

1870 *Momsen/Hercher*, S. 183; zu den Qualifikationsanforderungen für Staatsanwälte und ihre Ermittlungspersonen *Wenzel*, NZWiSt 2016, 85 ff.

1871 Dazu *Wenzel*, NZWiSt 2016, 85 ff.

1872 *Heinson*, S. 165.

1873 Dazu *SWGDE*, Best Practices for Computer Forensics.

1874 Vgl. *Eisenberg*, Rn. 1938a; *Heinson*, S. 165.

1875 *Eisenberg*, Rn. 1938a.

Netzwerken verfolgt, gesichert und analysiert werden.[1876] Wurden Datenträger und Daten aufgefunden, so bedarf es im nächsten Schritt der Identifikation der benötigten Informationen. Bei diesem Schritt wird die prinzipielle Tauglichkeit der Spur als Beweismittel geprüft.[1877] Erst danach werden sie einer vollständigen und korrekten, d.h. ordnungsgemäßen Sicherung unterzogen.[1878] Dieser Schritt entspricht dem der Spurensicherung in der Kriminalistik.[1879] Bereits zu diesem frühen Zeitpunkt müssen sich die Ermittlungspersonen oder IT-Forensiker mit der Frage auseinandersetzen, welcher Sicherungsmaßnahme (Post-Mortem-Sicherung oder Live-Sicherung)[1880] der Vorzug zu gewähren ist,[1881] um die Spuren umfassend zu sichern und damit ex ante Beweismittel mit einem hohen Beweiswert zu schaffen. Je nach Art der vorgefundenen Spur wird auch die Auswahl der Sicherung unterschiedlich erfolgen. Wird beispielweise bei einer Wohnraumdurchsuchung ein noch laufender Computer aufgefunden, so werden die Beweise in aller Regel bei laufendem Betrieb mit einer Live-Sicherung ausgewertet werden. Wohingegen Daten aus ausgeschalteten EDV-Geräten besser mit der Post-Mortem-Methode sichergestellt und analysiert werden können. Dazu gehört auch die Beantwortung der Fragen, ob das komplette IT-System und alle Datenträger sichergestellt und für die Analyse in ein kriminaltechnisches Untersuchungslabor[1882] gebracht oder bereits vor Ort (vor)selektiert werden muss.[1883] Damit geht ein erheblicher organisatorischer, technischer und personeller Aufwand einher.[1884] Werden die Daten „live" vor Ort durchsucht, so besteht das Risiko, dass beweisrelevante Daten übersehen werden, die dann für die spätere

---

1876 *Eisenberg*, Rn. 1938a; Labudde/Spranger/*Pawlaszczyk*, S. 113.

1877 *Dewald*, S. 50.

1878 Ausführlich *Heinson*, S. 27 ff.; *Eisenberg*, Rn. 1938a ff.

1879 *Heinson*, S. 27.

1880 Siehe bereits oben C.V.1.

1881 Dazu *Heinson*, S. 196 ff.

1882 Solche Untersuchungen finden in der Regel in den kriminaltechnischen Untersuchungslaboren der Bundespolizei oder der Polizeidienststellen der Bundesländer statt. Aber auch das Bundeskriminalamt, die Landeskriminalämter und das Zollkriminalamt verfügen über besondere Gruppen und Einheiten der forensischen Informations- und Kommunikationstechnik, die qualifiziert sind, IT-forensische Ermittlungen durchzuführen. Näheres bei *Heinson*, S. 66; MAH Strafverteidigung/*Kricsanowits*, § 80 Rn. 10 f. und *Warken*, NZWiSt 2017, 417 (424) m.w.N.

1883 *Heinson*, S. 165.

1884 *Heinson*, S. 165; vgl. *Schroeder*, JuS 2004, 858 (859) zu dem Aufwand bei Durchsuchungsmaßnahmen.

Beweisführung vor Gericht nicht zur Verfügung stehen.[1885] Werden die Gegenstände und Spuren im Labor extrahiert, so ist bei deren Transport darauf zu achten, dass keine Beschädigungen an diesen eintreten oder Beweismittel gar verloren gehen.[1886] Daher sind bei der Durchsuchung und Beschlagnahme der Gegenstände, Daten und Spuren – unabhängig davon, ob sie am Fundort selbst oder im Labor extrahiert werden, alle Vorgänge lückenlos und nachvollziehbar zu dokumentieren. Für den Nachweis des korrekten Umgangs mit dem digitalen Beweismittel sind der genaue Fundort, die Zeit und die Person, die die Sachen aufgefunden und gesichert hat, in der Verwahrungskette (*chain of custody*)[1887] zu belegen, und vor allem zu dokumentieren (s.o.).[1888] Idealerweise ist neben einem schriftlichen Protokoll alles fotografisch zu dokumentieren,[1889] damit alle potentiellen Beweise einwandfrei erfasst und gespeichert werden, und eventuell verursachte Veränderungen belegbar sind. Zum Erfassen aller potentiellen Beweise und Spuren gehört auch, dass die gesamte Umgebung näher abge- und untersucht wird. Ist ein elektronisches Gerät wie ein Computer am Fundort, so muss auch dessen Umgebung auf Passwörter, eventuellen Ausdrucken in Papierkörben abgesucht und nach weiteren verbundenen Geräten (Drucken, Scanner) Ausschau gehalten werden, deren Untersuchung möglicherweise weiteren Aufschluss über die Analyse des Systems oder anderer Verbindungen erbringen kann.[1890]

Die Sicherung der Daten steht im unmittelbaren Zusammenhang mit ihrem Beweiswert bzw. hat unmittelbaren Einfluss auf diesen. Bei der Entscheidung über die Sicherungsmethode müssen sowohl rechtliche als auch technische Gesichtspunkte berücksichtigt werden.[1891] Unter technischen Gesichtspunkten erfolgt die Auswahl der Ermittlungsmethode zur Beweissicherung. Dabei müssen die IT-Forensiker oder Ermittlungspersonen der Staatsanwaltschaft gedanklich die Vor- und Nachteile beider Methoden abwägen, um darauf basierend eine – durchaus folgenreiche – Entscheidung zu treffen. Bei einer Live-Sicherung ist zu beachten, dass diese nicht ohne Veränderungen am System auskommt; ein ausschließlicher Lesezugriff auf das Computersystem ist nicht möglich. Dieser Nachteil muss daher in die Abwägungen miteinfließen, wenn es letztlich darum geht

1885 *Heinson*, S. 165.
1886 *Eisenberg*, Rn. 1938d.
1887 Siehe bereits oben C.III.3.
1888 *Dewald*, S. 19; *Eisenberg*, Rn. 1938b.
1889 *Eisenberg*, Rn. 1938a.
1890 *Eisenberg*, Rn. 1938a.
1891 *Heinson*, S. 165.

ein Beweismittel zu sichern, was einen hohen Beweiswert aufweist. Aber auch die Post-Mortem-Sicherung ist nicht frei von Risiken.[1892] Auch hier gilt es absichtliche oder unabsichtliche Veränderungen an den untersuchten Daten zu vermeiden. Das gelingt am besten, wenn Eingriffe in das System geringgehalten werden. Die wesentliche Arbeit sollte an Duplikaten vollzogen werden, wogegen die Originale sicher zu verwahren sind. Bitgenaue Sicherungskopien ermöglichen es zudem die Untersuchungen zu wiederholen und damit die Ergebnisse für Dritte nachvollziehbar zu machen, was einen wesentlichen beweisrechtlichen Vorteil gegenüber der Live-Sicherung darstellt.[1893] Rechtlich ist unter anderem die Reichweite der Ermächtigung der Ermittlungsmaßnahme zu beachten.[1894] Neben der Durchsuchung (§§ 102 ff. StPO) stellt hierbei die Sicherstellung von Beweismitteln (§§ 94 ff. StPO) eine wichtige Ermittlungsmaßnahme dar. Erst aus der Durchsuchungsanordnung wird deutlich, zu welchem Zwecke die Maßnahme erfolgt, welche Objekte genau durchsucht werden dürfen und was für Voraussetzungen dafür bestehen.[1895] Von Interesse sind grundsätzlich alle möglicherweise beweisrelevanten körperlichen Gegenstände (Akten, Papiere), aber auch EDV-Systeme (Computer, Laptops etc.) und die auf diesen und weiteren Speichermedien enthaltenen elektronischen Daten. Die Durchsicht der Papiere und Daten des von der Durchsuchung Betroffenen steht nur der Staatsanwaltschaft und auf deren Anordnung ihren Ermittlungspersonen (§ 152 GVG) zu, § 110 Abs. 1 StPO. Die Kernaufgaben übernehmen dann eigene besonders ausgebildete, spezialisierte und erfahrene Ermittlungspersonen im Bereich der IT-Forensik.[1896] Fehlt die Expertise im Umfeld der Staatsanwaltschaft und deren Ermittlungspersonen, darf die Staatsanwaltschaft sich in der Phase der Durchsuchung oder Sicherstellung nur in wenigen Ausnahmen nachrangig an externe EDV-Experten wenden, etwa wenn ein sehr spezialisierter und nicht bereits bekannter Sachverhalt vorliegt oder spezielle, außergewöhnliche Hard- oder Software vorliegt, die eine breitere Expertise bedarf (§§ 161 Abs. 1 Satz 1, 72 ff. StPO).[1897] Dieser dürfte dann aber nur bei technischen Fragestellungen als beauftragter Sachverständiger zu Rate gezogen werden. Der externe Forensiker dürfte nicht selbst Daten durchsuchen oder beschlagnahmen. Zudem darf die Staatsanwaltschaft die Daten zur Untersuchung

1892 Ausführlich *Heinson*, S. 152 ff.
1893 *Heinson*, S. 153.
1894 *Heinson*, S. 166.
1895 *Schroeder*, JuS 2004, 858 (859).
1896 *Wenzel*, NZWiSt 2016, 85 (87).
1897 *Wenzel*, NZWiSt 2016, 85 (87).

nicht einfach Dritten überlassen.[1898] Die generelle Auslagerung solcher Aufgaben an externe Dritte ist laut *Wenzel* nach der Strafprozessordnung nicht möglich.[1899] In der Praxis führe die Überlastung der Landeskriminalämter aber häufig dazu, dass die zuständigen, ermittlungsführenden Staatsanwaltschaften private IT-Dienstleister beauftragen, um sichergestellte Computer und Festplatten analysieren zu lassen, dies über den Weg der Hinzuziehung eines Sachverständigen.[1900] Die erstmalige Beweiserhebung, teilweise sogar die „Herstellung" bzw. „Schaffung" des digitalen Beweismittels hängt also tatsächlich nicht immer in der Hand der Strafverfolgungsbehörden.[1901] Dabei ist zu beachten, dass die Durchsicht und Sicherstellung von Datenträgern und Daten sehr intensive Eingriffe in wesentliche Grund- und Menschenrechte der Betroffenen darstellen.[1902] Daher gilt es die verfassungsrechtlich legitimierten Grundrechtseingriffe „im Rahmen der Durchführung einer rechtsstaatlich indizierten effektiven und zielgerichteten Strafrechtsverfolgung" so gering wie möglich zu halten, unter Berücksichtigung des Verhältnismäßigkeitsgrundsatzes.[1903] Dementsprechend komplizierter wird es, wenn den Staatsanwaltschaften bereits gesicherte und analysierte Daten aus betriebsinternen Ermittlungen, als eine Zusammenstellung „fertiger" digitaler Beweismittel, vorgelegt werden.[1904] Werden die digitalen Beweise im Rahmen unternehmensinterner Ermittlungen gewonnen, besteht das Risiko, dass die Informationen strafprozessual nicht verwertbar sind, weil private Ermittlungen nur sehr begrenzt strafprozessualen Grundsätzen folgen – beispielsweise weil Kollisionen arbeitsvertraglicher Mitwirkungspflichten mit den Beschuldigtenrechten, Fragen der Beschlagnahmefreiheit und auch das Eingreifen spezifischer Verwertungsverbote im Raume stehen.[1905] Dies führt dann zu Problemen bei der Verwertbarkeit so gewonnener Beweismittel.[1906]

Erst nach Abschluss der Datensammlung und ihrer Sicherung erfolgt die Analyse[1907].[1908] In dieser Phase ist das Ziel „in den gesicherten Datenbeständen

---

1898 So *Wenzel*, NZWiSt 2016, 85 (87).

1899 *Wenzel*, NZWiSt 2016, 85 (87).

1900 Siehe hierzu die Antwort der Bundesregierung zur Kleinen Anfrage bezüglich Ermittlungsaufträgen an private Dienstleister: BT-Dr. 18/1184, S. 1, 6; m.w.N.

1901 *Momsen*, FS Beulke, S. 876.

1902 *Schroeder*, JuS 2004, 858 (859).

1903 *Wenzel*, NZWiSt 2016, 85 (87).

1904 Dazu näher *Momsen/Hercher*, S. 182 ff.

1905 Siehe dazu *Momsen/Hercher*, S. 182 ff.

1906 *Momsen/Hercher*, S. 182.

1907 Diese entspricht dem kriminaltechnischen Schritt der Spurenauswertung.

1908 Zu den unterschiedlichen Vorgehensweisen bei einer Untersuchung *BSI*, Leitfaden IT-Forensik, S. 24 ff.; *Eisenberg*, Rn. 1938 ff. und *Heinson*, S. 53 ff.

Spuren und Beweisgegenstände zu identifizieren, auszuwerten und so in Zusammenhang zu bringen, dass sich den Ermittlern ein beweisbares Bild über den Sachverhalt ergibt".[1909] Damit kann möglicherweise ein in Frage stehender Sachverhalt (was ist wo, wann und wie passiert?) sowie die Täterschaftsfrage („durch wen?") geklärt werden,[1910] je nach Untersuchungsauftrag.[1911] Auch in dieser Phase werden die Ermittler selektieren müssen: sie müssen auswählen, welche Inhalte für das anschließende Hauptverfahren beweisrelevant sein können.[1912] Nicht beweisrelevante Inhalte werden aussortiert,[1913] und stehen folglich für das Hauptverfahren nicht zur Verfügung. Werden IT-Forensiker für forensische Untersuchungen von der Staatsanwaltschaft oder privaten Akteuren beauftragt, die der Aufklärung von strafrechtlichen relevanten Handlungen im Vorfeld selbstständig und ohne Einbezug der Strafverfolgungsbehörden nachgehen,[1914] so gilt auch für deren Untersuchung, dass nach Spuren gesucht wird, die die These der Staatsanwaltschaft sowohl untermauern als auch widerlegen können.[1915]

Das Ermittlungsverfahren und die damit erfolgte Beweiserhebung endet mit der Entscheidung, ob öffentliche Klage erhoben oder das Verfahren eingestellt wird. Damit die Staatsanwaltschaft eine solche Entscheidung treffen kann, müssen die Ergebnisse der IT-forensischen Untersuchungen in dieser Phase das erste Mal gewürdigt werden, um darauf aufbauend weitere Ermittlungsentscheidungen zu treffen. Hergang und das Ergebnis der IT-forensischen Untersuchungen werden in aller Regel in einem Untersuchungsbericht zusammengefasst, der Angaben über Umfang, Ziele, Art und Herangehensweise und den zeitlichen Ablauf der Untersuchung enthält.[1916] Ergibt sich daraus ein hinreichender Tatverdacht für eine Anklage, so erfolgt die Einreichung einer Klageschrift beim zuständigen Gericht (§ 170 Abs. 1 StPO). Ansonsten kann diese auch durch den Antrag auf Erlass eines Strafbefehls (§ 407 Abs. 1 Satz 4 StPO) erhoben werden. Dann können die Ergebnisse der Analyse im gerichtlichen Zwischen- und

---

1909 *Heinson*, S. 54.
1910 Vgl. *Momsen/Hercher*, S. 183.
1911 *Heinson*, S. 54; vgl. *BSI*, Leitfaden IT-Forensik, S. 22.
1912 Siehe zur verfahrensrechtlichen Problematik des Selektionsprozesses oben B.IV.4.a.–f.
1913 *Heinson*, S. 55 m.w.N.
1914 Vgl. *Marschall/Herfurth/Winter/Allwinn*, MMR 2017, 152 (156).
1915 Vgl. *BSI*, Leitfaden IT-Forensik, S. 22.
1916 *Heinson*, S. 65.

Hauptverfahren als Beweise dienen.[1917] Wird der hinreichende Tatverdacht verneint, so wird das Verfahren nach § 170 Abs. 2 StPO oder aus Opportunitätsgründen gem.§§ 153 ff. StPO eingestellt.

Liegt ein Cybercrime vor oder bestehen Anzeichen, das digitale Spuren oder Datenträger mit digitalen Informationen hinterlassen wurden, die in Zusammenhang mit einer verbotenen Handlung oder Straftat stehen, so sollten umgehend IT-Forensiker in den Ermittlungsprozess einbezogen werden; bestenfalls leiten sie die Ermittlungen. Dabei ist es sehr wichtig, dass diese Arbeiten mit dem entsprechenden Know-how und den geeigneten Werkzeugen durchgeführt werden.[1918] Notwendigkeit besteht auch, wenn es darum geht, mit immer größeren Datenmengen (Stichwort: *Big Data*) umgehen können zu müssen.[1919] Die Masse der Daten hat so stark zugenommen, „dass sich die Informationen nur mit Hilfe von IT-forensischen Werkzeugen effizient durchsuchen, analysieren und auswerten lassen."[1920] Mit den Werkzeugen lassen sich dann unter anderem gelöschte Daten wiederherstellen, Zugangssperren von PCs oder bei Mobilgeräten umgehen oder entschlüsseln, Daten von Handys (Handyforensik) und Computern (Computerforensik im engeren Sinne) auswerten, Lösch- und Manipulationsvorgänge nachweisen und auch große Datenmengen analysieren. Konkret bedeutet das, dass IT-Forensiker im Ermittlungsverfahren dazu beitragen können, dass digitale Spuren als Beweismittel identifiziert und für das spätere Gerichtsverfahren aufbereitet werden, so dass sie den strengen Anforderungen von Gerichten an Beweismittel genügen, d.h. gerichtsfest sind. Indem IT-forensische Werkzeuge dazu benutzt werden, kann sichergestellt werden, dass die Kriterien wie Darstellbarkeit und Vollständigkeit, Authentizität und Integrität und *Forensic Readiness* für die Beweiswertermittlung erfüllt wurden. Damit können die Strafverfolgungsbehörden, aber auch das Gericht im darauffolgenden Zwischen- und Hauptverfahren eine Basis zur Beurteilung und Verbesserung des Beweiswertes und damit allgemein der Beweisqualität digitaler Beweismittel schaffen.

II. IT-Forensik(er) im strafrechtlichen Gerichtsverfahren

Die im Rahmen der Beweiserhebung durch IT-Forensik gesicherten und/oder analysierten Ergebnisse dienen als Grundlage des Ablaufs des strafprozessualen

---

1917 *Heinson*, S. 167; zum Einbringen dieser in das Verfahren näher *Heinson*, S. 106 ff.

1918 Https://www.sit.fraunhofer.de/de/itforensics/, zuletzt aufgerufen am 21.10.2019.

1919 *Dewald*, S. 47.

1920 Https://www.sit.fraunhofer.de/de/itforensics/, zuletzt aufgerufen am 21.10.2019.

Zwischen- und Hauptverfahrens. Die Ergebnisse bzw. die gesicherten Daten an sich können aber erst im Hauptverfahren als Beweismittel in das Strafverfahren eingebracht werden, §§ 213–257 StPO. Die im Ermittlungsverfahren mittels IT-forensischer Untersuchungen erhobenen und gesicherten Beweismittel der Staatsanwaltschaft werden dann Teil der Beweisaufnahme, außer die Beweiserhebung war unzulässig, vgl. § 245 StPO. Die relevanten Beweismittel müssen dann nicht „herbeigeschafft" werden. Beweismittel, die durch private IT-forensische Untersuchungen sichergestellt wurden, etwa durch den Angeklagten selbst, sind nicht darunter zu fassen. Sie fallen unter die sonstig herbeigeschafften Beweismittel und werden nur über den Weg des Beweisantrags Teil der Beweisaufnahme, § 245 Abs. 2 StPO. Wobei die Möglichkeit besteht, dass der Beweisantrag auf Hinzuziehung des (privat beschafften) Beweismittels abgelehnt wird, vgl. §§ 245 Abs. 2 Satz 3 und 4, 246 StPO.

Weil die Beweismittel in der Regel bereits vorliegen, wird IT-Forensik in der Hauptverhandlung grundsätzlich nur insoweit relevant, als es um die Präsentation digitaler Beweismittel, die Begutachtung der aufgefundenen Daten, den Bericht über die Wahrnehmung digitale Beweise, die Überprüfung der im Ermittlungsverfahren erzielten Untersuchungsergebnisse oder um Fragen der Echtheit und Unverfälschtheit geht. Insoweit dient die IT-Forensik in Gerichtsverfahren als Mittel zur Wahrheitsfindung.[1921] Zuzustimmen ist in dieser Hinsicht der Aussage von *Eisenberg*, nach der „die computerforensische Auswertung von Dateien und Magnetspuren zwecks Verwertung im Strafverfahren [...] für Verfahrensbeteiligte, die auf dem einschlägigen Gebiet weniger versiert sind, kaum nachvollziehbar" ist.[1922] Sowohl Strafrichtern als auch Strafverteidigern fehlt die jahrelange (spezifische) Erfahrung im Umgang mit digitalen Beweismitteln und ihren Besonderheiten. Was bei den Strafverfolgungsbehörden zur Erfassung und Erhebung digitaler Spuren an Expertise bereits erwartet werden kann,[1923] kann nicht gleichfalls bei den weiteren Verfahrensbeteiligten, wie den Strafrichtern oder Strafverteidigern vorausgesetzt werden.

Werden die im Ermittlungsverfahren aufgefunden digitalen Daten als Beweise in das Hauptverfahren eingebracht, so können IT-Forensiker im Rahmen eines Zeugen- und Sachverständigenbeweises relevant werden.[1924] IT-Forensiker können zunächst einmal als Zeugen im Strafverfahren in Betracht kommen. Die

---

1921 *Heinson*, S. 17.

1922 *Eisenberg*, Rn. 1938m.

1923 So *Wenzel*, NZWiSt 2016, 85.

1924 Siehe dazu oben C.I.1.a. und b. sowie C.I.3.; dazu auch *Heinson*, S. 108 ff.

Ermittler müssen immer damit rechnen, über die Ergebnisse der Untersuchungen oder über unmittelbare Wahrnehmungen des digitalen Beweismittels befragt zu werden. Wurden bei den Ermittlungen Wahrnehmungen aufgrund besonderer Sachkunde gemacht, können sie auch als sachverständige Zeugen gem. § 85 StPO vernommen werden. Auch der Sachverständigenbeweis kann in mehrfacher Hinsicht relevant werden. Der Sachverständigenbeweis (IT-Forensiker) kann und wird dem Tatgericht dazu dienen, Tatsachen zu bekunden, Erfahrungswissen zu vermitteln oder die gesicherten Daten fachlich zu begutachten. Die Gutachtenerstattung ist vor allem dann sinnvoll und notwendig, wenn die im Ermittlungsverfahren gesicherten Daten keiner IT-forensischen Analyse unterzogen worden. Gerade dann wird es dem Gericht schwerlich möglich sein, aufgrund eigener Sachkunde Aussagen über die digitalen Beweise und ihren Beweiswert zu treffen. Während bei bereits vorliegenden IT-forensischen Untersuchungsergebnissen aus dem Ermittlungsverfahren ein Sachverständiger dazu dienen kann, die Ergebnisse bei Unstimmigkeiten anhand der Regeln der Fachdisziplin erneut zu überprüfen. Eine erneute Untersuchung ist nur dann umsetzbar, wenn die vorherige Analyse der digitalen Daten und Spuren auf zuvor angefertigten Kopien erfolgt ist und die Originaldatei sicher aufbewahrt wurde (s.o.). Denn dann kann ein IT-Forensiker als Sachverständiger die späteren Ergebnisse für Dritte (etwa dem Gericht, den Angeklagten und der Verteidigung) im Strafprozess nachvollziehbar und überprüfbar machen. Dem Gericht kann dieses Gutachten ermöglichen, den Beweiswert der vorherigen Ergebnisse einzuschätzen.[1925] Eine erneute Überprüfung kann ebenfalls durch die Verteidigung mittels (Beweis)Antrag auf Anhörung eines Sachverständigen angeregt werden. Sinnvoll ist ein Antrag auf Hinzuziehung eines Sachverständigen auch dann, wenn die fachliche Qualität der Sicherstellung und Analyse der Daten im Ermittlungsverfahren bezweifelt wird oder ein bereits bestehendes Gutachten fachliche Mängel aufweist, die dadurch aufgedeckt werden sollen. Insoweit kann zutreffend von der „Überlegenheit des Sachverständigen" gesprochen werden, weil eine solche IT-forensische Auswertung der digitalen Daten zwecks Verwertung im Strafverfahren für diejenigen Verfahrensbeteiligten, die auf dem einschlägigen Gebiet weniger versiert sind, kaum nachvollziehbar ist.[1926] Das betrifft dann auch das Gericht und ihre Überzeugungsbildung, wenn es ihre Verurteilung allein auf den digitalen Beweis stützen will.[1927] Das bestätigt

1925 *Heinson*, S. 111.

1926 *Eisenberg*, Rn. 1938m, vgl. *Neuhaus/Artkämper*, Rn. 190.

1927 *Eisenberg*, Rn. 1938m.

dann wiederum die These, dass eine ausschließliche Beweisführung aufgrund von digitalen (Sach-)Beweisen nicht durchführbar sei,[1928] und es in der Regel des Sachverständigenbeweises bedürfe. Derzeit kann nicht davon ausgegangen werden, dass die Verfahrensbeteiligten auf dem Wissensgebiet digitaler Beweise und digitaler Forensik spezifische Kenntnisse haben ergo eigene Sachkunde vorweisen können.[1929]

Daneben können Sachverständige aus dem Bereich der IT-Forensik herangezogenen werden, um nachträglich getätigte Veränderungen oder Manipulationen an digitalen Beweismitteln zu erkennen und sichtbar zu machen. Neben den bereits dargestellten Sicherungsmitteln zum Erfassen von Veränderungen an digitalen Daten ermöglicht auch die Disziplin der IT-Forensik und deren Methoden die Aufdeckung getätigter Veränderungen,[1930] welche ebenfalls darauf abzielt, den Beweiswert des digitalen Beweises besser einzuschätzen. Die dadurch bewirkte nachträgliche Veränderungs- und Manipulationssicherheit kann dazu dienen, das Vertrauen in digitale Beweismittel weiter zu stärken und gleichzeitig den Unsicherheitsfaktor der „Manipulation digitaler Beweise“ zu entkräften.

Qualifizierte Antworten auf die Fragen der Echtheit, Manipulationsfreiheit oder der Urheberschaft eines digitalen Beweismittels dürften für das erkennende Gericht aufgrund eigener Sachkunde „nahezu unmöglich“ zu geben sein. Die dem Richter fehlende, besondere Sachkunde kann dann nur ein IT-Forensiker ausgleichen. Abhängig von dem zu untersuchenden Gerät und der Datei ist der genaue Bereich der IT-Forensik und auch der Sachverständige zu wählen. Für einen PC bedarf es qualifiziertes Personal im Bereich der Computerforensik (im engeren Sinne). Soll hingegen ein mobiles Endgerät wie ein Handy untersucht werden, müssen Methoden der Handyforensik angewandt werden. Wird ein digitales Bild in den Prozess eingeführt, so wird man über den Bereich der Bildforensik herausfinden können, ob dieses auch das in Bezug genommene ist und ob es manipuliert wurde.[1931] Daten aus Fahrzeugen sollten von Spezialisten aus dem Bereich der Fahrzeugforensik gesichert und überprüft werden.[1932] In solchen Fachgebieten wird i.d.R. der Richter selbst den Sachverständigen hinzuziehen und ihn für die Erstellung eines Sachverständigengutachtens beauftragen.

1928 Siehe bereits oben C.III.5. und D.

1929 Vgl. auch *Eisenberg*, Rn. 193m; *Momsen*, FS Heintschel-Heinegg, S. 321; *Momsen/Horcher*, S. 191.

1930 Vgl. *Marschall/Herfurth/Winter/Allwinn*, MMR 2017, 152 ff.

1931 Zur Bildforensik näher *Marschall/Herfurth/Winter/Allwinn*, MMR 2017, 152 ff.

1932 Näheres bei *Grabowski*, Kriminalistik 2018, 208 ff.

Werden Zweifel an dem digitalen Beweismittel von den weiteren Verfahrensbeteiligten gehegt, so können auch diese die Überprüfung einer Tatsache durch einen Sachverständigen anregen. Zur Wahrung der Belange des Beschuldigten obliegt es dann dem Verteidiger die notwendigen Maßnahmen herbeizuführen: durch Hinweise auf Beweismöglichkeiten und Beweisanregungen zu Beweiserhebungen oder durch Antrag auf Anhörung eines Sachverständigen.[1933] In einem solchen Fall, ist es für den Strafverteidiger unverzichtbar, sich mit den Grundlagen der IT-Forensik vertraut zu machen.[1934] Unterlässt er dies, kann er einer Auswertung – sollte sie etwa den Standards (dazu sogleich) nicht entsprechen – nicht (wirksam) bzw. schwerlich entgegentreten.[1935]

III. Einbettung von IT-Forensik Standards in IT-forensische Untersuchungen

Werden staatliche oder auch private IT-forensische Untersuchungen durchgeführt, hängt die Qualität des daraus hervorgehenden Beweismittels im Wesentlichen von der Einhaltung IT-rechtlicher Standards ab.[1936] Das bedeutet, dass an die Vorgehensweise einer forensischen Ermittlung streng methodische, jederzeit nachweisbare und begründbare Anforderungen gestellt werden, die bestenfalls implementiert sein sollten, um die Ergebnisqualität der forensischen Untersuchung entscheidend verbessern zu können. Gleiches gilt dann auch für die Begutachtung einer solchen Untersuchung im Rahmen der Aufgaben des Sachverständigen. Eine solches Vorgehen bei forensischen Untersuchungen in Unternehmen wird durch die *Forensic Readiness* abgedeckt.[1937] Sie widmet sich der Vorbereitung auf digital forensische Untersuchungen. Die akzeptierten Methoden und Techniken können und sollten auch die Strafverfolgungsbehörden integrieren und sich dieser bedienen, sofern sie IT-Forensik als Mittel der Strafverfolgung nutzen.

Zunächst einmal müssen die angewendeten Methoden und Schritte der IT-Forensiker in der Fachwelt beschrieben und akzeptiert worden sein.[1938] Das heißt, dass bereits etablierte Verfahren und Methoden genutzt werden sollen. Es ist zwar nicht ausgeschlossen sich neuer Techniken zu bedienen, jedoch ist

---

1933 Siehe dazu unten G.III.
1934 *Basar*, FS Wessing, S. 647.
1935 So *Basar*, FS Wessing, S. 647.
1936 Vgl. *Momsen*, FS. Beulke, S. 885 f.
1937 Siehe bereits oben C.III.8.
1938 *BSI*, Leitfaden IT-Forensik, S. 23.

dann ein Nachweis der Korrektheit erforderlich.[1939] In diesem Zusammenhang müssen die Methoden glaubwürdig sein, d.h. es muss nachgewiesen werden, dass diese robust und funktional sind.[1940] Damit geht auch die Wiederholbarkeit der Ergebnisse einher: „die eingesetzten Hilfsmittel und Methoden müssen bei der Anwendung Dritter auf dem gleichen Ausgangsmaterial dieselben Ergebnisse liefern".[1941] Dieses Kriterium ist dann besonders wichtig, wenn die Ergebnisse im Beweisverfahren anhand eines Sachverständigen überprüft werden sollen und wenn von den Verfahrensbeteiligten ein weiterer Sachverständiger hinzugezogen wird. Die untersuchten Daten und Spuren dürfen weiterhin nicht unbemerkt verändert worden sein. Die damit einhergehende Integrität der Ermittlung kann durch technische und organisatorische Maßnahmen gewährleistet werden, und muss jederzeit belegbar sein.[1942] Mit der Auswahl der Methoden müssen die Ursachen und Auswirkungen verknüpft werden können. Das heißt, dass es möglich sein muss, logische nachvollziehbare Verbindungen (i.S. einer Assoziation[1943]) zwischen den Objekten herzustellen.[1944] Und letztlich müssen sämtliche Schritte des Ermittlungsprozesses angemessen dokumentiert werden, damit die Ergebnisse für Dritte nachvollziehbar und prüfbar bleiben.[1945] Können diese beschriebenen Anforderungen erfüllt werden, kann von einer objektiven und effektiven Untersuchung ausgegangen werden.[1946] Hierbei haben sich sowohl national als auch international sog. *best practices* und wissenschaftliche Standards entwickelt.[1947] National kann dabei auf den vom *BSI* entwickelten

1939 *BSI*, Leitfaden IT-Forensik, S. 23.

1940 *BSI*, Leitfaden IT-Forensik, S. 23.

1941 *BSI*, Leitfaden IT-Forensik, S. 23.

1942 Näher *Heinson*, S. 146 ff.

1943 Ein wesentlicher Bestandteil der Assoziation ist dabei die Quantifizierung der Irrtumswahrscheinlichkeit bei der Interpretation digitaler Spuren. Sie beziffert die „Überzeugungskraft" der Assoziation in Gerichtsverfahren, also die Wahrscheinlichkeit, dass kein Kontakt stattfand, obwohl dieser festgestellt wurde. Näher dazu *Dewald*, S. 29 f., 57 ff. Casey/*Casey*, Digital Evidence and Computer Crime, S. 68 ff., teilt die Wahrscheinlichkeit in dem von ihm entwickelten *Levels of Certainty* in Kategorien ein, indem er sieben qualitative Grade von Wahrscheinlichkeit definiert. Siehe dazu auch *Momsen*, FS Beulke, S. 882 f.

1944 *BSI*, Leitfaden IT-Forensik, S. 23; siehe auch *Dewald*, S. 17 f.

1945 Näher *Heinson*, S. 144 ff.

1946 Vgl. *Dewald*, S. 13.

1947 Hoeren/Sieber/Holznagel/*Sieber/Brodowski*, Multimedia-Recht, Teil 19.3 Rn. 165; *Warken*, NZWiSt 2017, 417 (425).

Leitfaden „IT-Forensik" zurückgegriffen werden.[1948] Dieser fasst die Anforderungen an einen forensischen Ermittlungsprozess im IT-Bereich zusammen, der im Wesentlichen den bereits oben dargestellten Besonderheiten digitaler Beweismittel Rechnung trägt. In methodischer Hinsicht ist er mit den Daubert-Kriterien[1949] vergleichbar.[1950] Vergleichbare Leitfaden finden sich auch auf internationaler Ebene. Zum einen hat die *Association of Chief Police Officers*[1951] in Großbritannien einen solchen Leitfaden für Personen erarbeitet, die mit digitalen Beweisen und IT-Forensik in Berührung kommen.[1952] Zum anderen hat die amerikanische *Scientific Working Group on Digital Evidence* (*SWGDE*)[1953] ebenfalls ein Dokument herausgegeben, dass die bewährte Vorgehensweise zur Handhabung digitaler Beweise in der Praxis beschreibt. Auf EU-Ebene kann auf die umfänglichen Veröffentlichungen des *European Network of Forensic Science Institutes* (*ENFSI*) verwiesen werden.[1954]

Die oben genannten Faktoren stellen eine Art Checkliste für eine IT-forensische Untersuchung dar, die dazu dienen kann, die erfolgte Untersuchung (nachträglich) zu beurteilen, und Beweise zu liefern, die den Anforderungen an ein juristisches Verfahren (Gerichtsfestigkeit) genügen. Sollen die Ergebnisse der Untersuchung in die Hauptverhandlung eingeführt werden, sei es unmittelbar oder durch Hinzuziehung eines Sachverständigen, wird auch die Qualifikation der Person, also ihre Unabhängigkeit zu gewährleisten sein. Sowohl die Ermittler als auch der Sachverständige müssen einen Sachverstand in dem jeweiligen erforderlichen Gebiet vorweisen, der sie befähigt mit digitalen Daten und Spuren umgehen zu können. Mangelnder Sachverstand kann dazu führen, dass die IT-forensischen Ermittlungen und Analysen dann nicht den beweisrechtlichen Anforderungen entsprechen, die an sie für den späteren Umgang im Hauptverfahren erforderlich sind und so den Ausgang des Prozesses negativ beeinflussen.[1955] Des Weiteren kann das Ergebnis mangelhafter Arbeit der IT-Forensiker auch dazu führen, dass das Gericht dann falsche Schlüsse zieht und so

---

1948 Er richtet sich laut eigener Aussage auch an Strafverfolgungsbehörden: *BSI*, Leitfaden IT-Forensik, S. 9.

1949 Siehe bereits oben B.III.8.

1950 So *Momsen*, FS Beulke, S. 885.

1951 Seit 2015 "National Police Chiefs' Council".

1952 *ACPO*, Good Practice Guide.

1953 *SWGDE*, Best Practices for Computer Forensics.

1954 Online abrufbar unter http://enfsi.eu/documents/best-practice-manuals/, zuletzt aufgerufen am 21.10.2019.

1955 *Heinson*, S. 143.

unabsichtlich von einem unwahren Sachverhalt überzeugt ist.[1956] *Heinson* bildet beispielhaft den Fall, bei dem der IT-Forensiker Malware auf dem IT-System des Beschuldigten übersieht und deswegen die Daten dem Nutzer zuordnet.[1957] Das dieses Beispiel nicht abwegig erscheint, zeigt das umgekehrte Szenario im amerikanischen Fall Amero[1958]. Der Aushilfslehrerin *Julie Amero* wurde 2007 vorgeworfen ihren Schülern pornographische Inhalte auf einem Schulcomputer gezeigt zu haben. Während des Unterrichts hatte *Amero* den Rechner angeschaltet, als sich plötzlich Pop-Ups mit pornographischen Inhalten öffneten. Daraufhin stellte sie sich – nach eigener Schilderung – vor den Computer und verwies die Kinder des Raumes, als diese auf die Inhalte aufmerksam wurden. Sie konnte dadurch jedoch nicht verhindern, dass etliche Schüler Kenntnis von den Bildern nahmen. Die im Ermittlungsverfahren erfolgte Auswertung von Logfiles ergab, dass entsprechende Dateien aufgerufen wurden. Insoweit untersagte das erstinstanzliche Gericht jedoch die Sachverständigenuntersuchung zu der Frage, ob der Aufruf nicht durch eine Übertragung von Malware verursacht worden war, ohne dass *Amero* es bemerkt hatte. Erst in der Rechtsmittelinstanz konnte mithilfe eines Sachverständigen aus dem Bereich der digitalen Forensik nachgewiesen werden, dass durch ein Tag zuvor auf den Computer gelangtes Schadprogramm Daten unbemerkt über das Internet auf den PC geladen wurden, die nicht zu kontrollierenden Pop-Ups pornographischer Inhalte geführt hatten. Der Fall zeigt anschaulich, dass fehlendes Wissen im Umgang mit digitalen Daten weitreichende Konsequenzen nicht nur für den Beweiswert der digitalen Beweise, sondern auch für die Beschuldigten/Angeklagten haben kann. Bislang besteht jedoch kein einheitlicher Qualifikationsnachweis für IT-Forensiker, was es dem Gericht nicht einfacher macht, den Sachverstand der Ermittler, aber auch der Sachverständigen einzuschätzen und sich davon überzeugen zu können.[1959] Bestehen Zweifel an der fachlichen Qualität der Ermittler oder des Sachverständigen, so können diese ggf. durch eine Wiederholung der Analyse belegt werden.[1960] Damit ein einheitliches Niveau gewährleistet werden kann, wäre die Einführung von einheitlichen Standards bei der Ausbildung von IT-Forensikern hilfreich.[1961] Gleiches gilt für die Tätigkeit als IT-Sachverständiger in diesem

1956 *Heinson*, S. 143.

1957 *Heinson*, S. 143 mit weiteren Beispielen.

1958 Siehe http://www.spiegel.de/panorama/us-justiz-porno-pop-ups-lehrerin-droht-jahrzehntelange-haft-a-466368.html, zuletzt aufgerufen am 21.10.2019.

1959 *Heinson*, S. 143.

1960 *Heinson*, S. 144.

1961 So auch *Heinson*, S. 144 der konkrete Vorschläge zur Umsetzung macht.

Bereich; nur die Erfüllung dieser Voraussetzungen würde dann dazu führen, dass dieser für eine Gutachtenerstattung oder Vermittlung von Erfahrungswissen vom Gericht bestellt werden darf. Mit Blick auf die Zulassung von Sachverständigen ist auch die richtige Auswahl der Fachrichtung – angesichts der schnell entwickelnden Bereiche der Digitalen Forensik – nicht zu unterschätzen.[1962] Das vom Sachverständigen vertretene Forschungs- und Fachgebiet muss dazu geeignet sein, zuverlässige Ergebnisse zu der Beweisfrage zu liefern.[1963]

Im Grunde sind diese Kriterien dem Strafverfahrensrecht nicht fremd. Hinzu kommt, dass sie sich bedenkenlos mit den Grundsätzen des Sachverständigenbeweises in § 244 Abs. 4 StPO in Einklang bringen lassen.[1964]

IV. Zwischenergebnis

Die Analyse digitaler und digitalisierter Spuren mit modernster Technik ist heute wichtiger Bestandteil der staatlichen Ermittlungsmaßnahmen und demnach als Mittel der Strafverfolgung nicht mehr wegzudenken. Das Fachgebiet der IT-Forensik setzt genau da an, indem es sich dem Nachweis und der Aufklärung von Straftaten unter Verwendung von IT-Komponenten, widmet. In Ermittlungsverfahren geht es bei der Verwendung von IT-Forensik primär um das Auffinden, Sichern und Auswerten von Daten und Datenträgern zur potentiellen Verwendung im späteren Beweisverfahren. Im Hauptverfahren soll der in fragestehende Sachverhalt vollständig aufgeklärt und in diesem Zusammenhang die Täterschaftsfrage („Wer hat es getan?") geklärt werden. Im Beweisverfahren wird die IT-Forensik und ihre Methoden grundsätzlich über hinzugezogene Sachverständige implementiert. Insoweit dient die IT-Forensik in Gerichtsverfahren als Mittel zur Wahrheitsfindung.[1965] Diesbezüglich bestehen IT-Forensik Standards die bei einer forensischen Untersuchung als Maßstab herangezogen und eingebettet werden sollten. Wird von den Strafverfolgungsbehörden eine Untersuchung im Ermittlungsverfahren oder von Sachverständigen im Hauptverfahren durchgeführt, so werden daraus hervorgehende Beweismittel in ihrer Qualität wesentlich von den eingehaltenen Standards abhängig sein. Die im Strafverfahren implementierte IT-Forensik sollte sich dann an den Anforderungen des *BSI* Leitfaden zur IT-Forensik ausrichten, auch wenn diese nicht

1962 *Momsen*, FS Beulke, S. 880 Fn. 39; vgl. auch *Jahn/Brodowski*, FS Rengier, S. 411 m.w.N.
1963 *Momsen*, FS Beulke, S. 880.
1964 *Momsen*, KriPoZ 2018, 142 (147); *ders.*, FS Beulke, S. 880; siehe unten G.III.
1965 *Heinson*, S. 17.

zwingend vorgeschrieben sind.[1966] Abstrakt bedeutet das, dass die Beachtung der im Leitfaden festgehaltenen Standards dann einen hohen Beweiswert liefern kann oder anders ausgedrückt: werden die Standards nicht eingehalten, geht damit eine immense Minderung des Beweiswerts der untersuchten Daten einher. Wird das digitale Beweismittel also bereits bei seiner Einführung im Strafverfahren so präsentiert, dass klar ist, dass die Datenerhebung den genannten Voraussetzungen entsprechend erfolgte, so wird konkret ein Beweismittel mit einem sehr hohen Beweiswert geschaffen.

1966 So auch *Basar*, FS Wessing, S. 647 und *Jahn/Brodowski*, FS Rengier, S. 415. Empfehlenswert wäre es, wenn verbindlich auf diese Richtlinie verwiesen wird oder die wichtigsten Grundsätze in den Richtlinien für das Straf- und Bußgeldverfahren zusammengefasst werden, vgl. dazu Hoeren/Sieber/Holznagel/*Sieber/Brodowski*, Multimedia-Recht, Teil 19.3 Rn. 165 und *Sieber*, Gutachten C, S. 127, 156. Ein erstes Gericht hat die Standards des *BSI* bei der strafprozessualen Verwertung von Informationen bereits herangezogen: AG Reutlingen, Beschl. v. 05.12.2011 – 5 Gs 363/11.

G. Folgerungen für den Umgang mit digitalen Beweismitteln in der strafprozessualen Hauptverhandlung

Digitale Daten und Beweismittel verändern das Strafverfahren.[1967] Die Aussage gilt nicht nur in Bezug auf das strafrechtliche Ermittlungsverfahren, wo digitale Daten die Strafverfolgungsbehörden vor neue Herausforderungen stellen, sondern auch hinsichtlich des Hauptverfahrens. Die komplexen Anforderungen an die Beweisführung mit digitalen Beweismitteln bedürfen einer stärkeren Berücksichtigung im Strafverfahren.[1968] Es gilt herauszufinden, welche Anforderungen an ein prozessual ordnungsgemäß zustande gekommenes Beweisergebnis zu stellen sind,[1969] und wie sich die Entwicklung des „digitalen" Strafprozesses auf das Hauptverfahren und ihre Parteien auswirkt. Weiter wird erörtert, wie die entsprechenden Beweisergebnisse aus Sicht der Strafverteidigung frühzeitig und strafprozessual effektiv angegriffen und hinterfragt werden können und welche Anforderungen daraus für die Strafverteidigung folgen.

I. Die Darstellung in den Urteilsgründen

Die Vorschrift des § 267 StPO regelt die prozessrechtlichen Anforderungen an die schriftlichen Urteilsgründe. Nach dieser Vorschrift richtet sich, welcher Inhalt unmittelbar in das Urteil darf und muss. Es gilt die schriftlichen Urteilsgründe aufzulisten, um das Ergebnis der Hauptverhandlung wiederzugeben und die rechtliche Nachprüfung der getroffenen Entscheidung zu ermöglichen.[1970] Entsprechend wirkt sich die Vorschrift auch für die Berufungs- und Revisionsinstanz aus. Laut des BGH müssen die schriftlichen Urteilsgründe so sorgfältig und strukturiert abgefasst sein, dass die tatgerichtliche Entscheidung nachvollziehbar und einer revisionsrechtlichen Überprüfung anhand dieses Maßstabes zugänglich sei.[1971] Insoweit ergeben sich bei der Beweisführung mit digitalen Beweisen

---

1967 So auch das Fazit von *Basar*, FS Wessing, S. 635 und *Momsen*, FS Beulke, S. 887.

1968 So auch *Gercke*, AnwBl 2012, 709 (713).

1969 Generell sind die im Strafverfahren verwendeten Beweismittel und ihre maßgebenden Kriterien und Standards sehr hohe Anforderungen zu stellen, aufgrund der sonst für den Betroffenen (etwa bei einer Verurteilung) schwerwiegenden Folgen.

1970 MüKo-StPO/*Wenske*, § 267 Rn. 53.

1971 BGH, Beschl. v. 13.11.2012 – 3 StR 364/12, NStZ-RR 2013, 78, (79).

zusätzliche Besonderheiten, die im Hinblick auf die Darstellung im Urteil beachtet werden müssen. Für die Beweisführung und -würdigung verwendeten digitale Beweismittel ist in der heutigen Praxis eine erhöhte Dokumentationspflicht i.S.v. § 267 StPO zu fordern (s.o.). Diese erweiterte Dokumentationspflicht ergibt sich unter anderem daraus, dass digitale Beweismittel nicht Bestandteil der Akte werden können und auf diese nicht wirksam nach § 267 Abs. 1 Satz 3 StPO verwiesen werden kann.[1972] Daraus folgt, dass die Tatrichter das digitale Beweismittel und dessen Würdigung künftig detailliert(er) schriftlich darstellen müssen,[1973] um eine revisionsrechtliche Kontrolle in den Grenzen des Rekonstruktionsverbotes bzw. ohne Verstoß dessen zu ermöglichen (s.o.). Insbesondere bei solchen elektronischen Inhalten, die durch ein Abspielgerät in die Hauptverhandlung eingebracht werden, etwa Videos oder CDs, ergibt sich die Pflicht zur genaueren schriftlichen Darstellung des Inhaltes. Konkret sollte das Tatgericht in den Urteilsgründen beschreiben, was es auf den in der Hauptverhandlung in Augenschein genommenen Videofilmen oder CDs erkennt und wie es diese deutet.[1974] Dazu gehört bei einer CD neben dem Text auch die Wiedergabe des musikalischen Eindrucks.[1975] Denkbar ist auch, dass einzelne Bilder in Verbindung mit einer Beschreibung der Filmsequenz in die Urteilsgründe aufgenommen werden, um den Anforderungen von § 267 Abs. 1 Satz 1 StPO zu entsprechen.[1976] Diese Darstellung kann mit aussagekräftigen Screenshots zu den beschriebenen Sequenzen ergänzt werden.[1977] Bei diesem Vorgehen weisen *Jahn/Brodowski* aber zutreffend darauf hin, dass dies dann alleine der Verdeutlichung der sprachlichen Sachverhaltsfeststellung diene, diese aber nicht ersetzen könne.[1978] Gerade für in den Feststellungen darzulegendes Videomaterial folgt damit aus Sicht des Richters ein höherer Aufwand bei der Abfassung des schriftlichen Urteils.[1979] Im Sinne der Verständlichkeit des schriftlichen Urteils ist diese Vorgehensweise, im Gegensatz zur bloßen Verweisung auf die Videoaufnahme, jedoch zu

1972 Siehe dazu BGH StV 2012, 272.

1973 So auch *Gercke/Wollschläger*, StV 2013, 106 (108); *Sandherr*, NZV 2012, 143 (144); zutreffend sprechen *Jahn/Brodowski*, FS Rengier, S. 417, von »mühsamer Beschreibungsarbeit«.

1974 *Gercke/Wollschläger*, StV 2013, 106 (109) Fn. 35 m.w.N.

1975 *Jahn/Brodowski*, FS Rengier, S. 417.

1976 *Gercke/Wollschläger*, StV 2013, 106 (109).

1977 *Gercke/Wollschläger*, StV 2013, 106 (109) Fn. 35 m.w.N.

1978 *Jahn/Brodowski*, FS Rengier, S. 417.

1979 *Gercke/Wollschläger*, StV 2013, 106 (107); *Jahn/Brodowski*, FS Rengier, S. 416 ff.; *Krumm*, NZV 2012, 267 (270).

befürworten.[1980] Dies gilt grundsätzlich für sämtliche digitale Informationen, die auf Speichermedien festgehalten sind oder elektronisch übertragen werden. Für elektronische Dokumente, die verlesbar sind, entsprechen die Anforderungen der Dokumentation denen von Urkunden – mit dem Zusatz, dass auch die verwendete Hard- und Software ausdrücklich benannt werden sollte. Denn auch der für digitale Beweismittel notwendige Transformationsprozess mittels Hard- und Software muss berücksichtigt werden. Es sollte daher zusätzlich dokumentiert werden, mit welcher Hard- und Software das Beweismittel wahrnehmbar gemacht wurde, um sowohl für die Parteien, als auch im Hinblick auf ein späteres Revisionsverfahren Klarheit zu schaffen.

II. Verlesbare elektronische Dokumente

Mit der am 01.01.2018 in Kraft getretenen Neuregelung des § 249 StPO[1981] wurde der Urkundenbeweis auch auf elektronische Dokumente erstreckt, soweit sie verlesbar sind. Auf Grund dessen ergeben sich für solche Dokumente neben der Möglichkeit der Beweiseinführung nach § 249 Abs. 1 Satz 2 StPO auch Auswirkungen hinsichtlich des im Hauptverfahren benötigten Hauptverhandlungsprotokolls (§§ 271 ff. StPO). Zeitgleich eröffnet § 249 Abs. 1 Satz 2 StPO für elektronische verlesbare Dokumente den Weg für das zeitsparende und die Hauptverhandlung entlastende Selbstleseverfahren nach § 249 Abs. 2 StPO, was beim Umgang mit digitalen Beweismitteln zu beachten ist.

1. Protokollierung

Über die Hauptverhandlung ist ein Protokoll zu erstellen, was den wesentlichen Gang und die Ergebnisse dieser enthält (§§ 271 ff. StPO). Nach § 273 Abs. 1 Satz 1 StPO muss das Hauptverhandlungsprotokoll die Bezeichnung der verlesenen Urkunden oder derjenigen, von deren Verlesung nach § 249 Abs. 2 StPO abgesehen worden ist, aufnehmen. Weil nach § 249 Abs. 1 Satz 2 StPO elektronische Dokumente Urkunden gleichstellt sind, müssen auch sie im Falle des Verlesens im Protokoll bezeichnet werden.[1982] Das Gericht wird das elektronische Dokument entweder verkörpert auf einem Datenträger oder per Übertragung (E-Mail) erhalten. Liegt die Datei verkörpert auf dem Datenträger, so ist dieses Beweisstück (Dokument) zu bezeichnen. Am sinnvollsten ist es dabei, eine

---

1980 *Sandherr*, NZV 2012, 143 (144); *Deutscher*, NStZ 2012, 229 (230).
1981 BGBl I, S. 2208 (2212).
1982 *Weiß*, wistra 2018, 245 (250).

auf dem Datenträger und in den Akten verzeichnete Nummer anzugeben.[1983] Ansonsten sollte der Dateiname mit Dateiendung, ggf. auch der Dateipfad, über den auf die Datei zugegriffen werden kann, bezeichnet werden.[1984] Wurden die Daten an das Gericht versendet oder liegen sie auf einem als Beweisstück gesichertem Gerät (etwa Laptop, Smartphone) vor, so wird die Bezeichnung schon etwas schwieriger.[1985] Ein Verlesen direkt von dem vorliegenden Gerät sollte unter Berücksichtigung der möglichen Veränderungen unterlassen werden. Es empfiehlt sich zunächst ein forensisches Duplikat zu erstellen und dieses auf einen neuen Datenträger zu übertragen. Erst diese Daten sind zu bezeichnen und zusammen mit dem Bericht über die Sicherung zu verlesen.[1986] Insoweit stellt sich die weitergehende Frage, ob Metadaten, als Teilaspekte von Primärdaten, ebenfalls protokolliert werden sollen oder gar müssen, denn aus diesen lässt sich bestimmen, wer wann welches Dokument bearbeitet hat (Zeitpunkt, Ersteller).[1987] Im Gegensatz zu herkömmlichen Urkunden hinterlässt eine elektronische Bearbeitung eines Dokuments auch immer digitale Spuren,[1988] die für die Qualität des Beweismittels und damit auch für dessen anschließende Würdigung entscheidend sein können. Soweit diese (Meta-)Informationen für das jeweilige Verfahren und die daran Beteiligten von Bedeutung sind, sollten auch diese protokolliert werden.[1989]

Wird eine Urkunde nur teilweise verlesen, so sind die verlesenen Teile in der Sitzungsniederschrift ebenfalls genau zu bezeichnen.[1990] Dies gilt für elektronische Dokumente entsprechend. Es ergeben sich aber einige Besonderheiten. Grundsätzlich können die verlesenen Teile einer Urkunde etwa durch Klammern kenntlich gemacht werden. Eine solche Vorgehensweise scheidet bei elektronischen Dokumenten hingegen aus; also das Kenntlichmachen der verlesenen Teile durch Einfügen von Zeichen in dem Dokument.[1991] Insoweit rät *Weiß*, dass zunächst die für das Deuten und Anzeigen des Dokuments verwendeten

---

1983 *Weiß*, wistra 2018, 245 (250).
1984 *Weiß*, wistra 2018, 245 (250).
1985 *Weiß*, wistra 2018, 245 (250).
1986 *Weiß*, wistra 2018, 245 (250).
1987 *Krüger/Möllers*, MMR 2016, 728 (730).
1988 *Krüger/Möllers*, MMR 2016, 728 (730).
1989 Zu der Frage, ob sich das Akteneinsichtsrecht auf Metadaten bezieht: *Bacher*, NJW 2015, 2753 (2758); *Krüger/Möllers*, MMR 2016, 728 ff. und *Berlit*, JurPC Web-Dok 143/2017, Abs. 1–66.
1990 BGH NStZ 2004, 279; 2011, 110; NStZ-RR 2007, 52.
1991 *Weiß*, wistra 2018, 245 (250).

Programme – ihre Namen, die verwendete aktuelle Fassung und der Name des Herstellers – zu bezeichnen seien.[1992] Anschließend sind die verlesenen Teil in engeren Sinne zu bezeichnen, was diejenigen Teile meint, die vom Programm angezeigt werden und zum Verlesen ausgewählt wurden.[1993]

Die von § 273 StPO ausgehenden Anforderungen an die Bezeichnung der verlesenen Urkunden und elektronischen Dokumente beziehen sich auch auf solche Dinge, die nach § 249 Abs. 2 StPO nicht verlesen wurden, weil sie im Selbstleseverfahren eingeführt wurden.[1994]

2. Elektronische Dokumente im Selbstleseverfahren[1995]

Mit der Gleichstellung von Urkunden und elektronischen Dokumenten nach § 249 Abs. 1 Satz 2 StPO hat der Gesetzgeber auch das Selbstleseverfahren nach § 249 Abs. 2 StPO für elektronische Dokumente eröffnet. Das Selbstleseverfahren dient dabei zur Vereinfachung und Beschleunigung des Verfahrens, wenn von umfangreichen Schriften oder ganzen Druckwerken neben dem wesentlichen Inhalt, der genaue Wortlaut wiedergegeben werden soll.[1996] Damit wird der geltende Mündlichkeitsgrundsatz teilweise für den Urkundenbeweis ausgesetzt.[1997] Um das Selbstleseverfahren auf elektronische Dokumente anzuwenden, ist wieder zunächst die Entscheidung zu treffen, ob diese verlesbar sind.[1998] Da bereits § 249 Abs. 1 Satz 2 StPO nicht entnommen werden kann, was mit nur teils verlesbaren elektronischen Dokumenten geschieht, erscheint dies als Folgeproblem für das Selbstleseverfahren.[1999]

Des Weiteren muss dem Vollständigkeitsgebot entsprochen werden. Betracht man die Vorgehensweise in der derzeitigen Praxis, lässt sich beobachten, dass nur eingescannte Kopien von Dokumenten oder anderen Texten mit gedanklichen Inhalt aus Kostengründen in das Selbstleseverfahren eingeführt werden[2000] Diese schneiden aber eine Vielzahl von Beweismöglichkeiten ab, beispielsweise

1992 *Weiß*, wistra 2018, 245 (250).

1993 *Weiß*, wistra 2018, 245 (250).

1994 Näher *Weiß*, wistra 2018, 245 (250 f.).

1995 Näher zu elektronischen Dokumenten im Selbstleseverfahren *Knierim*, FS Schiller, S. 379 ff.

1996 Meyer-Goßner/Schmitt/*Schmitt*, § 249 StPO Rn. 17, 19.

1997 *Eisenberg*, Rn. 2034.

1998 Siehe bereits oben C.I.5.

1999 Insoweit würde sich auch für das Selbstleseverfahren positiv auswirken, wenn § 249 I 2 StPO urkundenäquivalente Daten miteinbeziehe, siehe oben C.I.6.

2000 *Knierim*, FS Schiller, S. 385.

die Frage der Farbgebung oder die Papierqualität.[2001] Auf diese kommt es in Fälschungsprozessen aber gerade an. Es sollten also nicht nur Auszüge und Fragmente der elektronischen Dokumente in das Selbstleseverfahren eingeführt werden, sondern der gesamte Inhalt einer Datei.[2002] Was für elektronische Dokumente auch bedeuten kann, dass unter Umständen die technische Umgebung, die dem Dateiformat in seiner ursprünglichen Entstehung entsprach (z.B. Mailprogramm, Datenbank), rekonstruiert werden muss,[2003] um das elektronische Dokument als Einheit in das Selbstleseverfahren einzuführen. Dafür spricht dann auch die Pflicht zur Wahrheitserforschung. Werden Kopien eines elektronischen Dokuments zum Gegenstand des Selbstleseverfahrens, muss als Voraussetzung zur Verwertbarkeit festgestellt werden, dass das Original mit der Kopie übereinstimmt.[2004] Diese Voraussetzung ergibt sich aus dem Zweck des Selbstleseverfahrens.

Werden also verlesbare elektronische Dokumente mit dem Selbstleseverfahren eingeführt, so sind die Besonderheiten dieser zu beachten. Vor allem bei der Vorlage umfangreich eingescannter Aktenzüge oder bei Einführung kompletter Datenträger in die Hauptverhandlung ist äußerste Vorsicht geboten.[2005] Gegen die Entscheidung des Gerichts, elektronische Dokumente im Selbstleseverfahren einzuführen, kann die Verteidigung dann prozessual mit einem Widerspruch reagieren, § 249 Abs. 2 Satz 2 StPO.

III. Beweisanträge und die Möglichkeit ihrer Ablehnung

Auch im Rahmen des Strafprozesses besteht das Bedürfnis der Verfahrensbeteiligten auf den Umfang der Beweisaufnahme einzuwirken, etwa durch Beweisanregungen[2006] oder durch Beweisanträge. Daran ändert auch die fortschreitende Digitalisierung des Strafprozesses nichts. In erster Linie werden sich die Verfahrensbeteiligten dazu des Beweisantrags bedienen. Das Beweisantragsrecht stellt das wichtigste aller Rechte der Verfahrensbeteiligten dar.[2007] Zwar ist das

---

2001 *Knierim*, FS Schiller, S. 385.

2002 *Knierim*, FS Schiller, S. 384 f.

2003 *Knierim*, FS Schiller, S. 385.

2004 *Knierim*, FS Schiller, S. 386.

2005 So *Knierim*, FS Schiller, S. 388.

2006 Umfasst als Oberbegriff Prozesshandlungen wie Beweiserbieten, Beweisermittlungsanträge und Beweisanregungen im engeren Sinne. Dazu näher Alsberg/*Dallmeyer*, Beweisantrag, Rn. 177 ff.

2007 Alsberg/*Dallmeyer*, Beweisantrag, Rn. 40.

Gericht bereits aus der Amtsaufklärungspflicht nach § 244 Abs. 2 StPO dazu verpflichtet alle Beweise zu erheben, von denen vernünftigerweise eine weitere Aufklärung der Sache zu erwarten ist.[2008] Aus diesem erwächst den Verfahrensbeteiligten zeitgleich ein Beweiserhebungsanspruch. Kommt das Gericht diesem von sich aus nicht nach, „so liegt es nahe, durch Stellen eines Beweisantrags[2009] darauf hinzuwirken".[2010] Ein Beweisantrag fordert das Gericht auf, eine Beweiserhebung anzuordnen und vorzunehmen.[2011] Der Antragsteller macht durch den Antrag deutlich, dass er die Beweisaufnahme verlangt und „dadurch auf den Umfang der Beweisaufnahme bestimmend einwirken will".[2012]

Ein Beweisantrag ist nach Maßgabe des § 219 Abs. 1 Satz 1 StPO „unter Angabe der Tatsachen, über die der Beweis erhoben werden soll, [...] bei dem Vorsitzenden des Gerichts zu stellen. Das bedeutet, dass die *Tatsachen* zu bezeichnen sind, über die Beweis erhoben werden soll und die *Beweismittel* angegeben werden sollen, durch die er erbracht werden soll. Die anzugebenden Beweismittel müssen in der Strafprozessordnung ausdrücklich vorgesehen sein, sodass nur Zeugen, Sachverständige, Augenscheinsgegenstände und Urkunden in Betracht kommen.[2013] Dabei ist das Ziel des Beweisantrags die Benutzung des Beweismittels; auf diesen muss er gerichtet sein: Erhebung dieses Beweismittels. Sodass der Beweisantrag (im engeren Sinne) als das ernsthafte Verlangen eines Verfahrensbeteiligten, zu einer bestimmten, die Schuld- oder Rechtsfolgenfrage betreffenden Tatsache mit bestimmten Beweismitteln Beweis zu erheben, zu verstehen ist.[2014]

Für die Antragstellung gilt, dass (1) der ernstliche Wunsch nach Beweiserhebung aus dem Antrag deutlich erkennbar, (2) der Inhalt und Sinn verständlich formuliert sein muss, (3) der Antragsteller eine bestimmte Tatsache behaupten und (4) diese durch Benennung eines bestimmten Beweismittels deutlich machen muss.[2015]

Im Hinblick auf digitale Beweismittel stellt sich die Frage, unter welchen Anforderungen ein Strafverteidiger in den Umfang der Beweisaufnahme durch

---

2008 Alsberg/*Dallmeyer*, Beweisantrag, Rn. 43.

2009 Insoweit verhelfen auch Beweisanregungen dazu, dass Gericht an seine Sachaufklärungspflicht zu erinnern. Diese sollen hier aber nicht näher thematisiert werden.

2010 Alsberg/*Dallmeyer*, Beweisantrag, Rn. 47.

2011 Alsberg/*Dallmeyer*, Beweisantrag, Rn. 77.

2012 Alsberg/*Dallmeyer*, Beweisantrag, Rn. 77.

2013 Alsberg/*Dallmeyer*, Beweisantrag, Rn. 80.

2014 BGHSt 6, 128 (129); Alsberg/*Dallmeyer*, Beweisantrag, Rn. 82 m.w.N.

2015 BGHSt 1, 29 (31); vgl. Meyer-Goßner/Schmitt/*Schmitt*, § 244 Rn. 18 ff.

das Stellen eines Beweisantrages eingreifen kann, und wie dieser Beweisantrag konkret aussehen muss, um erfolgsversprechend zu sein.

1. Beweisanträge vor Eröffnung des Hauptverfahrens

Das Ermittlungsverfahren leitet die Staatsanwaltschaft als Herrin des Verfahrens. Bei ihren Ermittlungen zur Aufklärung von Straftaten ist die Staatsanwaltschaft und ihre Ermittlungspersonen dazu angehalten sowohl die den Beschuldigten belastenden als auch die entlastenden Umstände aufzuklären und die dafür erforderlichen Beweise zu erheben, § 160 Abs. 2 StPO. Gegenüber der Staatsanwaltschaft und der Polizei eröffnet § 163a Abs. 2 StPO dem Beschuldigten (und auch dem Strafverteidiger) die Möglichkeit einen Beweiserhebungsanspruch einzufordern. Es liegt dann – im Gegensatz zum förmlichen Beweisantragsrecht in der Hauptverhandlung – im pflichtgemäßen Ermessen (str.) der Staatsanwaltschaft die beantragten Beweise zu erheben, wenn sie für die Untersuchung von Bedeutung sind.[2016] Sodass bereits im Ermittlungsverfahren die abstrakte Möglichkeit für den Beschuldigten oder seinen Verteidiger besteht, Einfluss auf die Beweiserhebung zu nehmen.[2017]

Regelmäßig werden die Strafverfolgungsbehörden mit einem sehr hohen Datenvolumen konfrontiert sein. Daher werden sie nicht um eine entsprechende Selektion „im Sinne einer Reduktion auf verfahrenswesentliche Informationen“[2018] herumkommen. Gerade das Volumen der Rohdaten kann die Datenverarbeitungskapazitäten der Behörden vor erhebliche Schwierigkeiten stellen, die nur über algorithmenbasierte *Big-Data* Konzepte gefiltert und handhabbar gemacht werden können.[2019] Dafür und für IT-forensische Ermittlungen im Allgemeinen ist die eingesetzte Technik und Qualifikation der ermittelnden Personen besonders wichtig. Fällt dem Strafverteidiger bereits im Ermittlungsverfahren auf, dass die Daten nicht dem Standard gemäß gesichert und analysiert worden, oder dass es den Ermittlern an der erforderlichen Sachkunde in dem geforderten Fachgebiet fehlt, so sollte ein Beweisantrag auf Hinzuziehung eines IT-Forensikers in Erwägung gezogen werden. In der Hinsicht dürften die

2016 Näher BeckOK-StPO/*von Häfen*, § 163a Rn. 13 m.w.N.

2017 Die tatsächliche Einflussnahme wird in der Praxis aber sehr gering sein.

2018 *Momsen*, FS Heintschel-Heinegg, S. 316.

2019 *Momsen*, FS Heintschel-Heinegg, S. 314, 316. So fällt auch das „Predictive Policing“ darunter. Es beschreibt die vorhersagebasierte Polizeiarbeit mit Hilfe neuer Digitaltechniken (algorithmische Systeme) der Big Data Auswertung. Dazu *Härtel*, LKV 2019, 49 (54 ff.).

Anforderungen im Stadium des Ermittlungsverfahrens noch nicht allzu streng sein, weil die Verfahrensbeteiligten, ausgenommen der Staatsanwaltschaft, selten in der Lage sind, selbst Ermittlungen vorzunehmen, um die Wahrheit zu erforschen.[2020]

Wird den Beweisanträgen im Ermittlungsverfahren weder von der Polizei noch von der Staatsanwaltschaft nachgegangen, muss der Verteidiger diese Beweisanträge im Eröffnungsverfahren oder im Hauptverfahren wiederholen.[2021]

2. Beweisanträge nach § 219 StPO

Ein Beweisantrag nach § 219 StPO ist ein Beweisantrag im engeren Sinne. Aus der Norm ergibt sich, dass der Angeklagte die Beweismittel benennen und die Tatsachen angeben muss, über die Beweis erhoben werden soll (s.o.). Um den Voraussetzungen des § 219 Abs. 1 Satz 1 StPO sowie der höchstrichterlichen Rechtsprechung zu entsprechen und genügend konkretisiert zu sein, müssen die Verfahrensbeteiligten (insbesondere die Strafverteidigung) die potentiellen Schwachstellen digitaler Beweismittel kennen.[2022] Kennt die Verteidigung diese nicht, wird sie nicht in der Lage sein, dem mittels Beweisantrag strafprozessual wirksam und damit erfolgversprechend entgegen zu treten.

Ausgehend von der aufgestellten These, dass die spezifischen Probleme digitaler Beweise nicht durch eigene Sachkunde des Gerichts geklärt werden können, sollte die Stellung eines Beweisantrages auf Sachverständigenbeweis eigentlich nicht nötig sein. Aufgrund des Amtsaufklärungsgrundsatzes ist das Gericht verpflichtet alle beweisbedürftigen Tatsachen auch tatsächlich zu erheben. Das würde dann aber bedeuten, dass das Gericht immer einen Sachverständigen hinzuziehen müsste, weil seine Sachkunde nie ausreichen würde. Das würde letztlich zu erheblichen Verzögerungen der Verfahren und zu einer Kostenexplosion führen. Insoweit gilt es, dass die spezifischen Probleme nicht ohne fachkundigen Sachverständigen geklärt werden können. Das heißt, dass Antworten auf Fragen der Manipulationssicherheit, von unbeabsichtigten Datenveränderungen und auch Fragen der Authentizität von digitalen Dateien nur von diesem beantwortet werden können, sollten diese im Verfahren zur Diskussion stehen. Da digitale Daten in dem Ruf stehen, leichter manipulierbar zu sein als analoge Beweismittel, ist gerade die Verteidigung aktiv gefordert auf mögliche Probleme und

---

2020 Alsberg/*Dallmeyer*, Beweisantrag, Rn. 96 m.w.N.

2021 Alsberg/*Tsambikakis*, Beweisantrag, Rn. 595.

2022 *Momsen*, FS Beulke, S. 880 f.

Fehlerquellen im Beweisverfahren hinzuweisen.[2023] Auch wenn die Parteien zur Würdigung der Beweismittel stets Vermittlungsschritte bedürfen, sei es durch Hard- und Software, wird ein Sachverständiger erst dann eingeschaltet werden, wenn das Gericht die codierte Information nicht selbst transformieren kann oder sich weitere Fragen zu der sich hinter der Information verbergenden Technik bestehen, die verständlich und nachvollziehbar erläutert werden muss.[2024] Ansonsten werden nur berechtigte Zweifel dazu führen, einen solchen einzuschalten. Nicht jedes digitale Beweismittel, das Grundlage des Urteils sein soll, muss durch einen Sachverständigen überprüft oder analysiert werden.

Für die Hinzuziehung eines Sachverständigen kann vorgebracht werden, dass das in Frage stehende digitale Beweismittel hinsichtlich der Integrität und Authentizität nicht ausreichend durch organisatorische oder technische Vorkehrungen und Maßnahmen gegen Manipulationen geschützt wurde. Weiter kann der Antrag auf Hinzuziehung eines Sachverständigen damit begründet werden, dass veraltete Algorithmen verwendet wurden; jedenfalls bei solchen digitalen Beweismitteln, die mit einem Sicherungsmittel wie einer elektronischen Signatur versehen sind. Zudem wird ein ungültiges Zertifikat eines Sicherungsmittels dazu führen, dass die eigene Sachkunde des Gerichts überschritten wird. Anknüpfungspunkt können auch generelle Probleme bei den verwendeten Anwendungskomponenten (Hard- und Software) zur Präsentation der Daten vor Gericht sein. Weil die Verwendung technischer Hilfsmittel unabdingbar ist, liegt hier eine Quelle der Anfälligkeit für Fehler, die dazu führen können, dass sich ein Sachverständiger damit beschäftigen muss. Werden standarisierte Anwendungskomponenten verwendet, so wird der generelle Vorwurf eines „Präsentationsproblemes" nicht zielführend sein.

Hat das Gericht zur Untersuchung des digitalen Beweismittels einen Sachverständigen herangezogen und hegt die Verteidigung Zweifel an dessen fachlicher Qualifikation, so kann diese einen Beweisantrag auf Hinzuziehung eines weiteren Sachverständigen stellen. Dies kann nötig sein, obwohl sich aus dem Amtsermittlungsgrundsatz bereits für das Gericht die Pflicht ergeben würde, bei Zweifeln bezogen auf die fachliche Qualifikation der Ermittler, ein zweites Gutachten in Auftrag zu geben.[2025] Dafür müssen berechtigte Zweifel hervorgebracht werden. Die Gründe der Zweifel können sich aus den von § 244 Abs. 4 Satz 2 2. Hs. StPO aufgeführten spezifischen Umständen ergeben, aber auch bei sonstigen

2023 Vgl. *Marberth-Kubicki*, Rn. 616.
2024 Vgl. *Neuhaus/Artkämper*, Rn. 190.
2025 *Heinson*, S. 144.

augenfälligen Mängeln.[2026] In Anbetracht der Tatsache, dass derzeit formelle Kriterien für Sachverständige im Bereich der IT-Forensik fehlen, lassen sich derartige Zweifel aber nur erschwert substantiieren.[2027] Dieses Problem kann dann dazu führen, dass trotz des geltenden Amtsermittlungsgrundsatzes die Parteien „verpflichtet“ werden, einen Beweisantrag auf Anhörung eines weiteren Sachverständigen zu stellen.

Für die konkrete Bezeichnung eines elektronischen Dokuments im Beweisantrag, können die oben hergeleiteten Anforderungen an die Bezeichnung eines verlesenen Dokuments im Protokoll grundsätzlich übertragen werden.[2028] Es ist nicht ausreichend nur den Datenträger als Verkörperung der digitalen Daten zu benennen, sondern es muss genau konkretisiert werden, welche Datei gemeint ist. Dahingehend ist auch zu empfehlen das Programm zu bezeichnen, mit welchen die Datei geöffnet wurde. Eine Pflicht zur ausdrücklichen Angabe des Programms besteht jedoch nicht. Wird dieses nicht im Beweisantrag angegeben, wird man im Übrigen „jedenfalls bei einer Datei üblichen Formats einen Beweisantrag so auslegen können, dass ein ebenso übliches Programm zum „Öffnen“ verwendet werden soll.[2029]

3. Ablehnungsgründe

Der durch einen Beweisantrag initiierte Beweiserhebungsanspruch findet seine Grenzen allein in der Regelung der § 244 Abs. 3 bis 5, § 245 Abs. 2 StPO. Diese Vorschriften führen grundsätzlich abschließend auf, in welchen Fällen Beweisanträge durch begründeten förmlichen Beschluss, § 244 Abs. 6 StPO, abgelehnt werden dürfen.

Wurde von der Strafverteidigung ein Beweisantrag auf Hinzuziehung eines Sachverständigen gestellt, so stehen dem Gericht mehrere Möglichkeiten zu, diesen wirksam abzulehnen, § 244 Abs. 3 und 4 StPO.[2030] Zunächst einmal kann der Beweismittelantrag wegen Offenkundigkeit ablehnt werden, § 244 Abs. 3 Satz 2 Alt. 1 StPO. Offenkundigkeit umfasst als Oberbegriff die Allgemein- und Gerichtskundigkeit.[2031] Fraglich ist, ob dabei das Internet als Informationsquelle

---

2026 LR-StPO/*Becker*, § 244 Rn. 330.

2027 *Heinson*, S. 144.

2028 Siehe *Weiß*, wistra 2018, 245 (251).

2029 *Weiß*, wistra 2018, 245 (251).

2030 Die Ablehnungsgründe aus § 244 III StPO sind allgemeine Gründe, die für alle Beweismittel gelten. Der Ablehnungsgrund aus Abs. 4 ist hingegen nur zur Ablehnung von Anträgen auf Sachverständigenbeweis anwendbar.

2031 Meyer-Goßner/Schmitt/*Schmitt*, § 244 Rn. 50.

für die Richter dienen kann; Internetinhalte also unter offenkundige Tatsachen gefasst werden können.[2032] Allgemeinkundig sind Tatsachen und Erfahrungssätze, von denen verständige und erfahrene Menschen regelmäßig ohne Weiteres Kenntnis haben oder über die sie sich aus allgemein zugänglichen zuverlässigen Quellen unschwer unterrichten konnten und zwar ohne besondere Fachkenntnisse.[2033] Gerichtskundig sind Tatsachen und Erfahrungssätze, die der Richter im Zusammenhang seiner amtlichen Tätigkeit zuverlässig in Erfahrung gebracht hat.[2034] Fraglich ist, ob die Inhalte, die sich ein Richter aus dem Internet beschafft, als allgemeinkundig gelten können, weil sie einer unübersehbar großen Anzahl von Menschen leicht zugänglich sind und auf ihre Richtigkeit Verlass besteht.[2035] Neben Zeitungen, Hör- und Fernsehfunk gehört auch das Internet zu den Quellen der Allgemeinkundigkeit.[2036] Insoweit gilt es aber zwischen den Websites zu unterscheiden, „die allgemeine, enzyklopädische Informationen enthalten (z.B. Wikipedia; Nachrichten-Webseiten; Homepages von öffentlichen Behörden, Rundfunk-/Fernsehsendern, Zeitungen, usw.), und Webseiten mit spezialisierten, meist speziellen Interessen, Vorwissen oder Fachkenntnis voraussetzenden Inhalten [..] denn Allgemein-*Zugänglichkeit* bedeutet noch nicht Allgemein-*Kundigkeit*“.[2037] Es ist also nicht der gesamte Inhalt des Internets allgemeinkundig. Es ist aber durchaus möglich, dass sich der Richter über seriöse Internetseiten Wissen aneignet,[2038] woraufhin die Allgemeinkundigkeit einer Tatsache angenommen werden kann. Das bedeutet auch, dass es theoretisch möglich wäre, aufgrund dieser Offenkundigkeit von Tatsachen, einen Beweisantrag auf Hinzuziehung eines Sachverständigen abzulehnen. Dabei ist aber zu bedenken, dass die mit dem Sachverständigen zu klärenden Fragen in der Regel nicht solche sein werden, die ein durchschnittliches Anforderungsniveau betreffen, welches durch kurze Recherche vermittelt werden kann. Sondern es bedarf Fachkenntnisse, die teilweise nur über eine spezifische Ausbildung angeeignet werden können.

2032 Dazu näher *Greger*, FS Stürner, S. 292 ff.

2033 BVerfGE 10, 177 (183); BGHSt 6, 292 (293); Meyer-Goßner/Schmitt/*Schmitt*, § 244 Rn. 51.

2034 BVerfGE 10, 177 (183); BGHSt 6, 292 (293); Meyer-Goßner/Schmitt/*Schmitt*, § 244 Rn. 52.

2035 *Greger*, FS Stürner, S. 293.

2036 KK-StPO/*Krehl*, § 244 Rn. 133.

2037 KK-StPO/*Krehl*, § 244 Rn. 133.

2038 Dies ist eher bei Grundinformationen der offenen Internet-Enzyklopädie *Wikipedia* der Fall, als bei Verlautbarungen eines Bloggers.: *Greger*, FS Stürner, S. 293.

Nach § 244 Abs. 4 Satz 1 StPO darf der Antrag auf Sachverständigenbeweis auch[2039] abgelehnt werden, „wenn das Gericht selbst die erforderliche Sachkunde besitzt“. Woher die eigene Sachkunde gewonnen wurde, ist dabei gleichgültig.[2040] Auch insoweit stellt sich die Frage, ob ein Richter sich gegen die Hinzuziehung eines Sachverständigen und dessen Spezialwissen entscheiden darf, weil er die selbst behauptete Sachkunde aus dem Internet erworben hat. Es ist durchaus möglich, dass sich eine fachfremde Person über digitale Beweismittel und ihre Charakteristika theoretische Informationen aneignen kann, etwa durch das Studium von Fachliteratur oder über Internetquellen. Das reicht in der Regel aber nicht aus, um das geforderte Spezialwissen zu erwerben und zu führen, dass dem eines externen Sachverständigen ebenbürtig oder im Einzelfall sogar überlegen ist.[2041] Der Umgang mit digitalen Informationen bedarf einer besonderen Ausbildung im Bereich der Informatik und/oder digitalen Forensik und praktischer Betätigung, um spezifische Fragen der Anwendung und Auswertung dieser beantworten zu können.[2042] Das ein Sachverständigenbeweis aufgrund eigener Sachkunde des Gerichts abgelehnt werden wird, ist derzeit für die spezifischen Fragen digitaler Beweismittel nicht denkbar. Hingegen ist die Ablehnung zur Anhörung eines weiteren Sachverständigen nach § 244 Abs. 4 Satz 2 1. Hs. StPO durchaus denkbar, wenn bereits nach dem ersten Gutachten das Gegenteil der behaupteten Tatsache erwiesen ist. Bestehen Zweifel an der Sachkunde des ersten Gutachters muss dem Beweisantrag ohnehin stattgegeben werden, § 244 Abs. 2 Satz 2 2. Hs. StPO. Die Aufklärungspflicht drängt die Anhörung eines weiteren Sachverständigen auf, etwa wenn Mängel am Gutachten erkennen lassen, das dem Gutachter die benötigte fachliche Qualifikation für das Beweisthema fehlt.[2043] Gleiches gilt, wenn der Sachverständige „nicht überprüfbare, unausgereifte oder wissenschaftlich nicht anerkannte Methoden anwendet“.[2044] Zur Beurteilung der fachlichen Qualifikation der Experten und der Qualität der Gutachten können die *Daubert-Kriterien* zu Rate gezogen werden, weil sie dem Grunde nach dem deutschen Verfahrensrecht geläufig sind und sich mit den Grundsätzen des Sachverständigenbeweises in § 244 Abs. 4 StPO in Einklang bringen lassen.[2045]

2039 Das heißt neben den Gründen des Abs. 3 Satz 2.

2040 *Eisenberg*, Rn. 253.

2041 KK-StPO/*Krehl*, § 244 Rn. 45.

2042 Siehe oben F.III.

2043 MüKo-StPO/*Trüg/Habetha*, § 244 Rn. 77.

2044 MüKo-StPO/*Trüg/Habetha*, § 244 Rn. 77.

2045 *Momsen*, KriPoZ 2018, 142 (147); *ders.*, FS Beulke, S. 880.

Soll ein digitales Beweismittel in Augenschein genommen werden, etwa weil es nicht verlesbar ist oder es um die äußere Gestalt und nicht den Inhalt eines elektronischen Dokuments geht, so besteht nach § 244 Abs. 5 Satz 1 StPO die Möglichkeit diesen abzulehnen.

Durch das Gesetz zur Einführung der elektronischen Akte neu hinzugekommen, ist der Ablehnungsgrund des § 244 Abs. 5 Satz 3 StPO. Ein Beweismittelantrag auf Verlesung eines Ausgangsdokumentes kann nunmehr abgelehnt werden, wenn nach pflichtgemäßen Ermessen das Gericht keinen Anlass sieht, an der inhaltlichen Übereinstimmung mit dem übertragenen Dokument zu zweifeln. Die Ablehnungserlaubnis betrifft nur den Urkundenbeweis, wird also nur dann relevant, wenn das digitale Beweismittel ein solches ist, was nach § 249 Abs. 1 Satz 2 StPO verlesen werden kann. Wurde eine Urkunde als Ausgangsdokument sichergestellt, muss diese nach § 32e Abs. 1 StPO in die entsprechende Form der Akte überführt werden, d.h. die Urkunde muss digitalisiert werden. Bei dieser muss nach dem Stand der Technik sichergestellt werden, dass das übertragene Dokument mit dem Ausgangsdokument bildlich und inhaltlich übereinstimmt, § 32e Abs. 2 StPO. Bestehen Zweifel an der Übereinstimmung kann durch einen Beweisantrag ermöglicht werden, dass das beweiserhebliche Ausgangsdokument (die Urkunde) im Prozess verlesen wird, um zu überprüfen, ob es mit dem übertragenen Dokument auch wirklich übereinstimmt. Anlass zu Zweifeln kann es nach *Knierim* dann geben, wenn ein unerlaubter Zugriff auf die Verfahrensakte oder eine Manipulation der Scantechnik plausibel gemacht oder sogar belegt werden kann.[2046] Teilt das Gericht die Zweifel nicht, kann es diesen Antrag auf Verlesung des Ausgangsdokuments ablehnen. Auch hier gilt, dass die allgemeine Behauptung einer mangelnden Übereinstimmung zwischen Ausgangsdokument und umgewandelten Dokument nicht ausreichend ist.[2047] Vielmehr muss der Antrag die bestimmte Beweistatsache bezeichnen. In der Gesetzesbegründung wird als Beispiel die Behauptung aufgeführt, dass die auf Seite 1 Zeile 5 des Ausgangsdokuments enthaltene Zahl nicht wie im umgewandelten Dokument „1000", sondern „10000" laute und eine Null beim Scanvorgang „abgeschnitten" worden sei.[2048] Damit vergleichbar ist der Fall, dass bestimmte Zeichen in den Scans durch andere, ähnlich aussehende ersetzt werden, etwa die Zahl „6" durch die Zahl „8", was auf fehlerhafte Software der Kopierer basiert.[2049]

2046 *Knierim* in: Gesamtes Strafrecht aktuell, Kap. 19 Rn. 88.

2047 BT-Dr. 18/9416, S. 62.

2048 BT-Dr. 18/9416, S. 62.

2049 Siehe dazu https://www.spiegel.de/netzwelt/gadgets/xerox-zahlendreher-funktion-bei-multifunktionsdruckern-abgestellt-a-918238.html und https://www.heise.de/

IV. Anforderungen an die Strafverteidigung

Die Strafverteidigung befasst sich bereits seit einigen Jahren in steigendem Umfang mit digitalen Informationen und Beweismitteln.[2050] Der Umgang mit diesen umfasst, sich den spezifischen Gefahren bewusst zu sein und das nicht unerhebliche Potential für die Verteidigung in sämtlichen Verfahrensabschnitten zu kanalisieren. In concreto müssen die Strafverteidiger mit den Spezifika digitaler Beweise vertraut sein; d.h. ihre Charakteristika sowie die komplexen Anforderungen an die Beweisführung mit digitalen Daten kennen. Zum Umgang mit digitalen Beweismitteln gehört auch, dass die Strafverteidiger allgemein mit Hard- und Software umgehen können. Insoweit ist eine hohe Sozialkompetenz auf Seiten der Verteidiger zu fordern, die der effektiven Durchsetzung der Rechte des Beschuldigten dient.

In Anbetracht der Tatsache, dass der elektronische Rechtsverkehr mit der Justiz seit dem 01.01.2018 begonnen hat, sollte die geforderte „Digitalkompetenz" kein Fremdkörper mehr sein. Die Öffnung des Straf- und Ordnungswidrigkeitsverfahrens für die elektronische Akte führt im Grunde dazu, dass sich die Parteien mit digitalen Beweisen auseinandersetzen müssen. Die neu eingeführten Vorschriften zur Ermöglichung der E-Akte helfen dabei. Die elektronische Aktenführung führt dazu, dass sich die Rechtsanwälte und Parteien gezwungenermaßen mit der Digitaltechnik befassen müssen, sei es nur um Online-Zugriff zu den Akten zu bekommen (Akteneinsichtsrecht) oder um Dateien an das Gericht oder die Staatsanwaltschaft elektronisch zu übermitteln. Dabei ist jedoch zu beachten, dass diese zunächst einmal nur das Feld der Kommunikation zwischen Gericht und Verfahrensbeteiligten umfasst und somit einen anderen Aspekt des Rechtsverkehrs.[2051] Digitale Beweismittel weisen für das gesamte Strafverfahren sehr komplexe und neue Anforderungen bei deren Handhabung auf. Damit angefangen, dass die digitalen Spuren erst aufgefunden werden müssen, bevor sie im Rahmen des Ermittlungsverfahrens sichergestellt werden können, über die korrekte Einführung der Daten in das Beweisverfahren. Dabei spielen Fragen der digital-forensischen Auswertung und ihrer Aussagekraft eine enorm wichtige Rolle, mit denen sich auf Augenhöhe auseinandergesetzt werden muss.[2052] Machen sich die Strafverteidiger nicht mit den Grundlagen der

---

tp/features/Xerox-Software-veraendert-eingescannte-Zahlen-3961586.html, zuletzt aufgerufen am 21.10.2019.

2050 Beck/Meier/Momsen/*Momsen*, S. 67.

2051 Vgl. *Bacher*, NJW 2015, 2753 (2758).

2052 Buschmann u.a./*Brodowski*, S. 93.

IT-Forensik und deren Rolle im Strafverfahren vertraut, wird eine effektive Partizipation des Beschuldigten durch seinen Verteidiger scheitern, denn die Problematik der Verwendung von digitalen Beweismittel im Strafverfahren wird weiter zunehmen.[2053] Im Hinblick auf die technischen Möglichkeiten in naher Zukunft, wovon die elektronische Akte einen Meilenstein darstellt, wird sich zeigen, welche weiteren Veränderungen die Strafverteidigung im Zeitalter der Informationstechnologie durchleben wird und muss.

2053 Vgl. *Gercke/Wollschläger*, StV 2013, 106 (107).

H. Schlussbetrachtung

Das digitale Zeitalter bewirkt tiefgreifende Veränderungen im Strafprozess. Mit steigender Nutzung digitaler und elektronischer Beweise wird das formalisierte Strafverfahren vor neue Herausforderungen gestellt, auch wenn die Verfahrensprinzipien und -strukturen unverändert bleiben. Längst ist klar geworden, dass digitale Spuren und Beweise nicht nur im Zusammenhang mit Computerkriminalität eine enorm wichtige Rolle spielen. Die Parteien des Strafverfahrens sind sich bewusst, dass ein Bedürfnis besteht mit diesen richtig umzugehen. Trotz des bestehenden Bewusstseins überrascht es, dass Rechtsprechung und Schrifttum sich bis dato nur fragmentarisch mit den wesentlichen prozessualen Fragen digitaler Beweise auseinandergesetzt haben: die rechtlichen Rahmenbedingungen der Beweiseinführung und Beweisverwertung, Fragen nach Wert und Qualität des Beweismittels sowie den Auswirkungen auf das Haupt- und Revisionsverfahren, um nur einige zu nennen. Gleichwohl es dieselben grundlegenden Fragen wie bei nicht-digitalen Beweismitteln betrifft, besteht aufgrund der Besonderheiten digitaler Beweismittel Unsicherheit und daher weiterhin erhöhter Klärungsbedarf.

Bis zum 31.12.2017 bestand nur eine strafprozessuale Norm, die den Begriff *elektronisches Dokument* erwähnte. Normen, die die Beweiseinführung elektronischer Dokumente bestimmten, suchte man indes vergeblich. Die digitalen Daten konnten demnach nur durch eine Inaugenscheinnahme oder durch den Umweg über einen zu verlesenen Ausdruck in den Strafprozess eingeführt werden. Erst mit dem Gesetz zur Einführung der elektronischen Akte in der Justiz und zur weiteren Förderung des elektronischen Rechtsverkehrs schuf der Gesetzgeber erstmalig eine Norm, die den beweisrechtlichen Umgang mit elektronischen Dokumenten festlegt. Seit dem 01.01.2018 gilt für *verlesbare elektronische Dokumente* der Urkundsbeweis. Die verlesbaren elektronischen Dokumente können nunmehr direkt von einem Anzeigegerät verlesen werden; der vorherige Ausdruck entfällt zukünftig.

Der Gesetzgeber hat damit aber nur eine begrenzte Abhilfe geschaffen. Im Zuge der Einführung der E-Akte wurde (erneut) versäumt, das *elektronische Dokument* rechtlich zu definieren und die Beweiseinführung im Allgemeinen oder explizit für nicht verlesbare Dokumente, zur Klarstellung im Hinblick auf § 249 Abs. 1 Satz 2 StPO, zu bestimmen.

Schaut man sich das Feld der Beweiswürdigung digitaler Beweismittel näher an, so wird schnell klar, dass für die Bestimmung des Beweiswertes und der

Qualität des Beweismittels die jahrelange Erfahrung – wie sie bei analogen Beweismitteln besteht – fehlt. Auch für digitale Beweismittel bestehen Kriterien und Anhaltspunkte, anhand deren sich der Beweiswert sowohl individuell bestimmen als auch im Vorfeld einschätzen lassen. In Zukunft muss der Fokus auf der Gewährleistung von *Datenauthentizität*, *Datenintegrität* und *Forensic Readiness* liegen. Je mehr der ausgearbeiteten Kriterien erfüllt sind, desto mehr kann dem Beweismittel vertraut – und das Beweismittel als beweissicher eingestuft werden. Das Idealbild eines sicheren Beweismittels, frei von Manipulationen und Veränderungen, kann dabei nur durch konsequente *technische Sicherungen* umgesetzt werden. Auch wenn derzeit noch keine Fälle gezielter Manipulationen an digitalen Beweisen vorliegen, darf der bestehende Unsicherheitsfaktor *der Manipulierbarkeit digitaler Beweise* nicht außer Acht gelassen werden. Dahingehende Pauschalisierungen erweisen sich dafür als nicht zweckmäßig. Der Gesetzgeber muss explizite Regelungen treffen, die auch digitale Beweismittel gegen Veränderung, unbefugte Löschung und unbefugte Kenntnisnahme schützen, wie sie der Strafprozessordnung bereits für technische Ermittlungsmaßnahmen geläufig sind. Um die Tauglichkeit von digitalen Daten als Beweismittel erheblich zu verbessern, muss der Gesetzgeber die technischen Maßnahmen rechtlich einbinden. Insoweit ist auch die *IT-Forensik* als Mittel zur Wahrheitsfindung zu berücksichtigen, sowohl zur erstmaligen Sicherung und Auswertung digitaler Daten bei den Ermittlungen, als auch zur Überprüfung behaupteter Datenveränderungen und Manipulationen im Gerichtsverfahren. Dahingehend fehlen einheitliche und bewährte *IT-Forensik Standards*, die in die Untersuchungen implementiert werden müssen. Das ermöglicht die Beweisqualität einer digitalen Datei als stark einzustufen – obgleich ihrer individuellen Würdigung im Laufe des Verfahrens. Denn letztendlich hat die Beweisqualität digitaler Beweise nicht nur Auswirkungen auf die Beweiswürdigung in der Hauptverhandlung und ihrer Darstellung im Urteil, sondern auch auf deren Überprüfung in der Revisionsinstanz. Aus Verteidigersicht wird es weiter zu diskutieren sein, wie hierauf bestmöglich prozessual (re)agiert werden kann.

Soll eine Verurteilung maßgeblich auf digitalen Beweismitteln beruhen, ist die *Doppelnatur der Beweise* zu beachten: die spezifischen Probleme digitaler Daten sind ohne Sachverständigen nicht lösbar. Indes ist es zeitlich und finanziell nicht möglich sämtliche Fragen digitaler Beweismittel in jedem Einzelfall über den Sachverständigenbeweis zum Gegenstand der Hauptverhandlung zu machen. Diese Möglichkeit soll und muss auf die relevanten Fragen beschränkt werden. Wie im Einzelfall vorzugehen ist, ist noch offen. Die Überlegenheit des Sachverständigen wird die zukünftigen Beweisprozesse mit Schwerpunkt digitaler Beweismittel prägen. Jedoch sind die Beteiligten des Strafprozesses dringend gefordert sich eigene „Sachkunde“ anzueignen. Dann kann die Tätigkeit von Sachverständigen auf die kritischen Fälle beschränkt werden, wie dies auch bei „analogen“ Beweismitteln üblich ist. Der Gesetzgeber hingegen ist gefordert ein schlüssiges Gesamtkonzept zu entwickeln, dass digitale Daten und Beweismittel in die weitgehend an der analogen Welt ausgerichtete Strafprozessordnung integriert. Dazu bedarf es einer einheitlichen Digitalstrategie/digitalen Agenda, die im Zuge der Digitalisierung verfolgt wird, deren rechtliche und technische Leitlinien nur der Gesetzgeber vorgeben vermag.

Fest steht, dass die Bedeutung digitaler Daten als Beweismittel im Strafverfahren weiter steigen wird. Die Strafprozessordnung kann grundsätzlich mit diesen umgehen. Das langfristige Ziel muss jedoch sein, das Vertrauen in digitale Beweismittel durch das Prozessrecht zu stärken und den digitalen Daten den Weg in das Prozessrecht zu ebnen. Angefangen damit, dass das Beweisrecht den Umgang mit elektronischen Dokumenten unmissverständlich regelt, damit die Verfahrensbeteiligten diesen sicher beherrschen und nachvollziehen können.

Literaturverzeichnis

Abel, Stefan; Urkundenbeweis durch digitale Dokumente in: MMR 1998, S. 644–650, zit.: *Abel*, MMR 1998.

Ahrens, Hans-Jürgen; Elektronische Dokumente und technische Aufzeichnungen als Beweismittel. Zum Urkunden- und Augenscheinsbeweis in der ZPO in: Festschrift für Reinhold Geimer, 2002, S. 1–14; zit.: *Ahrens*, FS Geimer.

Ders.; Der Beweis im Zivilprozess, Köln 2015; zit.: *Ahrens*, Der Beweis im Zivilprozess.

Al-Deb´i, Fadi/Weidt, Christopher; Die E-Mail im Zivilprozess in: JA 2017, S. 618–622; zit.: *Al-Deb´i/Weidt*, JA 2017.

Alsberg, Max; Der Beweisantrag im Strafprozess, 6. Auflage, Köln 2013; zit.: Alsberg/*Bearbeiter*, Beweisantrag.

Arnold, Jörg; Digitale Spuren in Fahrzeugen – die Zukunft ist bereits Realität. Verkehrsunfalluntersuchung – neue Technologien und der EventDataRecorder in: Kriminalistik 2015, S. 742–747; zit.: *Arnold*, Kriminalistik 2015.

Association of Chief Police Officers; Good Practice Guide for Digital Evidence, URL: http://www.digital-detective.net/digital-forensics-documents/ACPO_Good_Practice_Guide_for_Digital_Evidence_v5.pdf, Stand März 2012; zit.: *ACPO*, Good Practice Guide.

Bacher, Klaus; Der elektronische Rechtsverkehr im Zivilprozess in: NJW 2015, S. 2753–2759; zit.: *Bacher*, NJW 2015.

Bachmeier, Werner; Die Verwertung digitaler Lichtbilder im Verkehrsunfallprozess in: NZV 2003, S. 1–9; zit.: *Bachmeier*, NZV 2003.

Ders.; Dash-Cam & Co. – Beweismittel der ZPO? In: DAR 2014, S. 15–22; zit.: *Bachmeier*, DAR 2014.

Beck´scher Online-Kommentar; Strafgesetzbuch, Hrsg. *v. Heintschel-Heinegg*, 41. Edition, Stand 01.02.2019; zit.: BeckOK-StGB/*Bearbeiter*.

Beck´scher Online-Kommentar; Strafprozessordnung mit RiStBV und MiStra, Hrsg. *Graf*, 33. Edition, Stand 01.04.2019; zit.: BeckOK-StPO/*Bearbeiter*.

Beck´scher Online-Kommentar; Verwaltungsverfahrensgesetz mit VwVfG und VwZG, Hrsg. *Bader/Ronellenfitsch*, 43. Edition, Stand 01.04.2019; zit.: BeckOK-VwVfG/*Bearbeiter*.

Bär, Wolfgang; Der Zugriff auf Computerdaten im Strafverfahren, 1992; zit.: *Bär*, Computerdaten im Strafverfahren.

Ders.; Handbuch zur EDV-Beweissicherung im Strafverfahren, 2007; zit.: *Bär*, EDV-Beweissicherung.

Bäumerich, Maik; Verschlüsselte Smartphones als Herausforderung für die Strafverfolgung. Neue Technologien, alte Befugnisse in: NJW 2017, S. 2718–2722; zit.: *Bäumerich*, NJW 2017.

Bartel, Louisa; Das Verbot der Rekonstruktion der Hauptverhandlung. Versuch einer Legitimation, Tübingen 2014, zit.: *Bartel*.

Barton, Dirk-M.; Multimedia-Strafrecht. Ein Handbuch für die Praxis, 1999; zit.: *Barton*.

Basar, Eren; Anforderungen an die digitale Beweissicherung im Strafprozessrecht und in internen Untersuchungen in: Festschrift für Jürgen Wessing, 2015, S. 635–647; zit.: *Basar*, FS Wessing.

Baum, Michael; Elektronische Signaturen – Risiken und deren Versicherbarkeit in Deutschland nach Umsetzung der Richtlinie des Europäischen Parlaments und des Rates über Gemeinsame Rahmenbedingungen für elektronische Signaturen, Münster 2001; zit.: *Baum*.

Baumbach, Adolf/Lauterbach, Wolfgang/Albers, Jan/Hartmann, Peter (Hrsg.); Beck´scher Kurzkommentar zur Zivilprozessordnung mit FamFG, GVG und anderen Nebengesetzen, 77. Auflage, München 2019; zit.: *Baumbach/Lauterbach/Albers/Hartmann*.

Beck, Susanne; Internetbeleidigungen de lege lata und de lege ferenda. Strafrechtliche Aspekte des „spickmich"-Urteils in: MMR 2009, S. 736–740; zit.: *Beck*, MMR 2009.

Bender, Rolf/Nack, Armin/Treuer, Wolf-Dieter; Tatsachenfeststellung vor Gericht, 4. Auflage, München 2014; zit.: *Bender/Nack/Treuer*, Tatsachenfeststellung.

Berger, Christian; Beweisführung mit elektronischen Dokumenten in: NJW 2005, S. 1016–1020; zit.: *Berger*, NJW 2005.

Berlit, Uwe-Dietmar; Elektronische Verwaltungsakten und verwaltungsgerichtliche Kontrolle in: NVwZ 2015, S. 197–200; zit.: *Berlit*, NVwZ 2015.

Ders.; Schnittstellenbewältigung durch Metadaten bei eJustice und eGovernment: Akten und Dokumentenaustausch – rechtliche Überlegungen in: JurPC 143/2017, Abs. 1–66; zit.: *Berlit*, JurPC Web-Dok 143/2017.

Bernstein, David E./Jackson, Jeffrey D.; The Daubert Trilogy in the States, URL: https://www.law.gmu.edu/assets/files/publications/working_papers/04-06.pdf, Stand 2004; zit.: *Bernstein/Jackson*, The Daubert Trilogy.

Beulke, Werner/Swoboda, Sabine; Strafprozessrecht, 14. Auflage, Heidelberg 2018; zit.: *Beulke/Swoboda*, Strafprozessrecht.

Beutelspacher, Albrecht/Schwenk, Jörg/Wolfenstetter, Klaus-Dieter; Moderne Verfahren der Kryptographie. Von RSA zu Zero-Knowledge, 8. Auflage, 2015; zit.: *Beutelspacher/Schwenk/Wolfenstetter*.

Biasiotti, Maria Angela/Epifani, Mattia/Turchi, Fabrizio; The evidence project: bridging the gap in the exchange of digital evidence across Europe. Proceedings of 10th Intl. Conference on Systematic Approaches to Digital Forensic Engineering, 2015, S. 1–8; zit.: *Biasiotti/Epifani/Turchi*, The evidence project.

Bizer, von Johann/Hammer, Volker; Elektronisch signierte Dokumente als Beweismittel in: DuD 1993, S. 619–628; zit.: *Bizer/Hammer*, DuD 1993.

Blechschmitt, Lisa; Strafverfolgung im digitalen Zeitalter in: MMR 2018, S. 361–366; zit.: *Blechschmitt*, MMR 2018.

Bleutge, Peter/Uschold, Anders; Digital versus analog – Verwendung digitalisierter Fotos in Gutachten in: NJW 2002, S. 2765–2767; zit.: *Bleutge/Uschold*, NJW 2002.

Böckenförde, Thomas; Die Ermittlung im Netz – Möglichkeiten und Grenzen neuer Erscheinungsformen strafprozessualer Ermittlungstätigkeit, Tübingen 2003; zit.: *Böckenförde*.

Boehme-Neßler, Volker; Unscharfes Recht. Überlegungen zur Relativierung des Rechts in der digitalisierten Welt, Berlin 2008; zit.: *Boehme-Neßler*, Unscharfes Recht.

Böhme, Rainer/Pesch, Paulina; Technische Grundlagen und datenschutzrechtliche Fragen der Blockchain-Technologie in: DuD 2017, S. 473–481; zit.: *Böhme/Pesch*, DuD 2017.

Boente, Walter/Riehm, Thomas; Das BGB im Zeitalter digitaler Kommunikation – Neue Formvorschriften in: Jura 2001, S. 793–798; zit.: *Boente/Riehm*, Jura 2001.

Bösing, Sebastian; Authentifizierung und Autorisierung im elektronischen Rechtsverkehr. Qualifizierte Signaturschlüssel- und Attributszertifikate als gesetzliche Instrumente digitaler Identität, Baden-Baden 2005; zit.: *Bösing*.

Borchers, Kim Corinna/Gottberg, Friedrich/Hoffmann, Christian; Elektronische Dokumente als Beweismittel in: Schriften zur Modernisierung von Staat und Verwaltung, Nr. 22, Kiel 2016; zit.: *Borchers/Gottberg/Hoffmann*.

Brodowski, Dominik; Die Beweisführung mit digitalen Spuren und das Unmittelbarkeitsprinzip in: Digitalisierung der gerichtlichen Verfahren und das Prozessrecht (Hrsg.: *Buschmann, Almuth/Gläß, Anne-Christin/Gonska, Hans-Henning/Philipp, Markus/Zimmermann, Ralph*, Tagungsband der 3. Tagung junger Prozessrechtswissenschaftler und -wissenschaftlerinnen am 29./30.09.2017 in Leipzig, S. 83–93, Berlin 2018; zit.: Buschmann u.a./*Brodowski*.

Brodowski, Dominik/Freiling, Felix C.; Cyberkriminalität, Computerstrafrecht und die digitale Schattenwirtschaft, Berlin 2011; zit.: *Brodowski/Freiling*, Cyberkriminalität.

Brosch, Christopher; Elektronische Akte und elektronischer Rechtsverkehr in Strafsachen in: JurPC 1/2018, Abs. 1–62; zit.: *Brosch*, JurPC Web-Dok. 1/2018.

Brummer, Patrick/Hoch, Martin; Das Kraftfahrzeug als Beweismittel Digitale Fahrzeugdaten und ihre polizeiliche Relevanz in der analogen Welt in: Kriminalistik 2017, S. 643–648; zit.: *Brummer/Hoch*, Kriminalistik 2017.

Brunst, Phillip W.; Anonymität im Internet – rechtliche und tatsächliche Rahmenbedingungen. Zum Spannungsfeld zwischen einem Recht auf Anonymität und den Möglichkeiten zur Identifizierung und Strafverfolgung, Freiburg 2009; zit.: *Brunst*, Anonymität im Internet.

Budiš, Petr/Gramlich, Ludwig/Štědroň, Bohumír (Hrsg.); Sichere elektronische Kommunikation. Rechtliche, wirtschaftliche und technische Perspektiven, 2009; zit.: Budiš/Gramlich/Štědroň/*Bearbeiter*.

Bundesamt für Sicherheit in der Informationstechnik, Technische Richtlinie Kryptographische Verfahren: Empfehlungen und Schlüssellängen (TR-02102-1), Version 2018-02, URL: https://www.bsi.bund.de/SharedDocs/Downloads/DE/BSI/Publikationen/TechnischeRichtlinien/TR02102/BSI-TR-02102.pdf?__blob=publicationFile&v=8, Stand 29.05.2018; zit.: *BSI*, TR-02102-1.

Ders.; Technische Richtlinie Beweiswerterhaltung kryptographisch signierter Dokumente (TR-ESOR 03125), Version 1.2.1 (auf Basis der eIDAS-Verordnung), URL: https://www.bsi.bund.de/SharedDocs/Downloads/DE/BSI/Publikationen/TechnischeRichtlinien/TR03125/BSI_TR_03125_V1_2_1.pdf?__blob=publicationFile&v=2, Stand 15.03.2018; zit.: *BSI*, TR-ESOR 03125.

Ders.; Technische Richtlinie De-Mail (TR-01201), Version 1.4, URL: https://www.bsi.bund.de/SharedDocs/Downloads/DE/BSI/Publikationen/TechnischeRichtlinien/De_Mail/TR_De_Mail.pdf?__blob=publicationFile&v=4, Stand 2017; zit.: *BSI*, TR-01201.

Ders.; Technische Richtlinie Ersetzendes Scannen (TR-03138), RESISCAN, Version 1.2, URL: https://www.bsi.bund.de/SharedDocs/Downloads/DE/BSI/Publikationen/TechnischeRichtlinien/TR03138/TR-03138.pdf?__blob=publicationFile&v=4, Stand 15.06.2018; zit.: *BSI*, TR-RESISCAN.

Ders.; Leitfaden „IT-Forensik", Version 1.0.1, URL: https://www.bsi.bund.de/SharedDocs/Downloads/DE/BSI/Cyber-Sicherheit/Themen/Leitfaden_IT-Forensik.pdf?__blob=publicationFile&v=2, Stand März 2011; zit.: *BSI*, Leitfaden IT-Forensik.

Ders.; Broschüre Grundlagen der elektronischen Signatur: Recht, Technik, Anwendung, URL: https://www.bsi.bund.de/SharedDocs/Downloads/DE/BSI/ElekSignatur/esig_pdf.pdf?__blob=publicationFile&v=2, Stand März 2006; zit.: *BSI*, Grundlagen der elektronischen Signatur.

Ders.: IT-Grundschutz-Kataloge, URL: https://download.gsb.bund.de/BSI/ITGSK/IT-Grundschutz-Kataloge_2016_EL15_DE.pdf, 15. Ergänzungslieferung, Stand 2016; zit.: *BSI*, IT-Grundschutz-Kataloge.

Bundeskriminalamt; Cybercrime Bundeslagebild 2017, URL: https://www.bka.de/SharedDocs/Downloads/DE/Publikationen/JahresberichteUndLagebilder/Cybercrime/cybercrimeBundeslagebild2017.html?nn=28110, Stand Juli 2018; zit.: *Bundeskriminalamt*, Cybercrime 2017.

Ders.; Cybercrime Bundeslagebild 2016, URL: https://www.bka.de/SharedDocs/Downloads/DE/Publikationen/JahresberichteUndLagebilder/Cybercrime/cybercrimeBundeslagebild2016.html?nn=28110, Stand 2016; zit.: *Bundeskriminalamt*, Cybercrime 2016.

Ders. (Hrsg.); Cybercrime – Bedrohung, Intervention, Abwehr, Tagungsband Herbsttagung 2013, URL: https://www.bka.de/DE/AktuelleInformationen/Publikationen/BKA-Herbsttagungen/2013/bka-herbsttagungen2013_node.html; zit.: Bundeskriminalamt/*Bearbeiter*, Tagungsband Cybercrime.

Ders.; Polizeiliche Kriminalstatistik, Jahrbuch 2018, Band 4: Einzelne Straftaten/-gruppen und ausgewählte Formen der Kriminalität, 66. Ausgabe, Version 1.0, URL: https://www.bka.de/DE/AktuelleInformationen/StatistikenLagebilder/PolizeilicheKriminalstatistik/PKS2018/pks2018_node.html; zit.: *Bundeskriminalamt*, PKS 2018 Jahrbuch IV.

Ders.; Polizeiliche Kriminalstatistik, Jahrbuch 2017, Band 4: Einzelne Straftaten/-gruppen und ausgewählte Formen der Kriminalität, 65. Ausgabe, Version 2.0, URL: https://www.bka.de/DE/AktuelleInformationen/StatistikenLagebilder/PolizeilicheKriminalstatistik/PKS2017/pks2017_node.html; zit.: *Bundeskriminalamt*, PKS 2017 Jahrbuch IV.

Ders.; Polizeiliche Kriminalstatistik, Übersicht Summenschlüssel 2018, April 2019, Version 1.0, URL: https://www.bka.de/DE/AktuelleInformationen/StatistikenLagebilder/PolizeilicheKriminalstatistik/PKS2018/pks2018_node.html; zit.: *Bundeskriminalamt*, PKS 2018 Summenschlüssel.

Ders.; Polizeiliche Kriminalstatistik, Übersicht Summenschlüssel 2017, April 2017, Version 1.0, URL: https://www.bka.de/DE/AktuelleInformationen/StatistikenLagebilder/PolizeilicheKriminalstatistik/PKS2017/pks2017_node.html; zit.: *Bundeskriminalamt*, PKS 2017 Summenschlüssel.

Ders.; Polizeiliche Kriminalstatistik, Grundtabelle 05: Straftaten mit Tatmittel "Internet" 2018, 29.01.2019, Version 1.0, URL: https://www.bka.de/DE/AktuelleInformationen/StatistikenLagebilder/PolizeilicheKriminalstatistik/PKS2018/Standardtabellen/standardtabellenFaelle.html?nn=108686; zit.: *Bundeskriminalamt*, PKS 2018 Grundtabelle „Tatmittel Internet".

Ders.; Polizeiliche Kriminalstatistik, Grundtabelle 05: Straftaten mit Tatmittel "Internet" 2017, 23.01.2018, Version 1.0, URL: https://www.bka.de/DE/AktuelleInformationen/StatistikenLagebilder/PolizeilicheKriminalstatistik/PKS2017/Standardtabellen/standardtabellenFaelle.html?nn=96600; zit.: *Bundeskriminalamt*, PKS 2017 Grundtabelle „Tatmittel Internet".

Ders.; Polizeiliche Kriminalstatistik, Jahrbuch 2016, Band 1: Fälle, Aufklärung, Schaden, 64. Ausgabe, Version 1.0, URL: https://www.bka.de/DE/AktuelleInformationen/StatistikenLagebilder/PolizeilicheKriminalstatistik/PKS2016/pks2016_node.html; zit.: *Bundeskriminalamt*, PKS 2016 Jahrbuch I.

Bundesverband Informationswirtschaft, Telekommunikation und neue Medien e.V. (BITKOM); Leitlinien für den Big-Data-Einsatz – Chancen und Verantwortung, September 2015, URL: https://www.bitkom.org/noindex/Publikationen/2015/Leitfaden/LF-Leitlinien-fuer-den-Big-Data-Einsatz/150901-Bitkom-Positionspapier-Big-Data-Leitlinien.pdf#page=2&zoom=auto,-22,842; zit.: *Bitkom*, Big-Data-Einsatz.

Bunzel, Heide; Erkenntnisgewinn aus konzelierten Daten. Zur Verpflichtung einer Entschlüsselung kryptografisch gesicherter Daten zum Zwecke der Erkenntnis- und Beweisgewinnung im Strafverfahren, Berlin 2011; zit.: *Bunzel.*

Burchard, Christoph; Der grenzüberschreitende Zugriff auf Clouddaten im Lichte der Fundamentalprinzipien der internationalen Zusammenarbeit in Strafsachen – Teil 1. Hintergründe des Kommissionsentwurfs zum grenzüberschreitenden Zugang zu elektronischen Beweismitteln im Strafermittlungsverfahren wie auch zum sog. Microsoft Ireland Case in: ZIS 2018, S. 190–203; zit.: *Burchard*, ZIS 2018.

Ders.; Der grenzüberschreitende Zugriff auf Clouddaten im Lichte der Fundamentalprinzipien der internationalen Zusammenarbeit in Strafsachen – Teil 2. Hintergründe des Kommissionsentwurfs zum grenzüberschreitenden Zugang zu elektronischen Beweismitteln im Strafermittlungsverfahren wie auch zum sog. Microsoft Ireland Case in: ZIS 2018, S. 249–267; zit.: *Burchard*, ZIS 2018.

Casey, Eoghan (Hrsg.); Digital Evidence and Computer Crime. Forensic Science, Computers and the Internet, 3. Auflage, 2011; zit.: Casey/*Bearbeiter*, Digital Evidence and Computer Crime.

Cirener, Gabriele/Herb, Gregor; Die Zulässigkeit von Verfahrensrügen in der Rechtsprechung des BGH – Teil 2 in: NStZ-RR 2018, S. 131–135; zit.: *Cirener/Herb*, NStZ-RR 2018.

Cornelius, Kai; Plädoyer für einen Cybermobbing-Straftatbestand in: ZPR 2014, S. 164–167; zit.: *Cornelius*, ZPR 2014.

Czeguhn, Ignacio; Beweiswert und Beweiskraft digitaler Dokumente im Zivilprozess in: JuS 2004, S. 124–126; zit.: *Czeguhn*, JuS 2004.

Dedes, Christos; Beweisverfahren und Beweisrecht, Berlin 1992; zit.: *Dedes.*

Depauw, Sofie; Electronic Evidence in Criminal Matters: How About E-Evidence Instruments 2.0? In: EuCLR, S. 62–82; zit.: *Depauw*, EuCLR 2018.

Deusch, Florian; Digitales Sterben: Das Erbe im Web 2.0 in: ZEV 2014, S. 2–8; zit.: *Deusch*, ZEV 2014.

Deutscher, Axel; Bezugnahme auf Videosequenzen – Zugleich Anmerkung zum BGH, Urteil vom 2.11.2011 – 2 StR 332/11 (LG Marburg) in: NStZ 2012, S. 228–230; zit.: *Deutscher*, NStZ 2012.

Deutscher Bundestag (Hrsg.); Sicherheit und Schutz im Netz. In: Enquete-Kommisson: „Zukunft der Medien in Wirtschaft und Gesellschaft; Deutschlands Weg in die Informationsgesellschaft", Band 7, 1998; zit.: *Deutscher Bundestag*, Sicherheit und Schutz im Netz.

Dewald, Andreas; Formalisierung digitaler Spuren und ihre Einbettung in die Forensische Informatik, Erlangen 2012; zit.: *Dewald.*

Diemer, Herbert; Zur Bedeutung der Videoaufzeichnung in Revisionsverfahren in: NStZ 2002, S. 16–20; zit.: *Diemer*, NStZ 2002.

Dittmann, Jana; Digitale Wasserzeichen. Grundlagen, Verfahren, Anwendungsgebiete, Heidelberg 2000; zit.: *Ditmann.*

Dittmann, Jana/Steinmetz, Ralf; Digitale Wasserzeichen in: Informatik Spektrum 2000, S. 47–50; zit.: *Ditmann/Steinmetz*, Informatik Spektrum 2000.

Diwell, Lutz; E-Justice – digitale Justiz auch im Strafverfahren? in: Arbeitsgemeinschaft Strafrecht des Deutschen Anwaltsvereins (Hrsg.), Strafverteidigung im Rechtsstaat, 2009; zit.: *Diwell*, E-Justice.

Dolle, Wilhelm; Computer-Forensik in der Praxis. Mit Open-Source-Werkzeugen die Aufklärung von Computerkriminalität unterstützen in: DuD 2009, S. 183–188; zit.: *Dolle*, DuD 2009.

Dorschel, Joachim (Hrsg.); Praxishandbuch Big Data: Wirtschaft – Recht – Technik, Wiesbaden 2015; zit.: *Dorschel*, Big Data.

Eder, Florian; Beweisverbote und Beweislast im Strafprozess, München 2015; zit.: *Eder.*

Ehmann, Eugen/Selmayr, Martin (Hrsg.); Beck´scher Kurzkommentar zur Datenschutz-Grundverordnung, 2. Auflage, München 2018; zit.: *Ehmann/Selmayr.*

Eiding Lutz; Strafrechtlicher Schutz elektronischer Datenbanken, Darmstadt 1997; zit.: *Eiding.*

Eisele, Jörg; Computer- und Medienstrafrecht, München 2013; zit.: *Eisele.*

Eisenberg, Ulrich; Beweisrecht der StPO, Spezialkommentar, 10. Auflage, München 2017; zit.: *Eisenberg*.

Ernst, Stefan; Beweisprobleme bei E-Mail und anderen Online-Willenserklärungen in: MDR 2003, S. 1091–1094; zit.: *Ernst*, MDR 2003.

Eser, Albin; Funktionswandel strafrechtlicher Prozeßmaximen: Auf dem Weg zur „Reprivatisierung" des Strafverfahrens? In: ZStW 1992, Band 104, Heft 2, S. 361–397; zit.: *Eser*, ZStW 104.

Eßer, Martin; Der strafrechtliche Schutz des qualifizierten elektronischen Signaturverfahrens in: Der Elektronische Rechtsverkehr (Hrsg.: Alexander Roßnagel), Band 13, Baden-Baden 2006; zit.: *Eßer*.

Fischer, Thomas; Beck´scher Kurzkommentar zum Strafgesetzbuch mit Nebengesetzen, 66. Auflage, München 2019; zit.: *Fischer*.

Fischer-Dieskau, Stefanie; Das elektronisch signierte Dokument als Mittel zu Beweissicherung. Anforderungen an seine langfristige Aufbewahrung in: Der Elektronische Rechtsverkehr (Hrsg.: Alexander Roßnagel), Band 12, Baden-Baden 2006; zit.: *Fischer-Dieskau*.

Fischer-Dieskau, Stefanie/Gitter, Rotraud/Paul, Sandra/Steidle, Roland; Elektronisch signierte Dokumente als Beweismittel im Zivilprozess in: MMR 2002, S. 709–713; zit.: *Fischer-Dieskau/Gitter/Paul/Steidle*, MMR 2002.

Försterling, Matthias; Neue Beweismöglichkeiten im elektronischen Zivilrechtsverkehr. Beweisrechtliche Aspekte des De-Mail-Postfach- und Versanddienstes unter besonderer Betrachtung rechtlicher, funktionaler und technischer Rahmenbedingungen, Marburg 2016; zit.: *Försterling*.

Freiling, Felix C./Sack, Konstantin; Selektive Datensicherungen in der IT-Forensik. Der Mittelweg zwischen Übermaß- und Untermaßverbot in: DuD 2014, S: 112–117; zit.: *Freiling/Sack*, DuD 2014.

Freiling, Felix C./Safferling, Christoph/Rückert, Christian; Quellen-TKÜ und Online-Durchsuchung als neue Maßnahmen für die Strafverfolgung: Rechtliche und technische Herausforderungen in: JR 2018, S. 9–22; zit.: *Freiling/Safferling/Rückert*, JR 2018.

Freter, Wolfang/Zimpelmann, Henning; Internet und Rechtsextremismus in: Cybercrime und Cyberinvestigations. Neue Herausforderungen der Digitalisierung für Strafrecht, Strafprozessrecht und Kriminologie, Robotik und Recht (Hrsg.: *Beck, Susanne/Meier, Bernd-Dieter/Momsen, Carsten*, Band 6, S. 119–123, Baden-Baden 2015; zit.: Beck/Meier/Momsen/*Bearbeiter*, Cybercrime.

Fuhrmann, Heiner; Vertrauen im Electronic Commerce. Rechtliche Gestaltungsmöglichkeiten unter besonderer Berücksichtigung verbindlicher Rechtsgeschäfte und des Datenschutzes in: Der Elektronische Rechtsverkehr (Hrsg.: Alexander Roßnagel), Band 5, Baden-Baden 2001; zit.: *Fuhrmann*.

Geipel, Andreas; Handbuch der Beweiswürdigung, 3. Auflage, 2017; zit.: *Geipel.*

Gercke, Marco; Die Bekämpfung der Internetkriminalität als Herausforderung für die Strafverfolgungsbehörden in: MMR 2008, S. 291–298; zit.: *Gercke*, MMR 2008.

Ders.; Der unterbliebene Schritt vom Computer- zum Internetstrafrecht. Stand und Perspektiven des Informationsstrafrechts in Deutschland aus anwaltlicher Perspektive in: AnwBl 2012, S. 709–713; zit.: *Gercke*, AnwBl 2012.

Gercke, Marco/Brunst, Phillip; Praxishandbuch Internetstrafrecht, 2010; zit.: *Gercke/Brunst.*

Gercke, Björn/Wollschläger, Sebastian; Videoaufzeichnungen und digitale Daten als Grundlage des Urteils – Revisionsrechtliche Kontrolle in den Grenzen des Rekonstruktionsverbots in: StV 2012, S. 106–114; zit.: *Gercke/Wollschläger*, StV 2012.

Gerson, Oliver Harry; Sozial-psychologische Reibungsverluste des „digitalisierten Strafprozesses" Kritische Überlegungen zu „Gerichtsfernsehen", audiovisueller Vernehmungsdokumentation und „Big Data-Ermittlungen" in: KriPoZ 2017, S. 376–386; zit.: *Gerson*, KriPoZ 2017.

Geschonneck, Alexander; Computer-Forensik. Computerstraftaten erkennen, ermitteln, aufklären, 6. Auflage, Heidelberg 2014; zit.: *Geschonneck.*

Glaser, Andreas; Grundrechtlicher Schutz der Ehre im Internetzeitalter in: NVwZ 2012, S. 1432–1438; zit.: *Glaser*, NVwZ 2012.

Gietl, Andreas/Mantz, Reto; Die IP-Adresse als Beweismittel im Zivilprozess. Beweiserlangung, Beweiswert und Beweisverbote in: CR 2008, S. 810–816, zit.: *Gietl/Mantz*, CR 2008.

Göhler, Erich; Beck´scher Kurzkommentar zum Gesetz über Ordnungswidrigkeiten, 17. Auflage, München 2017; zit.: Göhler/*Bearbeiter.*

Grabowski, Tobias; Vernetzte Fahrzeuge: Neue Ermittlungsansätze im Strafverfahren? In: Kriminalistik 2018, S. 208–215; zit.: *Grabowski*, Kriminalistik 2018.

Greger, Reinhard; Der surfende Richter. Sachverhaltsaufklärung per Internet in: Festschrift für Rolf Stürner, Band 1, 2013, S. 289–299; zit.: *Greger*, FS Stürner.

Grigorjew, Olga; Beweiseignung fortgeschrittener elektronischer Signaturen, Kassel 2015; zit.: *Grigorjew.*

Großkopf, Philipp; Beweissurrogate und Unmittelbarkeit der Hauptverhandlung. Zulässigkeit des Transfers von Vernehmungsergebnissen aus dem Ermittlungsverfahren in die Hauptverhandlung, Baden-Baden 2007; zit.: *Grosskopf.*

Grosskopf, Lambert; Anmerkung zu LG Hamburg, Beschl. v. 21.4.2006 – 308 O 139/06 in: CR 2007, S. 121–124; zit.: *Grosskopf*, CR 2007.

Grosskopf, Lambert/Momsen, Carsten; Outsourcing bei Berufsgeheimnisträgern – strafrechtliche Verpflichtung zur Compliance? In: CCZ 2018, S. 98–108; zit.: *Grosskopf/Momsen*, CCZ 2018.

Grünwald, Gerald; Das Beweisrecht der Strafprozeßordnung, Baden-Baden 1993; zit.: *Grünwald*.

Grützner, Thomas/Jakob, Alexander; Compliance von A – Z, 2. Auflage, München 2015; zit.: *Grützner/Jakob*, Compliance von A – Z, „Begriff".

Härtel, Ines; Digitalisierung im Lichte des Verfassungsrechts – Algorithmen, Predictive Policing, autonomes Fahren in: LKV 2019, S. 49–60.

Härting, Niko; Anonymität und Pseudonymität im Datenschutzrecht in: NJW 2013, S. 2065–271; zit.: *Härting*, NJW 2013.

Hamm, Rainer; Die Revision in Strafsachen, 7. Auflage, Berlin 2010; zit.: *Hamm*.

Hampel, Volker; Der Datenbegriff im Strafgesetzbuch, Hamburg 2015; zit.: *Hampel*, Datenbegriff im StGB.

Hartmann, Frank; Wirtschaftskriminalität im Internet: Geschäftsrisiken durch Computermissbrauch und Datenspionage, Köln 2011; zit.: *Hartmann*.

Hassemer, Ines M.; Risiken aus Unternehmenssicht in: ITRB 2017, S. 90–92, zit.: *Hassemer*, ITRB 2017.

Hassemer, Winfried/Matussek, Karin; Das Opfer als Verfolger. Ermittlungen des Verletzten im Strafverfahren, 1996; zit.: *Hassemer/Matussek*, Das Opfer als Verfolger.

Heckmann, Dirk; Persönlichkeitsschutz im Internet. Anonymität der IT-Nutzung und permanente Datenverknüpfung als Herausforderungen für Ehrschutz und Profilschutz in: NJW 2012, S. 2631–2635; zit.: *Heckmann*, NJW 2012.

Ders.; Smart Life – Smart Privacy Management in: K&R 2011, S. 1–5; zit.: *Heckmann*, K&R 2011.

Heger, Martin/Pohlreich, Erol; Strafprozessrecht, 2. Auflage, Stuttgart 2018; zit.: *Heger/Pohlreich*.

Heidelberger Kommentar; Strafprozessordnung, Gercke, Björn/Julius, Karl-Peter/Temming, Dieter/Zöller, Mark A. (Hrsg.), 6. Auflage, Heidelberg 2019; zit.: HK-StPO/*Bearbeiter*.

Heinson, Dennis; IT-Forensik. Zur Erhebung und Verwertung von Beweisen aus informationstechnischen Systemen, Tübingen 2015; zit.: *Heinson*.

Heinze, Christian/Prado Ojea, Gabriel; Der Beweis mit privaten elektronischen Dokumenten nach ZPO und eIDAS-VO. Für eine einheitliche weite Auslegung von „elektronisches Dokument" in der ZPO in: Computer und Recht 2018, S. 37–44; zit.: *Heinze/Prado Ojea*, CR 2018.

Henrichs, Axel/Wilhelm, Jörg; Polizeiliche Ermittlungen in sozialen Netzwerken. Neue Antworten auf neue Herausforderungen in: Kriminalistik 2010, S. 30–37; zit.: *Henrichs/Wilhelm*, Kriminalistik 2010.

Herdegen, Gerhard; Beweisantragsrecht, Beweiswürdigung, strafprozessuale Revision. Abhandlungen und Vorträge, Baden-Baden 1995; zit.: *Herdegen*.

Hilber, Marc (Hrsg.); Handbuch Cloud Computing, Köln 2014; zit.: Hilber/*Bearbeiter*, Cloud Computing.

Hilgendorf, Eric; Die Neuen Medien und das Strafrecht in: ZStW 2001, Band 113, Heft 4, S. 650–680; zit.: *Hilgendorf*, ZStW 113.

Hilgendorf, Eric/Valerius, Brian; Computer- und Internetstrafrecht. Ein Grundriss, 2. Auflage, Heidelberg 2012; zit.: *Hilgendorf/Valerius*.

Hoeren, Thomas/Sieber, Ulrich/Holznagel, Bernd (Hrsg.); Handbuch Multimedia-Recht. Rechtsfragen des elektronischen Geschäftsverkehrs, 48. Ergänzungslieferung, Stand: Feburar 2019; zit.: Hoeren/Sieber/Holznagel/*Bearbeiter*, Multimedia-Recht.

Hofert, Eduard; Blockchain-Profiling. Verarbeitung von Blockchain-Daten innerhalb und außerhalb der Netzwerke in ZD 2017, S. 161–166; zit.: *Hofert*, ZD 2017.

Hoffmann, Christian; Die Gewährleistung der Vertraulichkeit und Integrität elektronischer Daten- und Dokumentensafes in: Schriften zur Modernisierung von Staat und Verwaltung, Band 13; zit.: *Hoffmann*.

Hoffmann, Mathis; Der Beweiswert elektronischer Dokumente in: DSWR 2006, S. 60–62; zit.: *Hoffmann*, DSWR 2006.

Hoffmann, Christian/Luch, Anika D./Schulz, Sönke E./Borchers, Kim Corinna; Die digitale Dimension der Grundrechte. Das Grundgesetz im digitalen Zeitalter, Baden-Baden 2015; zit.: *Hoffmann/Luch/Schulz/Borchers*.

Jäckel, Holger; Das Beweisrecht der ZPO. Ein Praxishandbuch für Richter und Rechtsanwälte, 2. Auflage, Stuttgart 2014; zit.: *Jäckel*, Beweisrecht der ZPO.

Jahn, Matthias/Brodowski, Dominik; Digitale Beweismittel in strafprozessualer Hauptverhandlung und Revision in: Festschrift für Rudolf Rengier, 2018, S. 409–422; zit.: *Jahn/Brodowski*, FS Rengier.

Jaquet-Chiffelle, David-Olivier; Digital Forensics. Betrachtungen zu einer neuen Disziplin in: Kriminalistik 2014, S. 188–190; zit.: *Jaquet-Chiffelle*, Kriminalistik 2014.

Jandt, Silke; Beweissicherheit im elektronischen Rechtsverkehr Folgen der europäischen Harmonisierung in: NJW 2015, S. 1205–1211; zit.: *Jandt*, NJW 2015.

Joecks, Wolfgang; Studienkommentar zu Strafprozessordnung, 4. Auflage, München 2015; zit.: *Joecks*, Studienkommentar StPO.

Johannes, Paul C./Potthoff, Jan/Roßnagel, Alexander/Neumair, Bernhard/Madiesh, Moaaz/Hackel, Siegfried; Beweissicheres elektronisches Laborbuch. Anforderungen, Konzepte und Umsetzung zur langfristigen, beweiswerterhaltenden Archivierung elektronischer Forschungsdaten und -dokumentation in: Der Elektronische Rechtsverkehr (Hrsg.: Alexander Roßnagel), Band 29, Baden-Baden 2003; zit.: *Johannes/Potthoff/Roßnagel/Neumair/Madiesh/Hackel.*

Jost, David/Kempe, Johann; E-Justice in Deutschland. Eine Bestandsaufnahme zur Digitalisierung der Justiz in: NJW 2017, S. 2705–2708; zit.: *Jost/Kempe*, NJW 2017.

Jungermann, Sebastian; Der Beweiswert elektronischer Signaturen. Eine Studie zur Verläßlichkeit elektronischer Signaturen und zu den Voraussetzungen und Rechtsfolgen des § 292a ZPO, Marburg 2002; zit.: *Jungermann.*

Karlsruher Kommentar zur Strafprozessordnung mit GVG, EGGVG und EMRK, Rolf Hannich (Hrsg.), 6. Auflage, München 2008; zit.: KK-StPO/*Bearbeiter*, 6. Aufl.

Karlsruher Kommentar zur Strafprozessordnung mit GVG, EGGVG und EMRK, Rolf Hannich (Hrsg.), 8. Auflage, München 2019; zit.: KK-StPO/*Bearbeiter.*

Karlsruher Kommentar zum Gesetz über Ordnungswidrigkeiten, Lothar Senge (Hrsg.), 4. Auflage, München 2014; zit.: KK-OWiG/*Bearbeiter*, 4. Aufl.

Karlsruher Kommentar zum Gesetz über Ordnungswidrigkeiten, Wolfgang Mitsch (Hrsg.), 5. Auflage, München 2018; zit.: KK-OWiG/*Bearbeiter.*

Kassebohm, Nils; Das Ende des Papierzeitalters – Gesetz zur Einführung der elektronischen Akte in Strafsachen vom 12.7.2017 in: StraFo 2017, S. 393–402; zit.: *Kassebohm*, StraFo 2017.

Katzer, Catarina; Cybermobbing – Wenn das Internet zur W@ffe wird, Heidelberg 2015; zit.: *Katzer*, Cybermobbing.

Kegel, Matthias; Der elektronische Rechtsverkehr und ein Fallstrick in: JurPC 155/2017, Abs. 1–19; zit.: *Kegel*, JurPC Web-Dok 155/2017.

Kemper, Martin; Die Beschlagnahmefähigkeit von Daten und E-Mails in: NStZ 2005; S. 538–544; zit.: *Kemper*, NStZ 2005.

Kertai, Benjamin; Das Bild im Strafverfahren – Strafprozessuale Probleme bei der Visualisierung in: MMR 2011, S. 716–720; zit.: *Kertai*, MMR 2011.

Kesper, Dieter; E-Akte in Strafsachen – der Stand der Dinge in: JurPC 103/2017, Abs. 1–33; zit.: *Kesper*, JurPC Web-Dok 103/2017.

Kindhäuser, Urs; Strafprozessrecht, 4. Auflage, Baden-Baden 2016; zit.: *Kindhäuser*, Strafprozessrecht.

Ders.; Strafrecht Allgemeiner Teil, 8. Auflage, Baden-Baden 2017; zit.: *Kindhäuser*, AT.

Kipker, Dennis-Kenji; Informationelle Freiheit und staatliche Sicherheit. Rechtliche Herausforderungen moderner Überwachungstechnologien, Tübingen 2016; zit.: *Kipker.*

Kirchner, Hildebert; Abkürzungsverzeichnis der Rechtssprache, 8. Auflage, Berlin 2015; zit.: *Kirchner*, Abkürzungsverzeichnis der Rechtssprache.

Kirchner, Matthias; Digitale Forensik – Spuren in Digitalfotos, in: Who can you trust? (Proc. of 23rd Chaos Communication Congress), Berlin, 27.–30. Dezember 2006, URL: https://events.ccc.de/congress/2006/Fahrplan/attachments/1117-23C3_Kirchner.pdf, Stand 2006; zit.: *Kirchner*, Digitale Forensik.

Kleinknecht/Müller/Reitberger; Kommentar zur Strafprozessordnung, v. Heintschel-Heinegg/Bockemühl (Hrsg.), Band 4: §§ 226–262 StPO, 86. Aktualisierung, Köln 2018; zit.: KMR-StPO/*Bearbeiter.*

Knierim, Thomas C.; Elektronische Dokumente im Strafprozess in: Festschrift für Wolf Schiller, 2014, S. 371–396; zit.: *Knierim*, FS Schiller.

Knierim, Thomas C./Oehmichen, Anna/Beck, Susanne/Geisler, Claudius; Gesamtes Strafrecht Aktuell, Baden-Baden 2018; zit.: *Bearbeiter* in: Gesamtes Strafrecht aktuell.

Knoke, Friederike/Stoklas, Jonathan; Internationales Forschungsprojekt zu elektronischen Beweisen in Strafverfahren in: ZD-Aktuell 2015, 04724; zit.: *Knoke/Stoklas*, ZD-Aktuell 2015, 04724.

Knopp, Michael; Rechtliche Perspektiven zur digitalen Beweisführung, 39. Jahrestagung der Gesellschaft für Informatik e.V. (GI), 28.09.2009, Lübeck, S. 1-14; zit.: *Knopp.*

Ders.; Digitalfotos als Beweismittel in: ZRP 2008, S. 156–159; zit.: *Knopp*, ZRP 2008.

Ders.; Anmerkung zum Urteil LG München I vom 21.5.2008 - 21 O 10753/07 (Beweis der Urheberschaft an Digitalfotos) in: MMR 2008, S. 624–625; zit.: *Knopp*, MMR 2008.

Koch, Alexander; Strafrechtliche Probleme des Angriffs und der Verteidigung in Computernetzen, 2008; zit.: *Koch.*

Kochheim, Dieter; Cybercrime und Strafrecht in der Informations- und Kommunikationstechnik, 2. Auflage, München 2018; zit.: *Kochheim*, Cybercrime und IuK-Strafrecht.

Ders.; Onlinedurchsuchung und Quellen-TKÜ in der Strafprozessordnung – Neuordnung der tiefen technischen Ermittlungsmaßnahmen in der StPO seit 24.8.2017 in: KriPoZ 2018, S. 60–69; zit.: *Kochheim*, KriPoZ 2018.

Köbler, Gerhard; Juristisches Wörterbuch: für Studium und Ausbildung, 17. Auflage, München 2018; zit.: *Köbler.*

Ders.; Juristisches Wörterbuch: für Studium und Ausbildung, 16. Auflage, München 2016; zit.: *Köbler*, 16. Auflage.

Kraatz, Erik; Der Einfluss der Erfahrung auf die tatrichterliche Sachverhaltsfeststellung. Zum „strafprozessualen" Anscheinsbeweis, Berlin 2011; zit.: *Kraatz.*

Krämer, Hannes; Das gefährliche Spiel mit der „Dashcam" in: SVR 2016, S. 23–26; zit.: *Krämer*, SVR 2016.

Kramme, Malte; Auswirkungen der Verordnung über elektronische Identifizierung (eIDAS-VO) auf das Beweisrecht am Beispiel des deutschen Zivilverfahrens in: GPR 2017, S. 60–65; zit.: *Kramme*, GPR 2017.

Krause, Benjamin; IP-Tracking durch Ermittlungsbehörden: Ein Fall für § 100g StPO? – Zugleich Besprechung des BGH-Beschl. v. 23.9.2014 – 1 BGs 210/14 in: NStZ 2016, S. 139–144; zit.: *Krause*, NStZ 2016.

Krey, Volker/Heinrich, Manfred; Deutsches Strafverfahrensrecht, 2. Auflage, Stuttgart 2019; zit.: *Krey/Heinrich.*

Krüger, Jochen/Möllers, Frederik; Metadaten in Justiz und Verwaltung. Neue juristische Problemkategorie im Rahmen der elektronischen Aktenführung? In: MMR 2016, S. 728–731; zit.: *Krüger/Möllers*, MMR 2016.

Krumm, Carsten; Täteridentifizierung und Bezugnahme auf Videos und Lichtbilder in den Urteilsgründen – zugleich Besprechung zu BGH, Beschl. von 2. 11. 2011 – BGH 02.11.2011 Aktenzeichen 2 StR 332/11 = NZV 2012, 143 in: NZV 2012, S. 267–270; zit.: *Krumm*, NZV 2012.

Krupar, Felix; Die Blockchain im Prozessrecht – Möglichkeiten und Grenzen in: Digitalisierung der gerichtlichen Verfahren und das Prozessrecht (Hrsg.: *Buschmann, Almuth/Gläß, Anne-Christin/Gonska, Hans-Henning/Philipp, Markus/Zimmermann, Ralph*, Tagungsband der 3. Tagung junger Prozessrechtswissenschaftler und -wissenschaftlerinnen am 29./30.09.2017 in Leipzig, S. 161–177, Berlin 2018; zit.: Buschmann u.a./*Krupar.*

Kühne, Hans-Heiner; Strafprozessrecht. Eine systematische Darstellung des deutschen und europäischen Strafverfahrensrechts, 9. Auflage, Heidelberg 2015; zit.: *Kühne.*

Kulhanek, Tobias Oliver; Datenurkundenqualität von E-Mail-Anhängen in: StV 2015, S. 725–730; zit.: *Kulhanek*, StV 2015.

Labudde, Dirk/Spranger, Michael (Hrsg.); Forensik in der digitalen Welt. Moderne Methoden der forensischen Fallarbeit in der digitalen und digitalisierten realen Welt, Berlin 2017; zit.: Labudde/Spranger/*Bearbeiter*, Forensik in der digitalen Welt.

Lackner, Karl/Kühl, Christian; Strafgesetzbuch, Kommentar, 29. Auflage, München 2018; zit.: *Lackner/Kühl.*

Ladiges, Manuel; Durchsuchungen in der Cloud – Ist die Freiheit der Ermittler in der "Datenwolke" grenzenlos? In: Digitalisierung der gerichtlichen Verfahren und das Prozessrecht (Hrsg.: *Buschmann, Almuth/Gläß, Anne-Christin/Gonska, Hans-Henning/Philipp, Markus/Zimmermann, Ralph*, Tagungsband der 3. Tagung junger Prozessrechtswissenschaftler und wissenschaftlerinnen am 29./30.09.2017 in Leipzig, S. 117–138, Berlin 2018; zit.: Buschmann u.a./*Ladiges*.

Leipziger Kommentar, Strafgesetzbuch, Großkommentar, Heinrich Wilhelm Laufhütte, Ruth Rissing-van Saan, Klaus Tiedemann (Hrsg.), Band 6: §§ 146–210, 12. Auflage, Berlin 2010; zit.: LK-StGB/*Bearbeiter*.

Leipziger Kommentar, Strafgesetzbuch, Großkommentar, Heinrich Wilhelm Laufhütte, Ruth Rissing-van Saan, Klaus Tiedemann (Hrsg.), Band 9, 2. Teilband: §§ 267–283d, 12. Auflage, Berlin 2009; zit.: LK-StGB/*Bearbeiter*.

Leipziger Kommentar, Strafgesetzbuch, Großkommentar, Heinrich Wilhelm Laufhütte, Ruth Rissing-van Saan, Klaus Tiedemann (Hrsg.), Band 10: §§ 284–305a, 12. Auflage, Berlin 2008; zit.: LK-StGB/*Bearbeiter*.

Leupold, Andreas/Glossner, Silke (Hrsg.), Münchener Anwalts Handbuch IT-Recht, 1. Auflage, München 2008; zit.: Leupold/Glossner/*Scheja*, MAH IT-Recht, 1. Auflage.

Dies. (Hrsg.), Münchener Anwalts Handbuch IT-Recht, 3. Auflage, München 2013; zit.: Leupold/Glossner/*Bearbeiter*, MAH IT-Recht.

Liebig, Britta Maria; Der Zugriff auf Computerinhaltsdaten im Ermittlungsverfahren. Cloud Computing, E-Mail und IP-Telefonie als neue rechtliche und technische Herausforderungen für die Strafverfolger, Hamburg 2015; zit.: *Liebig*.

v. Liszt, Franz; Strafrechtliche Aufsätze und Vorträge, Erster Band: 1875–1891, Berlin 1970; zit.: *v. Liszt*, Vorträge und Aufsätze I.

Locard, Edmond; Die Kriminaluntersuchung und ihre wissenschaftlichen Methoden, Berlin 1930; zit.: *Locard*.

Löwe/Rosenberg; Die Strafprozessordnung und das Gerichtsverfassungsgesetz, Großkommentar, Becker, Jörg-Peter/Erb, Volker/Esser, Robert/Graalmann-Scheerer, Kirsten/Hilger, Hans/Ignor, Alexander (Hrsg.), Band 1: Einleitung, §§ 1–47 StPO, 27. Auflage, Berlin 2016; zit.: LR-StPO/*Bearbeiter*.

Löwe/Rosenberg; Die Strafprozessordnung und das Gerichtsverfassungsgesetz, Großkommentar, Becker, Jörg-Peter/Erb, Volker/Esser, Robert/Graalmann-Scheerer, Kirsten/Hilger, Hans/Ignor, Alexander (Hrsg.), Band 2: §§ 48–93 StPO, 27. Auflage, Berlin 2017; zit.: LR-StPO/*Bearbeiter*.

Löwe/Rosenberg; Die Strafprozessordnung und das Gerichtsverfassungsgesetz, Großkommentar, Erb, Volker/Esser, Robert/Franke, Ulrich/Graalmann-Scheerer, Kirsten/Hilger, Hans/Ignor, Alexander (Hrsg.), Band 3, Teilband 1: §§ 94–111a StPO, 27. Auflage, Berlin 2019; zit.: LR-StPO/*Bearbeiter*.

Löwe/Rosenberg; Die Strafprozessordnung und das Gerichtsverfassungsgesetz, Großkommentar, Erb, Volker/Esser, Robert/Franke, Ulrich/Graalmann-Scheerer, Kirsten/Hilger, Hans/Ignor, Alexander (Hrsg.), Band 6, Teilband 1: §§ 213–255a StPO, 26. Auflage, Berlin 2010; zit.: LR-StPO/*Bearbeiter*.

Löwe/Rosenberg; Die Strafprozessordnung und das Gerichtsverfassungsgesetz, Großkommentar, Erb, Volker/Esser, Robert/Franke, Ulrich/Graalmann-Scheerer, Kirsten/Hilger, Hans/Ignor, Alexander (Hrsg.), Band 6, Teilband 2: §§ 256–295 StPO, 26. Auflage, Berlin 2013; zit.: LR-StPO/*Bearbeiter*.

Loritz, Karl-Georg; Beweislastfragen bei strittigen Identitäten und Erklärungsinhalten in der digitalen Welt in: Festschrift für Reinhold Geimer, 2017, S. 409–428; zit.: *Loritz*, FS Geimer.

Malek, Klaus/Popp, Andreas; Strafsachen im Internet, 2. Auflage, 2015; zit.: *Malek/Popp*.

Mankowski, Peter; Wie problematisch ist die Identität des Erklärenden bei E-Mails wirklich? In: NJW 2002, S. 2822–2828; zit.: *Mankowski*, NJW 2002.

Ders.; Für einen Anscheinsbeweis hinsichtlich der Identität des Erklärenden bei E-Mails – Zugleich Anmerkung zu OLG Köln v. 6.9.2002 – 19 U 16/02 in: CR 2003, S. 44–50; zit.: *Mankoswki*, CR 2003.

Marberth-Kubicki, Annette; Computer- und Internetstrafrecht, 2. Auflage, München 2010; zit.: *Marberth-Kubicki*.

Marschall, Kevin/Herfurth, Constantin/Winter, Christian/Allwinn, Mirko; Chancen und Risiken des Einsatzes digitaler Bildforensik. Aufdeckung und Beweisbarkeit von Versicherungsbetrug aus rechtlicher, technischer und psychologischer Sicht in: MMR 2017, S. 152–157; zit.: *Marschall/Herfurth/Winter/Allwinn*, MMR 2017.

Marshall, Angus; Digital Forensics – Digital Evidence in Criminal Investigations, 2008; zit.: *Marshall*, Digital Forensics.

Martini, Mario/Weinzierl, Quirin; Die Blockchain-Technologie und das Recht auf Vergessenwerden. Zum Dilemma zwischen Nicht-Vergessen-Können und Vergessen-Müssen in: NVwZ 2017, S. 1252–1259; zit.: *Martini/Weinzierl*, NVwZ 2017.

Mason, Stephen/Seng, Daniel (Hrsg.); Electronic Evidence, 4. Auflage, London 2017; zit.: *Mason/Seng*, E- Evidence.

Meier, Bernd-Dieter; Sicherheit im Internet. Neue Herausforderungen für Kriminologie und Kriminalpolitik in: MschrKrim 2012, S. 184–204; zit.: *Meier*, MschrKrim 2012.

Meier, Stefan; Digitale Forensik in Unternehmen, 2017; zit.: *Meier*.

Meyer-Goßner, Lutz/Schmitt, Bertram; Beck´scher Kurz Kommentar zur Strafprozessordnung. Gerichtsverfassungsgesetz, Nebengesetze und ergänzende

Bestimmungen, 62. Auflage, München 2019; zit.: Meyer-Goßner/Schmitt/*Bearbeiter*.

Mienert, Heval/Gipp, Bela; Dashcam, Blockchain und der Beweis im Prozess. Kriterien für einen Privacy by Design-Lösungsansatz bei Dashcams in: ZD 2017, S. 514–519; zit.: *Mienert/Gipp*, ZD 2017.

Momsen, Carsten; Entsperrung biometrischer Sicherungen im Strafverfahren in: DRiZ 2018, S. 140–143; zit.: *Momsen*, DRiZ 2018.

Ders.; Die Renaissance des Polygraphen? Wie effektiv lassen sich amerikanische Verteidigungsstrategien im deutschen Strafverfahren nutzen? In: KriPoZ 2018, S. 142–151; zit.: *Momsen*, KriPoZ 2018.

Ders.; Zum Umgang mit digitalen Beweismitteln im Strafprozess in: Festschrift für Werner Beulke, 2015, S. 871–887; zit.: *Momsen*, FS Beulke.

Ders.; „Digitale Beweismittel" in der Revisionsinstanz in: Festschrift für Bernd von Heintschel-Heinegg, 2015, S. 313–324; zit.: *Momsen*, FS Heintschel-Heinegg.

Ders.; Digitale Beweismittel aus der Sicht der Strafverteidigung in: Cybercrime und Cyberinvestigations. Neue Herausforderungen der Digitalisierung für Strafrecht, Strafprozessrecht und Kriminologie, Robotik und Recht (Hrsg.: *Beck, Susanne/Meier, Bernd-Dieter/Momsen, Carsten*); Band 6, S. 67–91, Baden-Baden 2015; zit.: Beck/Meier/Momsen/*Momsen*, Cybercrime

Momsen, Carsten/Hercher, Nils; Digitale Beweismittel im Strafprozess – Eignung, Gewinnung, Verwertung, Revisibilität in: Strafverteidigervereinigungen (Hrsg.), „Die Akzeptanz des Rechtsstaats in der Justiz – Texte und Ergebnisse des 37. Strafverteidigertages in Freiburg 2013", 2014, S. 173–196; zit.: *Momsen/Hercher*.

Momsen, Carsten/Savić, Laura Iva; Daten-Outsourcing und IT-Compliance bei Berufsgeheimnisträgern. Die Neuregelungen im Umfeld des § 203 StGB in: KriPoZ 2017, S. 301–305; zit.: *Momsen/Savić*, KriPoZ 2017.

Mühlhausen, Peter/Prell, Gerhart; Verwendung digitalisierter Fotos in „technischen Gutachten" in: NJW 2002, S. 99–103; zit.: *Mühlhausen/Prell*, NJW 2002.

Müller, Christoph Markus; Anscheinsbeweis im Strafprozeß am Beispiel der Feststellung von Kausalität und von Dispositionsprädikaten, Berlin 1998; zit.: *Müller*, Anscheinsbeweis im Strafprozeß.

Müller, Henning; e-Justice – Die Justiz wird digital in: JuS 2015, S. 609–613; zit.: *Müller*, Jus 2015.

Müller, Matthias; Die Digitalisierung der Justiz in Deutschland. Entwicklung und rechtliche Würdigung des EJustizG am Beispiel des Zivilprozesses, Hamburg 2015; zit.: *Müller*.

Münchener Kommentar zum Bürgerlichen Gesetzbuch; Band 1, Allgemeiner Teil: §§ 1–240 BGB, AllgPersönlichR ProstG, AGG, Franz Jürgen Säcker (Hrsg.), 8. Auflage, München 2018; zit.: MüKo-BGB/*Bearbeiter*.

Münchener Kommentar zur Strafprozessordnung; Band 1: §§ 1–150 StPO, Hans Kudlich (Hrsg.), München 2014; zit.: MüKo-StPO/*Bearbeiter*.

Münchener Kommentar zur Strafprozessordnung; Band 2: §§ 151–332 StPO, Hartmut Schneider (Hrsg.), München 2016; zit.: MüKo-StPO/*Bearbeiter*.

Münchener Kommentar zur Zivilprozessordnung mit Gerichtsverfassungsgesetz und Nebengesetzen; Band 1: §§ 1–354 ZPO, Wolfgang Krüger/Thomas Rausch (Hrsg.), 5. Auflage, München 2016; zit.: MüKo-ZPO/*Bearbeiter*.

Murmann, Uwe; Prüfungswissen Strafprozessrecht, 4. Auflage, München 2019; zit.: *Murmann*, StPO.

Ders.; Über den Zweck des Strafprozesses in: GA 2004, S. 65–86; zit.: *Murmann*, GA 2004.

Musielak, Hans-Joachim/Voit, Wolfgang; Kommentar zur Zivilprozessordnung mit Gerichtsverfassungsgesetz, 15. Auflage, München 2018; zit.: Musielak/Voit/*Bearbeiter*.

Neuhaus, Ralf/Artkämper, Heiko; Kriminaltechnik und Beweisführung im Strafverfahren, München 2014; zit.: *Neuhaus/Artkämper*.

Neuhöfer, Daniel; Der Zugriff auf serverbasiert gespeicherte E-Mails beim Provider. Verfassungsrechtliche Anforderungen an eine strafverfahrensrechtliche Ermächtigungsgrundlage, Hamburg 2011; zit.: *Neuhöfer*.

Niemöller, Martin; Die strafrichterliche Beweiswürdigung in der neueren Rechtsprechung des Bundesgerichtshofs in: StV 1984, S. 431–442; zit.: *Niemöller*, StV 1984.

Nischan, Anett; Digitale multimediale Videodienste (Digital Video Broadcasting). Verfassungsrechtliche und einfachgesetzliche rundfunkrechtliche Einordnung, München 2000; zit.: *Nischan*, Digitale multimediale Videodienste.

Nomos Kommentar; Handkommentar Gesamtes Strafrecht: StGB, StPO und Nebengesetze, Dölling/Duttge/König/Rössner (Hrsg.), 4. Auflage, Baden-Baden 2017; zit.: HK-GS-StPO/*Bearbeiter*.

Obenhaus, Nils; Cloud Computing als neue Herausforderung für Strafverfolgungsbehörden und Rechtsanwaltschaft in: NJW 2010, S. 651–655; zit.: *Obenhaus*, NJW 2010.

Ory, Stephan/Weth, Stephan; Schriftstücke und elektronische Dokumente im Zivilprozess – Von der Papierform zur elektronischen Form in: NJW-Beil. 2016, S. 96–100; zit.; *Ory/Weth*, NJW-Beil. 2016.

Ostendorf, Heribert; Strafprozessrecht, 3. Auflage, Baden-Baden 2018; zit.: *Ostendorf.*

Paal, Boris/Hennemann, Moritz; Rechtspolitik im digitalen Zeitalter in: ZIP 2017, S. 215–216; zit.: *Paal/Hennemann*, ZIP 2017.

Park, Tido; Durchsuchung und Beschlagnahme, 4. Auflage, München 2018; zit.: *Park.*

Pfeiffer, Gerd; Kommentar zur Strafprozessordnung, 5. Auflage, München 2005; zit.: *Pfeiffer.*

Pohlmann, Norbert/Riedel, Rene; Strafverfolgung darf die IT-Sicherheit im Internet nicht schwächen in: DuD 2018, S. 37–44; zit.: *Pohlmann/Riedel*, DuD 2018.

Pordesch, Ulrich; Die elektronische Form und das Präsentationsproblem in: Der Elektronische Rechtsverkehr (Hrsg.: Alexander Roßnagel), Band 7, Baden-Baden 2003; zit.: *Pordesch.*

Ders.; Der fehlende Nachweis der Präsentation signierter Daten in: DuD 2000, S. 89–95; zit.: *Pordesch*, DuD 2000.

Prechtel, Günter; Die Bedeutung der Glaubwürdigkeit und des persönlichen Eindrucks für die Beweiswürdigung in: ZJS 2017, S. 381–395; zit.: *Prechtel*, ZJS 2017.

Prunzel, Regine; Warum analog, wenn es auch digital geht? Digitalisierung der Gesundheitsversorgung in: RDG 2017, S. 100–102; zit.: *Prunzel*, RDG 2017.

Radtke, Henning/Hohmann, Olaf; Strafprozessordnung, Kommentar, München 2011; zit.: Radtke/Hohmann/*Bearbeiter.*

Rapp, Christiane; Rechtliche Rahmenbedingungen und Formqualität elektronischer Signaturen, München 2002; zit.: *Rapp.*

Rebmann, Kurt/Roth, Werner/Herrmann, Siegfried; Kommentar zum Gesetz über Ordnungswidrigkeiten, Band 2: §§ 79–133 OWiG, 3. Auflage, 26. Lieferung, Stand Juni 2018; RRH/*Bearbeiter.*

Redeker, Helmut; IT-Recht, 6. Auflage, München 2017; zit.: *Redeker*, IT-Recht.

Reinhard, Tim/Pohl, Lorenz/Cappelaro, Hans-Christoph; IT-Sicherheit und Recht. Rechtliche und technisch-organisatorische Aspekte für Unternehmen, Berlin 2007; zit.: Reinhard/Pohl/Cappelaro, IT-Sicherheit und Recht.

Reiter, Martin; Cybercrime – was ist das? In: JM 2016, S. 83–85; zit.: *Reiter*, JM 2016.

Reum, Anika; Cybermobbing. Zur strafrechtlichen Relevanz der Schikane in den neuen Medien, Hamburg 2014; zit.: *Reum.*

Rieß, Peter; Über die Aufgaben des Strafverfahrens in: JR 2006, S. 269–277; zit.: *Rieß*, JR 2006.

Rinker, Mike; Strafbarkeit und Strafverfolgung von „IP-Spoofing" und „Portscanning" in: MMR 2002, S. 663–666; zit.: *Rinker*, MMR 2002.

Roericht, Jonathan; Beweisverwertungsverbote und Beweisrecht, München 2011; zit.: *Roericht.*

Roggan, Fredrik; Die strafprozessuale Quellen-TKÜ und Online-Durchsuchung: Elektronische Überwachungsmaßnahmen mit Risiken für Beschuldigte und die Allgemeinheit in: StV 2017, S. 821–829; zit.: *Roggan*, StV 2017.

Rogge, Marko; Moderne mobile Forensik für Strafverfolgungsbehörden – Hinweise für die Ermittlungspraxis und Beweisführung in: der kriminalist 2015, Band 6, S. 29–34; zit.: *Rogge*, der kriminalist 2015.

Roßnagel, Alexander; Das Vertrauensdienstegesetz – Neue Regelungen zur Anpassung des deutschen Rechts an die EU-eIDAS-VO in: MMR 2018, S. 31–35; zit.: *Roßnagel*, MMR 2018.

Ders.; Das Recht der Vertrauensdienste. Die eIDAS-Verordnung in der deutschen Rechtsordnung in: Der Elektronische Rechtsverkehr (Hrsg.: Alexander Roßnagel), Band 37, Baden-Baden 2016; zit.: *Roßnagel*, Das Recht der Vertrauensdienste.

Ders.; Beweiswirkungen elektronischer Vertrauensdienste – Neue Regelungen durch die eIDAS-Verordnung der Europäischen Union in: MMR 2016, S. 647–652; zit.: *Roßnagel*, MMR 2016.

Ders.; Der Anwendungsvorrang der eIDAS-Verordnung – Welche Regelungen des deutschen Rechts sind weiterhin für elektronische Signaturen anwendbar? In: MMR 2015, S. 359–364; zit.: *Roßnagel*, MMR 2015.

Ders. (Hrsg.); Beck´scher Kommentar zum Recht der Telemediendienste, München 2013; zit.: BeckRTD-Komm/*Bearbeiter.*

Ders.; Die fortgeschrittene elektronische Signatur in: MMR 2003, S. 164–170; zit.: *Roßnagel*, MMR 2003.

Ders.; Das neue Recht elektronischer Signaturen – Neufassung des Signaturgesetzes und Änderung des BGB und der ZPO in: NJW 2001, S. 1817–1826; zit.: *Roßnagel*, NJW 2001.

Ders.; Auf dem Weg zu neuen Signaturregelungen – Die Novellierungsentwürfe für SigG, BGB und ZPO in: MMR 2000, S. 451–461; zit.: *Roßnagel*, MMR 2000.

Roßnagel, Alexander/Fischer-Dieskau, Stefanie; Elektronische Dokumente als Beweismittel – Neufassung der Beweisregelungen durch das Justizkommunikationsgesetz in NJW 2006, S. 806–808; zit.: *Roßnagel/Fischer-Dieskau*, NJW 2006.

Roßnagel, Alexander/Nebel, Maxi; Beweisführung mittels ersetzend gescannter Dokumente in NJW 2014, S. 886–891; zit.: *Roßnagel/Nebel*, NJW 2014.

Dies.; Simulationsstudie Ersetzendes Scannen – Ergebnisse, Projektgruppe verfassungsverträgliche Technikgestaltung (provet) im Forschungszentrum für Informationstechnik-Gestaltung (ITeG) der Universität Kassel, URL: https://www.datev.de/web/de/media/datev_de/pdf/sim-studie_final_ansicht_freigabetw.pdf, Stand 30. Januar 2014; zit.: *Roßnagel/Nebel*, Simulationsstudie.

Roßnagel, Alexander/Pfitzmann, Andreas; Der Beweiswert von E-Mail in: NJW 2003, S. 1209–1214; zit.: *Roßnagel/Pfitzmann*, NJW 2003.

Roßnagel, Alexander/Wilke, Daniel; Die rechtliche Bedeutung gescannter Dokumente in: NJW 2006, S. 2145–2150; zit.: *Roßnagel/Wilke*, NJW 2006.

Roßnagel, Alexander/Schmidt, Andreas U./Wilke, Daniel (Hrsg.); Rechtssichere Transformation signierter eDokumente. Anforderung, Konzepte und Umsetzung in: Der Elektronische Rechtsverkehr (Hrsg.: Alexander Roßnagel), Band 21, Baden-Baden 2009; zit.: *Roßnagel/Schmidt/Wilke*.

Roßnagel, Alexander/Fischer-Dieskau, Stefanie/Jandt, Silke/Wilke, Daniel; Scannen von Papierdokumenten. Anforderungen, Trends und Empfehlungen in: Der Elektronische Rechtsverkehr (Hrsg.: Alexander Roßnagel), Band 18, Baden-Baden 2008; zit.: *Roßnagel/Fischer-Dieskau/Jandt/Wilke*.

Roßnagel, Alexander/Fischer-Dieskau, Stefanie/Jandt, Silke/Knopp, Michael; Langfristige Aufbewahrung elektronischer Dokumente. Anforderungen und Trends in: Der Elektronische Rechtsverkehr (Hrsg.: Alexander Roßnagel), Band 17, Baden-Baden 2017; zit.: *Roßnagel/Fischer-Dieskau/Jandt/Knopp*.

Rowlingson, Robert; A Ten Step Process for Forensic Readiness in: International Journal of Digital Evidence 2004, Volume 2, Issue 3, S. 1–28; zit.: *Rowlingson*, Forensic Readiness.

Roxin, Claus; Strafrecht Allgemeiner Teil, Band 1: Grundlagen. Der Aufbau der Verbrechenslehre, 4. Auflage, München 2006; zit.: *Roxin*, AT I.

Roxin, Claus/Schünemann, Bernd; Strafverfahrensrecht. Ein Studienbuch, 29. Auflage, München 2017; zit.: *Roxin/Schünemann*.

Rüscher, Daniel; Alexa, Siri und Google als digitale Spione im Auftrag der Ermittlungsbehörden? Zur Abgrenzung von Quellen-TKÜ, Onlinedurchsuchung und akustischer Wohnraumüberwachung in: NStZ 2018, S. 687–692; zit.: *Rüscher*, NStZ 2018, 687.

Ruppert, Felix; Die moderne Klaviatur der Strafverfolgung im digitalen Zeitalter. Zur Einführung der Quellen-TKÜ und Online-Durchsuchung in Zeiten von WhatsApp, Skype & Social Media in: JA 2018, S. 994–1003; zit.: *Ruppert*, JA 2018.

Saenger, Ingo (Hrsg.); Handkommentar zur Zivilprozessordnung, 7. Auflage, Baden-Baden 2017; zit.: HK-ZPO/*Bearbeiter*.

Safferling, Christoph/Rückert, Christian; Telekommunikationsüberwachung bei Bitcoins. Heimliche Datenauswertung bei virtuellen Währungen gem. § 100a StPO? In: MMR 2015, S. 788–794; zit.: *Safferling/Rückert*, MMR 2015.

Sander, Stefan; E-Mails und die Beweisführung im Prozess in: CR 2014, S. 292–299; zit.: *Sander*, CR 2014.

Sandherr, Urban; Unzulässige Bezugnahme auf „bei den Akten befindliche CD-ROM" mit Film – Zugleich Anmerkung zu BGH, Urteil vom 2. 11. 2011 – 2 StR 332/11 in: NZV 2012, S. 143–144; zit.: *Sandherr*, NZV 2012.

Satzger, Helmut/Schluckebier, Wilhelm/Widmaier, Gunter (Hrsg.); Strafprozessordnung mit GVG und EMRK, Kommentar, 3. Auflage, Köln 2018; zit.: SSW-StPO/*Bearbeiter*.

Schäfer, Ralf; Digitale Fotografien in der Verkehrsmesstechnik in: SVR 2007, S. 368–371; zit.: *Schäfer*, SVR 2007.

Schäfer, Gerhard; Die Praxis des Strafverfahrens – an Hand einer Akte, 6. Auflage, Stuttgart 2000; zit.: *Schäfer*.

Scheffler, Hauke/Dressel, Christian; Die Insuffizienz des Computerstrafrechts – Schleppende Gesetzgebungsverfahren als Störfaktor für die E-Commerce-Wirtschaft in: ZRP 2000, S. 514–517; zit.: *Scheffler/Dressel*, ZRP 2000.

Schemmann, Till; Die Beweiswirkung elektronischer Signaturen und die Kodifizierung des Anscheinsbeweises in § 371a Abs. 1 Satz 2 ZPO in: ZZP 2005, 118. Band, Heft 2, S. 161–183; zit.: *Schemmann*, ZZP 2005.

Schindler, Stephan; Mit dem Auto nach Karlsruhe: Dashcams und der BGH in: ZD-Aktuell 2018, 06149; zit.: *Schindler*, ZD-Aktuell 2018, 06149.

Schliesky, Utz; Eine Verfassung für den digitalen Staat? In: ZRP 2015, S. 56–58; zit.: *Schliesky*, ZRP 2015.

Schliesky, Utz/Hoffmann, Christian/Luch, Anika D./Schulz, Sönke E./Borchers, Kim Corinna; Schutzpflichten und Drittwirkung im Internet. Das Grundgesetz im digitalen Zeitalter, Baden-Baden 2014; zit.: *Schliesky/Hoffmann/Luch/Schulz/Borchers*.

Schmidl, Michael; IT-Recht von A-Z, 2. Auflage, München 2014; zit.: *Schmidl*, IT-Recht von A-Z, „Begriff".

Schönke, Adolf/Schröder, Horst; Strafgesetzbuch, Kommentar, 30. Auflage, München 2019; zit.: Schönke/Schröder/*Bearbeiter*.

Schrey, Joachim/Thalhofer, Thomas; Rechtliche Aspekte der Blockchain in: NJW 2017, S. 1431–1436; zit.: *Schrey/Thalhofer*, NJW 2017.

Schroeder, Friedrich-Christian; Die Durchsuchung im Strafprozess in: JuS 2004, S. 858–862; zit.: *Schroeder*, JuS 2004.

Schulenburg, Johanna; Das Verbot der vorweggenommenen Beweiswürdigung im Strafprozeß, Berlin 2012; zit.: *Schulenburg*.

Schulte, Martin/Schröder, Rainer (Hrsg.); Handbuch des Technikrechts. Allgemeine Grundlagen Umweltrecht – Gentechnikrecht – Energierecht – Telekommunikations- und Medienrecht – Patentrecht – Computerrecht, 2. Auflage, Heidelberg 2011; zit.: Schulte/Schröder/*Bearbeiter*, Technikrecht.

Schuster, Frank Peter; Verwertbarkeit von Beweismitteln bei grenzüberschreitender Strafverfolgung in: ZIS 2016; S. 564–573; zit.: *Schuster*, ZIS 2016.

Scientific Working Group on Digital Evidence; Best Practices for Computer Forensics, Version 3.1, URL: https://www.swgde.org/documents/Current%20Documents/SWGDE%20Best%20Practices%20for%20Computer%20Forensics, Stand 05. September 2014; zit.: *SWGDE*, Best Practices for Computer Forensics.

von Seck, Claudia; Die elektronische Signatur im Hinblick auf die Haftung der Zertifizierungsdiensteanbieter, Marburg 2003; zit.: *von Seck*.

Seitz, Nicolai; Strafverfolgungsmaßnahmen im Internet, Köln 2004; zit.: *Seitz*.

Sellner, Michael; Die Justiz im elektronischen Zeitalter. Elektronischer Rechtsverkehr und elektronische Akte in der Justiz, Marburg 2012; zit.: *Sellner*.

Sieber, Ulrich; Straftaten und Strafverfolgung im Internet, Verhandlungen des 69. Deutschen Juristentages (Hrsg.: Ständige Deputation des Deutschen Juristentages), Band 1, Gutachten Teil C, München 2012; zit.: *Sieber*, Gutachten C.

Simmchen, Christoph; Blockchain (R)Evolution. Verwendungsmöglichkeiten und Risiken in MMR 2017, S. 162–165; zit.: *Simmchen*, MMR 2017.

Sinn, Arndt (Hrsg.); Cybercrime im Rechtsvergleich – Beiträge zum deutsch-japanisch-koreanischen Strafrechtssymposium 2013 in: Schriften des Zentrums für Europäische und Internationale Strafrechtsstudien, Band 007; zit.: Sinn/*Bearbeiter*, Cybercrime im Rechtsvergleich.

Smuha, Nathalie A.; Towards the EU Harmonization of Access to Cross-Border E-Evidence: Challenges for Fundamental Rights & Consistency in: European Criminal Law Review 2018, S. 83–115; zit.: *Smuha*, EuCLR 2018.

Solmecke, Christian; Filesharing – Straf- und zivilrechtliche Konsequenzen in: MMR 2006, S. XXIII–XXIV; zit.: *Solmecke*, MMR 2006.

Spindler, Gerald/Schuster, Fabian; Recht der elektronischen Medien, Kommentar, 4. Auflage, München 2019; zit.: Spindler/Schuster/*Bearbeiter*.

Stein/Jonas; Kommentar zur Zivilprozessordnung, Band 5, 23. Auflage, Band 5: §§ 328–510c, Tübingen 2015; zit.: Stein/Jonas/*Bearbeiter*.

Systematischer Kommentar zum Strafgesetzbuch, Jürgen Wolter (Hrsg.), Band IV: §§ 174–241a StGB, 9. Auflage, Köln 2017; zit.: SK-StGB/*Bearbeiter*.

Systematischer Kommentar zur Strafprozessordnung mit GVG und EMRK, Jürgen Wolter (Hrsg.), Band IV: §§ 198–246 StPO, 5. Auflage, Köln 2015; zit.: SK-StPO/*Bearbeiter*.

Systematischer Kommentar zur Strafprozessordnung mit GVG und EMRK, Jürgen Wolter (Hrsg.), Band V: §§ 246a–295 StPO, 5. Auflage, Köln 2016; zit.: SK-StPO/*Bearbeiter*.

Systematischer Kommentar zur Strafprozessordnung mit GVG und EMRK, Jürgen Wolter (Hrsg.), Band VII: §§ 333–373a StPO, 5. Auflage, Köln 2018; zit.: SK-StPO/*Bearbeiter*.

Systematischer Kommentar zur Strafprozessordnung mit GVG und EMRK, Jürgen Wolter (Hrsg.), Band X: EMRK, 5. Auflage, Köln 2019; zit.: SK-StPO/*Bearbeiter*.

Ter Veen, *Heino*; Beweisumfang und Verfahrensökonomie im Strafprozeß. Eine Analyse zur Interpretation des Beweisantragsrechts (§ 244 Abs. 3 Satz 2 StPO) und der Kontrolle seiner tatrichterlichen Anwendung in der revisionsgerichtlichen Rechtsprechung, Heidelberg 2015; zit.: *Ter Veen*.

Thiemert, *Stefan*; Digitale Wasserzeichen zum Integritätsschutz von Videodaten, Darmstadt 2013; zit.: *Thiemert*.

Thomas, *Heinz*/*Putzo*, *Hans*; Kommentar zur Zivilprozessordnung, 40. Auflage, München 2019; zit.: Thomas/Putzo/*Bearbeiter*.

Trüg, *Gerson*; Beweisantrag auf Verlesung eines E-Mail-Ausdruckes als präsentes Beweismittel – Zugleich Anmerkung zu BGH, Beschl. v. 22.09.2015 – 4 StR 355/15 (LG Stendal) in: StV 2016, S. 343–345; zit.: *Trüg*, StV 2016.

Ulmer-Eilfort, *Constanze*/*Obergfell*, *Eva Inés*; Verlagsrecht: Kommentar, München 2013; zit.: Ulmer-Eilfort/Obergfell/*Bearbeiter*.

Valerius, *Brian*; Grenzenloser Informationsaustausch und grenzenlose Strafbarkeit? Wie weit reicht die nationale Strafgewalt im Internet? In: Cybercrime und Cyberinvestigations. Neue Herausforderungen der Digitalisierung für Strafrecht, Strafprozessrecht und Kriminologie, Robotik und Recht (Hrsg.: *Beck*, *Susanne*/*Meier*, *Bernd-Dieter*/*Momsen*, *Carsten*), Band 6, S. 49–65, Baden-Baden 2015; zit.: Beck/Meier/Momsen/*Valerius*, Cybercrime.

Vassilaki, *Irini E.*; Kriminalität im World Wide Web – Erscheinungsformen der „Post-Computerkriminalität" der zweiten Generation in: MMR 2006, S. 212–217; zit.: *Vassilaki*, MMR 2006.

Volk, *Klaus*/*Engländer*, *Armin*; Grundkurs StPO, 9. Auflage, München 2018; zit.: *Volk*/*Engländer*.

Walter, *Tonio*; Die Beweislast im Strafprozeß in: JZ 2006, S. 340–349; zit.: *Walter*, JZ 2006.

Wagner, Peer Philip; Das elektronische Dokument im Zivilprozess in: JuS 2016, S. 29–33; zit.: *Wagner*, JuS 2016.

Warg, Gunter; Der Begriff der Akte und ihre Vorlage im Strafverfahren in: NJW 2015, S. 3195–3200; zit.: *Warg*, NJW 2015.

Warken, Claudia; Elektronische Beweismittel im Strafprozessrecht – eine Momentaufnahme über den deutschen Tellerrand hinaus, Teil 1. Beweissicherung im Zeitalter der digitalen Cloud in: NZWiSt 2017, S. 289–298; zit.: *Warken*, NZWiSt 2017.

Dies.; Elektronische Beweismittel im Strafprozessrecht – eine Momentaufnahme über den deutschen Tellerrand hinaus, Teil 2. Beweisverwertung im Zeitalter der digitalen Cloud und datenspezifische Regelungen in der StPO in: NZWiSt 2017, S. 329–338; zit.: *Warken*, NZWiSt 2017.

Dies.; Elektronische Beweismittel im Strafprozessrecht – eine Momentaufnahme über den deutschen Tellerrand hinaus, Teil 3. Jenseits der StPO: Analogie, supra- und internationale Regelungen, praktische Lösungsansätze in: NZWiSt 2017, S. 417–425; zit.: *Warken*, NZWiSt 2017.

Dies.; Elektronische Beweismittel im Strafprozessrecht – eine Momentaufnahme über den deutschen Tellerrand hinaus, Teil 4. Quo vadis, StPO? Warum es expliziter gesetzlicher Regelungen für den Umgang mit elektronischen Beweismitteln im Strafprozess bedarf und welche Rolle die Europäische Union dabei spielt in: NZWiSt 2017, S. 449–458; zit.: *Warken*, NZWiSt 2017.

Waschetzki, Michael/Steinebach, Martin; Digitale Wasserzeichen in der Kriminalistik in: DuD 2018, S. 69–73; zit.: *Waschetzki/Steinebach*, DuD 2018.

Weller, Matthias/Köbler, Ralf (Hrsg.); Verfahrensgrundsätze und Modellregeln für die grundsätzlich elektronische Führung gerichtlicher Erkenntnisverfahren, Baden-Baden 2016; zit.: *Weller/Köbler*.

Welp, Jürgen (Hrsg.); kriminalität@net: Beiträge zur 13. Alsberg-Tagung 2001 in Berlin und zur Verleihung des Max-Alsberg-Preises an die Redaktion der Zeitschrift Strafverteidiger in: Schriftenreihe Deutsche Strafverteidiger e.V., Band 23, Baden-Baden 2003; zit.: Welp/*Bearbeiter*.

Weichbrodt, Johannes; Der verbotene Beweis im Straf- und Zivilprozess. Zur Rolle strafprozessualer Beweisverbote bei der Durchsetzung zivilrechtlicher Ansprüche, Tübingen 2012; zit.: *Weichbrodt*.

Weihmann, Robert/Schuch, Claus-Peter; Kriminalistik – Für Studium, Praxis, Führung, 11. Auflage, 2010; zit.: *Weihmann/Schuch*, Kriminalistik.

Weiß, Udo; Elektronische Dokumente in der Hauptverhandlung nach neuem Strafverfahrensrecht in: wistra 2018, S. 245–251; zit.: *Weiß*, wistra 2018.

Wenzel, Henning; Rechtliche Grundlagen der IT-Forensik in: NZWiSt 2016, S. 85–93; zit.: *Wenzel*, NZWiSt 2016.

Wietschorek, Stephan/Stockmann, Edgar W./Pieper, Burkhard; Der Übergang von der herkömmlichen zur digitalen Fotografie bei Schadengutachten in: NZV 2000, S. 486–490; zit.: *Wietschorek/Stockmann/Pieper*, NZV 2000.

Widmaier, Gunter/Müller, Eckhart/Schlothauer, Reinhold (Hrsg.); Münchener Anwalts Handbuch Strafverteidigung, 2. Auflage, München 2014; zit.: MAH Strafverteidigung/*Bearbeiter*.

Wilke, Daniel; Die rechtssichere Transformation von Dokumenten. Rechtliche Anforderungen an die Technikgestaltung und rechtlicher Anpassungsbedarf in: Der Elektronische Rechtsverkehr (Hrsg.: Alexander Roßnagel), Band 25, Baden-Baden 2011; zit.: *Wilke*.

Wilke, Helmut; Einführung in das systematische Wissensmanagement, 2. Auflage, Heidelberg 2007; zit.: *Wilke*, Wissensmanagement.

Zerbes, Ingeborg/El-Ghazi, Mohamad; Zugriff auf Computer: Von der gegenständlichen zur virtuellen Durchsuchung in: NStZ 2015, S. 425–433; zit.: *Zerbes/El-Ghazi*, NStZ 2015.

Ziercke, Jörg; Kriminalistik 2.0 in: Kriminalistik 2014, S. 10–17; zit.: *Ziercke*, Kriminalistik 2014.

www.ingramcontent.com/pod-product-compliance
Ingram Content Group UK Ltd.
Pitfield, Milton Keynes, MK11 3LW, UK
UKHW022104051026
15623UKWH00003B/675

9 783631 802342